十三五 高等职业教育"十三五"规划教材

国际贸易专业系列

扫时1无看本书课件

国际贸易
实务与实训

主　编◎方凤玲

副主编◎王　蓓　吴珊娜　苏秋芬

参　编◎王秋萍　张　英　常缨征　魏　頔

GUOJI MAOYI
SHIWU YU SHIXUN

北京师范大学出版集团
BEIJING NORMAL UNIVERSITY PUBLISHING GROUP
北京师范大学出版社

图书在版编目（CIP）数据

国际贸易实务与实训 / 方凤玲主编. —— 2 版. —— 北京：北京师范大学出版社，2018.12

（高等职业教育"十三五"规划教材. 国际贸易专业系列）

ISBN 978-7-303-24397-6

Ⅰ．①国… Ⅱ．①方… Ⅲ．①国际贸易－贸易实务－高等职业教育－教材 Ⅳ．①F740.4

中国版本图书馆 CIP 数据核字(2018)第 284644 号

营 销 中 心 电 话	010-62978190　62979006
北师大出版社社科技与经管分社	www.jswsbook.com
电 子 信 箱	jswsbook@163.com

出版发行：北京师范大学出版社 www.bnup.com
　　　　　北京市海淀区新街口外大街 19 号
　　　　　邮政编码：100875

| 印　　刷：三河市东兴印刷有限公司 |
| 经　　销：全国新华书店 |
| 开　　本：787 mm×1092 mm　1/16 |
| 印　　张：22 |
| 字　　数：580 千字 |
| 版　　次：2018 年 12 月第 2 版 |
| 印　　次：2018 年 12 月第 4 次印刷 |
| 定　　价：45.80 元 |

策划编辑：姚贵平　张自然	责任编辑：姚贵平　张自然
美术编辑：刘　超	装帧设计：李葆芬
责任校对：李　菡	责任印制：孙文凯　赵非非

前　言

　　本着高职高专教育以职业能力为核心的教学思想，在编写过程中，力求体现高等职业教育的特点，理论不求太全、太细、太深，以服务于实务学习为准；加强实务运用教学环节，注重培养学生的实际应用能力。按照这一原则，我们采用项目教学法的编写思路，每一项目都以案例引入，使学生了解在实际国际贸易中发生的事例，并对本项目的内容有初步的了解。在描述项目实施过程中加入想一想、议一议、做一做、拓展资料等小栏目，调动学生参与教学的积极性和主动性，培养学生分析问题和解决问题的能力。本教材还将每一项目中遇到的概念集中在一起展现给学生，在完成项目中不再讲解概念，可专心进行实务教学。在每一项目结束时，给出了知识巩固性练习和实训性练习，增强学生对完成项目应掌握的知识的理解和运用。另外，在本书的最后，专门附录了国际货物买卖中用到的相关法律、法规、公约、惯例以及中英文对照表，以方便学生查询。既体现了高职高专教育理论够用为度的特色，又重点指出了学生应掌握的基本知识和技能，有利于高职高专的教学和学习。

　　本课程建议 56 学时左右，理论教学以多媒体教学手段为主，并通过出口报价、还价、不同计量单位以及计价货币之间的换算，拟写还盘函或成交函、卖合同和销售确认书等练习，掌握进出口贸易术语的基本含义和交易中买卖双方的费用、风险划分等内容，并在条件许可的情况下，安排学生到涉外企业或部门参观、实习，亲自参与对外贸易的各个环节。

　　本书由方凤玲主编，王蓓、吴珊娜和苏秋芬副主编。具体分工如下：

　　常缨征编写绪论和项目八；

　　魏頔编写项目一；

　　苏秋芬编写项目二和项目九；

　　方凤玲编写项目三；

　　王粉萍编写项目四；

　　王蓓编写项目五和项目七；

　　张英编写项目六；

　　吴珊娜编写项目十。

　　本书由方凤玲教授对全书进行了统稿，对演示稿进行了认真修改。由于编写时间仓促，加之编者水平有限，不足与疏漏之处在所难免，敬请广大读者批评指正。

编者

知识结构图

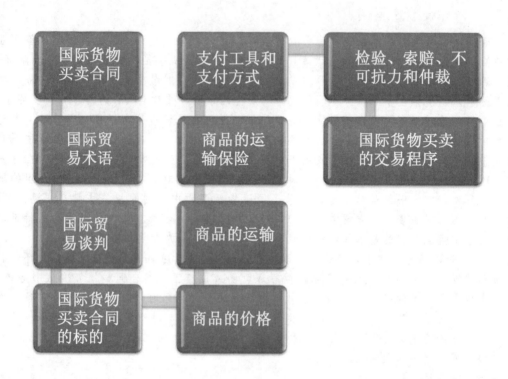

目 录

绪　论

项目介绍

　　国际贸易作为一门学科，包括国际贸易理论、国际贸易政策和国际贸易实务三部分内容。国际贸易理论主要是研究国际贸易形成与发展的原因，分析国际贸易的利益所在，揭示国际贸易的特点及运动规律。国际贸易政策则是研究各国政府对外贸易政策的内容与趋势，以及国际贸易政策的协调机制。国际贸易实务专门研究国际货物交换的具体过程和基本做法，分析国际货物买卖合同的各项交易条件、交易磋商和合同履行的具体问题。

　　本项目主要阐述国际贸易的基本概念和分类，介绍国际贸易的产生与发展概况。

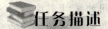

任务描述

2008 年：金融危机对我国出口的影响

　　目前的全球金融危机最初是由美国"次贷危机"引发的，2006 年春季开始逐步显现，2007 年 8 月席卷美国、欧盟和日本等世界主要金融市场。自第二次世界大战结束后，每隔 4 年至 10 年爆发一次金融危机或经济危机，但这次危机最为严重。此次金融危机，是美国一贯的金融霸权下宏观经济政策失误酿成的，世界银行、国际货币基金组织和世界贸易组织等都是由美国主导并按照美国的意愿组织或建立起来的，有关国际金融或国际经济规则的制定也是由美国主导的，体现了美国的意志。美国利用美元的全球中心地位，变相剥削其他国家，无限地推动本国金融泡沫发展和超前消费，最终导致金融危机。此次金融危机，必然削弱美国的金融霸权，导致国际金融或国际经济新秩序的重构。

　　此次危机愈演愈烈，蔓延全球，影响深度也在一步步扩大，并且在向实体经济延伸，中国经济也不可避免地受到了影响和冲击。但相比欧美发达国家和其他发展中国家，中国所受的影响相对较小，主要影响在于金融危机可能导致出口的负增长、投资增长的放缓以及外汇资产的贬值或损失。由于中国经济的外贸依存度已高达 60%，我国 GDP 的 40% 左右是由出口拉动的，因此，在金融危机阴影的笼罩下，我国的外贸出口将受到最大冲击，但不同的企业、不同的行业、不同的地区受到冲击的程度不同。2008 年，金融危机对我国的出口影响逐月增加，从 11 月开始出口首次出现了负增长，11 月份当月我国出口 1149.9 亿美元，下降 2.2%，中国外贸单月进出口首次出现负增长。12 月份当月我国进出口总值 1833.3 亿美元，下降 11.1%；其中出口 1111.6 亿美元，下降 2.8%；进口 721.8 亿美元，下降 21.3%。根据我国海关统计，2008 年，我国一般外贸总额达 25616.3 亿美元，比上年增长 17.8%。其中出口 14285.5 亿美元，增长 17.2%；进口 11330.8 亿美元，增长 18.5%。贸易顺差 2954.7 亿美元，比上年增长 12.5%，净增加 328.3 亿美元。

　　（资料来源：武长海.金融危机对我国出口企业的影响及其对策.）

　　要研究和分析国际贸易活动，必须了解和掌握一些相关基本概念，同时国际贸易相关基本概念在经济全球化的今天来说，成为一个现代人知识架构中的必不可少的常识。本任务主要通过掌握国际贸易基本概念、国际贸易的分类，了解国际贸易的产生发展及我国贸易现状使学生熟悉国际贸易的基本知识，加深对国际贸易活动的认识和理解。

📖 概念点击

国际贸易(International Trade)：泛指世界各国(或地区)之间所进行的以货币为媒介的商品和劳务的交换活动。

对外贸易(Foreign Trade)：特指国际贸易活动中的一国(或地区)同其他国家(或地区)所进行的商品和劳务的交换活动。

对外贸易额(Value of Foreign Trade)：又叫对外贸易值，是用货币表示的反映贸易规模的指标，各国一般都用本国货币表示。

对外贸易量(Quantum of Foreign Trade)：贸易量是指以数量、重量、长度、面积、体积等计量单位表示的进出口商品的数量，它可以避免因物价变动所引起的国际贸易规模的不真实。

对外贸易依存度(Ratio of Dependence on Foreign Trade)：也称对外贸易系数，是指一国在一定时期内进出口贸易总值在国民生产总值或者国内生产总值中所占的比重。

贸易条件(Terms of Trade)：是指一国在一定时期内的出口商品价格与进口商品价格的比率。

贸易体系(Trade System)：是指参与贸易的国家进行对外货物贸易统计所采用的统计制度。

对外贸易商品结构(Line-up of Foreign Trade)：是指一个国家在一定时期内各种类别的进出口商品占进出口贸易额的比重。

国际贸易商品结构(Line-up of International Trade)：是指各种类别的商品在进出口贸易总额中所占的比重，通常以它们在世界出口总额中的比重来表示。

对外贸易地理方向(Foreign Trade by Regions)：也称对外贸易地理分布，是指一定时期内世界上一些国家(或地区)的商品在该国(或地区)进出口贸易总额中所占的比重。

国际贸易地理方向(International Trade by Regions)：也称国际贸易地理分布，是指一定时期内世界上各大洲、各国或经济集团的对外商品贸易在国际贸易中所占的比重。

一、国际贸易基本概念辨析

(一)国际贸易和对外贸易

联系：国际贸易和对外贸易是总体和局部的关系，两者都是越过国境的商品和服务的交换。国际贸易的形成还是建立在世界各国对外贸易的基础上。

区别：国际贸易立足于全球，是全世界范围内的交换活动，又称世界贸易，它是世界各国(或地区)对外贸易的总和。

对外贸易立足于一国(或地区)，当我们从一个国家出发来看它与其他国家(或地区)之间的商品和劳务的交换活动，就是该国的对外贸易。因此，提到对外贸易时要指明特定的国家，如中国的对外贸易等。某些岛国如英国、日本等也称对外贸易为海外贸易。

国际贸易立足于国际范围，而对外贸易仅着眼于某个国家(或地区)，因而两者在某些场合不能相互替代。特别是，由于国际贸易是一个完整的、客观存在的体系，有其独特矛盾及其运动规律，因此有些全球范围的经贸关系也无法从一国对外贸易的角度加以解释。

随着世界范围内经贸关系的扩大，国际贸易概念的内涵也在不断深化。相当长一段时期内国际贸易主要是以有形商品为主，即不同国家间的货物贸易一直是各国之间经济联系的唯一形式，并且在今天也仍然是国际经济与贸易活动的主体。但是，第二次世界大战以来，随着有形商品交换规模扩大的需要，国际的资本流动显著增加，科技成果广泛传播，人员流动日益频繁，导致世界范围内的无形贸易迅速增长，使得国际贸易的内涵与外延进一步丰富和扩展。一般来说，把国家间有形商品的交换称为狭义的国际贸易，而把包括上述所有内容(有形商品与服务)在内的国际贸易称为广义的国际贸易。本书内所提及的国际贸易均为狭义的国际贸易。

(二)贸易额——国际贸易额与对外贸易额

贸易额由于涉及的范围不同，可分为国际贸易额与对外贸易额。

对外贸易额是一国在一定时间内出口贸易总额与进口贸易总额之和。出口总额是一定时期内一国向其他国家或地区出口货物的全部价值，进口总额是一定时期内一国从国外进口货物的全部价值，两者相加为进出口总额。它是反映一国对外货物贸易规模的重要指标之一，一般都用本国货币表示，也有用国际上习惯通用货币表示的。联合国编制和发表的世界各国对外贸易额的资料，是以美元表示的。

国际贸易额是指以同一货币单位表示的世界各国在一定时期内出口贸易总额或进口贸易总额。这是因为：在国际贸易中，一国的出口同时就是另一国的进口，如果把各国的对外贸易额相加就会造成重复计算。另外，所有国家的进口合计理应等于所有国家的出口合计，但是由于世界上大多数国家都是根据装运港船上交货价格(FOB)计算出口额，而用成本加运费、加保险费的价格(CIF)计算进口额，因此世界出口货物总额总是小于世界进口货物总额，所以通常所说的国际贸易额就专指世界出口贸易总额。

虽然国际贸易值的统计单位一致，统计方便，不同类商品可以加总，但由于通货膨胀等因素影响，统计数字在一定程度上存在不可比性。

(三)贸易量——国际贸易量与对外贸易量

由于进出口商品的价格经常变动，对外贸易额难以反映该国贸易的实际规模和发展变化，如果以国际贸易实物数量，就是用贸易量来衡量国际贸易规模，则能避免上述矛盾。

但是，就一种商品而言，其实物规模可以用数量、重量、长度、面积、体积、容积等计量单位来表示。但就全部进出口商品来说，成千上万种商品的计量单位彼此无法相加。因此，在实际操作中，就采用将贸易额剔除其他波动因素的方法表示贸易的实物规模。所以，贸易量是在消除了价格变动和汇率变动的影响后所反映的实际贸易规模(即以价值量表示的实物量)。一般要选择某一固定年份为基期，以基期计算的报告期出口或进口价格指数去除报告期的出口额或进口额，则得到按不变价格计算的进口额或出口额。

贸易量由于涉及的范围不同，可分为国际贸易量与对外贸易量。按不变价格计算的对外贸易额反映了对外贸易的实际规模，故称为对外贸易量。国际贸易量则是以一定时期的不变价格为标准计算的国际贸易额。

$$对外贸易量 = \frac{进/出口贸易额}{进/出口价格指数}$$

$$国际贸易量 = \frac{国际贸易额}{出口价格指数}$$

$$价格指数 = \frac{报告期价格}{基期价格} \times 100\%$$

做一做

请计算 2008 年某国某商品的出口贸易量与 2002 年相比是否增加?

假定某国某商品 2002 年的出口价格为每单位 80 美元,出口贸易额为 1998 万美元,2008 年该商品出口价格为每单位 88 美元,出口贸易额为 2017 万美元。

解:首先将 2000 年定为基期,即 2000 年的出口贸易量为 100%

$$2008 \text{ 年价格指数} = \frac{\text{报告期价格}}{\text{基期价格}} \times 100\% = \frac{88}{80} \times 100\% = 110\%$$

$$2008 \text{ 年出口贸易量} = \frac{2017}{110\%} = 1833.64 \text{ 万美元}$$

由上可知,2008 年出口贸易量小于 2000 年出口贸易量,占其比例为:

$$\frac{1833.64}{1998} \times 100\% = 91.7\%$$

2008 年出口贸易量比 2000 年下降了 8.3%。

(四)贸易差额

一国在一定时期内出口贸易额与进口贸易额之间的差额为贸易差额。贸易差额分为贸易顺差、贸易逆差和贸易平衡。当一国在一定时期内,出口总额大于进口总额时,该国处于贸易顺差,也称出超;反之,当出口总额小于进口总额时,则该国处于贸易逆差,也称入超;若出口总额与进口总额大体相等时,该国处于贸易平衡。

表 0-1　中国 2001~2008 年对外贸易收支状况(单位:亿美元)

	2001	2002	2003	2004	2005	2006	2007	2008
出口总额	2661	3256	4382.3	5933.2	7620	9690.7	12180	14285.5
进口总额	2435.5	2951.6	4127.6	5612.3	6601.2	7916.1	9558	11330.8
贸易差额	225.5	304.3	254.7	320.9	1018.8	1774.6	2622	2954.7

(资料来源:海关总署公开发布统计资料)

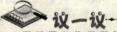

议一议

贸易顺差优于贸易逆差,那么顺差是否越多越好?

仅从对外贸易差额的角度思考,贸易顺差优于贸易逆差。但是,事实上一国若出现长期的巨额顺差也会给经济发展带来负面影响。首先,大量的顺差意味着大量的经济资源被他国占用,对于一些供给相对不足的国家,巨额的顺差更不可取。其次,长期过大顺差甚至可能会导致与他国的贸易摩擦,因为它容易引起贸易伙伴的报复。再次,同时大量的外汇注入必然会引起货币兑换,导致本币投放量增加,引发国内通货膨胀,带来对外的本币升值压力。

所以,要使国民经济健康顺利地发展就应当努力保持进出口的基本平衡。

想一想

从一国对外贸易差额的角度出发,贸易顺差是否优于贸易逆差?

仅从对外贸易差额的角度思考,贸易顺差优于贸易逆差。一国贸易顺差表示该国在对外贸易中处于有利地位，否则处于不利地位。通常人们总是认为贸易逆差会对一国经济的发展带来不利影响，因为它会导致一国的外汇短缺，使国内资金外流，对外债务增加。因为顺差意味着一国在国际支付中处于有利地位，因此各国通常会鼓励出口，鼓励贸易顺差。

（五）对外贸易依存度——出口依存度和进口依存度

对外贸易依存度越大，表明一国对国际经济的依赖程度越深，同时依存度也表明对外贸易在一国国民经济发展中的地位与作用。其计算公式为：

$$对外贸易依存度 = \frac{出口总额 + 进口总额}{GNP 或者 GDP} \times 100\%$$

影响一国对外贸易依存度的因素有：国内市场的发展程度、加工贸易的层次、汇率水平等。外贸依存度分为出口依存度和进口依存度。前者又称为"平均出口倾向"，后者则称为"平均进口倾向"。

一国在一定时期内出口贸易额占 GNP，或 GDP 的比重为出口依存度；一国在一定时期内进口贸易额占 GNP 或 GDP 的比重为进口依存度。出口依存度可以反映 GDP 的生产对外部市场的依赖程度，也可以反映一国的国际竞争力，而进口依存度则可以反映国内市场的供给对外部市场的依赖程度，也可以反映国内市场上外国产品的相对竞争力。

由于进口值不是该国在一定时期内创造出来的价值和劳务值，所以在实践中，一般用出口依存度来替代对外贸易依存度。

拓展阅读

外贸依存度应该有多高？

对外贸易依存度应合理调控以保持适度的系数，如果系数过高，国民经济发展就易受国外经济的影响和冲击，特别是当世界经济不景气时冲击较大；系数过低，就说明没有很好地利用国际分工的优势。目前，发达国家的外贸依存度普遍较低。2004 年，发达国家外贸依存度平均为37.4%，低于全球平均 44.5% 的水平。从主要经济体看，2004 年欧盟外贸依存度为 20.4%。美国和日本的外贸依存度分别为 20% 和 21.9%。

发展中国家的外贸依存度普遍比发达国家高。2004 年，全球发展中国家的平均外贸依存度为69%。一般来说，小的外向型经济体的外贸依存度是最高的，典型的是中国香港和新加坡，两者的外贸依存度都超过 300%。目前发展中国家外贸依存度有两个基本特征：一是外向型经济体的外贸依存度高于内向型经济体；二是发展中大国外贸依存度低于发展中小国。

通过对我国和全球主要经济体外贸依存度的比较，可以得到以下两点基本结论：第一，我国是大国经济中外贸依存度最高的；第二，近年来，我国外贸依存度变化过程类似于出口导向的新兴工业化国家。

外贸依存度过高会产生那些影响？

第一，过度依赖外需不符合大国以内需为主的一般规律。我国作为发展中大国，目前人均年收入仅为 1500 美元左右，消费水平和消费结构都存在相当大的发展空间。通过培育国内消费和投资，也就是内需可以保证我国经济长期稳定的增长。这就要求我国在发展战略上由外向型经济向对国内和国外企业都公平对待和非歧视性的开放的市场经济体制转变。

第二，过度依赖外需使我国增加了对外开放的风险，造成宏观经济波动和加剧产业结构调整的难度。一方面，从总量看，如果世界市场需求出现下降，出口或外需在我国经济增长中的贡献必然降低，而外部需求在很大程度上属于外生变量，国内政策对其影响有限。另一方面，从结构看，过度依赖外需使我国新增的供给结构更加倾向于按照国际需求和我国静态比较优势进行调整。在短期内，只能低价倾销消化过剩的产能。长期来看，将阻碍我国供给结构根据内需变化而深化，增加我国经济结构调整的难度。

第三，我国支撑出口的资源和能源不具备长期支撑外需增长的条件。我国已经进入重化工业阶段，内需对能源、资源的需求加大。但与此同时，在鼓励出口政策的引导下，一些高耗能、高污染企业向我国转移，加剧了我国能源、资源和环境保护的压力。

第四，外贸依存度过高容易造成更多的贸易摩擦。当今世界，世界多数国家的对外开放程度都高于从前，我国外贸依存度增长过快无疑将导致更多的经济贸易摩擦和国家利益的冲突，尤其是与发展中小国的利益冲突。目前我国进出口扩大不仅对国际市场的供给端造成冲击，而且对国际市场的需求端造成冲击，如我国对国际市场的能源、原材料等需求已经成为影响国际价格的重要因素。

（资料来源：陈长缨. 外贸依存度应该有多高. 中国财经报，2006-08-15）

（六）贸易条件

由于一个国家的进出口商品种类繁多，很难直接用进出口商品的价格进行比较，所以，一般用一国在一定时期内的出口商品价格指数和进口商品价格指数进行计算。其公式是（假定基期的贸易指数为100）：

$$贸易条件 = \frac{出口商品价格指数}{进口商品价格指数} \times 100\%$$

如果贸易条件大于100，说明该国的贸易条件较基期得到改善；如果贸易条件等于100，说明该国的贸易条件较基期不变；如果贸易条件小于100，说明该国的贸易条件较基期恶化。

如以2007年为基准年，其进出口价格指数均定为100；到2008年，出口商品价格上涨7%，进口价格下降3%，即2008年出口价格指数为107，进口价格指数为97，则

贸易条件指数 = 107÷97×100 = 110.3

贸易条件指数大于基准年进出口价格指数10.3%，这表明贸易条件改善，交换比价上升，即同等数量的出口商品能换回比基期更多的商品，贸易利益随之增大，对国民经济发展有利。如果出现相反情况，则视为贸易条件恶化，贸易利益随之缩小，对国民经济发展不利。

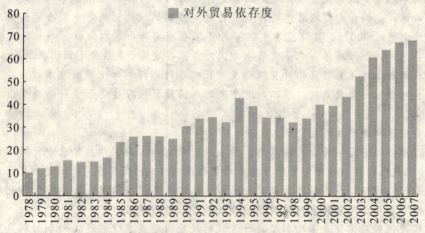

图 0-1　1978～2007 年中国对外贸易依存度柱状图

资料来源：http://www.okokok.com.cn/Htmls/GenCharts/071129/4967.html

长期以来，发达国家工业制成品的出口价格不断上涨，初级产品进口价格相对下降，处于有利的贸易条件；而发展中国家初级产品的出口价格下降，而进口工业品价格上升，处于不利的贸易条件。一国处于贸易条件不利的情况下，就容易造成对外贸易的逆差。但是贸易条件与贸易差额的关系也不是绝对的，有些贸易条件有利的国家同样会出现贸易逆差，如美国。反之，贸易条件不利的国家也会出现顺差，如近年来的中国。

（七）贸易体系——总贸易体系和专门贸易体系

总贸易体系亦称一般贸易体系，在对外贸易统计时是以国境为界，凡进入国境的商品一律列为进口，一定时期内的进口总额为总进口；凡离开国境的商品一律列为出口，一定时期内的出口总额为总出口。总进口与总出口之和为一国的总贸易额。例如：日本、英国、加拿大、澳大利亚、俄罗斯等国采用总贸易统计，我国也采用总贸易统计。

专门贸易体系亦称特殊贸易体系，在对外贸易统计时是以关境为界，一定时期内，凡运入关境的商品列为进口，称专门进口；凡运出关境的商品列为出口，称专门出口。专门进口加上专门出口称为专门贸易。例如：法国、德国、意大利、瑞士等国采用专门贸易统计。美国采用专门贸易与总贸易两种方式分别统计。

拓展阅读

国境与关境的界定

"境"，根据具体情况既可以是指国境，也可以是指关境。国境，属于国家的领土的概念，即处于一个国家主权支配下的地球表面特定部分。关境在世界海关组织主持编写出版的《国际海关术语汇编》中，被定义为："关境一词系指一个国家的海关法得以全部实施的区域。"它是目前最常使用的关境定义。关境是一个国家的海关法适用的空间，而海关行政管理是国家主权的一种体现。国境可能与关境一致，也可能不一致。

关境与国境不一致的情况包括关境大于国境和关境小于国境两类。

关境大于国境。在几个国家结成关税同盟后，各成员国组成一个共同的关境，实施统一的关税法令和统一的对外税则。成员国彼此之间的货物进出国境不征收关税，只对来自或运往非成员国的货物在其进出共同关境时征收关税。这样，共同关境大于其成员国的各自国境。但是关税同盟缔结后，成员国各自的关境并不必然因关税同盟的缔结而取消。例如：法国成为欧共体成员后仍保有自己的关境。因此，这时大于各成员国国境的是欧共体共同关境，而不是成员国各自的关境。

关境小于国境。关于一个国家的关境小于其国境的情况，通行的观点认为，保税区、保税仓库、自由港、自由区等区域（以下统称自由区）属于关境外地区，即所谓"（国）境内关（境）外"地区。因此，设立了这些自由区的国家或地区，其关境就会小于其国境。当然，凡该国法律未明确规定为关境外的自由区，应认为是关境内地区。

二、国际贸易的分类

国际贸易范围广泛，内容复杂，种类繁多，依据不同的标准，可以进行不同的分类。认识和掌握这些分类以及相关的概念，有助于深入地研究国际贸易。

（一）以交易对象的性质为标准的分类

国际贸易既包含着有形商品（货物商品）交换，也包含着无形商品（劳务、技术、咨询等）的交换。

1. 国际货物贸易

由于国际货物贸易买卖的对象是看得见摸得着的，有一定物理形态的实物商品，国际货物贸易也称为有形贸易(Visible Trade)。有形贸易的进出口必须办理通关手续，因而反映在海关统计中，构成一国国际收支经常项目的重要内容。

拓展阅读

国际货物贸易的分类与编码

国际贸易的商品种类繁多，为了统计及分析的方便，联合国编制了《国际贸易商品标准分类》，现已被世界绝大多数国家所采用。根据这个标准，国际贸易商品分为10大类、63章、233组、786个分组和1924个基本项目。其具体分类为：0类为食品及主要供食用的活动物；1类为饮料及烟草类；2类为燃料以外的非食用粗原料；3类为矿物燃料、润滑油及有关原料；4类为动植物油脂及油脂；5类为化学成品及有关产品；6类为主要按原料分类的制成品；7类为机械及运输设备；8类为杂项制品；9类为没有分类的其他商品。在进行国际贸易统计时，一般把0～4类商品称为初级产品，5～8类称为工业制成品。

1988年海关合作理事会通过了《商品名称及编码协调制度》简称"协调制度"(The Harmonized Commodity Description and Coding System 的简称)。我国的《海关税则商品分类目录》及各年度执行的《海关进出口税则编码》也是基于"协调制度"的，通常在进出口商品前要先将商品进行归类，查找对应商品目录编码，以便于知道该商品编码下的进出口监管方式、进出口税则税率等，我们习惯称之为查找商品的"HS编码"。

2. 国际服务贸易

"乌拉圭回合"达成的《服务贸易总协定》中服务贸易被界定为：过境交付、境外消费、商业存在、自然人流动。

服务的提供者与消费者都不移动，如通过电讯、邮电、计算机网络实现的视听、金融、信息等服务属于过境交付。通过服务消费者的过境移动实现的服务，如接待外国游客，提供旅游服务，为国外病人提供医疗服务，接收外国留学生等属于境外消费。把自己的生产要素(人员、资金、服务工具)移动到另一缔约国内，通过设立商业机构为消费者提供服务，取得收入，则是商业存在。如外国公司到中国开办商店，设立金融机构，会计、律师事务所等。自然人流动则是服务提供者(自然人)的过境移动在其他缔约方境内提供服务而形成的贸易。如一国的医生、教授、艺术家到另一国从事个体服务。

服务贸易作为一个独立概念提出来并被普遍接受是在20世纪70年代。在过去30多年的发展中，服务贸易快速增长，为世界各国经济发展提供了广阔的空间，并成为衡量一个国家整体水平的重要指标。

国际货物贸易和国际服务贸易相互依存、相互促进。

一方面，国际货物贸易的发展会刺激与之相关的国际服务贸易的发展。比如，国际货物贸易的增长带动了与之相关的金融、保险、运输、通信等服务业的国际化，促进了国际服务贸易的发展。尤其是随着世界市场竞争逐步由价格竞争转向非价格竞争，无论是一个国家还是一个企业，能否在国际竞争中占据优势，在很大程度上取决于它能否为货物交换提供高水平的国际服务。因此，国际货物贸易的增长必然地会带动国际服务贸易的发展。

表 0-2 2006 年主要国家和地区服务贸易出口占本国出口的比重

国别、地区	货物贸易出口		服务贸易出口		服务贸易出口占本国出口比重
	排名	占全球比重	排名	占全球比重	
德国	1	9.2	3	6.1	12.9
美国	2	8.6	1	14.6	27.2
中国	3	8.2	8	3.4	8.6
日本	4	5.4	4	4.5	15.8
法国	5	4.1	5	4.1	18.6
中国香港	12	2.7	11	2.6	18
印度	28	1.0	10	2.7	37.8
全球		100		100	18.9

（资料来源：WTO 统计资料《中国服务贸易发展报告 2007 》中国服务贸易发展综述 商务部网站）

另一方面，国际服务贸易的发展也会促进国际货物贸易的发展。比如，运输服务贸易的增长增加了对汽车、轮船、飞机等交通工具的需求；数据处理和通信服务贸易的增长促进了对计算机、大型计算机网络、程控电话设备、通信卫星等商品的需求；文化娱乐服务的消费增长推动了卡拉OK、游戏机、电视机、影碟机等的发展。

（二）以货物移动方向为标准的分类

第一，出口贸易（Export Trade）是本国生产、加工的商品输往国外市场销售，也称输出贸易。不属于外销的商品不包含在内，例如，运出国境供驻外使领馆使用的货物，旅客个人使用带出国境的货物均不属于出口贸易。

第二，进口贸易（Import Trade）是外国商品输入本国市场上销售，也称输入贸易。同样，不属于内销的货物不包括在内，例如，外国使馆运进供自用的货物、旅客带入供自用的货物均不属于进口贸易。

第三，过境贸易（Transit Trade）是甲国经过丙国国境向乙国运送商品，对丙国来讲，是过境贸易。例如，有些内陆国家同非邻国的贸易，其货物必须通过第三国过境。对于过境国来说，必须加强对过境贸易商品的海关监管。

一国在出口和进口贸易中，由于某些原因，存在着复出口（Re-Export Trade）和复进口（Re-Import Trade）。复出口是出口贸易的变形，是外国商品输入本国未经加工也未进入国内市场而输往国外的出口。但在英美等国，复出口还包括进口商品虽已进入本国市场，但未经过加工又运往国外的商品，复出口在很大程度上同经营转口贸易有关。复进口是出口贸易的变形，是输入本国的外国货物未经加工再输出的贸易。例如，出口退货或未销售掉的寄售贸易的货物退回国内等。

（三）以货物运输方式为标准的分类

第一，陆路贸易，主要指采用火车、卡车等运输工具运送货物的贸易，适用于陆地相邻国家间的贸易。运输工具主要为火车与卡车等。集装箱运输的发展也使陆路运输能方便地做到门到门的运输服务。

第二，海路贸易，主要指采用各种船舶通过海上航线运送货物的贸易。随着集装箱船的出现，直接导致运输量扩大，运输成本降低，装卸时间缩短等。运输工具的现代化，加上海洋大于陆地面积，因此海运承担 2/3 以上的国际贸易量。

第三，空运贸易，主要指通过航空运输的方式运送货物的贸易，适用于贵重商品以及对时效要求较高的商品。

第四，邮购贸易，主要指采用邮政包裹的方式运送货物的贸易。适宜于样品传递以及数量不多的个人购买等。

第五，多式联运贸易，主要指采取海陆空等运输方式中任何两种或两种以上的运输方式运送货物的贸易。多式联运是为了适应全球范围内迅速扩大的国际贸易量，大陆桥的出现更有利于多式联运的推广及运输时间的缩短。

(四)以是否有第三国或地区参加贸易为标准的分类

第一，直接贸易(Direct Trade)。商品生产国与商品消费国直接买卖商品的行为。直接贸易的双方直接洽谈、直接结算、货物直接从出口国运到进口国。

第二，间接贸易(Indirect Trade)。商品生产国与商品消费国通过第三国进行商品买卖的行为。出口国与进口国不直接进行洽谈、结算，必须经第三国商人之手完成交易。买卖的商品可以由出口国直接运往进口国，也可以先运到第三国，再由第三国转运到进口国。

第三，转口贸易(Intermediary Trade)。当商品生产国与商品消费国通过第三国进行的贸易时，对第三国来讲，则是转口贸易。转口贸易发达的国家往往地理位置优越，运输条件便利，贸易限制较少，如新加坡、鹿特丹、中国香港地区。

(五)以清偿方式不同为标准的分类

第一，现汇贸易(Spot Exchange Trade)。以现汇结算方式进行交易的贸易。由于现汇在运用上灵活、广泛，可以自由地兑换其他货币，所以，该方式是目前国际贸易活动中运用最普遍的一种。其特点是银行逐笔支付货款，以结清债权、债务，结算工具以信用证为主，辅以托收和汇付等方式。在国际贸易中，能够自由兑换的货币主要是西方发达国家的货币，如美元、欧元、日元等。

第二，记账贸易(Clearing Account Trade)，由两国政府间签订贸易协定或贸易支付协定，按照记账方法进行结算的贸易。其特点是在一定时期内(多为一年)，两国间贸易往来不用现汇逐笔结算，而是到期一次性结清。通过记账贸易获得的外汇称为记账外汇，一般仅用于协定国之间，不能用于同第三国的结算。

第三，易货贸易(Barter Trade)，以货物经过计价作为清偿工具的贸易。其特点是把进出口直接联系起来，双方有进有出，进出基本平衡。易货的商品可以一种对一种，也可以一种对多种，多种对多种。易货贸易有助于克服某些国家外汇短缺，难以用现汇从国外购买所需商品的障碍。但易货贸易也存在局限性，一是双方各自需要和对方可提供的商品难以完全一致；二是受支付平衡的限制，贸易规模难以扩大；三是手续复杂，谈判周期长；四是由于货物计价不是通过市场竞争形成的，而是由双方谈判确定的，因此，价格未必合理。

(六)按交易方式的性质为标准的分类

第一，商品贸易(Goods Trade)，以商品买卖为目的的纯商业方式所进行的贸易活动。此种性质的交易方式又包含着一些具体的交易方法，如经销、代理、寄售、拍卖、投标及展卖等。

第二，加工贸易(Processing Trade)，利用本国的人力、物力或技术优势，从国外输入原材料、半成品、样品或图纸，在本国内加工制造或装配成成品后再向国外输出的，以生产加工性质为主的一种贸易方式。加工贸易又可分为来料加工、来样加工和来件装配。

第三，补偿贸易(Compensation Trade)，参与两国间贸易的双方，一方是以用对方提供的贷款购进机器、设备或其他技术，或者是以用对方提供的机器、设备或技术进行生产和加工活动，待一定时期后，该方用该项目下的产品或其他产品或者是产品销售后的收入去偿还对方的贷款或设备技术款项的一种贸易方式。此种方式对解决买方的资金暂时不足，对帮助卖方推销商品均有一定的作用。

第四，租赁贸易(Renting Trade)，租赁贸易的本质是租，它是由租赁公司以租赁方式将商品出租给国外的用户使用，国外租户不交付商品货款而交付商品租金的一种交易方式，因而也称为租赁信贷。这种贸易方式的特点是：出租的商品一般都是价格较为昂贵的设备或交通工具等；租赁公司享有该商品的所有权，并可按期收回稳定的资金；租户可避免积压大量的设备资金，并可及时更新、使用更新的技术。此种方式在国际贸易活动中发展迅速，并逐渐发展至租购结合，即先为租赁关系，到一定时期后，该商品所有权即转归租户所有，变成了买卖关系。

三、国际贸易的产生

国际贸易是人类社会发展到一定历史阶段的产物。它的产生，必须具备以下两个条件：一是国家的形成，二是有可供交换的剩余产品。因此，从根本上说，社会生产力的发展和社会分工的扩大，是国际贸易产生和发展的基础。追溯到原始社会初期，人类处于自然分工状态，生产力极度低下，人们依靠共同劳动获取的生产资料十分有限，除了供人们食用以外几乎没有剩余，当时缺乏可交换的产品，私有制还未形成，没有阶级，没有国家，也就不存在跨越国界的国际贸易。

人类社会在第一次社会大分工后，畜牧业从农业生产中分离了出来，推动了原始社会生产力的发展。第二次社会大分工后，产生了手工业，促进了为交换而进行的商品生产。第三次社会大分工后，商人出现，商品的生产和交换获得了发展，阶级和国家相继形成。于是，在原始社会末期，有了超越国界的商品交换，他们将自己较便利地生产出来的剩余商品，去同其他国家换取自己不能生产或不能满足需求的商品，这就是初始的国际贸易。

四、国际贸易的发展

(一)奴隶社会和封建社会时期的国际贸易

奴隶社会是以奴隶主占有生产资料和奴隶为基础的社会，自然经济占统治地位，生产的目的主要是消费，以交换为目的的商品生产在整个经济中微不足道。

封建社会时期，由于社会制度的进步和社会生产力的提高，特别是到了封建社会中晚期，地租由劳役和实物形式转变为货币形式，商品经济和国际贸易得到了进一步发展。国际贸易的地理范围和参加贸易的国家有了明显扩大。

在前资本主义社会，由于社会生产力发展水平的限制和技术水平、交通条件以及地理环境的限制，国际贸易在商品种类、规模以及范围上比较有限。可以说国际贸易在当时的社会经济中并不占重要地位。

(二)资本主义时期的国际贸易

随着生产力的发展和资本主义生产方式的演进，国际贸易才有了长足的发展。16世纪到18世纪中叶是资本主义资本原始积累和资本主义工场手工业发展的黄金时期。这一时期，由于工场手工业的发展，劳动生产率得到了很大的提高，商品生产和商品交换的范围不断扩大，促进了国际贸易的发展。

18世纪后半期到19世纪中叶是资本主义生产方式确立和发展的重要时期。以英国为代表的欧美先进国家相继完成了产业革命，建立起了大机器工业的生产体系，生产力迅速发展，物质产品大为丰富，为国际贸易大发展奠定了物质基础。同时，交通运输和通信手段的进步，使得各国之间加强了贸易联系，缩短了运输时间，降低了运输费用，为国际贸易发展提供了可能的条件。在这种条件下，国际贸易得到了巨大发展，不仅贸易额增长迅速，而且国际贸易的商品种类和结构也有了极大的增长和改善，商品种类越来越多，工业品贸易比重上升；同时贸易方式也有了进步，各种借贷关系也随之发展起来。

19世纪末20世纪初，资本主义由自由竞争阶段进入垄断阶段。伴随着第二次产业革命的发展，资本主义生产规模日益扩大。由于生产和资本的高度集中，垄断组织在经济生活中起着决定性的作用，它们不仅控制着本国的生产和贸易，而且还控制着殖民地与半殖民地的市场和贸易。它们利用垄断地位，通过不等价交换，控制和奴役殖民地及其附属国。与此同时，资本输出已经成为一种普遍现象，带动着商品出口的不断增加，使得国际贸易继续保持增长势头。

第二次世界大战以后，世界形势发生了很大变化，主要资本主义国家经过短暂的经济恢复时期，从20世纪50年代开始，进入快速发展时期。整个世界约有100多个发展中国家以独立的主权国家出现在世界市场上，参与国际贸易，这样使国际贸易的总体规模不断扩大。

(三)经济全球化背景下国际贸易的新特点

经济全球化是当今世界的最重要特征之一。在科技革命的推动下，经济全球化加快发展，生产要素在全球范围内的流动增多，各国市场的相互依赖不断加深，国际经济贸易规则日益趋同，世界各国的经济联系越来越紧密，越来越多不同社会制度、不同发展水平的国家被纳入全球经济体系之中。

在经济全球化的推动下，国际分工日益细密，国际贸易规模迅速扩张，并且呈现出一些新的特点。

1. 贸易结构发生巨大变化

经济全球化引发了各国间产业结构和经济结构的调整，这种调整导致国际贸易结构也随之变化，突出表现在两个方面：一是货物贸易中工业制成品贸易所占比重不断上升，农产品和初级产品贸易比重持续下降。据专家测算和世贸组织统计，第二次世界大战前工业制成品贸易占全球贸易的比重只有40%左右，1990年这一比重上升到70%，1995年后保持在80%以上。其中，高新技术产品贸易在制成品贸易中的地位越来越重要。据世界银行统计，1990年，全球高新技术产品出口额占工业制成品出口额的比重仅有17.4%，目前已经占1/4左右。二是服务贸易所占比重不断上升。经济全球化促进了全球范围内服务业和服务贸易发展，服务外包成为跨国投资的主流。据世贸组织统计，从1980年到2002年，国际服务贸易增长了3.8倍，服务贸易占国际贸易的比重从15.2%上升到19.1%。

2. 投资与贸易的互动性增强

在经济全球化条件下，跨国公司主要通过国际投资和国际贸易在全球范围内配置资源，使国际贸易和国际投资紧紧联系在一起，两者的互动性显著增强。近年来，随着国际直接投资的扩张，公司内贸易、产业内贸易等新的贸易形式得到了快速发展。

公司内贸易是跨国公司各个分支机构间的贸易。随着跨国公司数量的增长和规模的扩大，公司内贸易在世界贸易中的地位越来越重要。公司内贸易使跨国公司可以在全球范围内优化配置生产要素，降低交易成本，稳定生产经营，有效地促进了国际贸易的增长。

产业内贸易是既进口又出口同类产品的贸易。跨国直接投资导致了全球范围内的产业转移，深化了产业的垂直分工，促进了产业内贸易的发展。目前产业内贸易已经占世界货物贸易的 60% 以上。各国不再追求产品的所有生产环节，而是选择本国最具优势的环节，以获得经济全球化带来的收益。

3. 多边贸易体制在曲折中发展

在经济全球化条件下，国际贸易规模迅速扩张，国家间的贸易摩擦和争端也呈增加趋势，多边贸易体制的作用显得越来越重要。在当今的国际贸易格局中，世贸组织在推动成员国相互开放市场，促进全球贸易投资自由化、推动世界经济贸易发展等方面发挥了不可替代的作用。世贸组织为解决各国之间的贸易争端提供了相对完善的法律和制度框架，总体上有利于全球贸易的稳定发展。目前，世贸组织成员间的贸易量已占全球贸易量的 95% 以上。

多边贸易体制的发展也经历了许多困难和曲折。2008 年 7 月为完成世贸组织多哈回合谈判最后一搏而举行的世界贸易组织部长级会议就是最好的例证。由于各成员之间的利益矛盾，多哈回合谈判一波三折，是该次会议的"悲壮失败"。虽然多边贸易体制的作用受到国家间利益冲突的制约，但长远来看，它能协调国际经济贸易规则的制定和执行，必将促进国际贸易的进一步发展。

4. 贸易自由化成为主流，贸易保护出现新形式

经济全球化的过程中一直伴随着贸易自由化和贸易保护主义的相互交织和斗争。随着经济全球化的发展，实行贸易保护主义的成本和代价越来越大。而贸易自由化促进了贸易的发展，带动了各国经济发展和结构调整，已成为当今各国贸易政策的主流。

但是贸易保护主义并没有消失。在经济全球化浪潮中，一些国家和产业由于各种原因在国际竞争中丧失了优势，希望依靠贸易保护来维护其原有利益，在相当长的一段时间内，贸易保护主义还会有市场。由于传统的关税等保护手段在多边贸易体制中被削弱，目前的保护手段更加隐蔽，滥用反倾销等贸易救济措施，制定歧视性的技术贸易壁垒，是最为典型的表现。这几年我国产品在国际市场上频频遭遇贸易摩擦，很大程度上是由于一些国家采取歧视性的保护措施所致。

拓展阅读

中国对外贸易现状

海关总署最新发布报告指出，2008 年我国对外贸易进出口总值达 25616.3 亿美元，比上年（下同）增长 17.8%，比上年回落 5.7 个百分点。其中出口 14285.5 亿美元，增长 17.2%，回落 8.5 个百分点；进口 11330.8 亿美元，增长 18.5%，回落 2.3 个百分点。贸易顺差 2954.7 亿美元，比上年增长 12.5%，净增加 328.3 亿美元。

数据显示，受美国次贷危机引发的国际金融危机影响，2008 年我国对外贸易进出口增速前高后低，"入世"7 年来增长速度首次低于 20%。2008 年全年我国外贸进出口的主要特点有：

第一，第 4 季度外贸规模明显萎缩，最后两个月进出口增速表现为下降。随着国际金融危机的蔓延，2008 年第 4 季度我国进出口规模明显萎缩，其进出口总值为 5942.8 亿美元，较 2008 年第 3 季度下降 18.8%。其中 11 月份进出口总值增长速度为 2001 年 10 月份（除去春节不可比月份）以来首次出现负增长，12 月份进出口跌幅则进一步加深。12 月份我国进出口总值 1833.3 亿美元，下降 11.1%，跌幅比 11 月份加深 2.1 个百分点。

第二，一般贸易进口增速提高，其项下顺差减少；加工贸易比重下降，进口增速低于出口。

2008 年，我国一般贸易进出口 12352.6 亿美元，增长 27.6%，占同期我国进出口总值的 48.2%，所占比重比上年提高 3.7 个百分点。其中，出口 6625.8 亿美元，增长 22.9%，比上年回落 6.5 个百分点；进口 5726.8 亿美元，增长 33.6%，比上年加快 4.9 个百分点。一般贸易项下贸易顺差 899 亿美元，比上年净减少 205.7 亿美元。

2008 年，我国加工贸易进出口 10535.9 亿美元，增长 6.8%，占当年我国进出口总值的 41.1%，所占比重比上年回落 4.2 个百分点。

第三，外商投资企业进出口增长步伐放缓，国有企业进出口增速有所提高。

2008 年，外商投资企业进出口 14105.8 亿美元，增长 12.4%，比上年回落 6 个百分点，占当年我国进出口总值的 55.1%。其中出口 7906.2 亿美元，增长 13.6%，占当年我国出口总值的 55.3%；进口 6199.6 亿美元，增长 10.8%，占当年我国进口总值的 54.7%。同期，国有企业进出口 6110.4 亿美元，增长 23.5%，比上年加快 3.7 个百分点，占当年我国进出口总值的 23.9%。其中出口 2572.3 亿美元，增长 14.4%，占当年我国出口总值的 18%；进口 3538.1 亿美元，增长 31.1%，占当年我国进口总值的 31.2%。

第四，欧盟继续保持我国第一大贸易伙伴地位，与印度双边贸易增速大幅回落。

2008 年，欧盟继续保持我国第一大贸易伙伴和第一大出口市场的地位，中欧双边贸易总值为 4255.8 亿美元，增长 19.5%，分别高于同期中美、中日双边贸易增速 9 个和 6.5 个百分点。其中，我国对欧出口 2928.8 亿美元，增长 19.5%，占当年我国出口总值的 20.5%；我国对欧进口 1327 亿美元，增长 19.6%；对欧盟贸易顺差 1601.8 亿美元，比上年增长 19.4%。同期，美国继续保持我国第二大贸易伙伴地位，中美双边贸易总值为 3337.4 亿美元，增长 10.5%，比上年回落 4.5 个百分点。日本仍然处于第三大贸易伙伴的位置，2008 年中日双边贸易总值为 2667.8 亿美元，增长 13%。对日本出现贸易逆差 345.2 亿美元，比上年增长 8.3%。此外，印度在我国 10 大贸易伙伴中位列第十位，2008 年，中印双边贸易总值为 517.8 亿美元，增长 34%，比上年大幅回落 21.5 个百分点。

第五，广东、江苏、上海继续位列对外贸易进出口总值前三甲。

2008 年，广东省进出口总值 6832.6 亿美元，增长 7.7%，增速较上年回落 12.6 个百分点，占当年全国进出口总值的 26.7%，进出口规模位列全国各省市之首。同期，江苏、上海进出口总值分别为 3922.7 亿美元和 3221 亿美元，分别增长 12.2% 和 13.9%。

第六，机电产品出口增速放缓，传统大宗商品出口增长呈现平稳迹象。

2008 年，我国机电产品出口 8229.3 亿美元，增长 17.3%，比上年回落 10.3 个百分点，占当年我国出口总值的 57.6%，与上年持平。受 2008 年 8 月份起国家连续提高劳动密集型产品出口退税率的影响，部分传统大宗商品出口增速平稳。如：服装及衣着附件；纺织纱线、织物及制品；鞋类；家具；塑料制品；原油；成品油；煤炭；钢材；钢坯。

第七，初级产品进口比重提高，资源性产品进口均价上涨明显。

2008 年，我国进口初级产品 3627.8 亿美元，增长 49.2%，占当年我国进口总值的 32%，比上年提高 6.6 个百分点。同期，进口工业制品 7703.1 亿美元，增长 8.1%，占当年我国进口总值的 68%。

摘自：http://www.china.com.cn/economic/txt/2009-02/06/content_17235948.html

综合实训

1. 简述国际贸易分类及其标准。
2. 查资料完成下表，运用贸易差额理论做简单分析。

中美贸易 2001～2008 年收支状况

	2001	2002	2003	2004	2005	2006	2007	2008
出口总额								
进口总额								
贸易差额								

上网查资料，用数据分析我国改革开放以来对外贸易发展概况。

实训目标：

学会从网络中寻找国际贸易有关信息，运用基本概念分析数据。

组织实施：

学生分组，要求运用本任务中提及的国际贸易基本概念和分类中的不同角度，根据中国改革开放以来对外贸易发展的概况或者不同商品市场发展状况，上网收集相关数据，分析数据，得出结论。

操作提示：

中华人民共和国商务部网站：http：//www. mofcom. gov. cn/

中华人民共和国海关总署网站：http：//www. customs. gov. cn/publish/portal0/

海关综合信息资讯网：http：//china-customs. com/

中国对外贸易经济合作企业协会网站：http：//www. china-commerce. com. cn/

中国知网：http：//www. cnki. com. cn/

人大论坛国际经济学学术交流网站：http：//www. pinggu. org/bbs/b9. html

成果检测：

各组根据所查到资料，每组推出代表提交数据和发言提纲，分析阐述观点，学生讨论，教师进行评价。

国际货物买卖合同

项目介绍

　　国际货物买卖合同是确定进出口合同当事人之间权利和义务的依据。依法成立的合同，对双方当事人都具有法律约束力，双方当事人都应履行合同约定的义务。倘若发生非因不可抗力或其他免责范围内事由导致的不符合合同约定的作为或不作为，就构成违约，违约方就应赔偿对方因此而受到的损失。如果违约方不赔偿或不按对方的实际损失进行赔偿，对方就有权视不同情况采取合理措施以取得法律保护。由此可见，买卖双方的权利与义务都要在合同中做出明确规定，而合同的履行也要以该合同为依据。

M任务一 国际货物买卖合同的订立

任务描述

　　某年 12 月，中国天津 A 公司与某国在中国广州设立的外商独资企业 B 公司在大连签订一份货物买卖合同，合同规定，由 B 公司向 A 公司出售一批移动电信设备，总金额为 200 万美元，交货地点在 A 公司设在沈阳的仓库。合同进一步规定，双方当事人如在合同履行过程中发生争议，可进行友好协商解决；如协商未果，则自愿提交中国国际经济贸易仲裁委员会深圳分会仲裁，其结果为终局性的，对双方均产生约束力，并明确双方所适用的法律为《联合国国际货物销售合同公约》。双方当事人对上述合同条款所做出的法律适用方面的选择是否恰当？

　　　　（资料来源：冷柏军. 国际贸易实务. 北京：对外经济贸易大学出版社，2005）

　　从上例中我们可以看出，根据法律规定，签订合同的主体在不同国家，或标的物具有国际性，或经济关系发生在不同国家，才具有国际性。而在本案中，由于上述内容甚至包括签约地点均不具有国际性，因此，双方当事人对合同条款所做出的法律适用方面的选择是不恰当的，而应适用《中华人民共和国合同法》（以下简称《合同法》）。

　　本任务中，国际贸易买卖双方需要了解国际货物买卖合同的特点，熟悉国际货物买卖合同适用的法律，掌握国际货物买卖合同成立的时间以及国际货物买卖合同生效的要件。

概念点击

　　国际货物买卖合同：又称国际货物销售合同（Contracts for International Sale of Goods），指营业地处于不同国家的当事人之间就货物买卖所发生的权利义务关系而达成的共同意思表示。

　　国内法：是指由国家制定或认可并在本国主权管辖范围内生效的法律。

　　国际贸易惯例（International Practice and Custom）：是指在国际贸易实践中经反复使用并可以确定国际货物买卖合同双方当事人权利义务的习惯性行为规则。

　　国际公约：是指两个或两个以上主权国家为确定彼此的政治、经济、贸易、文化、军事等方面的权利和义务而缔结的诸如公约、协定、议定书等各种协议的总称。

　　对价：是指当事人为了取得合同利益所付出的代价（这是英美法的概念）。

约因：是指当事人签订合同所追求的直接目的（这是大陆法的概念）。

 **任务完成**

一、国际货物买卖合同的特点

（一）国际货物买卖合同的标的物是货物

国际货物买卖合同的标的物是"货物"，包括一切有形动产，但不包括股票、债券及流通票据等有价证券的买卖和权利财产的交易，也不包括不动产和提供劳务的交易。

拓展阅读

不适用于《联合国国际货物销售合同公约》的国际贸易货物销售

在《联合国国际货物买卖合同公约》第二条中，排除了六种不适用于该公约的国际贸易货物销售：①供私人、家人或家庭使用的货物的销售。②经由拍卖的销售。③根据法律执行令状或其他令状的销售。④公债、股票、投资证券、流通票据或货币的销售。⑤船舶、船只、气垫船或飞机的销售。⑥电力的销售。此外，对于供应货物一方的义务属于提供劳务或其他服务的合同也不适用该公约。

（资料来源：《联合国国际货物销售合同公约》，1988 年生效）

（二）国际货物买卖合同具有国际性

衡量一个货物买卖合同是否具有国际性的标准，是看买卖双方的营业地是否处在不同的国家，而不是双方当事人的国籍。所谓营业地是指固定的、永久性的、独立进行营业的场所，例如，一家外国公司在我国设有常驻代表机构，而这家代表机构在法律上实际是外国公司在我国的代表人，它是代表本国公司进行活动的，所以我国某家公司和这家常驻代表机构签订的货物买卖合同，仍然是国际货物买卖合同。

国际货物买卖具有国际性的普遍情况是，双方当事人为不同国籍，在不同营业地，如 A 国企业与 B 国企业之间的贸易；另一种情况是，双方当事人具有相同国籍、营业地不同，如 A 国的企业与该企业设在 B 国的子公司进行货物贸易。但如果双方当事人具有不同国籍，而营业地相同的话，如具有 A 国国籍的企业与具有 B 国国籍的企业在 C 国所进行的贸易就不是国际货物买卖了。

（三）国际货物买卖合同是对外贸易中的基本合同

国际货物销售合同是以逐笔成交、货币结算、单边进口或出口的方式与不同国家和地区的商人达成的货物买卖合同。此外，国际货物买卖的当事人在进行一笔交易时，通常还需要与运输机构、保险公司、银行等签订合同，而在一般情况下，这些合同又是履行货物销售合同所必需的，是为履行货物销售合同服务的。而这些合同只是某一笔交易的组成部分，是辅助性的合同，基本的合同仍然是货物销售合同。

（四）国际货物买卖合同所适用的法律较为复杂

在国内贸易中，约束贸易当事人以及贸易行为的，是单一的国内法；但在国际贸易中，适用于国际贸易销售合同的，可以是有关国家的国内法，也可以是有关国际货物买卖的国际公约以及国际贸易惯例。

二、国际货物买卖合同适用的法律

达成和履行国际货物销售合同，必须符合法律规范，才能受法律保护。在一定情况下，国际货物销售合同应当符合合同选择的或根据国际私法规则适用的其中一个国家的国内法，在处理国际货物销售合同以及有关的争议时，一般可以适用本国的国内法或适用对方国家的国内法，此外还可以适用国际公约或国际贸易惯例。

(一)国内法

国际货物买卖合同必须符合国内法，即符合某个国家制定或认可的法律。

拓展阅读

《中华人民共和国民法通则》第六条和第一百五十条规定：订立合同，包括涉外合同，都必须遵守中华人民共和国法律，即使依照法律规定适用外国法律或者国际惯例，也不得违反中华人民共和国法律。

但是，由于国际货物买卖合同的当事人所在的国家不同，而不同的国家往往对同一问题的有关法律规定不相一致，因而一旦双方发生争议引起诉讼，就会产生究竟应适用哪一国法律，即以哪国法律处理相关争议的问题。为了解决这种法律冲突，以利于正常的国际贸易，通常的规则是采用在国内法中规定的冲突规范的办法。我国法律对涉外经济合同的冲突规范也采用这种国际上的通用规则。

我国《合同法》第一百二十六条规定：涉外合同的当事人可以选择处理合同争议所适用的法律，但法律另有规定的除外。涉外合同的当事人没有选择的，则适用与合同有最密切联系的国家的法律。

根据我国《合同法》第一百二十六条的规定：除法律另有规定外，我国当事人与国外当事人签订协议时，可以在合同中选择处理合同争议所适用的法律或国际条约，既可选择按我国法律，也可选择按对方所在国法律或双方同意的第三国法律(或者有关的国际条约)来处理所产生的合同争议；如果当事人没有在合同中做出选择，那么在发生争议时，由受理合同争议的法院或仲裁机构依照交易的具体情况来认定"与合同有最密切联系的国家"的法律进行处理。

(资料来源：全国人大法规库，中国政府门户网站，http：//www.gov.cn)

(二)国际贸易惯例

国际贸易惯例既不是国家间缔结的条约，也不是某个国家的国内法，而是长期的贸易实践中逐步形成的较为明确和内容固定的一些通例。只有合同当事人自愿采用并经司法或仲裁机构认可，才具有约束力，在调整国际货物买卖中起合同适用依据的作用。由于国际贸易惯例不是法律，对当事人没有普遍的强制性，所以当事人在选择某个惯例时，可以对其中的内容进行更改或补充；在国际货物买卖合同中如果做出了与国际贸易惯例不同的规定，在解释合同当事人义务时，应以合同约定为准。

在现行的国际惯例中，有些已被某些国家纳入国内法，有些已为国际条约所采用，成为国际条约的内容，这就是惯例"条约化"。如我国《民法通则》第一百四十二条规定：中华人民共和国法律和中华人民共和国缔结或者参加的国际条约没有规定的，可以适用国际惯例。

拓展阅读

主要的国际贸易惯例、公约

关于贸易术语的惯例：《国际贸易术语解释通则》、《1932年华沙—牛津规则》、《1941年美国对外贸易定义修订本》

关于支付方式的惯例：《托收统一规则》、《跟单信用证统一惯例》

关于国际货物买卖合同的公约：《联合国国际货物销售合同公约》

有关提单的国际公约：《关于统一提单的若干法律规则的国际公约》，简称《海牙规则》(*Hague Rules*)，《1968年布鲁塞尔议定书》，简称《维斯比规则》(*Visby Rules*)，《1978年联合国海上货物运输公约》，简称《汉堡规则》(*Hamburg Rules*)。

(三)国际公约

调整国际货物买卖合同的国际公约主要是《联合国国际货物销售合同公约》。

《联合国国际货物销售合同公约》(以下简称《公约》)于1980年在维也纳外交会议上通过，1988年1月1日起生效。我国于1986年12月11日核准该公约成为公约成员国。《公约》分别对合同的定义、合同的发价和接受的条件、货物销售总则、买卖双方的义务、风险转移、一般规定以及公约的批准和生效程序作了较为全面的规定。

拓展阅读

截至2002年6月15日，核准、参加或继承《联合国国际货物销售合同公约》的国家有61个，它们是阿根廷、澳大利亚、奥地利、白俄罗斯、比利时、波斯尼亚—黑塞哥维那、保加利亚、布隆迪、加拿大、智利、中国、哥伦比亚、克罗地亚、古巴、捷克共和国、丹麦、厄瓜多尔、埃及、爱沙尼亚、芬兰、法国、格鲁吉亚、德国、希腊、几内亚、匈牙利、冰岛、伊拉克、以色列、意大利、吉尔吉斯斯坦、拉脱维亚、莱索托、立陶宛、卢森堡、摩尔多瓦、毛里塔尼亚、墨西哥、蒙古、荷兰、新西兰、挪威、秘鲁、挪威、波兰、罗马尼亚、俄罗斯、新加坡、斯洛伐克共和国、斯洛文尼亚、西班牙、瑞典、瑞士、圣文森特和格林纳丁斯、阿拉伯叙利亚共和国、乌干达、乌克兰、美国、乌拉圭、乌兹别克斯坦、南斯拉夫联盟、赞比亚。

我国在加入公约时提出了以下两项重要保留：①关于国际货物买卖合同书面形式的保留。《公约》规定，国际货物买卖合同无须以书面订立或书面证明，在证明方面也不受任何其他条件的限制，各国可以用包括人证在内的任何方法证明，即国际货物买卖合同可以用口头或书面方式成立。而我国从买卖关系的复杂性及解决纠纷的原则性方面考虑，认为国际货物买卖合同必须采用书面形式，故《公约》关于合同形式的规定对我国不适用。②关于《公约》适用范围的保留。公约第一条(一)款(a)项规定，本公约适用于营业地在不同国家的当事人之间所订立的货物销售合同；该款(b)项还规定，双方当事人的营业地处于不同的国家，即使他们的营业地所在国都不是该公约的缔约国；或一方所在国是该公约的缔约国，另一方所在国不是该公约的缔约国，如果国际私法规则导致适用某一缔约国的法律，则该公约也将适用于这些当事人之间订立的国际货物买卖合同。我国对(a)项的规定完全核准，但对(b)项的规定提出了保留，这是因为这一规定扩大了《公约》的适用范围，限制了缔约国有关国内法的适用并容易使公约的适用产生不确定性。我国只承认《公约》的适用范围限于营业地分处于不同缔约国的当事人之间所订立的货物买卖合同。

(资料来源：孙继红.新编国际贸易实务.上海：上海财经大学出版社，2008)

我国大连的一家外贸公司与一家设在东京的日本企业在北京签订了一项买卖合同，交货地点为大连港船上交货，合同未规定处理争议所适用的法律。但在履行合同时买卖双方发生纠纷，如果由你来处理该纠纷，你会不会由于该合同的缔约地在北京和履行交货的地点在大连，认为与该合同有最密切的联系的国家是中国，因此应当适用中国的法律？

三、国际货物买卖合同成立的时间

根据《联合国国际货物销售合同公约》的规定，接受自送达发盘人时生效。接受生效的时间，实际上就是合同成立的时间，合同一经订立买卖双方即形成合同关系，彼此就受合同的约束。

在实际业务中，有时双方当事人在洽商交易时约定，合同成立的时间以签约时合同上所写明的日期为准，或以收到对方确认合同的日期为准。在这两种情况下，双方的合同关系即在签订正式书面合同时成立。

我国《合同法》第三十二、第三十三条规定：当事人采用合同书形式订立合同的，自双方当事人签字或者盖章时合同成立。当事人采用信件、数据电文等形式订立合同的，可以在合同成立之前要求签订确认书，签订确认书时合同成立。

我国《合同法》还规定，法律、行政法规规定应当办理批准、登记手续的合同，自批准、登记时，方为合同成立。

四、国际货物买卖合同生效的要件

一项合同，除买卖双方就交易条件通过发盘和接受达成协议外，还需具备下列有效条件，才是一项有法律约束力的合同。

（一）当事人必须具有签订合同的相应行为能力

签订买卖合同的当事人主要为自然人或法人。自然人签订合同的行为能力，指具有与订立合同相应的年龄、智力和精神状况；法人签订合同的行为能力，各国法律一般认为，法人必须通过其代表人，在法人的经营范围内签订合同，即超越经营范围的合同存在效力瑕疵。我国对某些外贸合同的签约主体还有一定的限定，例如，规定只有取得外贸经营权或特许经营权的企业或其他经济组织，才能签订对外贸易合同；没有取得这些经营权的企业或组织，需委托有对外贸易经营权的企业为其代理。

（二）合同必须有对价或约因

按照英美法和法国法的规定，合同只有在有对价或约因时，才是法律上有效的合同，无对价或无约因的合同，是得不到法律保障的。

（三）合同的内容必须合法

合同内容必须合法，从广义上解释是不得违反法律，不得违反公共秩序或公共政策，以及不得违反良知、风俗或道德三个方面。

（四）合同必须符合法律规定的形式

世界上大多数国家，只对少数合同才要求必须按法律规定的特定形式订立，而对大多数合同，一般不在法律上规定为要式。但我国签订的外贸合同必须以书面形式订立，否则无效。

（五）合同当事人的意思表示必须真实

各国法律都认为，合同当事人的意思表示必须是真实的，其所签订的合同才成为一项有法律约束力的合同，否则这种合同无效或可以撤销。我国《合同法》也明确规定："采取欺诈或者胁迫手段订立的合同无效。"

【典型实例】

我国顺昌外贸公司向芬兰福利斯特林业公司发出购货合同书，订购一批原木。该购货合同书的背面条款规定"双方争议交中国贸促会仲裁委仲裁"。福利斯特随即发回一份销售合同书，表示接受订货，但其背面条款规定争议在英国仲裁。随后双方开始履行合同，不久发生争议。顺昌根据其购货合同书的背面条款在中国提起仲裁，而福利斯特却以销售合同书的规定为由辩称应由英国仲裁，中国贸促会仲裁委无权受理。

（资料来源：避免贸易纠纷，请订立清晰合同．中国外贸网，http：//www.chinagrow.com/china/）

【简评】这是有关合同条款争议的典型案例。买卖双方虽然表面上订立了合同并且开始履行，但是各方主张的条款却存在不同程度的差异，一旦出现纠纷，就以各自提出的条款进行抗辩。这种情况显然与合同法的基本原则相违背。我们知道，合同是当事人双方的合意体现，合同条款要对双方有约束力，前提是双方都对该条款表示同意并接受。任何一方都无权将单方定制的条款强加于另一方。因此，如果双方使用自制的合同书订立合同，两份合同书的规定理应完全一致，不能有丝毫出入。

任务二　国际货物买卖合同的形式

任务描述

A公司是一家韩国贸易公司，与中国的B公司签订了购买餐具的国际货物买卖合同。双方的合作至今已有几年的时间，双方前期的合作比较顺利，签订的合同也非常简单，对货物仅简单约定了规格，关于货物质量检验、索赔时效、合同争议的解决方式等问题都没有约定。从2007年9月份开始，B公司交付的货物开始出现质量问题，在美国先后出现了扎伤顾客的事故。A公司的美国客户向A公司提出索赔，A公司对美国客户赔偿后，向B公司追偿。因为A公司与B公司签订的合同中对于货品的质量标准约定不明，双方虽然有过凭样品交货的协商，但没有将该交货方式在合同中约定，也没有封存样品，所以对于货物的质量标准双方争议很大。A公司在货物交付前后也没有对货物质量进行检验，在向美国客户赔偿的过程中也没有搜集、保存好相关的赔偿依据，而只有一些往来的电子邮件证明A公司已经因货物质量问题向美国客户做出了赔偿。因此，A公司向B公司成功索赔的难度非常大。

（资料来源：李红伟．浅析国际货物买卖合同中应注意的几点法律问题．http：//blog.sina.com.cn/s/blog_5beeb9120100cd0s.html，2009-3-25）

从上例中我们可以看出，随着现代通信技术的不断发展，很多公司采用电子邮件与客户进行商事交往。限于技术的原因，目前这种形式证据的证明效力还存在较大争议，所以公司在发送正式文件时应谨慎使用。因为书面合同具有较强的确定性和较高的证据效力，所以在国际货物买卖合同的订立过程中，建议当事人特别注意采用书面合同来确定双方的权利和义务，而且最好保存书面合同的正本直至合同履行完毕后一定时间。对于合同的修改也应该以书面形式来进行，而不能仅以电话沟通了事。

本任务中，国际贸易买卖双方需要了解多种形式的贸易合同，在贸易实务往来中应该尽可能选择书面合同，进而规避发生争议时缺乏书面依据的风险。

 **概念点击**

书面形式合同：是指合同书、信件和数据电文（电话电报、电传、传真、电子数据交换和电子邮件）等可以有形地表现所载内容的形式。

口头形式合同：又称口头合同或对话合同，是指当事人之间通过当面谈判或通过电话方式达成协议而订立的合同。

格式合同：又称标准合同、定式合同等，是指含有格式条款的合同。

电子商务合同：是指以电子数据交换（Electronic Data Interchange，简称 EDI）、电子邮件（E-mail）等能够完全准确地反映当事人意思表示的数据电文的形式，通过计算机互联网订立商品或服务的交易合同。

任务完成

一、书面形式

在国际贸易实际业务当中，按照一般习惯做法，买卖双方达成协议后，通常还要制作书面合同将各自的权利和义务用书面方式加以明确，这就是所谓的签订书面合同。

(一)签订书面合同的意义

1. 作为合同成立的证据

在法律上，当双方当事人在交易（合同）的履行过程中发生争端或纠纷时，提供以书面形式所签订的合同是证明双方存在合同关系的一种最有效、最简便的方法，也可作为仲裁员和法官进行仲裁和作出判断的一个有力的证据。因此，签订书面合同，为将来争议的解决提供了一种法律的依据。

2. 作为履行合同的依据

无论是口头还是书面达成的协议，如果没有一份包括各项条款的合同，则给履行带来许多不便。所以，在业务中，双方都要求将各自应享受的权利和应承担的义务用文字规定下来，作为正确履行合同的依据。

3. 可作为合同生效的条件

在国际贸易实务中，有时合同的生效是以书面形式签订合同作为条件的。买卖双方达成协议所交换的信件、电报、电传也常常作为书面合同的形式。特别是在一方当事人要求签订确认书时，只有当签订确认书后，合同才告成立。否则在此之前，即使双方已对交易条件全部取得了协商一致的结果，也不存在法律上有效的合同。

(二)书面合同的类型

在国际贸易中，书面合同的格式和名称不尽相同，形式很多，均无特定的限制。一般常用的有销售合同、购货合同、成交确认书、协议、备忘录、意向书、订单等。

我国对外贸易业务中，主要采用的书面合同是销售合同、销售确认书两种。以上两种形式的合同，虽然在格式、条款项目和内容的繁简上有所不同，但在法律上具有同等效力。在进出口业务中，对大宗商品或成交金额比较大的交易，一般采用书面合同形式，对金额不大，批数较多的小土特产品和轻工业品一般采用确认书形式。货物买卖合同或确认书，一般由我方根据双方磋商的条件缮制正本一式两份，我方签字后寄交给对方，经对方查核签字后，留存一份，另一份寄还我方，双方各执一份，作为合同订立的证据和履行合同的依据。

1. 正式合同

正式合同(Contract)是带有"合同"字样的法律契约。主要包括销售合同和购货合同。合同的文字表述要清楚、权利、义务要明确，并对双方要有约束性，签订手续完备。

2. 确认书

确认书(Confirmation)较正式合同简单，是买卖双方在通过交易磋商达成一致后，寄给双方加以确认的列明所达成交易条件的书面证明，经买卖双方签署的确认书，是法律上有效的文件，对买卖双方具有同等的约束力。确认书包括销售确认书和购货确认书。

3. 协议

协议(Agreement)在法律上是合同的同义词。只要协议对买卖双方的权利和义务做出明确、具体和肯定的规定，即使书面文件上被冠以"协议"或"协议书"的名称，一经双方签署确认，即与合同一样对买卖双方具有约束力。有时，协议是主合同中不可分割的组成部分，与主合同一样具有法律效力。此外，协议根据买卖双方磋商的内容和过程，有时是初步性协议，有时是原则性协议。

4. 备忘录

备忘录(Memorandum)是订立书面合同的前置准备程序之一。它是在买卖双方磋商过程中，对某些事项达成一定程度的理解与谅解及一致意见，将这种理解、谅解、一致意见以备忘录的形式记录下来，作为双方今后进一步磋商，达成最终协议的参考，并作为今后双方交易与合作的依据。由于备忘录不具有最终交易条件达成一致、使合同有效成立的性质，故不具有法律约束力。

5. 意向书

意向书(Expression)是买卖双方当事人在磋商尚未达成最后协议之前，为实现某种交易的目的，而做出的一种意愿的表示，并把设想、意愿、初步商定的条件以书面形式记录下来，作为今后谈判的参考与依据。由于它只是买卖双方的一种意愿表示，而不是最后商定签署的契约，因此，不属于法律文件，不具有法律约束力。

二、口头形式

采用口头形式订立合同，有利于节省时间，简便行事，对加速成交起着重要作用。但是，因无文字依据，空口无凭，一旦发生争议，往往举证困难，不易分清责任。这是导致有些国家的法律、行政法规规定必须采取书面合同的最主要的原因。

三、其他形式

这是指上述两种形式之外的订立合同的形式，即以明示或默示的行为方式表示接受而订立的合同。例如，根据当事人之间长期交往中形成的惯例，或发盘人在发盘中已经表明受盘人无须发出接受通知，可直接以行为做出接受而订立的合同，均属此种形式。

上述订立合同的三种形式，从总体上来看，都是合同的法定形式，因而均具有相同的法律效力，当事人可根据需要，酌情做出选择。当事人签订合同时，究竟采用什么形式，应根据有关法律、行政法规的规定和当事人双方的意愿行事。

拓展阅读

我国的外贸合同必须采用书面形式

我国《合同法》第十条虽然允许合同的订立可采用口头形式和其他形式，但更同时规定，"法律、行政法规规定采用书面形式的，应当采用书面形式"。

我国在参加《公约》时，对《公约》中关于销售合同可以采用任何形式订立的规定提出了保留，因此我国对订立、修改或终止外贸合同必须采取书面形式。

我国《合同法》第十一条规定，书面形式是指合同书、信件和数据电文（包括电报、电传、传真、电子数据交换和电子邮件）等可以有形地表现所载内容的形式。

（资料来源：《中华人民共和国合同法》，1999 年生效）

四、格式合同

格式合同中含有格式条款。格式条款，又称标准条款，根据《合同法》第三十九条第二款的规定：它是当事人为了重复使用而预先拟订，并在订立合同时未与对方协商的条款。它通常有以下特点：

第一，格式条款由一方当事人预先拟订，在订立合同时未与对方协商。但如果格式合同是由政府部门拟定的，一般不作为格式条款。

第二，格式条款一般是经过认真研究拟订的，内容繁复，条款甚多，具体细致，可在一个相当长的时期内不会改变，且重复使用。

第三，作为要约，格式条款的对象具有广泛性，任何人只要同意要约的规定就可以签订合同。

格式合同的产生是由于在某些行业进行频繁的、重复性的交易，为了简化合同订立的程序而形成的。这些行业一般是发展较大的具有一定规模的企业，或者是公用事业，往往具有一定的垄断性，如水、电、热力、燃气、邮电、电信、保险、铁路、航空、公路、海运等行业。这种含有格式条款的合同在实践中应用比较多，所以接受格式条款的一方在签订合同时就需要仔细审查合同的内容。

使用格式条款的好处是，简捷、省时、方便、降低交易成本；但其弊端在于，提供商品或者服务的一方往往利用其优势地位，制定有利于自己而不利于交易对方的条款，这一点在消费者作为合同相对方时特别突出。

根据《合同法》第三十九条第一款规定：采用格式条款订立合同的，提供格式条款的一方应遵循公平原则确定当事人之间的权利和义务，并采取合理方式提请对方注意免除或者限制其责任的条款，按照对方的要求，对该条款予以说明。

格式条款订立合同的程序实际上就是《合同法》第三十九条第一款所规定的提供格式条款的一方应当采取合理的方式提请对方注意，即有义务以明示或者其他合理、适当的方式提醒相对人注意其欲以格式条款订立合同的事实。但是如果提供格式条款一方没有提请对方注意免除或者限制其责任的条款，这些条款是否一定无效？这要看情况而定。原则上，当事人一旦接受了对方的格式条款，就要受其约束，无论其是否知道这些条款的详细内容，或是否完全了解含义。然而，如果这些格式条款是当事人根本不能合理预见的、是不应当事先预知的，或者如果当事人知道这些条款就根本不会接受，则这些条款应当是无效的。

通常情况下，格式条款是合法有效的，但是《合同法》第四十条规定，提供格式条款一方免除其责任、加重对方责任、排除对方主要权利的，该条款无效。另外，根据《合同法》第五十三条规定，如果格式条款中有免除人身伤害责任的条款，或者有免除因故意或者重大过失造成对方财产损失责任的条款，也是无效的。

此外，《合同法》对格式合同有特别的限制，第四十一条规定，对格式条款的理解发生争议的，应当按照通常理解予以解释。对格式条款有两种以上解释的，应当做出不利于提供格式条款一方的解释。格式条款和非格式条款不一致的，应当采用非格式条款，即非格式条款有优先效力。这样既尊重了当事人的意思，也有利于保护广大消费者的权益。

五、合同的解除

当事人既然有订立合同的自由，当然也就有解除合同的自由。

在英美法中，广义上合同的解除原因是指使合同终止的所有事项。主要有合同的协议解除和法定解除。合同的协议解除是指当事人双方协商一致，同意终止原合同项下的义务或以新的合同代替原来的合同。合同的协议解除主要包括：废除、变更、和解与清偿和弃权。合同因法定原因解除主要有债务人破产、诉讼时效的经过和修改等几种法律原因。至于合同解除后的法律后果，英国法认为，由于违约造成合同的解除时，只是在解除合同时尚未履行的债务不再履行，已履行的债务原则上不返还；而美国法则认为解除合同应产生恢复原状的效果，各当事人均应将从对方取得的利益返还。

而大陆法，尤其是法国法则规定，合同的解除应经法院判决，但是如果双方当事人在合同中订有明示的解除条款，则无须向法院提出。至于合同解除后的法律后果，法国法主张解除合同是使合同的效力溯及既往地消灭，未履行的债务不再履行，已履行的债务，要恢复原状，相互返还从对方得到的利益。

在我国，《合同法》第九十四条明确规定："当事人协商一致，可以解除合同。当事人一方要求解除合同的原因主要有：因不可抗力致使不能实现合同目的；在履行期限届满之前，当事人一方明确表示或者以自己的行为表明不履行主要债务；当事人一方迟延履行主要债务，经催告后在合理期限内仍未履行；当事人一方迟延履行债务或者有其他违约行为致使不能实现合同目的以及法律规定的其他情形。一方主张解除合同，应当通知对方，合同自通知到达对方时解除。"至于合同解除后的法律后果，我国合同法的规定与法国法相似。

六、电子商务合同

电子商务虽然与传统的交易有很大的不同，属于一种新的交易形式，但就其本质而言，电子商务合同约定双方权利义务的合同内容并无变化，变化的主要是其形式的载体和合同订立的形式。

(一)电子商务合同生效的要件

1. 合同主体的缔约能力

由于电子商务在互联网这一虚拟的空间进行，所以各国对其中的交易主体，采取了由权威认证机构发放身份证的方式，使合同主体合法出现，以确保交易安全。

2. 合同意思表示真实一致

电子商务要求当事人的意思表示真实和一致，并能够确认交易的要约和承诺具有不可抵赖性，当事人在做出意思表示时能够真正、完全地了解合同的全部信息，没有欺诈、胁迫和误解。在合同中，签名、盖章等形式可以证明当事人的身份。所以签章是合同生效的必要条件。由于电子商务合同不存在纸本形式，由当事人的亲笔签名加盖印章则是不可能的。于是电子商务技术专家设计了以电子数据密码表示的密匙作为"电子签章"，再配合认证机构发送的电子证书对个人持有的私人密匙做认证，从而实现了合同当事人的签字功能。

3. 合同的合法性

合同标的必须合法，否则将导致合同无效。非法的标的，如危害社会公序良俗、扰乱社会经济秩序、损害社会公共利益等的物品，不因交易以电子形式而合法。关于合同的形式问题，我国合同法已将数据电文纳入书面合同形式中。

(二)电子商务合同生效的时间和地点

合同自承诺生效时成立，这一合同成立的条件，仍然适用于电子商务合同。在电子商务合同中，到达生效原则仍然是适用的，我国《合同法》第十六条规定："采用数据电文形式订立合同，收件人指定特定系统接收数据电文的，该数据电文进入该特定系统的时间，视为到达时间；未指定特定系统的，该数据电文进入收件人的任何系统的首次时间，视为到达时间。"至于合同生效的地点，目前国际上的立法已趋于一致，即除了当事人另有约定外，以承诺人的主营业地为合同的成立地点，无主营业地的，以其经常居住地为准。

【典型实例】

美国 A 公司 10 月 4 日向中国 B 公司以传真发盘，出售电子元器件，规定于当天下午 5 时复到有效。B 公司于当天下午 4 时以传真答复，对发盘中的价格及检验索赔条件提出了不同意见。10月 5 日，A 公司与 B 公司通过电话进行洽商，双方各作了让步，B 公司同意接受 A 公司的价格，A 公司同意 B 公司提出的检验索赔条件，至此，双方口头达成了一致意见，并一致同意两公司的代表在广交会上签署合同。10 月 20 日，A 公司的代表去广交会会见了 B 公司的代表，并交给他一份 A 公司已签了字的合同文本，B 公司的代表则表示要审阅后再签字。三天后，A 公司的代表再次会见 B 公司的代表，而 B 公司的代表仍未在合同上签字。A 公司的代表即索回了未签字的合同。11 月份，A 公司致电 B 公司要求开证履约，B 公司不同意，双方当事人发生争议。试问：(1)双方于 5 日通过电话协商达成一致意见是否表示合同已于此时成立？(2)要求签署书面合同是否仅仅是一种形式而不会影响到合同的有效成立？(3)双方最终是否建立合同关系？

(资料来源：《国际贸易》网络课程. http：//bm. gduf. edu. cn/gm/alfx/alssw73. html)

【简评】合同的形式是交易双方当事人就确立、变更、终止民事权利义务关系达成一致的方式，是合同当事人内在意思的外在表现形式。根据《联合国国际货物销售合同公约》和《中华人民共和国合同法》的有关规定，当事人订立合同，可以采用书面形式，口头形式和其他形式。合同的上述形式均具有相同的法律效力，都是合同的法定形式。当事人通常可以根据需要进行选择。但应该注意，在法律做出强制性规定和当事人做出约定的情况下，应该根据法律的规定和当事人的约定。可见当事人在订立买卖合同时，要根据国际公约或者国内法是否对其做出规定及双方当事人的合意或意愿，来确定买卖合同的具体形式。本案中，双方当事人在前期的书面传真中并没有达成交易，而随后在口头磋商中虽达成协议，但又保留了条件，即决定在 10 月广交会上达成书面合同。后来由于种种原因，双方最终并未达成书面协议，因此，买卖合同所要求的具体形式没有完成，双方的交易也就没有成立。

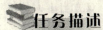

任务三   国际货物买卖合同的基本内容

任务描述

8月6日，上海 WT 实业有限公司国际贸易部和马来西亚的 KL 集团进出口公司（以上双方公司均化名，以下分别简称 WT 公司和 KL 公司）签订一份国际销售合同，合同约定，WT 公司向 KL 公司提供螺杆式空气压缩机 20 台，排气压力 10 公斤，排气量 20 立方米，主机头用 Aerzen 的 R237 系列，驱动方式柴油机驱动，四缸，机器为移动式。考虑到双方沟通上非常顺利和感情交流非常好，WT 公司迅速组织货源，并于 8 月 18 日完成所有准备工作，经过协商，贸易规则由 FOB 改成了 FAS，一切都非常顺利。

但是在 9 月 11 日，KL 公司方面提出了问题，一是出口清关方面的问题，二是包装材料费用方面的问题，双方发生了纠纷和争执。事后，双方经过友好协商和沟通和平解决了此事。

（资料来源：张京宏. 从实例浅谈国际销售合同应注意的问题. http://www.itjj.net）

从上例中我们可以看出，国际货物买卖合同的条款应该准确、完善，文字要简练、严密。在签订国际货物买卖合同时应当注意：不要轻易修改贸易规则术语；引用贸易规则术语规则一定要明确，写清版本防止纠纷；包装等相关费用等约定一定写清楚，防止发生纠纷。这些细节问题，看似简单，如果一旦引发纠纷，对公司产生的时间成本，费用成本，客户关系成本等，都是巨大的浪费和无谓的牺牲。小而言之影响企业的经济利润，大而言之影响企业的发展、素质及在国际商业中的形象。

本任务中，国际贸易买卖双方要学习书面合同的组成部分，掌握合同正文中的主要条款和一般条款，并学会熟练运用。

概念点击

合同的内容：又称合同条款，是确定合同双方当事人权利与义务关系的重要依据，同时也是判断合同是否有效的客观依据。

任务完成

买卖双方就交易的货物明确各自享有的权利和要承担的义务是国际贸易合同中最主要的内容，同时是判别当事人应该承担哪些责任的基本依据。每个交易条件对一方形成义务，对另一方则形成了权利。这些交易条件就构成了合同中最主要的内容。

书面合同不论采取何种形式，其基本内容通常包括首部（约首）、尾部（约尾）和正文三个组成部分。

一、首部

首部通常包括合同的名称、编号、序言、订约的日期、地点、订约当事人的名称和法定地址等。

合同名称是填制合同的一方对合同所加的名称，如销售合同、购货合同、销售确认书、购货确认书等。

合同编号是由制约人（填制合同的一方）规定的合同顺序号，目的是为了便于使用和管理。

订约日期与地点，一般注明在合同的右上角，用以表明签订合同的时间和地点。地点是指签约所在地的城市名称。如果双方并不在一地签约，则该地点仅列明制约人所在的地点。也有的合同把订约的日期与地点放在约尾部分。

当事人名称是指双方当事人的全称，地址即双方当事人所在的城市与国家。双方当事人的法律关系通常用买方、卖方，或甲方、乙方表示，一般列在当事人名称与地址之后。

 想一想

合同首部内容要注意什么？

合同首部所包含的内容有两点必须特别注意：①要把订约当事人的全名称和详细地址列明，因为有些国家的法律规定这是合同正式成立的必要条件之一。②要明确订约的地点。因为在合同中如果没有对合同适用的法律做出规定，则根据某些国家的法律规定和贸易习惯的解释，可适用于合同订立地国家的法律。

二、尾部

尾部通常包括使用的文字和文体、生效日期、当事人的签字以及合同的份数。有的合同还根据需要制作了附件附在后面，作为合同不可分割的一部分。合同的尾部涉及合同的效力范围和有效条件等主要问题，所以又称为效力部分。

三、正文

正文是合同的主要部分，具体规定着买卖双方各自的权利和义务，所以也叫做权利义务部分。它包括合同的主要条款和一般条款。

（一）合同的主要条款

1. 品名和品质条款

这是合同双方对商品品名和商品的质量、等级、规格、牌号、产地等的具体规定。卖方必须按合同规定的商品和品质交付货物，否则买方有权提出索赔，甚至拒收货物，解除合同。商检部门在进行检验，仲裁机构或法院在解决商品品质纠纷时，也都以本条款的规定作为依据之一。

2. 数量条款

这是合同双方交接货物和处理数量争议时的依据。在数量条款中，买卖双方一般要订明交易的数量与计量单位。按重量计量的商品，还应订明所使用的计量方法。有些商品由于某些自身的特性，计量不易十分精确，或者由于受包装、运输条件的限制，实际装货过程中不时会出现多装或少装现象。因此，在洽商数量条款时，应规定交货数量的机动幅度，即加订"溢短装条款"。

3. 包装条款

按照国际贸易习惯和某些国家的法律规定，包装应是货物的组成部分之一。包装条款就是具体规定商品包装的方式、使用的材料、费用负担和运输标志的条款。如果货物的包装与合同的规定或行业习惯出入很大，买方有权索赔损失，甚至拒收货物。包装方式和包装材料的选择常常视商品的特性和运输方式而定。包装费用一般都包括在货价之内。如果买方提出特殊包装的要求，卖方可以另行计算包装费用。

4. 价格条款

价格条款是确定买方支付货款数额的依据。价格条款一般包括单价和金额（或总值）两个项目。单价由四个部分组成，即计量单位、计价货币、单位价格金额和价格术语(亦称贸易术语)。

单价的各个组成部分必须规定得明确、具体，不能有任何遗漏或含糊。价格术语必须在国际商会最新修订的《国际贸易术语解释通则》或其他国际组织制订的有关贸易术语解释规则之内商定选用一个术语，以明确买卖双方的权利和义务。

5. 装运条款

装运条款主要包括运输方式、装运时间、装运港（站）、目的港（站）。运输单据、装运通知等内容。装运方式包括水路运输、铁路运输、航空运输、邮政运输、联合运输等多种方式。认真选择好合理的运输方式，是安全、迅速、准确、节省地完成国际贸易货运的重要保证。

6. 支付条款

支付条款是指货款及其从属费用如何计价、结算，以及在什么时间、地点，采取何种方式收付，这是买卖双方磋商时讨价还价的焦点。汇付是买方支付货款的一种最简便的方式，进口方只需按照合同规定的条款将价款通过银行付给对方即可。托收是出口商根据合同的规定，在发货后按发票金额出具汇票，并连同各项货运单据，交当地银行委托其国外代理行，向进口商收取货款。信用证是银行根据进口方的要求向出口方开具的一种付款信用凭证。

7. 保险条款

保险条款的规定方法与合同所约定的价格条件以及选择的贸易术语有着直接的联系，它主要规定由谁负责投保和支付保险费用，以及投保的险别和投保的金额等。被保险人向保险公司按约定金额投保一定险别，交纳一定数额的保险费后，如果所保货物发生承保范围内的损失，保险公司即有义务按保险合同约定给被保险人或受益人以经济上的补偿。

(二)合同的一般条款

1. 检验条款

国际贸易中的商品检验是指商品检验机构对与买卖合同有关的商品的品质、重量、包装、标记、产地、残损等情况实施查验分析和公证鉴定，并出具相关的检验证明的行为。对商品实施检验，其目的在于通过有资格的非当事人出具证明，作为买卖双方交接货物、支付货款和处理索赔的依据，也作为确定与进出口商品残损有关的承运人、保险人、港口装卸部门等责任的依据。检验条款一般包括：检验机构、检验权与复验权、检验与复验的时间和地点、检验标准和方法、检验证明等。

2. 索赔条款

在国际货物买卖合同执行过程中，当事人常常因为彼此间的责任和权利问题而引起争议。无论是买方还是卖方，一旦违反了合同规定的义务，在法律上都构成违约行为，都应该向遭受损害的一方承担赔偿责任。处理好双方的争议，妥善解决好索赔问题，有利于合同的正确履行，从而促进贸易业务健康发展。索赔条款的主要内容是规定提出索赔的期限和索赔的依据。

3. 不可抗力条款

不可抗力条款是国际货物买卖合同中普遍采用的一项例外和免责条款。其内容一般包括：不可抗力事故的范围，不可抗力事故的后果，发生事故后通知对方的方式，出具事故证明的机构。它的作用在于说明，买卖双方签订合同后，如果发生一些事先无法预见、无法避免和无法克服的意外事故使一方当事人不能履行或不能如期履行合同时，该当事人可以免除履行合同的责任或延迟履行合同的责任。

4. 仲裁条款

国际货物买卖合同通常订有仲裁条款，目的是为了解决贸易中发生的争议。争议双方自愿把争议交给彼此都同意的第三者进行裁决。仲裁条款一般包括仲裁范围、仲裁地点、仲裁机构、仲

议一议

裁程序、仲裁员的选定方法、仲裁费用的负担以及仲裁裁决的法律效力。条款中应明确规定仲裁裁决是终局性的，任何一方都不得向法院上诉要求变更。

国际贸易实践一再证明，洽商合同时，把各项合同条款订得细密周详一些，在履行合同时，就可以不走或少走弯路。反之，如果谈判中不对合同的各项条款进行认真慎重的协商而仓促签约，或者有意让合同条款含糊不清，准备在履行时再作微小变动，就会留下很多隐患，其后果往往是非常严重的。

【典型实例】

中国某外贸公司曾代国内某用户引进一套榨菜子油的加工设备，合同总金额为 14778515 德国马克。合同规定："主要设备在瑞士、联邦德国、奥地利、瑞典及其他卖方选择的国家制造。""卖方保证供应的设备都是新的和现代化的，以及在植物油工业中都达到先进技术标准。卖方保证该设备能够达到国际标准。""保证期限将限于开工后 12 个月或设备装运后 20 个月，哪一期限发生在先，便以该期限为准。"在检验、索赔条款中规定："货物运抵后……，买方应请求中国商品检验局作初步检验。若买方提出索赔，卖方有权自费指派（国外检验机构）SGS 检验员证实有关索赔。检验员的检验结果为最终的，对双方具有约束力。"在支付条款中规定："为了保证××本金和利息的偿还，买方应按卖方指定××形式开出 5 份本票，应由中国银行无条件并不可撤销的以××形式（保函）给予保证。"在仲裁条款中规定："执行本合同发生的一切争执，应通过友好协商解决，如不能……，任何一方都可提交 RD 王国国际商会仲裁。仲裁员将采用 RD 王国实体法。仲裁是终局的，对双方有约束力。"后来，购进的设备经过安装、调试和试车发现，部分设备不能正常运转。买方即凭中国商检机构出具的品质检验证书向外商索赔，但经过多次交涉，均未获结果，致使买方遭受无法补救的经济损失。

（资料来源：河南职业技术学院国际贸易实务精品课，http：//jpkc.hnjmxy.cn）

【简评】本案合同中的多项条款约定不当，是导致买方损失的主要原因。

第一，在设备品质条款中，既未规定设备品质的具体质量指标和具体内容，也未规定卖方在交货品质方面应承担的具体责任。这种只对卖方有利的不公正条款，存在很大的片面性、随意性和可变性，给卖方以可乘之机，以致出现设备质量保证期已过而仍不能正常开工的被动局面。

第二，检验、索赔条款中的不合理规定，不公正地限制了中国商检机构检验所出具证明的法律效力，使买方失去了凭中国商检局出具的证明向外商索赔的权利，而且还要受外商单方指定的外国检验员检验结果的约束，这明显有失公平。

第三，支付条款的规定不合理，它实质上是一种无条件的不可撤销的延期计息现汇付款的支付方式。外商利用此项对其片面有利的付款条件，在推卸其一切责任的情况下，按期得到货款，而中方却难以采取有效的补救措施。

第四，合同中的仲裁条款内容，无论是就仲裁地点的选择抑或是适用法律的规定，对买方都是不利的。

总之，由于本案合同中的多项条款都规定不当，使我方遭受巨额经济损失。我们一方面应从中吸取深刻的教训；另一方面，要大力提高我国外经贸人员素质，学会经营和交易，力求约定好合同条款，以维护国家和企业的正当权益。

综合实训

1. 简述国际货物买卖合同的特点。
2. 如果发生国际买卖合同纠纷，可以适用哪些有关法律？
3. 国际货物买卖合同生效的要件有哪些？
4. 签订书面合同时都应注意哪些问题？
5. 澳大利亚 A 公司从美国 B 公司进口一组成套设备，合同规定分三批交货。美国 B 公司交付的第一批货物符合合同的质量要求，但第二批交付的货物为该设备的关键部分，由于其不符合质量要求使整套设备无法安装运行。A 公司多次与 B 公司交涉后，仍无法解决该问题。于是 A 公司提出撤销整个合同，并要求 B 公司将预付的部分货款退回；而 B 公司不同意撤销合同，只同意补偿第二批货物的价值。

实训目标：

合同有效成立的要件。

组织实施：

学生分组讨论，各成员分工，先一起讨论合同有效成立的要件，然后分别对实训材料中涉及的合同要件进行分析。

操作提示：

《联合国国际货物销售合同公约》的有关规定。

成果检测：

完成活动项目任务，各组分别展示，学生讨论，教师进行评价。

6.(1)3 月 8 日来电：参阅 6 日来电，拟购啤酒 Q235 型号 320 吨，木桶装，请报最低发盘 CIF 价含佣金 3％，5 月份装运；

(2)3 月 12 日去电：根据贵公司 8 日来电，报盘有效期至 25 日，啤酒 Q235 型号 320 吨听装，每公吨 150 美元 CIF 价含佣金 3％，5 月份装运，即期信用证支付，需求量较大，请速接受。

(3)3 月 15 日来电：啤酒 Q235 型号价格太高，应减价 6％，否则无法成交。

(4)3 月 16 日去电：贵方 15 日电收到，非常抱歉，不能减价。

(5)3 月 18 日来电：根据贵方 12 日来电，我方接受啤酒 Q235 型号 320 吨听装，每公吨 150 美元 CIF 价含佣金 3％，5 月份装运。请确认并航空邮寄销售合同，以便开证。

(6)3 月 20 日去电：根据贵方 18 日电，销售合同第 568 号航空邮寄，请速开证，以便 5 月份装运。

实训目标：

国际货物买卖合同主要条款的内容及合同格式的演练。

组织实施：

学生分组，各成员分工，分别负责不同的条款内容。

操作提示：

依据上述函电内容确定合同主要条款，最终组织一份完整的合同。（合同样式参见附录）

成果检测：

完成活动项目任务，各组分别展示，学生讨论，教师进行评价。

附：国际货物买卖合同样本

销售合同
SALES　CONTRACT

合同号 NO：_____

日期 DATE：_____

The Buyers：_____

Address：_____

电话(Tel)：_____　　传真(Fax)：_____

双方同意按下列条款由卖方售出下列商品：

The Buyers agree to buy and the Sellers agree to sell the following goods on terms and conditions as set forth below：

(1)商品名称、规格和包装 Name of Commodity， Specifications and Packing	(2)数量 Quantity	(3)单价 Unit Price	(4)总值 Total Value
	(装运数量允许有　　　%的增减) (Shipment Quantity %more or less allowed)		

(5)装运期限：

Time of Shipment：

(6)装运口岸：

Port of Loading：

(7)目的口岸：

Port of Destination：

(8)保险：由_____方负责，按本合同总值110%投保_____险。

Insurance：To be covered by _____ for 110% of the invoice value against _____ .

(9)付款：凭保兑的、不可撤销的、可转让的、可分割的即期有电报套汇条款/见票/出票_____天期付款信用证，信用证以_____为受益人并允许分批装运和转船。该信用证必须在_____前开到卖方，信用证的有效期应为上述装船期后第 15 天，在中国_____到期，否则卖方有权取消本售货合约，不另行通知，并保留因此而发生的一切损失的索赔权。

Terms of Payment：By confirmed, irrevocable, transferable and divisible letter of credit in favour of _____ payable at sight with TT reimbursement clause/_____ days'/sight/date allowing partial shipment and transhipment. The covering Letter of Credit must reach the Sellers before _____ and is to remain valid in _____ . Until the 15th day after the aforesaid time of shipment，the covering Letter of Credit will fail to effect which the Sellers reserve the right to cancel this Sales Contract without further notice and to claim from the Buyers for losses resulting therefore.

(10)商品检验：以中国_____所签发的品质/数量/重量/包装/卫生检验合格证书作为卖方的交货依据。

Inspection：The Inspection Certificate of Quality/Quantity/Weight/Packing/Sanitation issued by _____ of China shall be regarded as evidence of the Sellers' delivery.

(11)装运唛头：

Shipping Marks：

其他条款：

Other Terms：

第一，异议。品质异议买方须于货到目的口岸之日起30天内提出索赔，数量异议买方须于货到目的口岸之日起15天内提出索赔，但均须提供经卖方同意的公证行的检验证明。如责任属于卖方者，卖方于收到索赔后20天内答复买方并提出处理意见。

Discrepancy：In case of quality discrepancy，claims should be lodged by the Buyers within 30 days after the arrival of the goods at the port of destination，while for quantity discrepancy，claims should be lodged by the Buyers within 15 days after the arrival of the goods at the port of destination. In all cases，claims must be accompanied by Survey Reports of Recognized Public Surveyors agreed to by the Sellers. Should the responsibility of the subject under claim be found to rest on the part of the Sellers，the Sellers shall，within 20 days after receipt of the claims，send their reply to the Buyers together with suggestion for settlement.

第二，信用证内应明确规定卖方有权约定多装或少装所注明的百分数，并按实际装运数量议付。（信用证之金额按本售货合约金额增减相应的百分数。）

The covering Letter of Credit shall stipulate on the Seller's option of shipping the indicated percentage more or less than the quantity hereby contracted and be negotiated for the amount covering the value of quantity actually shipped. (The Buyers are requested to establish the L/C in amount with the indicated percentage over or below the total value of the order as price of this Sales Contract.)

第三，信用证内容须严格符合本售货合约的规定，否则修改信用证的费用由买方负担，卖方并不负因修改信用证而延误装运的责任，并保留因此而发生的一切损失的索赔权。

The contents of the covering Letter of Credit shall be in strict conformity with the stipulations of the Sales Contract. In case of any variation there of necessitating amendment of the L/C，the Buyers shall bear the expenses for effect in the amendment. The Sellers shall not be held responsible for possible delay of shipment resulting from awaiting the amendment of the L/C and reserve the right to claim from the Buyers for the losses resulting therefore.

第四，除双方约定保险归买方投保者外，由卖方向在中国境内设立的保险公司投保。如买方需增加保险额及/或需加保其他险种，可于装船前提出，经卖方同意后代为投保，其费用由买方负担。

Except in cases where the insurance is covered by the Buyers as arranged，insurance is to be covered by the Sellers with a Chinese insurance company. If insurance for additional amount and/or for other insurance terms is required by the Buyers，prior notice to this effect must reach the Sellers before shipment and is subject to the Sellers'agreement，and the extra insurance premium shall be for the Buyers'account.

第五，因不可抗力之事故使卖方不能在本售货合约规定期限内交货或不能交货，卖方不负责任，但是卖方必须立即以电报通知买方。如果买方提出要求，卖方应以挂号函向买方提供由中国国际贸易促进委员会或有关机构出具的证明，证明事故的存在。买方不能领到进口许可证，不能被认为系属人力不可抗拒范围。

The Sellers shall not be held responsible if they fail，owing to Force Majeure cause or causes，to make delivery within the time stipulated in this Sales Contract or cannot deliver the goods. However， the Sellers shall inform immediately the Buyers by cable. The Sellers shall deliver to the Buyers by registered letter, if it is required by the Buyers, a certificate issued by the China Council for the Promotion of International Trade or by all competent authorities, attesting the existence of the said cause or causes. The Buyers'failure to obtain the relative Import Licence is not to be treated as Force Majeure.

第六，仲裁。凡因执行本合约或有关本合约所发生的一切争执，双方应以友好方式协商解决；如果协商不能解决，应提交中国国际经济贸易仲裁委员会，根据该会的仲裁规则进行仲裁。仲裁裁决是终局的，对双方都有约束力。

Arbitration：All disputes arising in connection with this Sales Contract or the execution there of shall be settled by amicable negotiation. In case no agreement can be reached, the case at issue shall then be submitted for arbitration to the China International Economic and Trade Arbitration Commission in accordance with the Provisions of the said Commission. The award by the said Commission shall be deemed as final and binding upon both parties.

第七，附加条款。本合同其他条款如与本附加条款有抵触时，以本附加条款为准。

Supplementary Condition(s) should the articles stipulated in this Contract and be in conflict with the following supplementary condition(s), the supplementary condition(s) should be taken as valid and binding.

卖方(Sellers)：　　　　　　　　　　　　　　买方(Buyers)：

项目 2   国际贸易术语

项目介绍

在国际货物买卖过程中，有关交易双方责任和义务的划分是一个十分重要的问题。为了明确交易双方在货物交接过程中有关风险负担、责任、义务和费用的划分，交易双方在洽商交易和订立合同时，通常都会商定采用何种国际贸易术语，并在合同中具体说明。国际贸易术语是国际货物买卖合同中不可缺少的重要内容。因此，在国际货物买卖过程中，必须了解和掌握国际贸易中现行的各种国际贸易术语及其他相关的国际贸易惯例，以便正确选择和使用各种国际贸易术语。

任务一 有关贸易术语的国际贸易惯例

任务描述

《2000年国际贸易术语解释通则》与《1941年美国对外贸易定义修订本》的区别主要包括：表达方式不同，例如买方希望在装运港口的船上交货，应在 FOB 和港口名称之间加上"Vessel"字样，如 FOB Vessel New York；适用的运输方式不同；风险划分的界限不同；出口清关手续及费用的负担方不同。

从上例中我们可以看出，在国际贸易业务实践中，因各国法律制度、贸易惯例和习惯做法不同，因此，国际上对各种国际贸易术语的理解与运作互有差异。为了避免各国在对国际贸易术语解释上出现分歧和引起争议，有些国际组织和商业团体便协商就某些国际贸易术语做出统一的解释与规定。

本任务中，国际贸易买卖双方应掌握有关贸易术语方面的国际贸易惯例，并明确主要的国际贸易术语惯例的内容和特点。

概念点击

国际贸易术语(Trade Terms)：是进出口商品价格的重要组成部分，是用英文缩写来说明买卖双方有关费用、风险和责任的划分，确定卖方交货和买方接货方面的权利和义务的专门用语。

国际贸易惯例：指在国际贸易实践中逐渐自发形成的，某一地区、某一行业中普遍接受和经常遵守的任意性行为规范。

《1932年华沙—牛津规则》：是1928年由国际法协会专门在华沙制定的对 CIF 合同双方权利与义务的规定与解释，1932年在牛津作了修订后使用至今，故称《1932年华沙—牛津规则》。

《1941年美国对外贸易定义修订本》：1919—1941年美国商会、进口商协会、外贸协会修订的六种国际贸易术语定义，原称为《美国出口报价及其缩写条例》，它在美洲国家有较大影响，合同双方可以自愿采用。

《2000年国际贸易术语解释通则》：是指国际商会为了统一对各种国际贸易术语的解释而制定的2000年1月1日起生效的国际规则。

一、国际贸易术语的含义及作用

每种国际贸易术语都有其特定的含义。采用某种专门的国际贸易术语，主要是为了确定交货条件，及说明买卖双方在交接货物方面彼此承担责任、费用和风险的划分。例如，FOB 术语下，卖方要在约定的装运港将货物装到买方指定的船上，并负责办理出口通关手续，买方则需要租船订舱，自己办理海上货运保险，并支付保险费。

国际贸易术语促进了国际贸易的发展，对于简化交易手续、缩短洽商时间和节约费用开支，有着重要的作用。国际贸易术语着重解决以下五个问题：卖方在什么地方，以什么方式办理交货；货物发生损坏或灭失的风险何时由卖方转移给买方；由谁负责办理货物运输、保险以及通关过境手续；由谁承担办理上述事项时所需的各种费用；买卖双方需要交接哪些有关的单据。

可见，运用好国际贸易术语，可简化双方交易手续、缩短交易过程，明确双方风险、责任、义务、费用划分及交易价格构成等问题。

国际贸易术语的两重性

国际贸易术语一方面表示交货条件；另一方面表示成交价格的构成因素。我们必须从国际贸易术语的全部含义来理解它的性质，正是由于国际贸易术语具有这两方面性质，所以也有人称之为"价格—交货条件"（Price-Delivered Terms）。

二、国际贸易（术语）惯例的性质

交货地点不同，卖方承担的风险、责任和费用也不相同。如果双方约定，在出口国内的商品产地交货，卖方只需按约定时间和地点将货物备妥，买方则应自行安排运输工具将货物从交货地点运往最终目的地，并承担期间的一切风险、责任和费用。在这种条件下成交，货价自然很低。反过来，如果采取在进口国国内的约定地点交货的国际贸易术语成交，卖方要承担在指定目的地将货物交付买方之前的一切风险。并且要负责办理货物从产地到目的地运输、保险以及通关过境的手续，提交规定的单据。同时还要承担与之相关的费用。货价自然也要高得多。可见，国际贸易术语不仅直接关系到商品的价格构成，还关系到买卖双方风险、责任、义务的划分，这也是许多人将国际贸易术语称为价格术语的原因。

国际商会、国际法协会等国际组织以及美国一些著名商业团体经过长期努力，分别制定了解释国际贸易术语的规则。这些规则在国际上被广泛采用，因而形成一般的国际贸易惯例。习惯做法与贸易惯例是有区别的。国际贸易业务中反复实践的习惯做法只有经国际组织加以编撰与解释才成为国际贸易惯例。

国际贸易惯例的性质：

第一，惯例本身不是法律，它对贸易双方不具有强制性约束力，故买卖双方有权在合同中做出与某项惯例不符的约定。

第二，国际贸易惯例对贸易实践仍具有重要的指导作用。一方面，如果双方都同意采用某种惯例来约束该项交易，并在合同中做出明确约定时，那么这项约定采用的惯例就具有了强制性。

另一方面，如果双方对某一问题没有做出明确规定，也未注明该合同适用某项惯例，在合同履行中发生争议时，受理该争议的司法或仲裁机构也往往会引用某一国际贸易惯例进行判决或裁决。

三、关于贸易术语方面的国际贸易惯例

有关贸易术语的国际贸易惯例主要有以下三种：

(一)《1932 年华沙—牛津规则》

《1932 年华沙—牛津规则》是国际法协会专门为解释 CIF 合同而制定的。国际法协会于 1928 年在波兰首都华沙，开会制定了关于 CIF 买卖合同的统一规则，称之为《1928 年华沙规则》共包括 22 条。

在 1930 年的纽约会议、1931 年的巴黎会议和 1932 年的牛津会议上，将此规则修订为 21 条，并更名为《1932 年华沙—牛津规则》，沿用至今。

 议一议

《2000 年国际贸易术语解释通则》相对《1990 年国际贸易术语解释通则》都做了哪几方面的修改？

与《1990 年国际贸易术语解释通则》对《1980 年国际贸易术语解释通则》的修改相比，《2000 年国际贸易术语解释通则》对《1990 年国际贸易术语解释通则》的改动不大，带有实质性内容的变动只涉及三种术语，即 FCA、FAS 和 DEQ。

《2000 年国际贸易术语解释通则》在下面两个方面做出了实质性改变：在 FAS 和 DEQ 术语下，办理清关手续和交纳关税的义务；在 FCA 术语下装货和卸货的义务。同时，在规定各种术语下买卖双方承担的义务时，《2000 年国际贸易术语解释通则》在文字上还是做了一些修改，使其含义更加明确。

表 2-1　《2000 年国际贸易术语解释通则》简表

类别	名称	交货地点	运输	保险	风险转移	出口结关	进口结关	运输方式	各组特点
E组	EXW 工厂交货	卖方工厂				买方		各种运输	内陆交货
F组	FCA 货交承运人	交承运人(买方指定)	买方	买方	交货时	卖方	买方	各种运输	装运合同运费未付
	FAS 船边交货	指定装运港船边			装运港船舷			海河内河	
	FOB 船上交货	指定装运港船上							
C组	CFR 成本加运费	装运港船上	卖方	买方				海河内河	装运合同运费已付
	CIF 成本保险费运费	装运港船上		卖方					
	CPT 运费付至	交第一承运人		买方				各种运输	
	CIP 运费保险费付至	交第一承运人		卖方					
D组	DAF 边境交货	边境指定地点(不卸货)	卖方		交货时			海河内河	到货合同
	DES 目的地港船上交货	目的港船上(不卸货)							
	DEQ 目的地港码头交货	目的港码头(卸到码头)				卖方			
	DDU 未完税交货	指定目的地(不卸货)						各种运输	
	DDP 完税交货	指定目的地(不卸货)				卖方			

(二)《1941 年美国对外贸易定义修订本》

《1941 年美国对外贸易定义修订本》是由美国 9 个商业团体制定的。它最早于 1919 年在纽约制定，原称为《美国出口报价及其缩写条例》，后来于 1940 年在美国第 27 届全国对外贸易会议上对原有定义作了修改，1941 年 7 月 30 日，美国商会、美国进出口商全国理事会和全国对外贸易理事会所组成的联合委员会正式通过此项定义，并命名为《1941 年美国对外贸易定义修订本》。解释的贸易术语共有六种：

- EX Point of Origin：原产地交货价。
- FAS(Free *Along Side* Ship)：装运港船边交货价。
- C&F(Cost & Freight)：成本加运费价。
- CIF(Cost Insurance Freight)：成本加保险费、运费价。
- EX Dock：目的港码头交货价。
- FOB(Free on Board)：运输工具上交货价。

(注意：上述 FAS、FOB 与国际商会中的同名术语规定不同)

(三)《2000 年国际贸易术语解释通则》

《国际贸易术语解释通则》缩写形式为 INCOTERMS，它是国际商会为了统一对各种贸易术语的解释而制定的。最早的《国际贸易术语解释通则》产生于 1936 年，后来为适应国际贸易业务发展的需要国际商会先后进行过多次修改和补充。现行的《2000 年国际贸易术语解释通则》是国际商会根据近 10 年来形势的变化和国际贸易发展的需要，在《1990 年国际贸易术语解释通则》的基础上修订产生的，并于 2000 年 1 月 1 日起生效。该惯例现共解释了 13 种术语。在有关贸易术语的国际贸易惯例中，《国际贸易术语解释通则》是包括内容最多、使用范围最广和影响最大的一种。

【典型实例】

某公司向外商出售一级大米 300 吨，成交条件 FOB 上海。装船时货物经检验符合合同要求，货物出运后，卖方及时向买方发出装船通知。但是航运途中，因海浪过大，大米被海水浸泡，品质受到影响。货物到达目的港后，只能按三级大米价格出售，于是买方要求卖方赔偿差价损失。

(资料来源：浙江工业大学国际贸易实务精品课程，http：//www.gmsw.sunbo.net/)

【简评】在上述情况下卖方对该项损失不需负责。根据 FOB 术语买卖双方的风险转移的界点在装运港的船舷，货物在装运港越过船舷以前的风险卖方承担，越过船舷以后的风险买方承担，在本案例中，卖方已完全履行了自己的义务，将货在装运港装船时及时发出了装船通知。同时，结合本案例，这一批一级大米在装运港已经公证人检验品质合格，说明卖方交货时，货物的品质是良好的。大米之所以发生变化，完全是由于运输途中被海水浸泡的结果，而这个风险已经越过装运港的船舷，应该由买方自己承担，卖方对该项损失不需负责。

由此可见，国际贸易术语是对外磋商和订立合同不可缺少的专门用语，它表明了价格的构成，确定了买卖双方在交接货物过程中应尽的责任和义务，涵盖了价格、运输、保险、通关手续、单证提交等内容，它的使用影响着合同的性质及风险的划分界限。

任务二　国际贸易术语解释通则

任务描述

我国某公司曾经按照 FAS 条件进口一批木材，在我方装运完成后，卖方来电要求我方支付货款，并要求支付装船时的驳船费，我方认为卖方的要求是不合理的，我方有权拒绝。

从上例中我们可以看出，我方对于卖方支付装船时的驳船费的要求可以拒绝。按照《2000 年国际贸易术语解释通则》的解释，采用 FAS 术语成交时，买卖双方承担的风险和费用均以交货时为界，而 FAS 下交货地点为买方所指派的船的船边，在买方所派船只不能靠岸的情况下，卖方应负责用驳船将货物运至船边，驳船费用是在风险费用转移以前发生的，理应由卖方承担。

本任务中，国际贸易买卖双方应掌握《2000 年国际贸易术语解释通则》中 13 种贸易术语实际使用时买卖双方应履行的义务。

任务完成

《2000 年国际贸易术语解释通则》(INCOTERMS2000)将 13 种术语按照开头字母的不同，分成 E、F、C、D 四个组。其中，E 组只包括一种贸易术语，即 EXW。F 组贸易术语包括 FCA、FAS、FOB 三种贸易术语。C 组贸易术语包括 CFR、CPT、CIF、CIP 四种贸易术语。D 组贸易术语包括 DAF、DES、DEQ、DDU、DDP 五种贸易术语。

一、六种主要贸易术语

在国际贸易中，FOB、CFR、CIF、FCA、CPT 和 CIP 是使用较多的贸易术语，其中前三种是最常用的。掌握这六种贸易术语的含义、买卖双方的权利义务和使用中应注意的问题具有十分重要的意义。

(一)FOB 术语

FOB 术语是国际贸易中常用术语之一，以 FOB 术语成交时，卖方在合同规定的时间和装运港口，将符合合同规定的货物装上买方指派的船只，提交相应单证及清关之后完成交货义务，货物越过船舷后风险转移给买方。买方负担受领货物后的运输、保险义务，并承担有关一切风险与费用。

1. 卖方义务

(1)在合同规定的时间和装运港口，将合同规定的货物交到买方指派的船上，并及时通知买方（交货）。

(2)承担货物交至装运港船上之前的一切费用和风险（费用和风险）。

(3)自负风险和费用，取得出口许可证或其他官方批准证件，并且办理货物出口所需的一切海关手续（证件、手续）。

(4)提交商业发票和自费提供证明卖方已按规定交货的清洁单据，或具有同等作用的电子信息（单据）。

2. 买方义务

(1)订立从指定装运港口运输货物的合同，支付运费，并将船名、装货地点和要求交货的时间及时通知卖方(运输)。

(2)根据买卖合同的规定受领货物并支付货款(受货、付款)。

(3)承担受领货物之后所发生的一切费用和风险(费用和风险)。

(4)自负风险和费用，取得进口许可证或其他官方证件，并办理货物进口所需的海关手续(证件、手续)。

3. 使用 FOB 术语应注意的问题

第一，风险界限划分问题。由于国际贸易中对"装船"概念缺乏统一明确的解释，因此风险划分的界限也就有不同的解释。一般解释为在装运港将货物从岸上起吊并越过船舷就应当认为已装船，《2000 年国际贸易术语解释通则》也认为当货物在装运港超越船舷时，卖方即履行了交货义务，即风险的划分以装运港船舷为界。

第二，装船费用负担问题。由于国际上对装船的概念解释不统一，因而产生买卖双方对装船有关费用，主要是理舱费和平舱费由谁来负担难以明确的问题。为了更加明确有关装船费用负担问题，买卖双方往往在 FOB 价格术语(航租船条件下)后面加列一些附加条件，从而产生了以下几种 FOB 变形：

(1)FOB Liner Terms (FOB 班轮条件)：指装船费用按照班轮的做法处理，即由船方或买方承担。

(2)FOB Under Tackle (FOB 吊钩下交货)：指卖方负担费用将货物交到买方指定船只的吊钩所及之处，而吊装入舱以及其他各项费用，概由买方负担。

(3)FOB Stowed (FOB 理舱费在内)：指卖方负责将货物装入船舱并承担包括理舱费在内的装船费用。

(4)FOB Trimmed (FOB 平舱费在内)：指卖方将货物装入船舱并承担包括平舱费在内的装船费用。

(5)FOB Stowed and Trimmed (FOB 包括理舱和平舱)：指卖方将货物装入船舱并承担包括理舱费和平舱费在内的装船费用。

想一想

FOB 变形有没有改变 FOB 的交货地点及风险转移界限？

上述变形只是为了表明装船费用由谁负担，并不改变 FOB 的交货地点及风险界限。

第三，租船订舱问题。在采用 FOB 价格术语时，卖方可接受买方的委托，代为租船订舱和投保。但这纯属于代办性质，运费和保险费仍由买方承担。如果卖方尽到努力仍租不到船或订不到舱时，卖方概不负责，买方无权撤销合同或向卖方索赔。

第四，个别国家对 FOB 价格术语的不同解释问题。美国、加拿大和一些拉美国家较多采用《1941 年美国对外贸易定义修订本》的解释，该定义将 FOB 分为六种类型，其中仅第五种 FOB 装运港船上交货(指定装运港)与《2000 年国际贸易术语解释通则》中对 FOB 的解释基本相似。

(二)CFR 术语

CFR 术语指卖方必须在合同规定的装运期内在装运港将货物交至指定船只上，并及时通知买方，负担货物越过船舷前的风险，并负担租船订舱，支付到目的港的正常运费，取得出口许可证或官方证件，负责办理出口手续。

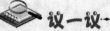 **议一议**

> 我方进口商以 FOB 条件从巴西进口橡胶，但是我方由于租船困难，不能在合同规定的时间内到装运港接运货物，从而出现了较长时期的货等船现象，于是巴西方面要求解除合同并向我方进口商提出赔偿损失的要求。巴西出口商的做法是否合理？
>
> 根据 FOB 条件成交，要求买方在约定的期限租船到指定的装运港接运货物。我方没能及时派船接运货物，属于违约行为，因此巴西出口商有权以此为由解除合同并要求赔偿损失。

1. 卖方义务

(1)签订从指定装运港将货物运往约定目的港的合同；在买卖合同规定的时间和港口，将合同要求的货物装上船并支付至目的港的运费；装船后及时通知买方(运输)。

(2)承担货物在装运港越过船舷之前的一切费用和风险(费用和风险)。

(3)负责取得出口许可证或其他官方证件，且办理货物出口所需的一切海关手续(证件、手续)。

(4)提交商业发票，及自费向买方提供为买方在目的港提货所用的通常的运输单据，或具有同等作用的电子信息(单据)。

2. 买方义务

(1)接受卖方提供的有关单据，受领货物，并按合同规定支付货款(受货、付款)。

(2)承担货物在装运港越过船舷以后的一切风险(风险)。

(3)负责取得进口许可证或其他官方证件，并且办理货物进口所需的海关手续，支付关税及其他有关费用(证件、手续)。

3. 使用 CFR 的注意事项

(1)卖方应及时发出装船通知

按·CFR 条件成交时，由卖方安排运输，由买方办理货运保险。如卖方不及时发出装船通知，则买方就无法及时办理货运保险，甚至有可能出现漏保货运险的情况。因此，卖方装船后务必及时向买方发出装船通知，否则，卖方应承担货物在运输途中的风险和损失。

(2)按 CFR 进口应慎重行事

在进口业务中，按 CFR 条件成交时，鉴于由外商安排装运，由我方负责保险，故应选择资信好的国外客户成交，并对船舶提出适当要求，以防外商与船方勾结，出具假提单，租用不适航的船舶，或伪造品质证书与产地证明。若出现这类情况，会使我方蒙受不应有的损失。

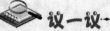 **议一议**

> 某公司以 CFR 术语出口一批瓷器，我方按期在装运港装船后，由于当天工作人员工作繁忙没有及时向买方发出货物已装船通知。过了一天后，业务人员才发现忘记向买方发出装船通知。此时，买方已来函向我方提出索赔，因为货物在运输途中因海上风险而损毁。问：我方能否以货物运输风险是由买方承担为由拒绝买方的索赔？

由上例中我们可以明确以下几点：我方不能以风险转移界点在装运港船舷为由而拒绝买方的索赔要求；这个案例涉及 CFR 术语，根据 CFR 术语，买卖双方的风险界点在装运港船舷，货物在装运港越过船舷以前的风险由卖方承担，货物越过船舷以后的风险由买方承担。有鉴于此，买方为了保证自己在遭到风险时能够将损失降低，可以通过向保险公司办理货运保险手续将风险转嫁给保险公司，但是买方能否及时办理保险取决于卖方在装运港装船后是否及时向买方发出装船通知，如果卖方未及时向买方发出装船通知导致买方未能及时办理保险手续，由此引起的损失由卖方负担。

(三)CIF 术语

CIF 指卖方必须在合同规定的装运期内在装运港将货物装上指定船只,负担货物越过船舷前的一切费用和货物灭失或损坏的风险,负责办理租船订舱,支付保险费用以及至目的港的正常运费,取得出口许可证或其他官方证件,办理货物出口所需的一切海关手续。

1. 卖方的义务

(1)签订从指定装运港承运货物的合同;在合同规定的时间和港口,将合同要求的货物装上船并支付至目的港的运费;装船后须及时通知买方(运输)。

(2)承担货物在装运港越过船舷之前的一切费用和风险(费用和风险)。

(3)按照买卖合同的约定,自负费用办理水上运输保险(保险)。

(4)负责取得出口许可证或其他官方批准证件,并办理货物出口所需的一切海关手续(证件、手续)。

(5)提交商业发票和在目的港提货所用的通常的运输单据或具有同等作用的电子信息,并且自费向买方提供保险单据(单据)。

2. 买方义务

(1)接受卖方提供的有关单据,受领货物,并按合同规定支付货款(受货、付款)。

(2)承担货物在装运港越过船舷之后的一切风险(风险)。

(3)负责取得进口许可证或其他官方证件,并且办理货物进口所需的海关手续(证件、手续)。

3. 使用 CIF 术语应注意的问题

第一,保险险别问题。在 CIF 条件下,保险应由卖方负责办理,但对应投保的具体险别,各国的惯例解释不一。因此,买卖双方应根据商品的特点和需要,在合同中具体阐明。①如果合同中未作具体规定,则应按有关惯例来处理。按照《国际贸易术语解释通则》对 CIF 的解释,卖方只需投保最低级别的险种。②如买方要求投保战争险,一般都应由买方自费投保,卖方代为投保时,费用仍由买方负担。③卖方实质上是为买方利益办理的投保手续,因此投保何种险别,双方应尽量协商确定。

第二,租船订舱问题。依照对 CIF 贸易术语的一般解释,卖方应按通常的条件租用通常类型的船舶。因此,除非买卖双方另有约定,对于买方提出的关于限制载运要求,卖方均有权拒绝接受。但在外贸实践中,为发展出口业务,考虑到某些国家的规定,如买方有要求,在能办到而又不增加额外费用情况下,也可考虑接受。

第三,卸货费用问题。对此各国港口有不同的惯例,有的港口规定由船方负担,有的港口规定由收货人负担,等等。一般来讲,如使用班轮运输,班轮管装管卸,卸货费已包括在运费之内。大宗货物的运输要租用不定期轮船,故买卖双方应明确卸货费用由何方负担并在合同中订明,以免日后发生纠纷。明确卸货费用由谁负担的方法是在 CIF 贸易术语后面加列各种附加条件,这样,就形成了如下几种 CIF 变形:

(1)CIF Liner Terms(班轮条件)。这一变形是指卸货费用按照班轮的做法来办,即买方不负担卸货费,而由卖方或船方负担。

(2)CIF Landed(CIF 卸至码头)。这一变形是指由卖方承担将货物卸至码头上的各项有关费用,包括驳船费和码头费。

(3)CIF Ex Tackle(吊钩下交接)。这一变形是指卖方负责将货物从船舱吊起卸到船舶吊钩所及之处(码头上或驳船上)的费用。在船舶不能靠岸的情况下,租用驳船费用和货物从驳船卸至岸上的费用,概由买方负担。

(4)CIF Ex Ship's Hold(CIF 舱底交接)。按此条件成交,货物运达目的港在船上办理交接后,自船舱底起吊直至卸到码头的卸货费用,均由买方负担。

CFR 与 CIF 的不同之处,仅在于 CFR 的价格构成因素中不包括保险费,故卖方不必代办保险,而由买方自行投保并支付保险费。除此之外,买卖双方所负的责任、费用和风险负担,以及货物所有权的转移,二者是完全相同的。因此有人称 CFR 是 CIF 的一种变形。所以,在使用 CIF 术语时应注意的问题中,如租船或订舱、卸货费用负担,以及为解决卸货费用负担问题而产生的各种变形,也同样适用于 CFR。

第四,象征性交货问题。象征性交货(Symbolic Delivery)是针对实际交货(Physical Delivery)而言的。前者指卖方只要按期在约定地点完成装运,并向买方提交合同规定的包括物权凭证在内的有关单证,就算完成了交货义务,无须保证货到买方港口。后者则指卖方要在规定的时间和地点,将符合合同规定的货物提交给买方或其指定人,而不能以交单代替交货。

议一议

有一份 CIF 合同,日本公司出售 450 吨洋葱给澳大利亚公司,洋葱在日本港口装船时,经公证行验明:完全符合商销品质,并出具了合格证明。但该批货物运抵澳大利亚时,洋葱已全部腐烂变质,不再具有食用品质,买方因此拒绝收货,并要求卖方退回已付清的货款。在上述情况下,买方有无拒收货物和要求卖方退回货款的权利?

由上例中我们可以明确以下几点:首先,在上述情况下,买方无拒收货物和要求卖方退回货款的权利。其次,此案例涉及 CIF 术语,CIF 术语条件下成交时,买卖双方的风险界点在装运港船舷,货物在装运港越过船舷以前的风险由卖方承担,货物越过船舷以后的风险由买方承担;CIF 合同是典型象征性交货,即卖方凭单交货,买方凭单付款,只要卖方所提交的单据是齐全的、正确的,即使货物在运输途中灭失,买方仍需付款,不得拒付。最后,结合本案例,这一批洋葱在装运港装船时,经公证行验证符合商销品质,很显然洋葱的腐烂变质完全发生在货物装船的运输途中,而这个风险发生的时间为货物越过装运港船舷之后,并且该风险非由卖方过错所致,因此理应由买方承担,此为其一;其二,CIF 合同为象征性交货,现日本方提供的单据齐全、正确,买方仍需付款,故,买方是无权利拒收货物和要求卖方退回货款的权利的。

(四)FCA 术语

在 FCA 条件下,卖方在约定地点将合同规定的货物交给买方指定的承运人处置,并在办理了出口清关手续后完成交货义务,风险随之转移给买方。买方负责办理从交货地点至目的地的运输事项,并承担有关的一切费用和风险。

1. 卖方义务

(1)在合同规定的时间、地点,将合同规定的货物置于买方指定的承运人控制下,并及时通知买方(交货)。

(2)承担将货物交给承运人控制之前的一切费用和风险(费用和风险)。

(3)负责取得出口许可证或其他官方批准证件,并办理货物出口所需的一切海关手续(证件、手续)。

(4)提交商业发票或具有同等作用的电子信息,并自费提供通常的交货凭证(单据)。

2. 买方义务

(1)签订从指定地点承运货物的合同,支付有关的运费,并将承运人名称及有关情况及时通知卖方(运费)。

(2)根据买卖合同的规定受领货物并支付货款(受货、付款)。

(3)承担受领货物之后所发生的一切费用和风险(费用和风险)。

(4)负责取得进口许可证或其他官方证件,并且办理货物进口所需的海关手续(证件、手续)。

3. 使用 FCA 术语应注意的问题

(1)关于交货问题

《2000 年国际贸易术语解释通则》规定,在 FCA 术语下,卖方交货的指定地点如是在卖方货物所在地,则当货物被装上买方指定的承运人的运输工具时,交货即算完成;如指定的地点是在任何其他地点,当货物在卖方运输工具上,尚未卸货而交给买方指定的承运人处置时,交货即算完成。

(2)关于运输合同

《2000 年国际贸易术语解释通则》中的 FCA 术语,应由买方自负费用订立从指定地点承运货物的运输合同,并指定承运人,但《2000 年国际贸易术语解释通则》又规定,当卖方被要求协助与承运人订立合同时,只要买方承担费用和风险,卖方也可以办理。当然,卖方也可以拒绝订立运输合同,如若拒绝,则应立即通知买方,以便买方另作安排。

(3)FCA 与 FOB 的异同点

FCA 与 FOB 两种术语均属 F 组术语,按这两种术语成交的合同均属装运合同。买卖双方责任划分的基本原则是相同的。

FCA 与 FOB 的主要不同在于适用的运输方式、交货和风险转移的地点不同。FCA 术语适用于各种运输方式,交货地点视不同运输方式的不同约定而定,其风险划分是卖方将货物交至承运人时转移;FOB 术语仅用于海运和内河运输,交货地点为指定装运港船上,风险划分以指定装运港船舷为界;此外,在装卸费的负担和运输单据的使用上也有所不同。

议一议

> 某公司按 FCA 条件出口一批钢材,合同规定是 4 月份装运,但到了 4 月 30 日,仍旧未见买方关于承运人名称及有关事项的通知。在此期间,作为合同标的物的货物因火灾而焚毁。请问:此项货损应由谁负担?

由上例中我们可以明确以下几点:首先,此项货损应由卖方负责。其次,此案例涉及 FCA 术语,根据《2000 年国际贸易术语解释通则》,在 FCA 术语条件下,买卖双方的风险转移界点在指定地点货交买方指定的承运人,卖方承担货物交给承运人控制之前的风险,买方承担将货物交给承运人控制之后的风险。结合本案例,在 FCA 条件下,《2000 年国际贸易术语解释通则》曾规定,如果买方未能及时通知卖方承运人及其他事项,买方应承担由此引起的风险和损失,是合同规定的交付货物的约定日期或期限届满后发生的,而非装运期满后发生的,因此,买方不应承担此项货损,此项货损理应由卖方自己承担。

(五)CPT 术语

CPT 指卖方支付将货物运至指定目的地的运费。在货物被交承运人保管时,货物丢失或损坏的风险,以及由于在货物交给承运人后发生的事件而引起的额外费用,即从卖方转移至买方。但卖方还需支付将货物运至指定目的地所需的运费。

1. 卖方的义务

(1)订立将货物运往指定目的地的运输合同,并支付有关运费(运输)。

(2)在合同规定的时间、地点，将合同规定的货物置于承运人控制之下，并及时通知买方(货交承运人)。

(3)承担将货物交给承运人控制之前的风险(风险)。

(4)负责取得出口许可证或其他官方批准证件，并办理货物出口所需的一切海关手续，支付关税及其他有关费用(证件、手续)。

(5)提交商业发票和自费向买方提供在约定目的地所需提货的通常的运输单据，或具有同等作用的电子信息(单据)。

2. 买方义务

(1)接受卖方提供的有关单据，受领货物，并按合同规定支付货款(受货、付款)。

(2)承担自货物在约定交货地点交给承运人控制之后的风险(风险)。

(3)负责取得进口许可证或其他官方证件，并办理货物进口所需的海关手续，支付关税及其他有关费用(证件、手续)。

3. 使用 CPT 术语应注意的问题

(1)风险划分的界限问题。按照 CPT 术语成交，虽然卖方要负责订立从启运地到指定目的地的运输契约，并支付运费，但是卖方承担的风险并没有延伸至目的地。货物自交货地点至目的地的运输途中的风险由买方承担，卖方只承担货物交给承运人控制之前的风险。在多式联运情况下，卖方承担的风险自货物交给第一承运人控制时即转移给买方。

(2)责任和费用的划分问题。采用 CPT 术语时，由卖方指定承运人，自费订立运输合同，将货物运往指定的目的地，并支付正常运费。正常运费之外的其他有关费用，一般由买方负担。

卖方将货物交给承运人之后，应向买方发出货物已交付的通知，以便于买方在目的地办理货运保险和受领货物。如果双方未能确定买方受领货物的具体地点，卖方可以在目的地选择最适合其要求的地点。

拓展阅读

CPT 与 CFR 的异同

CPT 与 CFR 的相同点：(1)都属于装运合同，卖方无须保证按时交货。(2)卖方承担的风险都是在交货地点随着交货义务的完成而转移，卖方都要负责安排自交货地点至目的地的运输事项，并承担其费用。

CPT 与 CFR 的不同点：(1)适用的运输方式不同。CPT 术语适用于各种运输方式，CFR 术语适用于水上运输方式。(2)交货地点和风险划分界限也不相同。CPT 交货地点因运输方式的不同由双方约定，风险划分以货交承运人为界；CFR 交货地点在装运港，风险划分以船舷为界。(3)卖方承担的责任、费用以及需提交的单据等方面也有区别。

(资料来源：河南经贸职业学院国际贸易实务精品课. http：//jpkc. hnjmxy. cn)

(六)CIP 术语

按 CIP 条件，卖方负责订立运输契约并支付相应运费，以及投保货物运输险并支付保险费。在合同规定的装运期内将货物交给承运人或第一承运人的处置下，即完成交货义务。买方承担交货后的风险，并负担除运费、保险费以外的货物自交货地点到达指定目的地为止的各项费用。

1. 卖方的义务

(1)订立将货物运往指定目的地的运输合同，并支付有关运费(运输)。

(2)在合同规定的时间、地点，将合同约定的货物置于承运人的控制之下，并及时通知买方

（货交承运人）。

（3）承担将货物交给承运人控制之前的风险（风险）。

（4）按照买卖合同的约定，自负费用投保货物运输险（费用）。

（5）负责取得出口许可证或其他官方批准证件，并办理货物出口所需的一切海关手续，支付关税及其他有关费用（证件、手续）。

（6）提交商业发票和在约定目的地提货所需的通常的运输单据或具有同等作用的电子信息，并且自费向买方提供保险单据（单据）。

2. 买方义务

（1）接受卖方提供的有关单据，受领货物，并按合同约定支付货款（受货、付款）。

（2）承担自货物在约定地点交给承运人控制之后的风险（风险）。

（3）负责取得进口许可证或其他官方证件，并且办理货物进口所需的海关手续，支付关税及其他有关费用（证件、手续）。

3. 使用 CIP 术语应注意的问题

（1）风险和保险问题。按 CIP 术语成交的合同，卖方要负责办理货运保险，并支付保险费，但货物从交货地点运往目的地的运输途中的风险由买方承担。所以，卖方的投保仍属于代办性质。根据《2000 年国际贸易术语解释通则》的解释，一般情况下，卖方要按双方协商确定的险别投保，如果双方未在合同中规定应投保的险别，则由卖方法惯例投保最低的险别，保险金额一般是在合同价款的基础上加成 10%。即 CIF 合同价款的 110%，并以合同约定的货币币种投保。

（2）应合理确定价格。与 FCA 相比，CIP 条件下卖方要承担较多的责任和费用。要负责办理从交货地至目的地的运输，承担有关运费；办理货运保险，并支付保险费。这些都反映在货价之中。所以，卖方对外报价时，要认真核算成本和价格。在核算时，应考虑运输距离、保险险别、各种运输方式和各类保险的收费情况，并要预计运价和保险费的变动趋势等方面问题。

📖 **拓展阅读**

CIP 与 CIF 的区别

CIP 与 CIF 的相同点：①两者的价格构成中都包括了通常的运费和约定的保险费。②按这两种术语成交的合同均属于装运合同。

CIP 与 CIF 的不同点：CIF 适用于水上运输，交货地点在装运港，风险划分以装运港船舷为界，卖方负责租船订舱、支付从装运港到目的港的运费，并且办理水上运输保险，支付保险费。而 CIP 术语则适用于各种运输方式，交货地点要根据运输方式的不同由双方约定，风险是在承运人控制货物时转移，卖方办理的保险，也不仅是水上运输险，还包括各种运输险。

（资料来源：方凤玲. 国际贸易实务. 西安：西北大学出版社，2005）

二、《2000 年国际贸易术语解释通则》中其他七种贸易术语

（一）EXW 术语

采用 EXW 条件成交时，卖方承担的风险、责任以及费用都是最小的。适用于任何运输方式。

1. 卖方义务

（1）在合同约定的时间、地点，将合同约定的货物置于买方的处置之下（交货）。

（2）承担将货物交给买方处置之前的一切费用和风险（费用和风险）。

(3)提交商业发票或具有同等作用的电子信息单(单据)。

2. 买方义务

(1)在合同约定的时间、地点，受领卖方提交的货物，并按合同约定支付货款(接货、付款)。

(2)承担受领货物之后的一切费用和风险(费用和风险)。

(3)负责取得出口和进口许可证或其他官方批准证件，并办理货物出口和进口的一切海关手续(证件、手续)。

 想 一 想

使用 **EXW** 术语应注意哪些问题？

关于货物交接问题；关于货物的包装和装运问题；关于办理出口手续的问题。

(二)FAS 术语

FAS 术语适用于水上运输，风险转移界限为货交指定装运港船边，交货地点装运港口。

1. 卖方义务

(1)在合同规定的时间和装运港口，将合同规定的货物交到买方所派船只的旁边，并及时通知买方(交货)。

(2)承担货物交至装运港船边之前的一切费用和风险(费用和风险)。

(3)负责取得出口许可证或其他官方批准证件，并且办理货物出口的一切海关手续(证件、手续)。

(4)提交商业发票或具有同等作用的电子信息单，并且自负费用提供通常的交货凭证(单据)。

2. 买方义务

(1)订立从指定装运港口运输货物的合同，支付运费，并将船名、装货地点和要求交货的时间及时通知卖方(运输)。

(2)在合同规定的时间、地点，受领卖方提交的货物，并按合同规定支付货款(受货、付款)。

(3)承担受领货物之后所发生的一切费用和风险(费用和风险)。

(4)负责取得进口许可证或其他官方批准证件，并且办理货物进口的一切海关手续(证件、手续)。

议 一 议

使用 FAS 术语应注意哪些问题？

关于 FAS 的不同解释，关于办理出口手续的问题，关于船货衔接问题。

(三)DAF 术语

DAF 术语适用于任何运输方式，风险转移界限为买方处置货物后，交货地点为两国边境指定地点。

1. 卖方义务

(1)订立将货物运往边境约定交货地点的运输合同，并支付有关运费(运输)。

(2)在合同规定的时间，在边境约定地点将货物置于买方控制之下(货交买方)。

(3)承担将货物在边境约定地点交给买方控制之前的风险和费用(风险和费用)。

(4)负责取得出口许可证或其他官方批准证件，并办理货物出口所需的一切海关手续，支付关税及其他有关费用（证件、手续）。

（5）提交商业发票和自费向买方提交通常的运输单证或在边境指定地点交货的其他凭证或具有同等作用的电子信息单（单据）。

2. 买方义务

（1）接受卖方提供的有关单据，在边境约定地点受领货物，并按合同规定支付货款（收货、付款）。

（2）承担在边境约定地点受领货物之后的风险和费用（风险、费用）。

（3）负责取得进口许可证或其他官方证件，并办理货物进口所需的海关手续，支付关税及其他有关费用（证件、手续）。

 想一想

使用 DAF 术语应注意什么问题？

关于风险转移问题，关于边境交货地点问题。

（四）DES 术语

DES 术语适用于水上运输，风险转移界限为目的港船上，交货地点为目的港口（不卸货）。

1. 卖方义务

（1）签订将货物运往约定目的港的水上运输合同，并支付有关运费（运输）。

（2）在合同规定的时间，将货物运至约定目的港通常的卸货地点，并在船上将货物置于买方处置之下（交货）。

（3）承担在目的港船上将货物置于买方处置之前的风险和费用（风险和费用）。

（4）负责取得出口许可证或其他官方批准证件，并办理货物出口所需的一切海关手续，支付关税及其他有关费用（证件、手续）。

（5）提交商业发票和自负费用向买方提交提货单或为买方在目的港提取货物所需的通常的运输单证，或具有同等作用的电子信息单（单据）。

2. 买方义务

（1）接受卖方提供的有关单据，在目的港船上受领货物，并按合同规定支付货款（受货、付款）。

（2）承担在约定目的港的船上受领货物之后的风险和费用（风险和费用）。

（3）负责取得进口许可证或其他官方证件，支付卸货费用，并且办理货物进口所需的海关手续，支付关税及其他有关费用（证件、手续）。

 议一议

使用 DES 术语应注意什么问题？

共同做好货物的交接工作，了解 DES 与 CIF 的区别。

（五）DEQ 术语

DEQ 术语适用于水上运输，风险转移的界限为买方在码头收货时，交货地点为目的港口（卸到码头）。

1. 卖方义务

（1）签订将货物运往约定目的港的水上运输合同，并支付有关运费（运输）。

国际贸易实务与实训

（2）在合同规定的时间，将货物运至约定的目的港，承担卸货的责任和费用，并在目的港码头将货物置于买方的处置之下（风险和费用）。

（3）承担在目的港码头上将货物置于买方处置之前的风险和费用（风险和费用）。

（4）负责取得出口许可证或其他官方批准证件，并办理货物出口所需的一切海关手续，支付关税及其他有关费用（证件、手续）。

（5）提交商业发票和自负费用向买方提交提货单或为买方在目的港提取货物所需的通常的运输单证，或具有同等作用的电子信息单（单据）。

2. 买方义务

（1）接受卖方提供的有关单据，在目的港码头上受领货物，并按合同规定支付货款（受货、付款）。

（2）承担在约定目的港码头受领货物之后的风险和费用（风险和费用）。

（3）负责取得进口许可证或其他官方证件，并且办理货物进口所需的海关手续，支付关税及其他有关费用（证件、手续）。

想一想

使用 DEQ 术语应注意哪些问题？

办理货物进口报关的责任、费用和风险由买方承担，DEQ 术语仅适用于水上运输和交货地点为目的港码头的多式联运。

（六）DDU 术语

DDU 术语适用于各种运输方式，风险转移界限为买方在指定地点收货时，交货地点为进口国内（不卸货）。

1. 卖方义务

（1）订立将货物按照惯常路线和习惯方式运至进口国内约定目的地的运输合同，并支付有关运费（运输）。

（2）在合同规定的时间、地点，将合同规定的货物置于买方处置之下（交货）。

（3）承担在指定目的地约定地点，将货物置于买方处置下之前的风险和费用（风险、费用）。

（4）负责取得出口许可证或其他官方批准证件，并办理货物出口所需的一切海关手续，支付关税及其他有关费用（证件、手续）。

（5）提交商业发票和自负费用向买方提交提货单或为买方在目的地提取货物所需的通常的运输单证，或具有同等作用的电子信息单（单据）。

2. 买方义务

（1）接受卖方提供的有关单据，在进口国内地约定地点受领货物，并按合同规定支付货款（收货、付款）。

（2）承担在目的地约定地点受领货物之后的风险和费用（风险和费用）。

（3）负责取得进口许可证或其他官方批准证件，并办理货物进口所需的一切海关手续，支付关税和其他费用（证件、手续）。

在使用 DDU 术语时，卖方应注意进口清关是否便利，注意妥善办理投保事项。

（七）DDP 术语

采用 DDP 条件成交时，买方承担的风险、责任以及费用都是最小的。DDP 术语适用于各种运输方式，风险转移界限为买方在指定地点收货时，交货地点为进口国内(不卸货)。

1. 卖方义务

(1)订立将货物按照惯常路线和习惯方式运至进口国内约定目的地的运输合同，并支付有关运费(运输)。

(2)在合同规定的时间、地点，将合同规定的货物置于买方处置之下(交货)。

(3)承担在指定目的地约定地点，将货物置于买方处置之前的风险和费用(风险和费用)。

(4)负责取得出口和进口许可证及其他官方批准证件，并且办理货物出口和进口所需的海关手续，支付关税及其他有关费用(证件、手续)。

(5)提交商业发票和自负费用向买方提交提货单或为买方在目的地提取货物所需的通常的运输单证，或具有同等作用的电子信息单(单据)。

2. 买方义务

(1)接受卖方提供的有关单据,在目的地约定地点受领货物,并按合同规定支付货款(收货、付款)。

(2)承担在目的地约定地点受领货物之后的风险和费用(风险和费用)。

(3)根据卖方的请求，并由卖方负担风险和费用的情况下，给予卖方一切协助，使其取得货物进口所需的进口许可证或其他官方批准证件(证件、手续)。

拓展阅读

DDP 术语使用的注意事项

1. 妥善办理投保事项

由于按照 DDP 术语成交，卖方要承担很大的风险，为了能在货物受损或灭失时及时得到经济补偿，卖方应办理货运保险。选择投保的险别时，也应与 DDU 术语一样，根据货物的性质、运输方式及运输路线来灵活决定。

2. 关于运输方式问题

按照《2000 通则》的解释，DDP 和 DDU 术语均适用于各种运输方式，但是，当交货地点是在目的港的船上或码头时，应采用 DES 或 DEQ 术语。

3. 其他注意事项

在 DDP 交货条件下，卖方是在办理了进口结关手续后在指定目的地交货的，这实际上是卖方已将货物运进了进口方的国内市场。如果卖方直接办理进口手续有困难，也可要求买方协助办理。如果双方当事人同意由买方办理货物的进口手续和支付关税，则应采用 DDU 术语。如果双方当事人同意在卖方承担的义务中排除货物进口时应支付的某些费用(如增值税)，应写明"Delivered Duty Paid, VAT Unpaid(... named place of destination)"，即"完税后交货，增值税未付(……指定目的地)"。

(资料来源：孙继红. 新编国际贸易实务. 上海：上海财经大学出版社，2008)

【典型实例】

有一份以 EXW 条件成交的产地交货合同，出售新鲜荔枝15吨，总值20万美元。合同规定买方必须在5月25日至31日之间派冷藏集装箱车到产地接运货物。后卖方多次催促，但直至6月7日也未见买方派车接货。于是，卖方不得不在6月8日将这批货物卖给另一家买主，最终交付价款只有15万美元。试问本案例中，荔枝的差价损失应该由谁承担？为什么？

(资料来源：荆州职业技术学院国际贸易实务精品课程. http://www.jzit.name/jpkj)

【简评】该案例主要阐述了买方未按时接货而产生的问题。本案例中，买卖双方本约定在5月

25 日至 31 日交接货物，但买方直至 6 月 7 日也未提取货物，因而买方违约在先，加上荔枝是易腐商品，因此，卖方在买方超过约定提货期并多次催促未果的前提下，为了保全货物和防止损失扩大，有权采取另售的措施，由此产生的差价和其他额外费用，应当由买方负担。

任务三 常用贸易术语的运用

任务描述

位于铁路交通干线的我国内地某外贸公司，于 2009 年 5 月向法国出口 60 公吨石墨电极。由于该公司在上海设有办事处，便以 FOB 术语成交，每公吨 425 美元 FOB 上海，共计总价款 25500 美元，支付工具为即期信用证，装运期为 2009 年 5 月 28 日之前。这样，货物于 2009 年 5 月 20 日运到上海，由上海办事处负责订箱装货。不料货物到达上海的第五天，仓库失火，抢救不及，全部货物受损无法出售。办事处立即通知内地公司总部要尽快补发 60 公吨货物，否则无法按期装船。但恰逢该外贸公司货源紧张，只好要求法商将信用证的有效期和装运期各延长 15 天。所有损失也只能由该公司负担。

（资料来源：中国法律法规网，http：//www.falvfagui.com）

从上例中我们可以看出，在国际贸易中，合理地采用适当的国际贸易术语，对促成交易，提高经济效益和顺利履行合同，都有重要的意义。我国一些进出口企业长期以来不管采用何种运输方式，对外洽谈业务或报盘仍习惯用 FOB、CFR 和 CIF 三种贸易术语。但在滚装、滚卸、集装箱运输的情况下，船舷无实际意义时应尽量改用 FCA、CPT 及 CIP 三种贸易术语。

本任务中，国际贸易买卖双方需要充分考虑各常用贸易术语的本质和特点，从而选择最适合的贸易术语，实现预期利益。

任务完成

在国际货物买卖合同中，贸易术语一般在价格条款中表示出来。不同的贸易术语，买卖双方承担的责任、费用和风险各不相同。在实际业务中，买卖合同的双方当事人选用何种贸易术语，不仅决定了合同履行价格的高低，而且还关系到合同的性质，甚至还会影响到贸易纠纷的处理和解决。因此，贸易术语的选择和运用是直接关系到买卖双方经济效益的重要问题。

议一议

FOB、CFR、CIF 与 FCA、CPT、CIP 的异同

联系：FCA、CPT、CIP 这三种贸易术语实际上是 FOB、CFR、CIF 三种贸易术语的推广，即将术语的适用范围从适用于水路运输推广到适用于任何运输方式。

区别：①适用的运输方式不同。②交货地点、风险转移界限不同。③装卸费用的负担不同。④运输单据不同。⑤投保险别不同。

一、选择常用贸易术语应考虑的因素

国际贸易中可供选用的贸易术语有多种，据统计，各国使用贸易术语频率较高的主要有

FOB、CIF 和 CFR 等术语。近年来，随着国际贸易的发展和运输方式的变化，FCA、CPT 和 CIP 术语的使用也日益增多。在选择贸易术语时，应考虑以下因素：

（一）考虑所使用的运输方式

《2000 年国际贸易术语解释通则》对每种贸易术语所适用的运输方式都做出了规定，例如：FOB、CFR 和 CIF 术语只适用海洋运输和内河运输，而不适用于空运、铁路和公路运输。如买卖双方拟使用空运、铁路和公路运输，则应选用 FCA、CPT 和 CIP 术语。在我国，随着使用集装箱运输和多式联运方式的不断扩大和发展，为适应这种发展趋势，可以适当扩大 FCA、CPT 和 CIP 术语的使用。

（二）考虑运费、保险费的因素

各种贸易术语的价格构成各不相同，运费、保险费是构成价格的一部分，因此，在选用贸易术语时，应考虑运费、保险费的因素。一般来说，在出口贸易中，我方应争取选用 CIF 和 CFR 术语。在进口贸易中，应争取选用 FOB 术语。对 FCA、CPT 和 CIP 术语的选用也应按上述原则掌握。这样有利于节省运费和保险费的外汇支出，并有利于促进我国对外运输事业和保险事业的发展。另外，在选用贸易术语时，还应注意运费变动的趋势。当运费看涨时，为了规避运费上涨的风险，出口时应选用 FOB 术语，进口时应选用 CIF 或 CFR 术语。如因某种原因，采用由我方安排运输的贸易术语时，则应对货价进行调整，将运费上涨的风险考虑到货价中去。

（三）考虑货物的特点

在国际贸易中进出口货物的品种繁多，不同类别的货物具有不同的特点，对运输方面的要求各不相同，运费开支的大小也有差异。有些货物价值较低，但运费占货价的比重较大，对这类货物，出口应选用 FOB 术语，进口选用 CIF 或 CFR 术语。此外，成交量的大小，也涉及运输安排的难易和经济核算的问题，因此，也要考虑贸易术语的选用。

（四）考虑国外港口装卸条件和港口习惯

各国港口的装卸条件不同，收费标准各异，港口的装卸作业习惯也有差别。对于装卸条件较差、装卸费用较高和习惯上须由买方承担装船费、卖方承担卸货费的港口，我国进口时应采用 FOB 包括理舱、FOB 包括平舱或 FOB 包括理舱和平舱贸易术语，出口时采用 CIF 舱底交货或 CFR 舱底交货贸易术语。

（五）灵活掌握国际贸易术语的选用

在选用国际贸易术语时，也要根据实际需要，做到灵活掌握。例如，有些国家为了支持本国保险事业的发展，规定在进口时，须由本国办理保险，我方为表示愿意与其合作的意向，出口也可采用 FOB 或 CFR 术语。又如，我国在出口大宗商品时，国外买方为了争取到运费和保险费的优惠，要求自行办理租船订舱和保险，为了发展双方贸易，也可采用 FOB 术语。在进口贸易中，如进口货物的数量不大，也可采用 CIF 贸易术语。

总之，随着我国对外开放的扩大和对外贸易的发展，可以采用更加灵活的贸易做法。除上述所提到的经常使用的贸易术语外，也可视不同的交易情况，适当选择其他贸易术语。

二、贸易术语与合同的性质

在贸易术语的运用方面，不仅要考虑各种有利害关系的因素，而且还要正确理解和处理好国际贸易术语与合同的关系。只有这样，才能有效地提高对外贸易的经济效益。

(一)由当事人自愿选定买卖合同中的贸易术语

在国际贸易中，交易双方采用何种贸易术语成交，应在买卖合同中具体订明，由于有关贸易术语的国际贸易惯例是建立在当事人"意思自治"的基础上，具有任意法的性质，故当事人选用何种贸易术语及其所采用的术语受何种惯例规制，完全可以根据自愿的原则由双方协商确定。

(二)贸易术语一般确定买卖合同的性质

贸易术语是确定买卖合同性质的一个重要因素，一般来说，采用何种贸易术语成交，则买卖合同的性质也相应可以确定。

(三)贸易术语并不是决定买卖合同性质唯一的因素

贸易术语通常虽确定买卖合同的性质，但它并不是决定合同性质唯一的因素，决定买卖合同性质的还有其他因素，例如，交易双方约定使用 CIF 术语，但同时也约定："以货物到达目的港作为支付货款的前提条件。"按此条件签订的合同，就不是装运合同，而应当是到达合同，因为，在这里，支付条件是确定合同性质的决定因素，由此可见，确定买卖合同的性质，不能单纯看采用何种贸易术语，还应看买卖合同中的其他条件是如何规定的。

(四)避免贸易术语与买卖合同的其他条件相矛盾

为了容易明确买卖合同的性质和分清买卖合同双方的义务，以免引起争议，交易双方选用的贸易术语应与买卖合同的性质相吻合。也就是说，买卖双方应根据交货等成交条件选用相应的贸易术语，防止出现贸易术语与买卖合同的其他条件不吻合，甚至相互矛盾的情况，尤其是选用 C 组术语成交时，在涉及增加卖方义务的规定时，更应审慎从事，以免出现与贸易术语含义相矛盾的内容。

议一议

某进出口公司以 CIF 伦敦向英国某客商出售圣诞节礼品，由于该商品的季节性较强，买卖双方在合同中约定，买方须于 9 月底以前将信用证开抵卖方，卖方保证不迟于 12 月 5 日将货物运抵目的港。否则，买方有权解除合同。如卖方已结汇，卖方必须将货款退还买方。请分析该合同中有关条款是否合理。

本案例中该合同实际上已不属于 CIF 合同。因为：首先，在按 CIF 术语成交的情况下，买卖双方的风险划分界限以装运港船舷为界。货物越过装运港船舷以后的一切风险，由买方承担责任。而本案例的合同条款规定："卖方保证不迟于 12 月 5 日将货物运抵目的港。否则，买方有权解除合同"，这意味着卖方承担货物灭失灭损的风险被延伸至目的港，这等于改变了 CIF 术语对买卖双方义务的规定，从而使 CIF 术语变成了 DES 术语。其次，CIF 合同的性质属于装运合同。即按此类合同成交时，卖方必须在合同规定的装运期内在装运港将货物交至运往指定目的港的船上，即完成了交货义务，对货物运输途中发生灭失或损坏的风险以及货物交运后发生的事件所发生的费用，卖方概不承担责任。而本案的合同条款规定："卖方保证不迟于 12 月 5 日将货物运抵目的港。否则，买方有权解除合同"意味着卖方必须在 12 月 5 日将货物运抵伦敦，其已改变了"装运合同"的性质。最后，CIF 术语是典型的象征性交货术语。象征性交货是指卖方按合同规定装运货物后，向买方提交包括物权凭证在内的有关单据，就算完成交货义务，无须保证到货。在象征性交货的情况下，卖方凭单交货，买方凭单付款，而本案的合同条款规定："如卖方已结汇，卖方必须将货款退还买方。"该条款已改变了"象征性交货"下卖方凭单交货的特点。

(五)注意买卖合同中的国际贸易术语与运输合同中的术语互相衔接

由于租船合同的术语对于装卸时间和装卸费用的限定更为严格，故交易双方应在买卖合同中特别条款尽可能就这些问题做出明确具体的规定，也就是说，交易双方签订买卖合同的同时，应尽可能考虑运输合同的要求，以便为随后订立的合同打下良好的基础，从而有利于买卖合同的履行，但另一方面运输合同是为履行买卖合同而签订的，因此，负责安排运输的买方或卖方在商定运输合同时，务必以买卖合同为依据，使运输合同与买卖合同相互衔接，以保证买卖合同的顺利履行。

【典型实例】

CIF 还是 CIP——内陆地区产品出口贸易术语的选择

某年 5 月，美国某贸易公司(以下简称进口方)与我国江西某进出口公司(以下简称出口方)签订合同购买一批日用瓷具，价格条件为 CIF LOS-ANGELES，支付方式为不可撤销的跟单信用证，出口方需要提供已装船提单等有效单证。出口方随后与宁波某运输公司(以下简称承运人)签订运输合同。8 月初出口方将货物备妥，装上承运人派来的货车。途中由于驾驶员的过错发生了车祸，耽误了时间，错过了信用证规定的装船日期。得到发生车祸的通知后，我出口方即刻与进口方洽商要求将信用证的有效期和装船期延展半个月，并本着诚信原则告知进口方两箱瓷具可能受损。美国进口方回电称同意延期，但要求货价应降 5%。我出口方回电据理力争，同意受震荡的两箱瓷具降价 1%，但认为其余货物并未损坏，不能降价。但进口方坚持要求全部降价。最终我出口方还是做出让步，受震荡的两箱降价 2.5%，其余降价 1.5%，为此受到货价、利息等有关损失共计达 15 万美元。

事后，出口方作为托运人又向承运人就有关损失提出索赔。对此，承运人同意承担有关仓储费用和两箱震荡货物的损失；利息损失只赔 50%，理由是自己只承担一部分责任，主要是由于出口方修改单证耽误时间；但对于货价损失不予理赔，认为这是由于出口方单方面与进口方的协定所致，与己无关。出口方却认为货物降价及利息损失的根本原因都在于承运人的过错，坚持要求其全部赔偿。3 个月后经多方协商，承运人最终赔偿各方面损失共计 5.5 万美元。出口方实际承担损失 9.5 万美元。

(资料来源：中国物流人论 . http：//club.jctrans.com)

【简评】在本案例中，出口方耗费了时间和精力，损失也未能全部得到赔偿，这充分表明了CIF 术语自身的缺陷使之在应用于内陆地区出口业务时显得"心有余而力不足"。

本案例中，因承运人过错而导致了车祸，他就应该对此产生的货物损失、延迟装船、仓储费用负责，但由此导致的货价损失、利息损失的承担双方却无法达成协议，使得出口方受到重大损失。本案中信用证要求出口方提交的就是提单，而货物走的是陆路，因此他只能到港口换单结汇。如果可凭承运人内地接货后签发的单据当地交单结汇的话，出口方虽然需要就货损对进口方负责，但他可以避免货价损失和利息损失。

从以上分析可以看出，CIF 术语在内陆地区出口中并不适用。事实上，对于更多采用陆海联运或陆路出口的内陆地区来说，CIP 比 CIF 更合适。

综合实训

1. 有关贸易术语的国际惯例都有哪些？各有何不同？

2. 装船通知在哪一种贸易术语中变得尤为重要？

3. 如何做好 FOB 术语下的船货衔接问题？如何看待 CIF 术语中的保险问题？

4. 不同的国家和不同的惯例对 FOB 的解释并不完全统一。它们之间的差异在有关交货的地点、风险划分界限以及卖方承担的责任义务等方面的规定上都可体现出来。如在北美国家采用的《1941 年美国对外贸易定义修订本》中，将 FOB 概括为六种，其中前三种是在出口国内陆指定地点的内陆运输工具上交货。第四种是在出口地点的内陆运输工具上交货，第五种是在装运港船上交货，第六种是在进口国指定内陆地点交货。上述第四种和第五种在使用时应加以注意。因为这两种术语在交货地点上有可能相同，如都是在旧金山交货，如果买方要求在装运港口的船上交货，则应在 FOB 和港名之间加上"轮船 Vessel"字样，如"FOB VESSEL NEWYORK"，否则，卖方有可能按第四种情况在纽约的内陆运输工具上交货。

即使都是在装运港船上交货，关于风险划分界限的规定也不完全一样。按照《1941 年美国对外贸易定义修订本》的解释，买卖双方划分风险界限不是在船舷，而是在船上。卖方责任之三规定："承担货物一切灭失及（或）损坏责任，直至规定日期或期限内，已将货物装载于指定轮船上为止。"另外，关于办理出口手续问题上也存在分歧。按照《2000 通则》的解释，FOB 条件下，卖方义务是"自负风险和费用，取得出口许可证或其他官方批准证件，并办理货物出口所必需的一切海关手续"。但是，按照《1941 年美国对外贸易定义修订本》的解释，卖方只是"在买方请求并由其负担费用的情况下，协助买方取得由原产地及（或）装运地国家签发的，为货物出口或其目的地进口所需的各种证件"。

鉴于上述情况，在我国同美国、加拿大等国家从事的进出口业务中，采用 FOB 成交时，应对有关问题在合同中具体订明，以免因解释上的分歧而引发争议。

实训目标：
分析讨论不同的国际贸易术语惯例的内容和特点。

组织实施：
学生分组，各成员分工，分别负责选择不同的国家贸易术语惯例。

操作提示：
《1932 年华沙—牛津规则》、《1941 年美国对外贸易定义修订本》、《2000 年国际贸易术语解释通则》的内容。

成果检测：
完成活动项目任务，各组分别展示，学生讨论，教师进行评价。

5. 《国际贸易术语解释通则》是国际商会为统一各种贸易术语的不同解释于 1936 年制订的，命名为《1936 年国际贸易术语解释通则》。随后，为适应国际贸易实践发展的需要，国际商会先后于 1953 年、1967 年、1976 年、1980 年和 1990 年进行过多次修订和补充，其中，1990 年国际商会为使贸易术语能适应日益广泛使用的电子数据交换（EDI）和不断革新的运输技术变化的需要对该通则作了全面的修订。

为使贸易术语更进一步适应世界上无关税区的发展、交易中使用电子信息的增多以及运输方式的变化，国际商会再次对《国际贸易术语解释通则》进行修订，并于1999年9月公布《2000年国际贸易术语解释通则》，简称《INCOTERMS 2000》(以下简称《2000年通则》)。《2000年通则》于2000年1月1日起生效。

实训目标：

分析讨论《2000年国际贸易术语解释通则》的四组贸易术语的内容和特点。

组织实施：

学生分组，各成员分工，分别负责选择不同组的国际贸易术语。

操作提示：

E组、F组、C组、D组贸易术语的内容，买卖双方各自的风险和义务。

成果检测：

完成活动项目任务，各组分别展示，学生讨论，教师进行评价。

6. 某公司以FOB条件出口一批冻鸡，合同签订后接到买方来电，称租船较为困难，委托我方代为租船，有关费用由买方负担。为了方便合同履行，我方接受了对方的要求，但时间已到了装运期，我方在规定的装运港无法租到合适的船，且买方又不同意变更装运港，因此到装运期截至时，货仍未装船。买方因销售期即将结束，便来函以我方未按期租船履行交货义务为由解除合同。问：我方应如何处理？

7. 某公司以CFR术语出口一批瓷器，我方按期在装运港装船后，即将有关单据寄交买方，要求买方支付货款。过后，业务人员才发现忘记向买方发出装船通知。此时，买方已来函向我方提出索赔，因为货物在运输途中因海上风险而损毁。问：我方能否以货物运输风险是由买方承担为由拒绝买方的索赔？

8. 某公司以CIF条件出口一批罐头。合同签订后，接到买方来函，声称合同规定的目的港口最近经常发生暴乱，要求我方在办理保险时加保战争险。对此，我公司应如何处理？这批货物运抵目的港后，我方接到买方支付货款的通知，声明：因货物在运输途中躲避风暴而增加的运费已代我公司支付给船公司，故此，所付的货款中已将此项费用扣除。对此，我公司应如何处理？

9. 某公司按FCA条件进口一批化工原料，合同中规定由卖方代办运输事项。结果在装运期满时，国外卖方来函通知，无法租到船，不能按期交货。因此我公司向国内生产厂家支付了10万元违约金，问：对我公司的这10万元损失，可否向国外的卖方索赔？

实训目标：

常用贸易术语选用实例分析。

组织实施：

学生分组，各成员分工，分别负责不同案例分析。

操作提示：

FOB、CFR、CIF、FCA等贸易术语的特点。

成果检测：

完成活动项目任务，各组分别展示，学生讨论，教师进行评价。

国际贸易谈判

项目介绍

 谈判成功与否直接关系到企业在竞争中能否取得优势，能否得到快速发展。认真做好谈判前的准备工作，了解各国商人谈判的特点，知彼知己，为达到谈判预期目的提供重要基础；认真做好谈判后的总结与评估工作，肯定与巩固谈判成果；同时，在谈判中要运用好各种谈判技巧，在谈判的前期、中期和后期采取不同的策略，最终达到谈判的目的。

任务一　谈判的准备和后续工作

任务描述

 在某次交易会上，我方外贸部门与一日商洽谈出口业务。在第一轮谈判中，客商采取各种招数来摸我方的底，罗列过时行情，故意压低购货的价格。我方立即中止谈判，搜集相关的情报，了解到日本一家同类厂商发生重大事故而破产，又了解到该产品可能有新用途。在仔细分析了这些情报以后，谈判继续开始。我方根据掌握的情报后发制人，告知对方：我方的货源不多、产品的需求很大、日本厂商不能供货。对方立刻意识到了我方对这场交易背景的了解程度，甘拜下风。在经过一些小的交涉之后，委曲求全，接受了我方的价格，购买了大量该产品。

 （资料来源：赵素洁．商务谈判．北京：冶金工业出版社，2008）

 从上例我们可以看出，在国际贸易谈判中，口才固然重要，但是最本质、最核心的是对谈判的把握，而这种把握常常是建立在对谈判背景的把握上，即充分做好谈判前的准备工作，只有知己知彼，才能获得胜利。

 本任务中，国际贸易买卖双方主要学习国际贸易谈判要做哪些准备工作和后续工作。

概念点击

 谈判：是指有相关利益的当事者，为了实现各自的利益目标，通过协商而争取达到意见一致的行为和过程。

 谈判期限：是指从谈判开始到谈判结束的期限。

 谈判对策：是指谈判人员为实现谈判目标，根据谈判对手的情况，即事先对可能出现的情况进行分析而制定的谈判方法。

 谈判议程：是指关于谈判的主要议题、谈判的原则框架、议题的先后顺序与时间安排。

 贸易谈判协议：也叫成交确认书，它是交易双方为明确各自的权利和义务，以书面形式确定下来的合同。

 任务完成

一、国际贸易谈判的准备工作

国际贸易谈判能否取得成功,不仅取决于谈判桌上的唇枪舌剑、讨价还价,而且有赖于谈判前充分细致的准备工作。可以说,任何一项成功的谈判都建立在良好的准备工作的基础之上。

国际贸易谈判的准备工作主要包括:环境调查、方案准备、计划制订、物质的准备、准备情况自查。

(一)谈判环境的调查

国际贸易谈判是在特定的社会环境中进行的,社会环境各因素都会不同程度的直接或间接影响谈判工作。如政治、经济、文化、气候、地理、自然资源、基础建设等。谈判人员只有对上述各种环境因素进行全面系统的调查分析,才能制订出切实可行的谈判方针和策略。

环境调查的主要任务是探询、收集有关的贸易信息。

 想一想

人们通常通过哪些方式收集所需要的信息?

1. 信息探询、收集的主要渠道

(1)企业驻外机构或办事处。

(2)我国驻外使、领馆。

(3)银行、证券公司、保险公司等金融机构。

(4)老客户、熟人、代理人、中间人等。

(5)各种咨询机构。

(6)商务广告。

(7)各种商务会议及出国考察或参加展销会等。

(8)电子信息网络。

(9)报纸、电视等媒体。

2. 信息探询、收集的主要内容

(1)目标市场的政治状况:政治机构、政治派别、政治稳定性。

(2)目标市场的经济状况:政府对经济的干预程度、经济发展总体情况及趋势、民众消费习惯、进出口商品机构和市场机构、外汇储备情况、银行开设制度及信誉情况、税收制度等。

(3)目标市场的各种进出口管理政策和手段:如外汇管理政策、海关管理办法及税收情况、进出口许可证、配额规定、出口奖励措施及进口限制措施等。

(4)目标市场的宗教、社会风俗状况、宗教派别及其地位、宗教信仰情况以及宗教节日规定、传统节假日安排及待人接物的传统习惯。

(5)目标市场的法律制度:各种法律法规、法院审判程序及时间、仲裁规则等。

(6)目标市场的基础环境、气候情况:港口、交通运输条件、通信设施条件,季节、气候条件等。

(7)目标市场运行机制及竞争对手情况:商品流通渠道、竞争者数量及经营状况、目标市场同类商品的价格水平及供求情况、消费者对竞争商品的满意程度。

(8)拟交易商品的有关情况：如商品的技术、价格走势，目标市场对货物品质、包装的特殊规定等。

(9)目标客户的资料收集：如企业的性质、业务范围、历史及目前的运营情况，企业注册资金、资信、财务状况，外商身份、权限、年龄结构、个性特点、谈判作风，双方关系情况。

信息准备既是一项长期的经常性的工作，又是一项根据具体贸易谈判项目的议题需要，临时集中力量进行的活动。因此，贸易谈判人员不仅应当在平时的贸易实践中注意积累有价值的信息，而且应当利用专门的调研机构或本单位调研部门的服务，从而快速、系统、完整、可靠地收集信息，帮助贸易谈判人员减少在谈判中的盲目性，增强谈判的有效性。

做一做

根据信息收集的内容分九组通过不同渠道收集某国外企业的信息。

(二)谈判方案的准备

谈判方案，是指为了完成某种商品的进出口任务而确定的经营意图，需要达到的最高或最低目标，以及为实现该目标所应采取的策略、步骤和做法，它是谈判者行动的指针和方向。

谈判方案的准备内容一般包括谈判内容、谈判目标、谈判期限、谈判人员及有关的谈判法律问题等。如表 3-1 所示。

表 3-1 谈判方案准备的内容

谈判总目标：			
谈判标的	1： 2：		
拟谈判期限：	自 年 月 日至 年 月 日		
谈判方	甲：	乙：	
以前是否有过接触：	有/无		
甲方谈判人员：	1.	2.	3.
	4.		
乙方谈判人员：	1.	2.	3.
	4.		
拟谈判条件及目标			
谈判条件	本方目标	对方目标	同/异
本方谈判目标	本方可接受目标	对方谈判目标	对方可接受目标
法律准备	拟交换的法律文件		
	1. 2.	1. 2.	

1. 谈判内容的准备

应围绕谈判的标的明确谈判标的的技术性、成本费用、商业特性、生产规模、现有市场分布情况，对包装、运输、保险有无特殊要求等。谈判人员对需要磋商的所有交易条件要心中有数，并根据客观条件制订针对性的谈判目标。

2. 谈判目标的准备

在明确谈判内容的基础上，根据对谈判环境的分析，确定谈判的相应总目标及具体目标。确定谈判的目的是对主要谈判内容确定期望水平，贸易谈判目标的内容依谈判类别、谈判各方的需求不同而不同。总目标实际是谈判的目的，而具体目标则是谈判要实现的一些可以计量、有时间限定的目标。如总目标为"开拓新市场"，具体目标为"在一年中获得 2% 的市场占有率"。在确定目标时，应尽可能的探询对方的谈判目标，找出双方共同或近似的目标以及差异较大的目标，从而为有针对性地制定、运用谈判策略和手段提供依据。在所有交易条件中，价格条件最难达成共识，谈判目标也最难确定。谈判方在确定价格目标时，要对成本、市场、供求、竞争、政策等一系列影响价格的因素进行认真分析研究，事先确定好弹性价格目标，设定目标价格的上限、下限，在谈判过程中，最终确定本方要实现的价格谈判目标。

拓展阅读

谈判目标的高低

谈判目标分为最高期望目标、实际需求目标、可以接受的目标和最低限度目标。在谈判开始时，以最高期望目标作为报价起点，有利于在讨价还价中使己方处于主动地位。实际需求目标是谈判者调动各种积极因素，使用各种谈判手段，努力达到的谈判目标。可以接受的目标是一个区间或范围，是在无法达到实际需求目标或者只达到一部分的情况下，退而求其次所选择的目标。最低限度目标是在谈判中对己方而言毫无退让余地，必须达到的最基本的目标。

（资料来源：乔淑英，王爱晶．商务谈判．北京：北京师范大学出版社，2007）

3. 谈判期限的确定

国际贸易谈判所涉及的各项交易条件本身具有较强的可变性，任何谈判都不可能是无休止的，在一定期限内，要么达成交易，要么结束谈判。

4. 谈判队伍的组织

议一议

"一句唐诗减税千金"对贸易谈判人员应具有的素质有什么启示？

法国是盛产葡萄酒的国家，外国的葡萄酒想打入法国市场是很困难的。四川农学院留法研究生李华博士经过几年的努力，使中国葡萄酒奇迹般地打入法国市场。可是，中国葡萄酒从香港转口时，港方说，按照土酒征 80% 的关税，洋酒征 300% 的关税规定，中国的葡萄酒要按洋酒征税。面对这种局面，李华博士吟出一句唐诗：葡萄美酒夜光杯。并解释说，这说明中国唐朝就能生产葡萄酒了。英国和法国生产葡萄酒的历史，恐怕要比中国晚几个世纪吧？李华博士用一句唐诗驳得港方无言以对，只好承认中国生产的葡萄酒按土酒征税。

（资料来源：阅读与写作，1994(1)）

由于国际商务谈判涉及面广，其准备工作的内容大致包括谈判者对自身分析和对谈判对手的分析、谈判人员的挑选、谈判队伍的组织、方案的制订、模拟谈判等。

第一，自身分析。

在谈判准备阶段进行自身分析，主要是指认认真真地进行项目的可行性分析，投入必要的资金与时间，集思广益，排除盲目性和主观性，真正做到心中有数。

做可行性研究，不仅要做静态的分析，还要强调"动态分析"，从近期与远期的动态结合上，进行更加深入的分析，即要对项目所涉及的长远影响作出科学预见。通常采用的方法是对项目做敏感性分析，即分析可能发生的变化因素，如原材料、水、电、煤价格、工资、利率、汇率等的单独变化，或多因素同时变化对收益率的影响及对投资回收期或借款偿还期的影响。

进行可行性分析研究后，就必须要正确决策。依据可行性分析研究的结果，从多个可能方案中选择一个相对令人满意的方案的过程，其评判选择标准是"技术上可行，经济上合理"。除了注意直接经济效益之外，还应考虑到社会效益，在某些条件下社会效益也会带来显著的经济效益。

第二，对手分析。

在谈判准备过程中在对自身情况做全面分析的同时，谈判者还要设法全面了解谈判对手的情况。

谈判准备过程中要对对方的下述情况进行调查和了解：

(1)对手的实力。包括公司的历史、社会影响，资本积累与投资状况，技术装备水平，产品的品种、质量、数量等。"天下没有免费的午餐"(There's no free lunch)，就是告诫国际商务谈判人员，贪图小便宜终究要上大当的。

(2)对手的需求与诚意。要尽可能广泛地了解对方的需要、合作的意图、信誉、合作愿望是否真诚、能力与作风等。

(3)对手谈判人员的状况。英国著名哲学家弗朗西斯·培根曾在《谈判论》一文中指出："与人谋事，则须知其习性，以引导之；明其目的，以劝诱之；谙其弱点，以威吓之；察其优势，以箝制之。与奸猾之人谋事，唯一刻不忘其所图，方能知其所言；说话宜少，且须出其最不当意之际。于一切艰难的谈判之中，不可存一蹴而就之想，唯徐而图之，以待瓜熟蒂落。"培根的精辟见解告诉我们：对于未来的谈判对手，你了解得越具体越深入，估量越准确越充分，就越有利于掌握谈判上的主动权。

第三，谈判队伍的组织。

人是谈判的行为主体，谈判班子的素质及其内部协作与分工的协调对于谈判的成功是非常重要的，因此，人员准备，也就是说谈判队伍的组织，始终关系到谈判过程的成败。

弗雷斯·查尔斯·艾克尔在《国家如何进行谈判》一书中写道："根据17、18世纪的外交规范，一个完美无缺的谈判者，应该心智机敏，而且有无限的耐心；能巧言掩饰，但不欺诈行骗；能取信于人，而不轻信于人；能谦恭节制，但又刚毅果断；能施展魅力，而不为他人所惑；能拥有巨富、藏娇妻，而不为钱财和女色所动。"古今中外对于谈判人员的素质要求是仁者见仁、智者见智，但是一些基本的要求却是共同的，并被许多谈判者所遵奉。

国际商务谈判中，谈判小组中每一个成员的选择都应该是十分慎重的，谈判人员的配备直接关系到谈判的成功，是谈判谋略中技术性很强的学问。谈判者个体不但要有良好的政治、心理、业务等方面的素质，而且要恰如其分地发挥各自的优势，互相配合，以整体的力量征服谈判对手。

参加商务谈判的人员需要具备多方面的基础知识，并善于综合运用这种知识，一般来说，他们应具备下列条件：

(1)政治素质。必须熟悉我国对外经济贸易方面的方针政策。

(2)专业知识。谈判人员应具有相关商业、技术、市场、金融、财务、法律等方面的专业知识，熟悉商务谈判的基本理论与技巧。

(3)外语能力。应当熟练地掌握外语，并能用外语直接洽谈交易。

(4)团队精神。谈判人员必须具有集体主义精神和团队精神，注意协调配合。

谈判小组的人员则应在各有专长的基础上，善于从思想上、行动上紧密结合，确保内部协调一致。谈判队伍一经形成，就要制定相应的谈判工作规范，明确各成员的职责分工。由不同类型和专业的人员组成一个分工协作、各负其责的谈判组织群体。

谈判班子人数的多少没有统一的标准，谈判的具体内容、性质、规模以及谈判人员的知识、经验、能力不同，谈判班子和规模也不同。实践表明，直接上谈判场的人不宜过多。如果谈判涉及的内容较广泛、较复杂，需要由各方面的专家参加，则可以把谈判人员分为两部分，一部分主要从事背景资料的准备，人数可以适当多一些；另一部分直接上谈判场，这部分人数与对方相当为宜。在谈判中应注意避免对方出场人数很少，而我方人数很多的情况。

(三)谈判计划的制订

谈判计划不同于谈判方案，谈判方案确定的是一些谈判原则及标准，而谈判计划则是谈判人员根据谈判方案而制订的谈判步骤。谈判计划是谈判人员行动的指南，谈判计划的完善与否对于谈判的成败有着举足轻重的作用。谈判计划应具体而简洁，明确而留有余地。谈判计划一般包括：谈判主题、谈判对策、谈判议程以及谈判的时间分配等内容。

表 3-2　谈判计划

谈判主题：			
双方的共同目标		谈判对策	
双方的争议焦点		谈判对策	
不同谈判阶段的主题及时间分配			
阶　　段	主　　题		时　　间
谈判开始阶段			
谈判实质性阶段			
谈判结束阶段			

1. 谈判主题

谈判主题是谈判活动的中心。依据不同的谈判主题制定不同的谈判目标是谈判顺利进行的关键。因此，制定谈判计划时应首先明确总的谈判主题及目标，然后根据情况制定各个谈判阶段的谈判主题和目标。

2. 谈判对策

谈判计划包括拟采用的谈判形式、谈判技巧、谈判口径等。谈判对策应有针对性，从而调整双方相异的谈判目标。对谈判主题及对策应注意保密，以避免在谈判中被对手步步紧逼而处于不利的地位。

拓展阅读

打破僵局的方法

1. 用语言鼓励对方打破僵局。

2. 采取横向式的谈判打破僵局。

3. 寻找替代的方法打破僵局。

4. 运用休会策略打破僵局。

5. 利用调节人调停打破僵局。

6. 更换谈判人员或者由领导出面打破僵局。

7. 从对方的漏洞中借题发挥打破僵局。

8. 利用"一揽子"交易打破僵局。

9. 有效退让打破僵局。

10. 适当馈赠打破僵局。

11. 场外沟通打破僵局。

12. 以硬碰硬打破僵局。

（资料来源：李彦青，王小玲．演讲与口才．北京：知识产权出版社，2008）

3. 谈判议程

在谈判的准备阶段，己方应率先拟订谈判议程，并争取对方的同意。谈判中先谈什么，后谈什么应视情况而定，可以先易后难，也可以先难后易。在谈判前，明确谈判事项的主次，有利于谈判人员充分掌握谈判的重点、难点，准备不同的谈判对策。

在谈判期限设定以后，对不同的谈判内容和阶段应合理配置谈判时间，从而掌握谈判的主动权。谈判计划的确定一般不是由一方单独决定的，但应事先对谈判有大致的安排，并力争在双方同意的谈判计划基础上进行协商，使双方的期望逐步趋向吻合，以求最终达成交易。

拓展阅读

确定议题的三个基本原则

一是，逻辑原则。是指如果议题间存在立即关系的话，排序应该按照逻辑关系的先后进行。

二是，相关捆绑原则。由于议题太多，如果部分议题间存在非常强的相关性或类似性，就可以将这几个相关的议题放在一起进行磋商。

三是，先易后难原则。是在议题间不存在上述关系的情况下，先从容易的议题开始，待双方进入状态以后再讨论比较难的议题。

（资料来源：乔淑英，王爱晶．商务谈判．北京：北京师范大学出版社，2007）

（四）谈判物质方面的准备

谈判物质方面的准备。主要涉及谈判地点的选择、谈判环境的布置、谈判人员的行程及食宿安排等。谈判地点的选择有在本方所在地谈判，在对方所在地谈判，在第三地谈判，分阶段在双方所在地谈判等。在本方所在地谈判对本方较为有利，第三地由于谈判双方都较陌生，一般很少采用。实际业务中较多的应用分阶段在双方所在地谈判。一些简单的贸易谈判也可以只通过双方往来电文达成协议。

谈判房间的布置应以轻松、舒适、便利为主调。谈判房间的安排应有谈判室、谈判双方人员的休息室。谈判桌有圆形和方形之分，一般来讲，比较重要的、大型的谈判选用长方形的谈判桌；在规模较小或双方谈判人员较熟悉的情况下，多选择用圆形谈判桌，这样可以消除谈判双方代表的距离感。谈判座位的排列应当充分考虑到双方的便利、习惯、谈判内容是否重要、谈判人员的业务素质、能力等方面的情况。

谈判人员的座位排列有两种方法，一是双方分开而坐，各居谈判桌一方，一般主人面对门的左方，客人面对门的右方。谈判负责人位居中间，两侧分坐主谈判人和助手。这种排位方法便于谈判人员查阅内部资料及彼此交换信息，使谈判人员有安全感、实力感，但却人为地造成了双方的对立感。另一种排位方法是双方谈判人员交叉而坐。这种方法从视觉上给人以融洽之感，但同一方谈判人员分散而坐，传递信息极为不便，也无法及时地统一本方谈判人员的言行。

谈判人员的行程和食宿，也是谈判准备工作的主要内容。在本方所在地谈判时，应尽量考虑到对方的生活习惯，体现本方的诚意。在对方或第三方所在地谈判时，则要遵守当地的风俗习惯，不失国格人格。

(五)谈判准备情况自查

在谈判准备工作基本完成以后，应组织力量从各方面检查谈判准备情况，使谈判计划、方案及策略更具可行性。主要方法有：至少两人之间的互相提问、组织有关专业人员对相关问题进行仔细推敲、模拟谈判。

1. 至少两人之间的相互提问

对于比较简单的谈判，谈判方案订立人员可以通过两人之间的相互提问，检查谈判工作的准备情况。例如：谈判的主要目的是什么？有无须要对方提交的文件？与对方从前的交易情况如何？对方近期经营业绩如何？

2. 组织有关专业人员对相关问题进行仔细推敲

对技术性能独特、谈判人员不太熟悉的谈判标的，应事先组织专业人员进行技术方面的推敲，以确定谈判方案的可行性和科学性。

3. 模拟谈判

模拟谈判是对谈判前准备工作的一次全面检查，它是在谈判正式开始前提出各种设想和臆测，进行谈判的想象、练习和实际演习。对一些时间较长、较为复杂的谈判，应进行模拟谈判。模拟谈判，可以由本方谈判班子内部人员组成，也可以由本方谈判班子人员和非谈判班子人员组成。模拟谈判可以预先暴露本方谈判方案、计划的不足，还可以检查本方谈判人员的素质，提高他们的应变能力，达到减少失误，实现谈判目标的目的。

 做一做

挑选 10 位同学分别扮演甲乙双方的 5 位谈判人员，进行一场模拟谈判。

二、国际贸易谈判的后续工作

国际贸易谈判的后续工作主要是对谈判过程进行回顾总结，且将在谈判中取得的共识以协议或合同形式予以确定。后续工作一般包括：归纳已达成的共识与协议、草拟协议文件、审核协议、签约、评估谈判结果。

(一)归纳已达成的共识与协议

交易双方在将要达成交易时，必然会对前几个阶段进行总体回顾，以明确还有哪些问题需要讨论。回顾的主要内容有：

- 所有项目是否都已谈妥，是否还有问题尚未解决。
- 所有交易条件的谈判结果是否都已达到了己方的期望值或谈判目标。
- 己方最后可做出的让步限度。
- 以何种谈判技巧来结束谈判，进行签约。
- 安排交换记录事宜。

这个阶段，是谈判人员做出最后决定的阶段。回顾的时间与形式取决于谈判的规模。在回顾的基础上，以谈判记录为依据，按谈判议题进行整理，从而归纳出一条清晰的主线或若干条支线，在双方表示同意达成协议，草拟协议文件之前作为正式协议的草稿，当面通过，明确双方在各点上均已取得一致意见。

(二)草拟协议文件

协议一经谈判双方签字确认，就成为对双方都具有约束力的法律文件，双方既可享受协议中规定的权利，也必须履行协议中规定的义务。否则，就必须承担相应的法律责任。

表 3-3　贸易谈判协议文件一般格式

首 部	协议名称： 协议编号： 订约日期： 签约地点： 卖方名称： 法定地址： 电　传： 电子邮件：	买方名称： 法定地址： 电　传： 电子邮件：
正 文	1. 商品品名： 2. 商品品质： 3. 商品数量： 4. 商品价格： 5. 商品包装： 6. 商品装运： 7. 支付条款： 8. 保险条款： 9. 检验条款： 10. 不可抗力： 11. 索赔条款： 12. 仲裁条款：	
尾 部	13. 协议文字： 14. 法律效力： 卖方：(签字)	买方：(签字)
备 注		

(三)审核协议

谈判协议是以法律的形式对谈判结果的记录和确认，因此，对谈判的每一项目应认真审核。审核的主要内容有：

1. 审核协议有效成立的条件

第一，协议必须合法。国际贸易谈判，其谈判协议内容、条款等都必须符合谈判各国的有关法律规定，如有关外汇管理、许可证管理、外交政策、税收等。同时应考虑国际经济活动中的一些不成文的法律，如国际惯例。谈判协议的内容还不得损害社会公共利益及社会公德。在我国，禁止流通的物品如武器、弹药等就不能作为谈判的标的。

谈判协议必须合法和不得损害社会公共利益及社会公德，是签约的两大原则，任何违背这两项原则的协议均视为无效。

第二，协议必须体现平等互利、等价有偿原则。谈判协议文件对双方权利义务的规定必须合理，谈判任何一方不得将本方的意志强加给对方，任何第三者也不得非法干预，不得存在"胁迫"或"欺诈"的行为。

第三，谈判协议必须具备主要条款。贸易谈判协议的主要条款也就是合同的基本内容，它明确规定了谈判各方的权利义务，是谈判各方履行权利和义务的基本法律依据。

第四，协议签约人必须具备合法资格。谈判协议是具有法律效力的法律文件，因此，要求签约双方都必须具有签约资格，否则，即使协议签订，也是无效的。

2. 审核协议

第一，审核对方签约人的签约资格。签约人是否是企业的高级领导人；有无法人开具的正式书面授权证明，如授权书、委托书等。

第二，审核协议条款。协议条款是否完备、周到；内容是否合法、具体；责任是否明确。

第三，审核协议文字。协议文字是否工整清晰，概念是否确切，用词是否恰当。对协议中一些关键词，更要特别推敲。当协议用两种文字书写时，应对两种文字表达的一致性进行核对。用一种文字书写时，应核对文本与谈判协议条款的一致性。最后，还应核对各种批件，包括项目批件、许可证、用汇证明、订货卡等是否完备以及协议内容与批件内容是否一致。核对文本应对照原稿，不可单凭记忆。

(四)签约

普通谈判协议的签订只需由首席代表与对方签字即可，地点可在谈判地点或举行宴会的饭店举行，仪式简单。大型贸易谈判协议的签订，仪式就比较隆重、热烈，有时还需专门的签字桌，摆上双方的国旗，安排高级领导会见对方谈判代表，邀请新闻界人士参加等。

图 3-1　艾默生网络能源有限公司与英迈(中国)商业有限公司在
上海香格里拉饭店举行战略合作签约仪式

(五)谈判结果的评估

谈判结束后,应及时地对本次谈判进行全面回顾和总结,总结评估可以从以下几方面考虑:

第一,谈判过程的评估。这主要是对从谈判准备到结束的整个运作过程的全面总结。内容涉及对谈判对手的选择、谈判策略与目标的制定、谈判班子的构成等各个方面得失的评判。其主要方法是分析在实际谈判过程中哪些必要的谈判环节存在缺陷,哪些谈判环节是不必要的,哪些谈判环节促进了谈判的顺利进行等。评估谈判过程的目的是比较谈判准备过程及运用过程的相关性和差距,找出不合理、不必要或是极为有效的谈判环节,以利于以后同类贸易谈判工作的开展并总结相关的谈判经验。

第二,谈判对手的评估。其主要目的是为了对谈判对手的谈判作风、工作效率、谈判策略及技巧、谈判目标的实现程度等加以总结,使己方对对方有一个较为清晰地认识,在以后的谈判中更有针对性。

第三,谈判方法的评估。这主要是对本方谈判工作的组织管理、协调能力、谈判人员搭配的合理性、谈判技巧的运用能力等进行总结。

第四,谈判结果的评估。对谈判结果的评估正是对本次谈判成功与否的评价,主要应从谈判目标的实现程度,谈判效率,即为了获得谈判结果所付出的人力、物力、财力及时间代价,谈判之后的商务关系来评判。

【典型实例】

谈判前做好充分准备

1972年2月,美国总统尼克松访华,中美双方将要展开一场具有重大历史意义的国际谈判。为了创造一种融洽和谐的谈判环境和气氛,中国方面在周恩来总理的亲自领导下,对谈判过程中的各种环境都做了精心而又周密的准备和安排,甚至对宴会上要演奏的中美两国民间乐曲都进行了精心的挑选。在欢迎尼克松一行的国宴上,当军乐队熟练地演奏起由周总理亲自选定的《美丽的亚美利加》时,尼克松总统简直听呆了,他绝没有想到能在中国的北京听到他如此熟悉的乐曲。因为,这是他平生最喜爱的并且指定在他的就职典礼上演奏的家乡乐曲。敬酒时,他特地到乐队前表示感谢,此时,国宴达到了高潮,这种融洽而热烈的气氛也同时感染了美国客人。一个小小的精心安排,赢得了和谐融洽的谈判气氛,这不能不说是一种高超的谈判艺术。

日本首相田中角荣20世纪70年代为恢复中日邦交正常化到达北京,他怀着等待中日间最高首脑会谈的紧张心情,在迎宾馆休息。迎宾馆内环境舒适,田中角荣的心情也十分舒畅,与陪同人员谈笑风生。他的秘书早饭茂三仔细看了一下房间的温度计,是"17.8度"。这一田中角荣习惯的"17.8度"使得他心情舒畅,也为谈判的顺利进行创造了条件。

(资料来源:商务谈判14案例,http://www.795.com.cn/wz/40224.html)

【简评】"美丽的亚美利加"乐曲、"17.8度"的房间温度,都是人们针对特定的谈判对手,为了更好地实现谈判的目标而进行的谈判前的准备,也是一致式谈判策略的运用。

 **各国商人的谈判风格**

任务描述

有位美国商人只身一人到巴西去谈生意，在当地请了个助手兼翻译。谈判进行得相当艰苦，几经努力，双方最终达成了协议，这时美国商人兴奋地跳起来，习惯性地用拇指和食指合成一个圈，并伸出其余3指，形成"OK"的手势来表示对谈判结果的满意。然而，在场的巴西人全都目瞪口呆地望着他，男士们甚至流露出愤怒的神色，场面显得很尴尬。

原来，在巴西的礼仪里忌用拇指和食指联成圆圈，并将其余3指向上伸开，形成"OK"的手势，巴西人认为这是一种极不文明的表示。同一个手势却因文化的差异，含义大相径庭。

（资料来源：方明亮. 商务谈判与礼仪. 北京：科学出版社，2006）

从上例中我们可以看出，要避免谈判中的误会，最可行的做法就是既要对谈判对象所在国文化习俗有所了解，并予以尊重，更要对国际上通行的礼仪认真地加以遵守。

本任务中，国际贸易买卖双方主要学习东西方各国商人的谈判风格，了解不同文化背景下的礼仪和禁忌。

概念点击

谈判风格：是指谈判人员在谈判过程中表现出来的能够反映其商务谈判观念乃至人生价值观的具有显著特征的可识别的语言和行为的模式。

 **任务完成**

世界文化的多样性反映在国际贸易谈判中，则表现为各国商人的谈判风格不同。西方人往往把复杂的谈判分解为一个个较小的问题，然后再依次解决；而在许多东方文化中，谈判是采取一种通盘考虑的方法。虽然我们不可能对每个国家、每个商人的谈判风格予以把握，但对一些具有代表性的国家和地区商人的谈判风格尽可能多地了解和总结，有助于谈判工作的顺利进行。

议一议

东方人和西方人各自有什么特点？

一、中国商人的谈判风格

要了解别人，首先应了解自己。我国商人主要指来中国大陆、港澳地区以及台湾省的商贸人员。由于体制、经济发展水平的不同，在性格特征上也存在着细微的差别，但性格的特征基本相同。

第一，讲礼节，重义气。中国素以"礼仪之邦"著称，儒家文化的影响根深蒂固。在谈判桌上的表现则是，看重对方给自己的礼遇。讲关系，爱面子。常将礼遇与威信及尊严联系在一起，因为爱面子，很少直截了当地拒绝对方的建议。

第二，办事认真，谨慎小心。在谈判初始阶段，中国人很少提出自己对产品的要求和建议，他们总是要求对方介绍自己的产品性能，认真听取对方关于交易的想法、观点、建议。在谈判中，他们常有技术专家参加。谈判时，若对方所提问题超过自己的权限或难以回答，则要等向上级请示或大家回去讨论后才予答复。这种办事认真、左右兼顾及谨慎小心的谈判风格，有时给人以患得患失，优柔寡断的印象。

第三，四平八稳，效率较低。中国人时间观念不是很强，做事喜欢有条不紊，按部就班。信奉欲速则不达，忌讳拔苗助长。如果时机不成熟，他们宁愿按兵不动，也不草率行事。近年来，中国人的工作效率正在不断提高。

第四，重合同，守信用。传统中国社会重视关系胜于重视法律，近年来，中国加强了法制建设和执法力度，人们的法制观念和合同意识不断增强。

港澳及台湾商人兼受中国传统文化和世界文化的影响，除传统文化与中国大陆有许多近似之处外，其谈判风格又有与众不同之处。他们在交易中，善于拉关系、套近乎，报价灵活，水分很大；在交易过程中，还善于用礼品提供考察费用等一系列优惠条件，博取对方的欢心和信赖。总之，港澳台商人的商业气息较大陆强。

二、日本商人的谈判风格

日本是个岛国，资源匮乏，人口密集，市场有限。近年来，日本积极开拓中国这片巨大的市场，与中国的经济交往日益密切。因此，了解和掌握日本人的谈判风格是十分必要的。

日本人是东方民族经商的代表，其谈判风格具有典型的东方特色。他们的文化受中国文化的影响很深，儒家思想文化、道德意识已深深积淀于日本人的内心深处，并在行为方式上处处体现出来。但日本人又在中国文化的基础上创造出了其独特的东西。

第一，重视关系。日本人的谈判方式独特，被认为是"很难对付的谈判对象"。日本人相信良好的人际关系会促进业务的往来和发展。人际关系的建立及其信任程度，决定了与日本人建立商务关系的状况。因此，日商很注重面对面的接触洽谈，不习惯电报、电传、电话式的联系。如果中间人有一定的地位，经其介绍与日商面对面地洽谈后，效果会更好。为了进一步了解谈判对手，日本商人常会邀请谈判对手去饭店或其他场所以增进友谊。在结识之初，如果用点头或轻度鞠躬致意，在日本会收到比握手更好的效果。在谈判过程中，日本商人喜欢运用柔和的谈判策

图 3-2　日本人的习俗礼仪

（资料来源：涉外礼仪．"人文奥运 文明礼仪"职工礼仪读本．）

略，即使在激烈的讨价还价时，也总是面带微笑。日本商人还喜欢与谈判对手发展私人之间的关系，特别是与对手关键人物的关系，以获取必要的情报。与日商谈判时，应避免见面就谈生意，而应在双方相互较熟悉后，再谈实质性的问题。

第二，重视礼节。日本人在任何场合都显得彬彬有礼。见面时，一般不论有多少人，他们都要一一递上名片。在谈判中，对对方的谈话，他们会不断地点头并说："嗨嗨"，这样一般是告诉对方他在注意听，并不表示"同意"。因此，在洽谈中，你必须善于察言观色，仔细体会，才能准

确把握日本人的实际态度。日商还喜欢在谈判开始前，给对手送些小礼物以示友好。在接待上的礼仪，很看重对方的服饰仪表以及对方谈判人员的组成，对方谈判人员的组成特别是负责人的职位、身份、年龄应与他们谈判负责人的职位、身份、年龄相一致。不可过低，否则，会被认为没有诚意。

第三，决策过程较长。日本人团队意识很强，谈判负责人虽具有较高资历和威信，但很少单独决策。日方谈判人员都具有建议权，任何决策只有在全体人员均认可后才能付诸实施。因此决策过程较慢。在与日本商人的谈判过程中，想急于求成是不现实的。所以与日本商人谈判一定要有足够的耐心。

第四，处事谨慎，崇尚权威。日本商人作风强硬，能利用各种手段维护己方的利益，不到万不得已，绝不让步。日本人喜欢讨价还价，报出的价格往往水分较大，而还价时又杀价较狠。日本商人一般不会轻易相信对手，在谈判前及谈判进行中，会尽可能地收集对方资料，探测对方的底细。在与日方谈判时，通过熟人介绍或知名人士的介绍，如知名企业家、银行家、前任或现任政府官员的推荐，有助于推动谈判双方的合作关系。

应当注意，日本妇女在社会中的地位较低，日本人在一些重要场合不带女伴，所以，在正式谈判时，一般不宜让妇女参加，否则日方会怀疑其诚意，甚至流露出不满。与日本人接触，除了必要的握手，日本商人很少愿意与对方有身体接触，也很少愿意表达自己的内心情感。"沉默寡言，面无表情"是对日本商人的形象描述。要让日本商人在谈判中畅所欲言，必须花大量的时间与之发展私人关系。

三、美国商人的谈判风格

美国是一个多民族、多文化的国家，同时，美国又是一个开放程度较高、极端商业化的国家。由于美国经济在世界经济中处于主导的地位，美国的谈判风格在国际贸易谈判中具有相当的影响力。美国人性格直率、热情、自信、充满幽默感。他们勇于创新，很少受传统的约束，常以成败论英雄。美国人有句格言：允许失败，但不允许不创新。美国人的性格特点，形成了其特有的谈判风格。

第一，欣赏实力。美国人谈判喜欢与有实力的对手谈生意，对那些经营作风好，业绩突出，在谈判时善于讨价还价，极力维护自身利益的对手较为欣赏。在与美国人谈判时，绝对不要指名批评某人。指责客户公司中某人的缺点，或把以前与某人有过摩擦的事作为话题，或把处于竞争关系的公司的缺点抖搂出来进行贬抑等，都是绝对不可以的。这是因为美国人谈到第三者时，都会顾及避免损伤别人的人格。这点，务必牢记于心，否则是会被对方蔑视的。

第二，时间观念强。美国人强调要以最少的时间做最多的事情，不愿浪费时间。所以在谈判时，直接坦诚。谈判过程中，美国人会不断表明自己的观点。他们决策过程短，甚至当条件成熟时，会立即拿出协议要求让对方签字。对谈判的时限，美国人严格遵守谈判时限，在规定的时限内没有达成协议，就意味着谈判可能失败。

第三，求实务实。美国人认为谈判的目的就是为了说服对方。在谈判中，美国人总是显得咄咄逼人，对自己的谈判实力充满信心，如果谈判无法使其实现利润，美国人常会毫不犹豫地终止谈判。美国人不太看重谈判对手的年龄、身份，只重视谈判对手的能力。美国人也不太重视与对方建立长久的、稳定的商务关系，当与对方发生纠纷时，即使争得面红耳赤他们也不介意。美国人喜欢做"一揽子生意"，即在谈某个项目时，不是孤立地就其生产或销售进行谈判，而是将该项目从设计、开发、生产、工程、销售到价格等进行全方位的商谈，最终达成全盘方案。

第四，法律意识较强。美国商务人员很注重律师的作用，在贸易谈判时，特别是地点在国外，他们一般要带上自己的律师。一旦发生争议或纠纷，最常用的办法就是诉诸法律。

应注意的是，美国由于地域辽阔，种族繁多，不同地域的美国人谈判风格不尽相同，应区别对待。美国许多商人会讲中文，在谈判时应注意避免泄露重要信息。

四、英国商人的谈判风格

英国是一个岛国，具有悠久的历史和文化传统。英国人性格保守，办事循规蹈矩，讲究礼仪，待人友善。他们的谈判风格主要表现为：

第一，注重礼节。由于他们很讲究"绅士"体面，所以也很讲究谈判中的礼仪。他们在谈判中一般态度冷静、持重，不轻易动怒。但对方很小的失礼也会引起他们的误会。英国商人绅士派头十足，对谈判对手的个人修养、年龄、职务、社会地位较为重视，要求与己相当。

第二，绅士风度。英国人很崇尚绅士风度，他们谈吐不俗、举止高雅、遵守社会公德，很有礼让精神。无论在谈判场内外，英国谈判人员都很注重个人修养，尊重谈判业务，不会没有分寸地追逼对方。在他们眼中，有钱并不等于有地位，在谈判桌上，他们对那些仅仅有钱的"大款"们不屑一顾。

第三，矜持、高傲。英国人尽管待人友善，但却给人以矜持、高傲，难以接近的印象。一般说来，英国人在与人刚接触时会保持一定的距离，谈话绝不涉及私人话题。英国人在谈判中出现错误不愿纠正，很少道歉，也不轻易放弃自己的立场，以此来维护自己的尊严。英国人颇为看重与自己身份相当的人进行谈判，因此洽谈生意时，在对话人的等级上，诸如官衔、年龄、文化教育、社会地位上都应尽可能对等，表示尊重。

第四，对谈判准备不足。与英国人谈判常会发现他们对一些具体问题没有深思熟虑，所提方案也往往不够成熟。

拓展阅读

英国商人的谈判礼仪与禁忌

见面告别时要与男士握手；与女士交往时，只有等她们先伸出手时再握手。会谈要事先预约，赴约要准时。若请柬上写有"blacktie"字样，赴约时，男士应穿礼服，女士应穿长裙。男士忌讳带有条纹的领带，因为带条纹的领带可能被认为是军队或学生校服领带的仿制品；忌讳以皇室的家事为谈话的笑料；不要把英国人笼统称呼为"英国人"，应该具体地称呼其为苏格兰、英格兰或爱尔兰人。

多数谈判应在酒店和餐馆举行，若配偶不在场，可在餐桌上谈论生意。社交场合不宜高声说话或举止过于随便，说话声音以对方能听见为妥。英国人招待客人的时间比较长，总共大约要花上3个小时。受到款待之后，一定要写信表示谢意，否则会被认为不懂礼貌。要约会对方时，如果是过去未曾见过面的，那么一定要写信告诉面谈目的，然后再约时间。

赠送礼品是普通的交往礼节。所送礼品最好标有公司名称。如被邀作私人访问，则应捎带鲜花或巧克力等合适的小礼品。

（资料来源：英、法、德三国商人的谈判风格，商务部网，http://mofcom.gov.cn）

五、东南亚及南亚商人的谈判风格

东南亚国家主要包括印度尼西亚、新加坡、泰国、菲律宾等国；南亚国家主要由印度、巴基斯坦、孟加拉国等。

拓展阅读

伊斯兰教

伊斯兰教是世界性的宗教之一，与佛教、基督教并称为世界三大宗教。中国旧称大食法、大食教度、天方教、清真教、回回教、回教等。伊斯兰系阿拉伯语音译，原意为"顺从"、"和平"，指顺从和信仰宇宙独一的最高主宰安拉及其意志，以求得两世的和平与安宁。信奉伊斯兰教的人统称为"穆斯林"（Muslim，意为"顺从者"）。伊斯兰教教义的基本信条为"万物非主，唯有真主；穆罕默德是主的使者"。三大圣地是麦加、麦地那、耶路撒冷。主要节日有开斋节（伊斯兰教历 10 月 1 日），古尔邦节（伊斯兰教历 12 月 10 日），圣纪（穆罕默德诞辰教历 3 月 12 日）。

（资料来源：中国伊斯兰百科全书编委会．中国伊斯兰百科全书．成都：四川辞书出版社，2007）

印度尼西亚人 90%以上信奉伊斯兰教，在很多场合遵守伊斯兰教的教义、教规，强调兄弟般的互助友爱。因此，与他们建立友好的人际关系很重要。在谈判陷入僵局时，通过联络感情，或登门造访，可给谈判带来转机。

新加坡人口中华人占据很大一部分，因此，具有华人的共同特点：注重信誉，信守合约，珍惜友谊，爱面子。在国际贸易谈判中，看重对方的身份、地位。

泰国人的性格与新加坡人大致相似。他们性情温和，待人诚恳，吃苦耐劳，勤奋节俭。泰国人认为人的头部是神圣不可侵犯的，如果有人拿东西从其头上方经过或触摸其头部，会被认为大不敬。与泰国人交往时，不可过于铺张，过于铺张会引起泰国人的反感。

菲律宾人口中，马来人和印尼人占人口的 90%以上。他们和蔼可亲，善于交际，但商务意识较低。与菲律宾商人谈判时要穿戴得体，举止大方，表现出良好的文化修养和十足的信心，以赢得对方的好感。谈判时应尽量耐心，合约应写的明确具体。

印度人较为保守，多疑。彼此无利害关系时容易相处，一旦发生利害冲突，往往层层设防。谈判时，喜欢与对方辩论，并认为不经过辩论的胜利不能被视为胜利。

巴基斯坦和孟加拉国人大多是伊斯兰教信徒，在这两个国家，从事国际贸易活动的人大多来自社会的上层，有许多在欧美留学过，一般拥有决定权。所以，在与其谈判时，除了应注意宗教禁忌和社会习惯外，能说一口流利的英语，会被认为是受过良好的教育而被重视。这两国的商人都习惯立文字契约，所以，对要签的契约应认真，对已确认的协议应及时签约。

六、韩国商人的谈判风格

随着我国与韩国外交关系的建立，两国经贸往来越来越频繁，加之两国贸易互补性强，贸易前景十分乐观。因此，了解韩国商人的谈判风格显得尤为重要。韩国是一个自然资源匮乏，人口众多的国家，以"贸易立国"，在贸易谈判中积累了丰富的谈判经验，常在不利的贸易谈判中占上风，被西方发达国家称为"谈判强手"。

第一，重谈判前的准备。韩国商人在谈判前，很重视对对方情况的了解，如果对对方没有一定程度的了解，他们是不会与对方坐在谈判桌前的，而一旦同对方坐在谈判桌前，那么可以肯定，他们一定已经对这场谈判进行了周密的准备，胸有成竹了。

第二，重视营造良好的谈判气氛。韩国商人一见面就会努力创造友好的谈判气氛，见面时总是热情地打招呼，向对方介绍自己的姓名、职务等。接着，谈一些有关天气、旅游等与谈判无关的话题，以此创造一个和谐的谈判气氛，然后才正式开始谈判。

第三，重视谈判地点的选择。韩国商人谈判地点喜欢选择有名气的酒店、饭店。谈判地点如是韩国商人选择的，他们一定会准时到达。如果是对方选择的，韩国商人往往会推迟一点到达。在进入谈判地点时，一般是地位高的人或主谈人走在最前面。

第四，谈判重技巧。韩国商人逻辑性强，做事喜欢条理化，在谈判开始后，他们往往是直奔主题，开门见山。长期的贸易谈判实践，使他们在谈判中积累了丰富的谈判经验。在谈判过程中，他们善于运用技巧。韩国人在谈判过程中比日本人爽快，但善于讨价还价，即使到最后一刻，他们仍会提出"价格再降一点"的要求。韩国人还会针对不同的对象使用一些谈判策略。如"声东击西"、"疲劳战术"、"先苦后甜"等策略。

另外，韩国人在签约时，喜欢使用合作对象国的文字、英文、朝鲜文三种文字，三种文字具有同等效力。

七、德国商人的谈判风格

德国文化传统悠久，具有强烈的民族优越感。他们办事认真，重视信誉。性格倔强，坚强自信又自负。待人彬彬有礼但缺乏灵活性。在国际贸易谈判中，其谈判风格主要表现为：

第一，谈判认真，准备充分。德国商人严谨保守的特点使他们在谈判前就准备得十分充分周到。他们会想方设法掌握翔实的第一手资料，他们不仅要调查研究对方要购买或销售的产品，还要仔细研究对方的公司，以确定对方能否成为可靠的商业伙伴。只有在对谈判的议题、日程、标的物的品质和价格，以及对方公司的经营、资信情况和谈判中可能出现的问题及对应策略作了详尽研究、周密安排之后，他们才会坐到谈判桌前。

第二，作风严谨，极为守时。德国人有极高的敬业精神，注重工作效率，时间观念极强，无论是商务谈判还是社交活动，他们都非常守时。与德国人打交道，不仅谈判时不应迟到，一般的社交活动也不应随便迟到。另外，在德国，除非特别重要，谈判时间不宜定在晚上。虽然德国人工作起来废寝忘食，但他们都认为晚上是家人团聚、共享天伦之乐的时间，而且他们会认为你也有相同的想法。

第三，自信心强，态度强硬。德国商人在谈判时，报价较准确，很少有水分，他们一旦报价，便不易做出让步，讨价还价的余地很小。德国人考虑问题周到，谈判时所提方案条理性强，一旦方案形成，除非对方的方案切实可行，否则，很难使德国人让步。

第四，重视合约，信守承诺。德国人素有"契约之民"的雅称，他们崇尚契约，严守信用，权利与义务的意识很强。在商务谈判中，他们对所有细节都会认真推敲，对合同中每个字、每句话都要求准确无误。一旦签约，他们就会努力按合同条款一丝不苟地去执行，不论发生什么问题都不会轻易毁约，而且签约后，对于交货期、付款期等条款的更改要求一般都不予理会。

八、阿拉伯商人的谈判风格

议一议

阿拉伯人有哪些禁忌？

阿拉伯人的性格受当地宗教及传统文化的影响较大，宗教文化决定着阿拉伯人的一切活动。妇女被排斥在一切商务活动之外。

第一，重朋友义气。阿拉伯人很珍视信誉，谈生意必须首先赢得他们的好感和信任。阿拉伯人十分好客，对远道而来并亲自登门拜访的外国客人非常尊重。如果将阿拉伯人的商务活动与阿拉伯人和朋友间的拜访、聚会相比较，朋友关系会重于商务活动。与阿拉伯商人谈判，如遇到朋友拜访，那么，暂停谈判而去与朋友喝茶聊天，将谈判方冷落一边，直到朋友走后再接着谈的情况，并不表示他对所谈项目不感兴趣。因此，与阿拉伯商人的商务活动，邀请与对方有相同信仰、会讲当地语言的人士出面，能促进合作。

第二，宗教文化对谈判影响较大。在阿拉伯人看来，万事都有主宰。什么时候能做成什么都是神灵的意志，"这是神的安排"常成为阿拉伯商人毁约的借口。与他们谈判不能计较时间，即使拖延时间，他们也会说这是神的安排。

第三，性情豪爽，表情动作丰富。与阿拉伯商人谈判，如果不经过一番轰轰烈烈的讨价还价就达成协议，他们认为是丢了面子或不被尊重。阿拉伯商人比较情绪化，生气时会诅咒对方，甚至终止商务关系。

阿拉伯商人喜欢做手势，站立时，与对方较近甚至会有身体接触，喜欢盯视对手的眼睛以观察对手的兴趣与感受。

九、法国商人的谈判风格

法国商人具有浓厚的国家意识和强烈的民族、文化自豪感。他们性格开朗，为人友善、敏感。在谈判风格上，具有其明显的特点。

第一，习惯用法语。法国人对本民族的灿烂文化和悠久历史感到无比骄傲。他们时常把祖国的光荣历史挂在嘴边。法国人为自己的语言而自豪，他们认为法语是世界上最高贵、最优美的语言，因此在进行商务谈判时，他们往往习惯于要求对方同意以法语为谈判语言，即使他们的英语讲得很好也是如此，除非他们是在国外或在生意上对对方有所求。

第二，注重谈判结果，轻视谈判细节。法国人谈判思路灵活，但不够严谨，急于追求谈判的结果。在谈判时，法国人喜欢先就主要条件取得原则性协议，并且在主要条款谈成之后，便急于要求签订合同，但又常常在细节问题上改变主意，要求修改合约。所以，与法国人谈判要有反复思想准备。

第三，文化气息浓，但不搞宴席谈判。法国人性格开朗，十分健谈，在谈判时，一味地谈生意上的事务，会被他们看做没有情趣。所以，和法国人谈生意时，适当谈些政治、文化、艺术方面的话题，可创造一种宽松的谈判气氛，但应避免谈及关于个人和家庭方面的内容。虽然法国人好交际，在交往中，家庭宴会常被视为最隆重的款待，但无论是家庭宴会还是其他招待，绝不可借机谈生意，否则，会引起他们的反感。

第四，重视文字记录。不论什么会谈、谈判，在不同阶段，他们都希望有文字记录，而且名目繁多，如"纪要"、"备忘录"、"协议书"、"议定书"等，用以记载已谈的内容，为以后的谈判起到实质性作用。对于频繁产生的文件应予以警惕，慎重行事，对己有利的内容，可同意建立文件；对己不利却难以推却的可仅建立初级的纯记录性质的文件，注意各种不同类型文件的法律效力，严格区别"达成的协议点"、"分歧点"、"专论点"、"论及点"等具体问题，否则产生的文件会变得含糊不清，成为日后产生纠纷的隐患。

第五，决策过程短，时间性不强。法国人谈判一般由个人负责，个人拥有较大的办事权限，较少依赖集体，因而决策速度快。法国人的时间观念比较淡漠，他们在商业往来或社会交际中经常迟到或单方面改变时间。在法国还有一种非正式的习俗，即在正式场合，主客身份越高，来得越迟。但法国人对于别人的迟到往往不予原谅，对于迟到者，他们会很冷淡地接待。如果你有求于他们，千万别迟到。

另外，和法国人打交道，应注意服饰仪表，在他们看来，衣着代表一个人的修养与身份，同法国人谈判时，考究的着装意味着一个好的开始。

十、加拿大商人的谈判风格

加拿大从事对外贸易的商人主要是英国系人和法国系人，两者在谈判风格上存在着较大的差异。主要表现是：

英国系商人比较保守，重视信用，商谈时要比法国系人严谨得多，在每一个细节尚未了解以前，是绝对不会答应要求的。而且，英国系商人商谈时喜欢设计关卡，所以从开始到价格确定这段时间的商谈是颇费脑筋的，对此，要有耐心，急于求成往往办不好事情。不过，一旦签订契约，违约的事情很少出现。

法国系商人则大不相同，开始接触时，非常和蔼可亲，平易近人，款待也很客气和大方，但坐下来谈到实际问题时就判若两人，讲话慢吞吞的，难以捉摸，因此要达成满意结果需要有很大的耐心，即使签约后也仍然使人存有一种不安感。因为法国系商人对签约比较马虎，往往当主要条款谈妥后，就要求签字，他们认为次要的条款可以待签字后再谈，然后往往是由于当时不被人们重视的次要条款导致了日后的纠纷。因此，同其谈判时应力求慎重，签约时应力求详细明了和准确，否则难免引起纠纷和麻烦。

十一、俄罗斯商人的谈判风格

苏联解体后，俄罗斯尽管已走向市场经济的道路，但由于长时期比较僵化的意识形态和高度集中的官僚体制的影响，使俄罗斯人形成了自己特有的谈判风格。

第一，好胜而固执。俄罗斯人有一种潜在的意识，即在谈判中要高你一筹。他们一般不会轻易让步，在他们看来，让步就是软弱，凡是谈判，就要赢得比你更多的东西，俄罗斯人的这种强烈的谈判意识给人留下一种好胜而固执的印象。

第二，办事拖拉。俄罗斯人受到官僚主义办事拖拉作风的影响，做事断断续续，大大增加了谈判的困难。他们绝不会让自己的工作节奏适应外商的时间表。在谈判期间，如果外商向他们发信或打电传，征求他们的意见或反应，往往得不到回应。

第三，精通古老的以少换多的交易之道的专家。在价格谈判阶段，无论外商的开盘报价多么低，他们也决不会相信，更不会接受外商的第一次所报价格。他们千方百计迫使外商压低价格。他们会使劲玩弄"降价求名"的把戏，还有其他惯用招数，像大声喊叫，敲桌子，甚至拂袖而去等，对此，你最好的办法就是不为所动，牢牢把住自己的价格防线。

拓展阅读

俄罗斯人的喜好

俄罗斯商人喜欢喝酒、抽烟，喜欢跳舞。跳舞是俄罗斯族的传统，一般每个周末都举行舞会。以前主要跳民族舞和交际舞，但现在的青年人对民族舞已经不感兴趣，大多学跳西方舞，经常在花园中的空地或马路边的小广场上，在吉他或手风琴等简单乐器的伴奏下就跳起来。俄罗斯人注重仪表，喜欢打扮。有的女子平日间也要描眉、涂口红、抹胭脂。近年来又盛行起男人留长发，女人戴假发、耳环、手镯。每逢有较大的节日庆典或谈判活动等，衣服一定要熨平，胡子要刮净。在公共场所比较注意举止，从不将手插在口袋里或袖筒里。天热时也不轻易脱下外衣。

（资料来源：与美英法意商人进行商务谈判的技巧. 世界商业报道. 2006—06—21）

十二、地中海国家商人的谈判风格

地中海各国商人善于交际，看重人际关系，他们的文化属于较热情的一类。其谈判风格表现为：

第一，注重小节。他们在谈判过程中，常对个别问题或程序纠缠不清，过分较真，显得较为固执。

第二，在地中海地区谈判最好要寻找代理人，由代理人来代行具体事务，会免除很多麻烦。

第三，善于言表。地中海人谈判极善于意思表达，有时表示意思会滔滔不绝，并且喜欢借助于手势或姿势，富有渲染气氛的本领。

拓展阅读

与南美人做生意的提示

以下是与智利人、委内瑞拉人和阿根廷人做生意的一些提示：

第一，将他们看做欧洲人。将阿根廷人看做是在南美的欧洲人，阿根廷人和智利人向欧洲而非美国寻找自己的共性。因此，礼节是习惯，风度和时尚是关键。

第二，享受午餐。在所有这三国，午餐是一天中的主餐（通常是下午1～3点；委内瑞拉是中午12～下午1点），可能持续一到两个半小时。晚餐通常在下午8～9点开始，甚至更晚。在餐馆，主人家付账单，在拉美没有各人自己付钱习惯。

第三，建立个人关系。在所有这三国，不要指望在建立个人关系前做成买卖。可能要走好几趟去建立关系。额外的时间投资以后会带来好处（通常你第一次到访时不会被邀到别人家中）。

第四，讲西班牙语。在这三国，要表示尊重当地文化，可能的话讲西班牙语，别人会十分欣赏你的。你的努力将传达了一种认真和积极的感情。

（资料来源：国际展览导航网．http：//www.showguide.cn）

【典型实例】

失礼的代价

某经理去广交会考察，恰巧碰上出口部经理和印尼客户在热烈地洽谈合同。见厂长来了，出口部经理忙向客户介绍，总经理因右手拿着公文包，便伸出左手握住对方伸出的右手，谁知刚才还笑容满面的客人忽然笑容全无，并且就座后也失去了先前讨价还价的热情，不一会便声称有其他约会，急急地离开了。

（资料来源：龚柏华．法律和商务谈判第六讲．国际商务谈判中的文化差异）

【简评】在穆斯林国家，左手是不能用来从事签字、握手、拿食物等干净的工作的，否则会被看做是粗鲁的表现，因为左手一般是用来做不洁之事的。这次商务谈判失败，就是因为该总经理不了解这一文化差异，所以用了对中国人来说可以接受的左手与对方握手。因此，在与国外商人进行谈判时，一定要了解对手的礼仪与禁忌，不要因此失去了谈判成功的机会。

任务三 国际贸易的谈判策略

任务描述

有一年，日本三家株式会社的老板在同一天接踵而至，到江西省某工艺雕刻厂订货。其中一家资本雄厚的大商社，要求原价包销该厂的佛坛产品。这应该说是好消息，但经认真分析，这几家原来都是经销韩国、中国台湾地区产品的商社，为什么争先恐后、不约而同到本厂来订货？他们查阅了日本市场的资料，得出的结论是本厂的木材质量上乘，技艺高超是吸引外商订货的主要原因。于是该厂采用了"待价而沽"、"欲擒故纵"的谈判策略。先不理会那家大商社，而是积极抓住两家小商社求货心切的心理，把佛坛的梁、榴、柱，分别与其他国家的产品做比较，在此基础上，该厂在经过充分调研的基础上，与这两家小商社讨价还价，从而使价格顺利地达到了预期的水平。在与小商社拍板成交后，那家大商社立即产生了丧失货源的危机感。为了能够稳定货源，垄断产品，于是大批订货，从而使订货数量超过该厂现有生产能力的好几倍。

（资料来源：商务谈判案例．中华演讲网．http：//www.zhyjw.com）

从上例中我们可以看出，该案例采用了保留式开局策略。在谈判开始时，对谈判对手提出的关键性问题不做彻底的、确切的回答，而是有所保留，从而给对手造成神秘感，以吸引对手进入谈判。

本任务中，国际贸易买卖双方主要学习国际贸易谈判不同阶段可能采取的策略，促使谈判朝着己方期待的目标迈进。

概念点击

国际贸易谈判策略：是指谈判人员在国际贸易谈判过程中，为达到某个预定的近期或远期目标，人为采取的行动和方法。

谈判议程：是指有关谈判事项的程序安排。

公平编排策略：是指贸易谈判双方遵循公正合理、求同存异的原则共同商定谈判议程的策略。

操纵编排策略：是指贸易谈判的一方，按照自己单方的意图拟订谈判议程，以引导和控制谈判向有利于实现自己目标的方向发展的策略方法。

竞争定价策略：是指为了排斥竞争性商品或替代品，扩大商品的市场销路，而凭借自身的实力，故意调整价格至低于竞争者价格的水平，在竞争对手退出市场后再抬高价格的做法。

顺向报价法：是指卖方报高价，买方报低价策略。

逆向报价法：是指卖方或买方反其道而行之，先递出低价或高价，以排斥其他竞争对手，然后再从其他条件寻找突破口，逐步抬高或压低价格，最终在预期价位成交。

最后价格策略：是指采用最后通牒式的语言。将价格确定在一个稳定的范围内，作为谈判是否能最终达成的条件。

任务完成

根据不同的谈判对手、谈判内容、谈判目标，运用不同的谈判策略是促使谈判取得成功的有力武器和重要手段。

一、准备阶段策略

国际贸易谈判的准备工作主要是为实现实质性谈判的顺利进行作准备，那么，准备阶段策略的运用，就应从整个谈判的全局和目的出发，把握谈判的方向和节奏，促使谈判向着有利于本方的方向发展。

(一)环境策略

环境因素主要包括谈判地点的气候环境状况、谈判室的大小，室内装修布置风格。环境策略主要涉及谈判地点的选择、谈判环境的布置等。

1. 地点的选择策略

国际贸易谈判的地点，一般设在贸易双方中的一方所在地或分阶段在双方所在地展开，也有少数谈判在第三地进行。显然，主场、客场及第三地的谈判，对谈判者来说，在生理、心理上造成的影响是有差异的。

主场谈判。谈判人员在熟悉的环境中，基本上无生理、心理障碍，在谈判时，容易很快进入角色，正常发挥。在材料准备不足时，可以及时补充材料。遇到难以回答的问题或难以决断的问题时，可及时与有关人员商议或请示上司，必要时可迅速调整谈判班子以增强谈判实力。东道主还可利用特定条件，给予谈判对手某种影响。或热情接待，创造融洽的气氛，显示谈判的诚意，消除对方的戒备心理；或制造压力在心理上瓦解对手；或引起同情，促使谈判向着有利于本方的方向发展。谈判对手会因环境陌生，生理、心理的不适影响其正常发挥，甚至急于结束谈判；也会因游览异国风光或沉溺游乐而分散精力，甚至放弃原则。

客场谈判。客场谈判的优点是能亲身了解当地市场情况，也可结识更多的当地客户，掌握第一手的信息资料。在谈判无法进行时，拒绝显得合理、自然。你可以告诉对方"这个问题我个人无权决定，需回国请示上司才能回答贵方"，在谈判对己方完全不利时，甚至可以扬长而去。但显然，客场谈判不利因素更多一些，如因处于对方的势力范围之内，容易产生心理趋从，在谈判过程中缺乏自信而一味妥协。

分阶段在双方所在地的谈判。一般来讲，较为复杂也较重要，具有主客场谈判的综合特征。在第三地的谈判，一般除了解决贸易争端或在第三地参加展销会时进行的磋商外，很少在第三地进行。

2. 环境布置策略

人是有感情的。影响人情感的因素很多，其中特定的环境和气氛往往起着很大的作用。谈判是为了协调双方、减少差异或增进了解。因此，谈判环境的布置一般应以和谐、融洽为主调。谈判时应选择一个较为幽静、光线充足、色彩明快、大小适中、通风条件较好的房间。有时还应根据客人的嗜好，尊重客人的信仰习惯，做一些特殊安排，以减轻对方的心理压力，使谈判在良好的气氛中进行。

拓展阅读

布置好谈判环境应考虑的因素

其一，光线。可利用自然光源，也可使用人造光源。利用自然光源即阳光，应备有窗纱，以防强光刺目；使用人造光源时，要合理配置灯具，使光线尽量柔和。

其二，声响。室内应保持宁静，使谈判能顺利进行。房间不应临街，不应在施工场地附近，门窗能隔音，周围没有电话铃声、脚步声等噪音干扰。

其三，温度。室内最好能使用空调机和加湿器，以使空气的温度与湿度保持在适宜的水平上。温度在20℃，相对湿度在40%～60%最合适。一般情况下，也至少要保证空气的清新和流通。

其四，色彩。室内的家具、门窗、墙壁的色彩要力求和谐一致，陈设安排应实用美观，留有较大的空间，以利于人的活动。

其五，装饰。用谈判活动的场所应洁净、典雅、庄重、大方。宽大整洁的桌子，简单舒适的坐椅(沙发)，墙上可挂几幅风格协调的书画，室内也可装饰有适当的工艺品、花卉、标志物，但不宜过多过杂，以求简洁实用。

(资料来源：朱红根．顶级人力资源主管．北京：中国致公出版社，2007)

谈判环境的布置也可进行逆境处理。比如使情感紧张，这与友善、轻松环境的布置相反，有意使谈判室的环境显得沉闷、压抑，使谈判者产生一种烦躁的情绪。如在天气较热时，在没有空调或空调有问题的房间进行谈判；让对方坐在离窗户较近的位置，以分散注意力。还可以发挥座次魅力，东道主谈判小组位于谈判桌的"主座"，能加强东道主的谈判实力。谈判者相对而坐，强调一种正式的，甚至对抗的谈判气氛。而圆桌不分首席，则表示一种合作愿望。

拓展阅读

谈判中座位安排的学问

谈判双方是面对而坐，还是采取某种随意的座次安排，反映着不同的意义。

在商务谈判中，双方的主谈者应该居中坐在平等而相对的位子上，谈判桌应该是长而宽绰、干净而考究的，其他谈判人员一般分列两侧而坐。这种座位的安排通常显示出正式、礼貌、尊重、平等。

如果是多边谈判，则各方的主谈者应该围坐于圆桌相应的位子，圆桌通常较大，也可分段而置；翻译人员及其他谈判工作人员一般围绕各自的主谈者分列两侧而坐，也可坐于主谈者的身后。

无论是双边谈判还是多边谈判，桌子和椅子的大小应该与环境和谈判级别相适应，会议厅越大，或谈判级别越高，桌子和椅子通常也应相应较大、较宽绰；反之，就会对谈判者心理带来压抑感或不适。

与长方形谈判桌不同，圆形谈判桌通常给人以轻松自在感。所以在一些轻松友好的会见场所，一般采用圆桌。

不论是方桌还是圆桌，都应该注意座位的朝向。一般习惯认为面对门口的座位最具影响力，西方人往往习惯认为这个座位具有权力感，中国人习惯称此座位为"上座"；而背朝门口的座位最不具影响力，西方人一般认为这个座位具有从属感，中国人习惯称此座位为"下座"。

如果在谈判中想通过座位的安排暗示权力的高下，较好的办法是在座位上摆名牌，指明某人应当就座于某处，从座次上给谈判人员心理暗示。按照双方各自团体中地位高低的顺序来排座，也是比较符合社交礼仪规范的。

(资料来源：金正昆．现代商务礼仪．北京：中国人民大学出版社，2008)

(二)拟定谈判议程策略

一个精心策划安排的议程可以阐明或隐藏谈判者的动机。它关系到谈判是在以我为主还是在受制于人的情况下进行的问题。在贸易谈判中，拟定谈判议程的策略主要有：

1. 公平编排

公平编排策略体现合作型谈判特点，即双方希望保持平等和均势，力求通过沟通来增进了解和合作。

2. 操纵编排

采用操纵编排策略一般是在谈判双方实力对比失衡的谈判中出现，或双方实力虽然相当，但另一方缺乏谈判的经验和警觉，或操纵者采用先发制人策略时，另一方主动避其锋芒，待其谈判意图完全暴露后，再后发制人的策略。有时，当谈判中遇到的对手不仅缺乏主见，而且纠缠不清时，运用操纵谈判议程的策略是必要的。

3. 放纵编排

放纵编排是指贸易谈判的一方或双方有意或无意忽视拟定谈判议程，放任谈判议程的安排，或采取按兵不动，先纵后擒，后发制人的策略。等对方所编排的议程中暴露出不合理、不公平的漏洞或明显的不良企图后，再进行有理、有利、有节的反击，以达到按己方意愿修改或重新拟定议程的目的。对貌似强大、目中无人、缺乏诚意的谈判对手，有必要采取这一策略。

二、实质性谈判阶段策略

这一阶段是完成双方利益交易的关键，是整个贸易谈判的主体。在这一阶段，谈判策略主要有价格策略、问答策略、时间策略、信息策略等。

(一)价格策略

价格是国际贸易谈判的核心内容。在谈判过程中，如何确定和调整己方的价格目标，如何判定谈判双方可能接受的价格范围，如何诱使对方接受本方的价格目标、为己方赢得更多的利益，都需要运用不同的价格策略。价格策略可分为定价策略、报价策略和讨价还价策略。

1. 定价策略

影响商品价格的因素和商品的定价方法很多，如商品本身的特点、成本费用结构、市场供求及竞争情况、企业的销售利润目标及其他目标、客户情况、交易数量、支付条件和货源条件等。国际商贸人员通常采用的计算价格的方法是商品的实际成本加上一定的利润。在国际贸易谈判中，商贸人员应当在完整的掌握交易商品成本费用结构的基础上，根据市场及企业经营目标等具体情况，制定不同的定价策略。定价策略主要包括以下六种：

(1)渗透定价策略。是指在产品刚上市时，采用略微偏低的价格，以打开销路，获取较大的市场占有率，然后再根据市场的需求不断调整价格。采用此种定价策略的商品，多是些个性不强的商品，这些商品在市场上有较多的同类或类似替代品。或虽然是新产品，但消费者对这种商品还没有形成概念，需要先以低价来诱使消费者购买，待消费者熟悉和接受了这种商品，然后再提高价格。

(2)取脂定价策略。根据"物以稀为贵"的原则，对所交易的新、奇、特商品一开始就订立较高的价格，获取较高的利润，等到商品进入成熟期时再调低价格。

(3)习惯定价策略。在商品进入成熟期，消费者对某类或某种商品的价格水平已经较为习惯的情况下，为了维护销路，而以这已习惯的价格水平定价。

(4)心理定价策略。定价时根据客户心理，如崇拜名牌、追逐价廉物美、喜欢讨价还价等心理制定价格。如对有一定市场的品牌商品制定较高的价格；对一些急于出售的商品则降低价格或免费赠送一些小礼品。

(5)折让定价策略。根据客户情况、预购数量、商品销售的季节等因素，给予谈判对手一定的价格减让。一般资信好、合作时间较长、订货数量大的客户往往能得到一定的价格优惠。此外，对于季节性较强的商品，在商品销售的淡季，也给予一定的价格减让。

（6）综合定价策略。这一策略经常使用在配套商品的交易中。配套商品中含有一些市场销路好的品种就有可能带动其他商品的销售，而为了刺激客户购买一些积压品，有时压低畅销品的价格，搭配滞销品的销售也能取得较好的效果。

2. 报价策略

议一议

报价时应坚持哪些原则？

（1）顺向报价法。采用这种报价策略，卖方报出高价后，如果买方认为该价位过高，或没有依据时，会立即拒绝或怀疑卖方的诚意，并坚决要求对方降价，一旦卖方降低了价位，买方就会有一种满足心理。这时卖方只要把握好降价的尺度和时机，很可能促使交易在较高价位成交。相反，如果卖方所报价位较为合理，双方很可能在较低价位成交。如果卖方或买方所报价格水分太多，超出对方可预见的最小受益，谈判的空间就不存在了。在制定报价策略时，应结合本方的利益和对方的情况以及市场信息，合理报价。

（2）逆向报价法。运用逆向报价策略，风险较大。在谈判地位不很有利的情况下，报价方在报出低价或高价后，虽然可能把其他谈判对手排斥在外，但也很可能使价位难以回到预期水平，在实际贸易谈判中，除非确有把握，应避免使用。

（3）先报价策略。在谈判中争取己方先报价，为双方提供一个范围。如买方先报出低价，则双方的议价范围即在卖方预期价位与买方所报价位之间；如卖方先报高价，双方议价及成交价位应在买方预期价位与卖方所报价位之间。无论是哪一方先报价，报价时最好不要报整数，因为价格实际上是按该种商品的成本加上一定的利润计算出来的，这样计算出来的数字很少是整数，一旦所报价格是整数，对方就会对此价格的真实性有所怀疑。此外，在报价时，还应注意利用对方对某些数字的偏好，如日本人喜好奇数数字，但忌讳用"9"，中国香港地区的商人喜好 6、8、9 等数字，忌讳用"4"。

拓展阅读

欧美式报价和日本式报价

欧美式报价是指事先报出一个有回旋余地的价格，然后再根据谈判双方实力对比情况与该笔交易的国际市场竞争等因素，通过不同程度的价格优惠，如价格折扣、数量折扣、交易条款上的优惠等，慢慢软化谈判对手的立场和条件，最终达到成交的目的。

日本式报价是指报价时先报出最低价格，以吸引买主的谈判兴趣。但这种最低价格是以卖方最有利的结算条件为前提的，而且这种最低报价相应的交易条件很难全部满足买方的需要。如当卖方报出一套技术设备最低价格时，其附带条件可能有不派技术人员指导、缩短免费维修期限、由卖方选择计价货币和运输方式等。若买方要求变动有关交易条件，卖方就会趁机提高价格。因此，其成交价格往往高于初始报价。

（资料来源：肖华. 商务谈判实训. 北京：中国劳动社会保障出版社，2006）

3. 讨价还价策略

一般卖方或买方的初次报价都不可能马上被对方所接受，最后的成交价格是买卖双方进一步讨价还价的结果。在国际贸易实践中，谈判双方提出价格调整的原因很多。如供求关系的变化；原材料、辅料价格的上涨或下跌；运费、保费的看涨或看跌；外汇汇率的异常波动；本币的贬值或升值；政府外汇政策调整等因素都会引起谈判双方调整各自的价格。对有关影响价格因素信息的及时了解和掌握是谈判双方讨价还价的基础和依据。

讨价还价阶段可运用的谈判策略很多，就价格策略而言主要有抬价或压价策略、最后价格策略、价格让步策略等。

(1)抬价或压价策略。双方在经过初步的价格磋商，已对价格有初步协议的情况下，其中一方为了避免另一方提出进一步的价格要求而采取的做法。在商贸谈判中，谈判双方常常会以改变其他交易条件的办法，换取有利于己方的谈判价格。例如："如果我方增加订货数量，贵方给个什么价？"或"如果我方与贵方订立长期合同，是否可以得到优惠价格？"或"如果我方一次付清全部价款，价格可以优惠多少？"或"如果我方接受贵方分期付款要求，价格应当调整为多少"等。

在贸易谈判中，遇到对方不合理的抬价或压价时，另一方可以采用以下方法应对：及时识别并直截了当予以指出，要求对方解释；坚持原有立场；采用反抬价策略，也推翻己方原来已承诺的一切条件，迫使对方回到原来立场；考虑退出谈判。

议一议

以下案例是如何运用还价策略的？

我国一家公司与德国仪表行业的一家公司进行一项技术引进谈判。对方向我方转让时间继电器的生产技术，价格是 40 万美元。德方依靠技术实力与产品名牌，在转让价格上坚持不让步，双方僵持下来，谈判难以进展。最后我方采取目标分解策略，要求德方变转让技术分项报价。结果，通过对德商分项报价的研究，我方发现德方提供的技术转让明细表上的一种时间继电器元件——石英振子技术，我国国内厂家已经引进并消化吸收，完全可以不再引进。以此为突破口，我方与德方洽商，逐项讨论技术价格，将转让费由 40 万美元降到 25 万美元，取得了较为理想的谈判结果。

(资料来源：王景山. 商务谈判. 北京：北京理工大学出版社，2007)

(2)最后价格策略。最后价格策略的目的是给对方设置心理障碍，增加对方确定最后价格的紧迫感。如"我方已报出了最优惠的价格，不可能再让步了"或"这个价格是我方的最后出价，贵方可以考虑一下，如果不接受可通知我方"。其实卖方的"最后价格"依然有一定的回旋余地，如果买方有足够的心理准备，可能的结果是：买方没有给卖方回音，卖方在急于达成交易的心理驱使下，首先向买方询问考虑的结果，这时卖方可能做出让步，改变"最后价格"；买方通知卖方不接受卖方价格，双方进行进一步磋商或双方谈判就此终止。

在运用"最后价格"策略时，必须说得很巧妙，且让对方感到真实可信。而作为另一方则对对方的"最后价格"应仔细研究，根据实际情况做出合理的应对。如确知对方的最后价格只不过是个探测气球，可不予理睬；如资料表明对方的最后价格根本站不住脚时，可以事实反驳对方的价格；还可以用改变某个交易条件的办法，使对方改变最后价格；如对方态度强硬，而己方又无法接受这个最后价格时，则可暂时中止谈判或考虑退出谈判。

(3)价格让步策略。是谈判双方在对对方的价格理想区域有了一定了解的基础上，为了推动谈判的进行，而采用的主动让出本方的一定利益，以换取对方需求满足的做法。一般来讲，任何谈判都需要双方做出一定的让步，没有让步就不会有谈判。谈判双方需要考虑的问题是：如何做出让步而不是是否做出让步的问题。让步的基本方式，通常可分为 8 种，如表 3-4 所示。假设拟作 100 元让步，其实现方式有：

表 3-4　价格让步策略　　　　　　　　　　　　　　　单位：元

种＼次	第一次	第二次	第三次	第四次
第一种	0	0	0	100
第二种	25	25	25	25
第三种	13	23	27	37
第四种	37	27	23	13
第五种	41	34	22	3
第六种	78	20	0	2
第七种	80	20	−2	+2
第八种	100	0	0	0

从表中可以看出：

第一种是一步到位的让步方式。这种让步方式，卖方在前几轮的谈判中态度强硬，坚决不做任何让步。只有坚强的买主才会坚持下去，买主要冒形成僵局的危险，才迫使卖主最后让步。

第二种是均衡让步方式。采用这种让步方式，是买方的每一次努力都有回报，这种方式将导致买主提出第五次让步的要求。

第三种是递增式的让步方式。买方每一次的坚持都能获取比上一次更多的利益。这种方式会导致买主期望越来越大，不利于卖方守住底线。

第四种是递减式的让步方式。这种方式体现了卖方的诚意，同时也显示了卖主的立场越来越坚定，有利于卖方守住底线。

第五种方式是有限的让步方式。这种方式以等差的速度递减，卖方在让步中暗示买方底线的位置所在。

第六种是快速让步方式。这种方式一开始就做出让步，接着是拒绝让步，让买主感觉到让步已经到位。最后 2 元的让步是去掉零头的处理，给买主一种感觉多得一份优惠的感觉。

第七种是由第六种演变而来的方式。其特点是在第三次是一个加价，已暗示前两次让步已过分，第四次为表示诚意，去掉加价因素，也可让买主感觉多得一份优惠的感觉。

第八种是一次性让步方式。常见的打折却不还价的销售策略就是这种方式。

各种让步方式适用于不同场合、不同对手、实施不同的策略目标的谈判中。

🔖拓展阅读

让步的原则

第一，不要做无谓的让步。

第二，让步要让在刀口上。

第三，让步要有利于创造和谐的谈判气氛。

第四，如果做出的让步欠周密，要及早收回，不要犹豫。

第五，要严格控制让步的次数、频率和幅度。

(二)问答策略

贸易谈判最常见的方式是交谈和讨论。无论是询问、倾听、答辩和陈述，都是在特定的语言环境中进行的。谈判者对语言的感受和表达能力直接影响到双方交谈和讨论是否顺利,以及能否驾驭正在进行着的谈判。

1. 询问策略

采用询问策略时,应根据谈判的进程和气氛掌握好发问的时机与方式。发问的时机,一般在对方发言完毕时提出问题,这样做可以反映出我方谈判人员的修养,还可以完整地了解对方的观点意图,避免提出不当的问题;在对方发言停顿、间歇时发问,这主要是在对方发言过于拖拉,主题不明,或故意歪曲事实,从而影响谈判的顺利进行时采用,这样做以便提示对方回到议题上,或是应真诚合作。在自己发言后提问,这时在充分表达了自己的观点之后,为引导对方的思想沿着我们的意图发展,而通过提问的方式实现。如"我们的意思就是这样的,你认为如何?"

发问的方式,可以是肯定的判断语,如:"贵方刚才的报价是每件 96 美元,我没有听错吧?";否定的判断语,如:"这个提案没什么可取之处,不是吗?"选择问句,如:"您看,两种方案,您倾向于哪一种?"一般问句,让对方正面回答的提问,如:"您为什么报出这样的价格?"发问的方式很多,关键是,我们在谈判中需要发问时,应该先考虑一下,怎样问效果会更好些,并且更有利于我们掌握谈判的主动权,从而更接近我们的谈判利益目标。

 议一议

以下发问为何结果不同?

某商场休息室里经营咖啡和牛奶,刚开始服务员总是问顾客:"先生,喝咖啡吗?"或者是:"先生,喝牛奶吗?"其销售额平平。后来,老板要求服务员换一种问法,"先生,喝咖啡还是牛奶?"结果其销售额大增。

第一种问法,容易得到否定回答,而后一种是选择式,大多数情况下,顾客会选一种。

2. 倾听策略

谈判的目的是要说服对方,但要说服对方,就应该了解对方的观点、需要和谈判意图。这就要求谈判人员耐心地倾听对方的陈述。倾听的方式主要有:专心致志、集中精力倾听,可通过记笔记的办法达到集中精力。以适当的反应,创造良好的交谈气氛,如可以用眼神、点头、微笑及适当的语气词等来表示倾听的兴趣,切忌表现得过分,以防在表情中暴露己方的真实意图。可以用简单而适当的提问将对方的话题引向深入,但不要用抢话、急于反驳等方式破坏谈判气氛。边听边观察,不但要观察正在陈述的谈判者,还应注意观察其他谈判成员的同步表情。必要时,将笔记中的重要词句复述给对方,在对方确认以后,可以作为本方问答的依据。

拓展阅读

谈判中影响倾听的障碍

1. 许多人认为只有说话才是表白自己、说服对方的唯一有效方式。若要掌握主动,便只有说。

2. 先入为主的印象妨碍了我们耐心地倾听对方的讲话,如对某人看法不佳。

3. 急于反驳对方的观点。

4. 在所有的证据尚未拿出以前,轻易地做出结论。

5. 急于记住每一件事情,结果主要的事情反而没注意到。

6. 常常主动地认为谈话没有实际内容或没有兴趣,不注意倾听。

7. 因一些其他事情而分心。

8. 因为技术性太强，就想越过难以听懂的话题。

9. 忽略某些重要的叙述，因为它是由我们认为不重要的人说出来的。

10. 听者主动摒弃自己不喜欢的资料、消息。

11. 定式思维，不论别人讲什么，他都马上跟自己的经验套在一起，用自己的方式去理解。

（资料来源：国家公务员考试网，http：//www.21gwy.com/kc/tpjq.html）

3. 回答的策略

回答是对别人询问的回应、解说、陈述，是通过语言将信息传递给对方。所以在被提问时，应注意分析哪些问题是不需要正面回答的，目的只在于引起你的注意，对此，可以不做确切而详细地回答，微微一笑或作以礼节性的肯定即可；哪些问题必须正面回答，如对方的提问是为获取某些信息，解决某些问题的，而你也有必要让他获取这些信息、领会你的观点时，你就可以明确、直接地去回答；哪些问题你还没有完全明白，无法做出回答或为了避免陷入对方的圈套不愿回答时，可采用不同的回答技巧。如"请你把这个问题再说一遍。""那已是另外一个主题了。""能把贵方的建议再重复一遍吗？"等，以明确对方的提问目的和用意，然后施以安全的应答对策。

📖拓展阅读

回答问题的技巧

- 不要彻底回答。
- 不要立即回答。
- 不要确切回答。
- 使问话者失去追问兴趣和机会。
- 如果有人打岔就暂且让他打扰一下。
- 婉言回答。

（资料来源：乔淑英，王爱晶．商务谈判．北京：北京师范大学出版社，2007）

（三）时间策略

谈判是需要时间的，任何形式的谈判都是在一定的时间中进行的，经验丰富的谈判者常在与对手谈判的时间选择上做文章，使对手处于不利的境地。所以，适时，即选择恰当的时机开始谈判或对某一问题展开磋商；适人，根据不同的谈判对手，选择不同的时间策略；适情，即根据谈判的不同阶段，规定相应的时限就构成了时间策略的主要内容。

1. 时机策略

国际贸易谈判的时机策略主要体现在：在适当的时间开始谈判、在适当的时间提出谈判方案、在适当的时间做出必要的让步、在适当的时间退出谈判、在适当的时间达成交易。人们在一个时间周期中精力的积聚、疲劳的释放、体能的恢复等因素构成了人们常说的生理运动曲线，选择适当的时机，即选择自己生理运动的曲线呈上升的时间，避免自己生理运动曲线处在下降通道，即自己处于疲劳状态时与对手谈判。生理运动的临界状态也会使自己情绪处在相对不稳定状态，烦躁不安，这时也不宜谈判。

2. 拖延策略

国际贸易谈判总是在人与人之间进行的，而每个人都有各自不同的时间观念，对于一个缺乏耐心的谈判对手，最好的谈判策略就是合理的拖延时间，使其失去谈判的耐心。如当自己一时难以回答对方提出的问题时，可以以需要征得上司同意为由，将此问题暂时搁置一边；还可以利用特意安排的电话及其他事情等方法拖延时间。在对某些关键问题争执不下时，双方都有可能采取耐心等待的方法，给对方制造心理压力，迫使对方先表态。

3. 最后期限策略

在谈判过程中，最后期限策略是一种非常有效的谈判策略，如果谈判人员确实意识到时间不多，心理上就会产生一种紧迫感，一种尽快解决问题的冲动。但应该注意，如果对方对"最后期限"不予理会，本方应怎样应对，本方对所定的谈判时限是否有压力。

拓展阅读

运用最后通牒策略应具备的条件

第一，本方的谈判实力应该强于对方，特别是该笔交易的重要性上对方比本方更为重要。

第二，最后通牒只能在谈判的最后阶段或最后关头使用。

第三，最后通牒的提出必须坚定、明确，让对方无还手之力。

第四，发出的最后通牒言辞要委婉。

（资料来源：高建军. 商务谈判实务. 北京：北京航空航天大学出版社，2007）

（四）信息策略

谈判过程中的信息策略，除了仍要注意市场、政策等方面的资料收集外，还应根据对方谈判人员的语言，即口头语言、书面语言和身体语言了解和收集信息，也可利用己方谈判人员的语言向对方传递信息。

1. 信息收集策略

信息收集的关键是本方谈判人员能够正确理解对方谈判人员通过语言，尤其是身体语言传递的信息内涵。在谈判过程中，应尽可能地鼓励、诱导对方多讲多谈。尽管人们讲话的语音、语调所传递的信息不完全都是真实的，但或多或少总能反映出谈话者或喜或忧、或坚定或犹豫的心态。在听其音的同时，谈判人员还应观其行、察其色，破译对方各种动作及表情变化所传递的信息的可信度。另外，认真记录和分析双方谈话的内容，也是谈判中信息收集的一个重要方面。

2. 信息传递策略

语言信息有些透露的是真实的信息，也有些是不真实的，在谈判过程中，有经验的谈判者经常利用自己的语言，向对方传递一些似是而非的信息，用以迷惑对方或试探对方的态度。

总之，谈判中可以采用的策略很多，在具体的贸易谈判中，应根据具体的谈判时间、谈判地点、谈判班子人员组成、谈判地位、谈判目标等情况具体加以分析，制定相应的谈判策略。

【典型实例】

巴西一家公司到美国去采购成套设备。巴西谈判小组成员因为上街购物耽误了时间。当他们到达谈判地点时，比预定时间晚了 45 分钟。美方代表对此极为不满，花了很长时间来指责巴西代表不遵守时间，没有信用，如果总是这样下去的话，以后很多工作很难合作，浪费时间就是浪费资源、浪费金钱。对此巴西代表感到理亏，只好不停地向美方代表道歉。谈判开始以后似乎还对巴西代表来迟一事耿耿于怀，一时间弄得巴西代表手足无措，说话处处被动。无心与美方代表讨价还价，对美方提出的许多要求也没有静下心来认真考虑，匆匆忙忙就签订了合同。等到合同签订以后，巴西代表平静下来，头脑不再发热时才发现自己吃了大亏，上了美方的当，但已经晚了。

（资料来源：二十一世纪管理培训网，http://www.21emr.com）

【简评】本案例中，美方抓住对手迟到这个"软肋"进行指责，并表现出强烈不满，这样给巴西方面带来很大的心理压力，使得巴方不得不连连道歉，这样在士气上就占了上风，从而达到营造低调气氛，迫使对方在来不及认真思考的情况下而匆忙签订了对美方有利的合同。

巴西公司谈判人员应该想办法扭转不利局面，既然已经迟到，不如就此机会赞扬一下美方风格高、有风度，然后便切入正题就不用在这个事上纠缠了。既然都等了45分钟，说明美方很想谈成这笔买卖，巴方代表这时就应该适度硬朗起来，阐述己方观点，美方也会乖乖就范了。

作为巴西公司谈判人员，巴西代表应该采取谦恭的态度，首先为迟到道歉，并称赞一番美方代表，待气氛稍微缓和的时候再谈，一定要避其锋芒，不应在迟到一事上作过多解释。

综合实训

1. 谈判前需要收集哪些信息情报？谈判人员需要具备哪些条件？

2. 从东西方文化差异出发比较东西方商务谈判的风格。

3. 如果你是谈判代表，在谈判陷入僵局时，你会采取哪些策略来打破僵局？

4. 利用媒体网络等手段收集某种商品的供求信息和价格信息。

5. 试制定一份引进某公司小汽车的谈判方案。内容包括谈判主题、目标设定、谈判程序、日程安排、谈判地点和谈判小组分工。

6. 媒体收集资料：近年来我国进出口最多的国家分别有哪些？在与这些国家谈判中出现过哪些问题？

7. 购物过程中，实践不同的讨价还价策略。

实训目标：

贸易谈判的准备与后续工作，以及各阶段的谈判策略。

组织实施：

学生分组，各成员分工，分别负责贸易谈判的前期准备、后续总结工作以及各阶段的谈判策略选择与实施。

操作提示：

准备阶段包括环境策略、拟定谈判议程策略等，实质性谈判阶段包括价格策略、问答策略、时间策略、信息策略等。

成果检测：

完成活动项目任务，各组分别展示，学生讨论，教师进行评价。

国际货物买卖合同的标的

项目介绍

在国际贸易中，交易的标的物种类繁多，每种标的物都有其具体名称，并表现为一定的质量，每笔交易的标的物都有一定的数量，而且交易的大多数标的物都需要有一定的包装。因此，买卖双方洽商交易和订立合同时，必须谈妥合同的标的物及其质量、数量与包装这些主要交易条件，并在买卖合同中做出明确具体的规定，本项目主要学习这些交易条件在合同中的相应条款。

任务一　商品的名称

任务描述

我国某公司在广交会期间，与日本 A 株式会社签订一项出口"手工制造书写纸"的合同，并约定看样成交。合同签订后，买方又将该合同转让给另一家日本公司——B 株式会社。我方公司按样品备齐货物后，依合同约定将货物发运至目的地。货物抵达日本横滨后，经开箱检验，B 会社以货物部分工序为机械操作为由，向我方提出异议和索赔。

进出口贸易是国家间的商品买卖。买卖合同是转移标的物所有权的合同，合同首先要对标的物状况有一个科学、明确的描述。因此双方要对商品的名称、品质等相关内容做出明确具体的规定。若内容不明确，就会产生如本案例一样不必要的纠纷。在洽谈和订立合同时，必须根据货物的特性和实际情况，明确品名、品质、数量和包装条款。

本任务中，应掌握品名条款的基本内容，熟悉品名条款订立时应该注意的事项，能运用所学知识正确灵活地订立合同中的品名条款并能正确分析处理国际贸易中出现的相关案例。

概念点击

商品的名称： 简称"品名"（Name of Commodity），是指能使某种商品区别于其他商品的称呼或概念。

品名条款： 是买卖双方对具有一定外观形态并占有一定空间的有形商品达成共识的一种文字描述，又称标的物条款。

任务完成

一、"品名"的概念

商品的名称，简称"品名"（Name of Commodity）。好的商品名称能够高度概括出该商品的自然属性、用途以及主要性能特征。

第一，以其用途命名，例如：洗发水、运动鞋、机床、电视机、笔记本等。

第二，以其使用原材料命名，通过突出所使用的主要原材料来反映出商品的品质，例如：羊毛衫、玻璃杯、羽绒服、鸭绒被、毛料西装、塑料桶等。

第三，以其成分命名，可使消费者了解商品的有效内涵，例如：橡木家具、核桃糖、钻石手表、金银花露等。

第四，以制作工艺命名，目的是突出其独特性，提高产品的威望和信誉，例如：五粮液、手工西装、手绣内衣、手工编织毛衣、精制油等。

第五，以褒义词命名，如止咳糖浆、青春宝胶囊、减肥美体茶、太阳神、黄金搭档等。

第六，以人物或产地命名，例如：孔府家酒、李宁牌运动服、湘绣、镇江陈醋、龙井茶叶、吴王酒等。

二、"品名"的意义

国际贸易同国内零售贸易不同。在国际贸易中，看货成交，一手交钱，一手接货的情况极少。一般只是凭借对拟议买卖的商品作必要的描述，来确定交易的标的。它是买卖双方交接货物的一项基本依据，关系到买卖双方的权利和义务。同时，按照有关的法律和惯例，对交易的物品的描述，是构成商品说明（Description of Goods）的一个主要组成部分，买卖双方交接货物不符合约定的品名或说明，买方有权提出损害赔偿要求，甚至拒收货物或撤销合同。因此，列明合同标的物的具体名称，具有重要的法律和实践意义。

在国际贸易合同中，商品的名称应该明确、具体、适合商品特点。采用外文名称时，要做到译音正确，与原名称意思保持一致，避免含糊不清或过于笼统空泛。诸如，使用"食品、服装、机器"（Food、Garment、Machine）等。还有，在对外贸易中，外文名称上要贴切，符合实际词语内涵，品名尽量不要使用汉语拼音。否则，可能造成误解，引起争议。

三、品名条款的内容

国际货物买卖合同中的品名条款有多种表示方法，并无统一的要求和格式，通常由买卖双方协商确定。品名条款的内容一般比较简单，通常都是在"商品名称"（Name of Good）或"品名"（Name of Commodity）的标题下，列明交易双方成交商品的名称。有时为了方便起见，也可不加标题，只在合同的开头部分，列明交易双方同意买卖某种商品的文句。在列名商品名称时，有时只列名商品的一般名称，有时也为了明确起见，把有关商品的具体品种、等级、规格、牌号等一系列概括性描述包括进去，作为进一步的限定，有时甚至把商品的品质也包括进去，把品名条款和品质条款合并在一起。

拓展阅读

规定品名条款的注意事项

国际货物买卖合同中，品名条款是合同中的主要条款，所以，在规定此条款时，应注意下列事项：

1. 商品的品名必须做到内容明确具体，避免空泛、笼统的规定。

2. 商品的品名必须实事求是、切实反映商品的实际情况。必须是卖方能够提供且买方所需要的商品，凡做不到或不必要的描述性词句都不应列入。

3. 商品的品名要尽可能使用国际上通行的名称。我国于1992年1月1日起采用《协调商品名称及编码制定》（The Harmonized Commodity Description and Coding System，简称 H. S. 编码制度）。目前各国的海关统计，普惠制待遇等都按 H. S. 进行。所以，我国在采用商品名称时，应与

H. S. 规定的品名相适应。若使用地方性名称，交易双方应事先就其含义达成共识。对于某些新商品的定名及其译名，应力求准确、易懂，并符合国际上的习惯称呼。

4. 确定品名时应注意有关国家的海关税则和进出口限制的有关规定，恰当地选择有利于降低关税、方便进出口和节省运费开支的名称。

5. 确定品名时必须考虑其与运费的关系。如，棉织品的运费率为 10 级，毛巾和尿布分别按 9 级和 8 级计收运费，所以名称选择适当可以减少运费。

【典型实例】

韩国 KM 公司向我国 BR 土畜产公司订购大蒜 650 公吨，双方当事人几经磋商最终达成了交易。但在缮制合同时，由于山东胶东半岛地区是大蒜的主要产区，通常我国公司都以此为大蒜货源基地，所以 BR 公司就按惯例在合同品名条款打上了"山东大蒜。"可是在临近履行合同时，大蒜产地由于自然灾害导致歉收，货源紧张。BR 公司紧急从其他省份征购，终于按时交货。但 KM 公司来电称，所交货物与合同规定不符，要求 BR 公司做出选择，要么提供山东大蒜，要么降价，否则将撤销合同并提出贸易赔偿。试问，KM 公司的要求是否合理？并评述此案。

（资料来源：《国际贸易实务》　作者：冷柏军）

【简评】本案是由于商品品名条款所引发的争议。KM 公司的要求合理。从法律角度看，在合同中明确规定买卖标的物的具体名称，关系到买卖双方在交接货物方面的权利和义务。按照有关的法律和商业惯例的规定，对交易标的物的具体描述，是构成商品说明的一个主要组成部分，是买卖双方交接货物的一项基本依据。若卖方交付的货物不符合约定的品名或说明，买方有权拒收货物或撤销合同并提出损害赔偿。因此，品名和品质条款是合同中的重要内容，一旦签订合同，卖方必须严格按合同的约定交货。另外，在表示商品品质的方法中，有一种是凭产地名称买卖，产地名称代表着商品的品质。不同产地的同种货物品质可能存在着很大的差别，因此 KM 公司要求提供山东大蒜的要求是合理的。其实，遇到上述情况，BR 公司可以援引不可抗力条款，及时通知买方，要求变更合同或解除合同。

任务二　商品的品质

任务描述

一批出口到阿拉伯国家的冻鸡，合同中的品质条款规定由出口地伊斯兰协会出具证明书，证明该批冻鸡是按伊斯兰教的方法屠宰的。但货物到达目的港后，经检验发现，冻鸡的颈部没有任何刀口痕迹，不符合伊斯兰教的屠宰方法。因此，买方拒绝收货，并要求解除合同。

从上例中我们看到，在国际货物买卖合同中，品质条款非常重要。它既是构成商品说明的重要组成部分，又是买卖双方交接货物时对货物品质进行评定的重要依据。许多国家的法律，对于卖方在交货品质方面所承担的义务，都作了不尽相同的规定，买方有权撤销合同，并要求损害赔偿。《美国统一商法典》规定，卖方交货如与合同不符，买方有权提出索赔，以至撤销合同；《联合国国际货物销售合同公约》规定，卖方违反合同规定，交付与品质条款不符的货物时，买方可提出索赔，以至拒收货物，宣告合同无效。就本案例而言，无论是按英国法律或美国法律，还是联合国《公约》的规定，卖方确实存在严重的违约行为，买方有权拒收货物或解除合同。

本任务中，主要掌握品质条款的基本内容，熟悉品质条款订立时应该注意的事项，能运用所学知识正确灵活订立合同中的品质条款并能正确分析处理国际贸易中出现的相关案例。

 **概念点击**

内在质量：是指商品的化学成分、物理性质、机械性能以及生物结构等。

外观形态：是指商品的花色、造型、款式、味觉、手感等。

看货买卖：当买卖双方采用现货成交时，买方或其代理人通常在卖方存放货物的场所验看货物，一旦达成交易，卖方就应按对方验看过的商品交货。

样品：通常是指从一批商品中抽出来的或由生产、使用部门设计、加工出来的，足以反映和代表整批商品质量的少量实物。

商品规格：是指一些足以反映商品质量的主要指标，如化学成分、含量、纯度、性能、容量、长短、粗细等。

商品等级：同类商品按照规格中若干主要指标的差异，用文字、数字或符号来表示商品品质上的差异，把一种商品分为若干等级。

商品标准：是指将商品的规格和等级予以标准化。

品质公差：是指国际上公认的产品品质的误差。

任务完成

一、品质的含义及其重要性

商品的品质（Quality of Goods）是商品内在本质和外观形态的综合，是决定商品使用价值的重要因素。

商品品质的优劣，不仅关系到商品的使用效能，影响着商品售价的高低、销售数量和市场份额的增减，以及买卖双方经济利益的实现程度，而且还关系到商品信誉、企业信誉、国家信誉。在国际货物贸易中，商品的品质是合同的主要条件，卖方所交货物的品质如果不符合合同的规定，卖方则有权撤销合同并要求损害赔偿。而且买方严把进口货物的质量关，也可避免因商品质量不合规定而带来的损失。

随着经济全球化进程的加快，国际市场竞争空前激烈。随着各国消费者消费水平和消费结构的变化，消费者对商品品质的要求越来越高。各国都把提高商品质量、力争以质取胜，作为非价格竞争的一个主要手段。在此条件下，注重产品品质，是提高我国出口企业信誉，增强其国际市场竞争力的重要保证。同时，商品品质的优劣，也反映一国的生产水平和科学技术水平。

由于国际贸易的商品种类繁多，即使是同一种商品，在品质方面也会存在层次上的差别，这就要求买卖双方在合同中就商品的品质条件做出明确的规定。合同中的品质条款，是买卖双方交接货物的依据。《英国货物买卖法》把品质条件作为合同的要件（Condition）。《联合国国际货物销售合同公约》规定，卖方交付货物，必须符合约定的质量。

二、表示商品品质的方法

国际贸易中规定商品品质的方法主要有以下两大类。

（一）用实物样品表示商品品质的方法

买卖双方在治商时，用足以代表商品质量的实物作为样品，请对方确认，样品一经确认便成为买卖双方交接货物的质量依据。在国际贸易中称其为"凭样品买卖"（Sale By Sample）。这是由于这些商品本身的特点难以用文字说明表示商品质量，或出于市场习惯而采用的一种方法。当样品由卖方提供时，称为"凭卖方样品买卖"；当样品由买方提供时，称为"凭买方样品买卖"。

"凭卖方样品买卖"时，样品品质须具有充分的代表性，并将样品提供给买方。在将样品即原样，或称标准样品送交买方的同时，应保留与送交样品质量完全一致的另一样品，即留样，以备将来组织生产、交货或处理质量纠纷时作核对之用。卖方应在原样和留存的复样上编制相同的号码，注明样品提交日期，以便于日后联系、洽谈交易。留存的复样应妥善保管，保证样品质量的稳定。

"凭买方样品买卖"，在我国也称为"来样成交"或"来样制作"。在实际业务中，为避免日后履约困难，卖方可根据买方的来样仿制或选择质量相近的自产品的样品提交买方，即提交"回样"或称"对等样品"请其确认，而并不直接以买方样品成交。买方一旦确认以"回样"或"对等样品"作为双方交易的质量依据，就等于把"凭买方样品买卖"转变成了"凭卖方样品买卖"。凡以买方样品作为交接货物的质量依据时，一般还应在合同中明确规定，如果发生由买方来样引起的工业产权等第三者权利问题时，与卖方无关，概由买方负责。

一些质量稳定的商品可以采用凭样品成交，而一些质量不稳定的商品以及某些交货质量无法与样品绝对相同的商品，如木材、煤、矿产品等天然品则不宜使用凭样品买卖。对于难以做到货样一致或无法保证批量生产时质量稳定性的商品，则应在订立合同时特别规定一些弹性条款。在当前的国际贸易中，有一些样品往往只是被用来反映某种商品的一个或几个方面的质量指标而不作为全部质量的反映。

（二）用文字说明表示商品的质量

在国际货物买卖中，大多数商品采用文字说明来明确其质量，用文字说明表示商品质量的办法称为"凭文字说明买卖"（Sale By Description）的方法来表示商品品质，即以文字、图表、相片等方式来说明商品的品质，具体又分为以下几种。

1. 凭规格买卖（sale by specification）

商品的规格（specification）是指用来反映商品品质的一些主要指标，如成分、含量、纯度、大小、长短、粗细等。凭规格买卖，就是以规格来确定商品的品质。各种商品由于品质的特点不同，规格的内容也各不相同。买卖双方在洽谈交易时，可以通过提交规格来说明一种商品的基本情况。

例如，出口我国东北大豆，合同中可以就大豆的规格作出如下规定：水分含量（最高）15%；含油量（最低）17%；含杂质（最高）1.5%；不完善粒含量（最高）8%。又如，我国桐油的出口规格是：色泽，不深于新制的 0.4 克重铬酸钾溶于 100 毫克硫酸（比重 1.84）的溶液；比重（20/4℃）0.9360～0.9390；折光指数（20℃）1.5185～1.5220；碘值（韦氏法）163～176；皂化值 192～196；水分杂质（最高）0.30%；酸值（最高）4；华氏脱热试验（最高）7.5 分钟；BETA 型桐油试验，负值（无晶体沉淀）。

用规格表示商品品质的方法简单易行、明确具体，而且具有可根据每批货物的具体情况灵活调整的特点，所以它在国际贸易中应用非常广泛。

2. 凭等级买卖（sale by grade）

商品的等级（grade）是指把同一种商品按其品质或规格上的差异划分为不同的级别和档次，用数字或文字表示，从而产生品质优劣的若干等级。不同的等级代表着不同的品质。而每一种等级都规定有相对固定的规格。凭等级买卖，只需说明商品的级别，就可以明确买卖货物的品质。

例如，皮蛋按重量、大小分为奎、排、特、顶、大五级。奎级为每千只 75 千克以上，其后每差一级，减 5 千克。又如，我国出口的钨砂主要根据其三氧化钨和含锡量的不同，分为特级、一级、二级三种，见表 4-1。

表 4-1 钨砂等级表(%)

等级 \ 成分	三氧化钨(最低)	锡(最高)	砷(最高)	硫(最高)
特级	70	0.2	0.2	0.8
一级	65	0.2	0.2	0.8
二级	65	1.5	0.2	0.8

商品的等级，一般是出口商或制造商根据其长期生产和了解该项商品的经验，在掌握其产品的品质规律的基础上制定出来的。它有助于更好地满足各种不同的消费需要，简化交易手续，做到优质优价，同时有利于安排生产和加工整理工作的进行。但是，这种由个别厂商制定的等级并没有约束力，买卖双方在签约时，完全可以根据自己的意愿予以调整或改变。

3. 凭标准买卖(sale by standard)

标准(standard)是指统一化了的规格和等级。目前，世界各国政府或工商团体就许多商品制定和公布了统一化的等级以及具体的规格要求和检验方法，在一定范围(如一国、一地区或一个部门及行业)内实施，作为评定同一商品品质的依据。在国际货物买卖中，人们也经常使用标准作为说明和评定商品品质的依据。

例如，在买卖美国小麦时，经常使用的是美国农业部制定的小麦标准；而在买卖泰国稻米时，经常使用泰国农业部门制定的稻米标准。在我国，商品的标准分为国家标准和部颁(专业)标准。前者如《中华人民共和国药典》(简称 C.P.)；后者如中华人民共和国农业部标准《松香》(LY204—74)等。

在国外，商品的标准分为五类：①企业标准。②团体标准，如美国试验材料协会(ASTM)标准、英国劳氏船级社《船舶规范和条例》等。③国家标准，如美国国家标准(ANSI)、日本国家标准(JIS)等。④区域标准，如欧洲标准化协会(CEN)制定的标准。⑤国际标准，如国际标准化组织(ISO)制定的标准等。

从法律角度看，目前世界上的各种标准中，有些是有约束性的，品质不符合标准要求的商品不得进口或出口，但也有些标准不具有法律效力，仅供买卖双方参考，买卖双方可另行约定品质的具体要求。在国际贸易中，对一些已经有了被广泛接受的标准的商品，一般倾向于按该项标准进行交易，不另订规格。这样做的好处是手续简易，只需列明标准的名称和等级即可，如美国二号冬小麦。另外，对许多工业品来说，这样做可以方便生产或加工，节约原材料，降低成本，买方也可争取到比较便宜的价格。

许多商品不仅有我国的标准，也有国际标准。在进行这些商品的交易时，可根据我国的标准进行买卖。但是，为了扩大出口，提高我国产品在国际市场上的适销程度，应根据需要和可能，采用国际上通行的标准。在进口方面，也可根据国外标准所体现出来的技术先进程度和我国具体国情及经济上的利益，考虑按国外标准订货。

在国际贸易中，买卖一些质量容易变化的农产品，以及品质构成条件复杂的某些工业制成品时，买卖双方常以同业公会、交易所、检验局等选定的标准物来表示商品的质量。以标准物表示交易商品质量的方法主要有以下两种。

(1) 良好平均品质(fair average quality，FAQ)。良好平均品质一般是指中等货，它有以下几种含义：①指农产品的每个生产年度的中等货，即由生产国在农产品收获后经过对产品进行广泛抽样，从中制定出该年度的 FAQ 标准。②指某一季度或某一装船月份在装运地发运的同一种商品的平均品质，即从各批出货物中抽样后进行综合评定，取其中者作为 FAQ 标准。在我国出口的农副产品中，也有用 FAQ 来说明品质的，但我们所说的 FAQ 一般是指大路货，是与"精选货"（selected）相对而言的，而且除了在合同中标明大路货之外，还定有具体规格。例如："东北大豆 2005 年产，大路货，含油量最低 18％。"在交货时，以合同规定的具体规格作为品质依据。

（2）上好可销品质（good merchantable quality，GMQ）。上好可销品质是指品质上好，可以销售。在国际贸易中，有些商品没有公认的规格和等级，如冷冻鱼、冻虾等，有时卖方在交货时，只要保证所交的商品在品质上具有"商销性"即可。由于这种表示方法的含义笼统，难以掌握，履约时容易引起争议，故不宜采用。

4. 凭品牌或商标买卖（sale by brand or trade mark）

商品的品牌（brand）是厂商或销售商所生产或销售商品的牌号；商标（trade mark）则是指通过进行注册，取得商标权，并受有关国家法律保护的品牌或品牌的一部分。使用品牌与商标的主要目的是使之区别于其他同类商品，以利销售。如梅林牌辣酱油、金利来领带、海尔空调、诺基亚手机等。

5. 凭产地名称或地理标志买卖

有些地区的产品，尤其是一些传统农副产品，因具有独特的加工工艺或特殊的品质特征，在国际上享有盛誉。对于这类商品的出口，可以采用产地名或地理标志来表示其独特的品质。如以一个国家为标志的法国香水、德国啤酒；以某一地方为标志的四川榨菜、绍兴花雕酒等。这些标志不仅标注了特定商品的产地，更重要的是无形中对这些商品的特殊质量提供了一定的保障。地理标志已被正式列入知识产权保护范畴。

6. 凭说明书和图样买卖（sale by description and illustration）

在国际货物买卖中，有些机器、电器、仪表等技术密集型产品，由于其结构复杂，制作工艺不同，无法用样品或简单的几项指标来反映其质量全貌。对此，买卖双方除了要规定其名称、商标牌号、型号等，通常还必须采用说明书来介绍该产品的构造、原材料、产品形状、性能、使用方法等，有时还附以图样、图片、设计图纸、性能分析表等来完整说明其具有的质量特征。

在国际货物买卖合同中，以说明书和图样表示商品品质时，卖方要承担所交货物的质量必须与说明书和图样完全相符的责任。在实际业务中，用文字说明规定商品质量的办法常常与凭样品表示质量的方法结合使用。这时，卖方既要承担交货质量符合文字说明的规定，又要承担与样品质量完全一致的责任。

三、品质条款的规定

在合同的品质条款中，一般需要写明商品的名称和具体的品质。由于商品的品质不同，表示商品品质的方法也就不同，合同中品质条款的内容也不尽相同。

（一）品质条款的基本内容

品质条款是合同中的一项主要条款，它是买卖双方对商品的质量、规格、等级、标准、牌号等的具体规定。卖方须以约定品质交货，否则买方有权提出索赔或拒收货物，以至撤销合同。合同中的品质条款一定要列明商品的品名。在凭样品买卖时，除了要列明商品的名称外，还应订明确认样品的编号，以及确认日期。在凭文字说明买卖时，合同中应明确规定商品的名称、规格、等级、标准、品牌、商标或产地名称等内容。在以图样和说明书表示商品质量时，还应在合同中列明图样、说明书的名称、份数等内容。合同条款示例如下：

例1　样品号 NT008 长毛绒玩具熊尺码 24 英寸。

Sample NT008 Plush Toy Bear Size 24 inch.

例2　海河牌婴儿奶粉。

Haihe Brand Infant Milk powder.

例3　柠檬酸钠规格。

(1) 符合 1980 年版英国药典标准。

(2) 纯度：不低于 99%。

Specifications of Sodium Citrate：

(1) In conformity with B. P. 1980.

(2) Purity：Not less than 99%.

国际货物买卖合同中的品质条款是买卖双方交接货物时的品质依据。卖方所交货物的品质如果与合同规定不符，卖方要承担违约的法律责任，买方则有权对因此而遭受的损失向卖方提出赔偿要求或解除合同。为了防止品质纠纷，合同中的品质条款应尽量明确具体，避免笼统含糊。所涉及的数据应力求明确，但应该切合实际，避免订得过高、过低、过繁、过细。

(二)品质机动幅度、品质公差及品质增减价条款

为了避免因交货品质与买卖合同稍有不符而造成违约，以保证合同的顺利履行，可以在合同品质条款中做出某些变通规定。

1. 交货品质与样品大体相等或其他类似条款

在凭样品买卖的情况下，交易双方容易在交货品质与样品是否一致的问题上产生争议，为了避免争议和便于履行合同，卖方可要求在品质条款中加订"交货品质与样品大体相等"之类的条文。

2. 品质公差(Quality Tolerance)

在工业制成品生产过程中，产品的质量指标出现一定的误差有时是难以避免的(如手表每天出现误差若干秒，应算行走正常)。这种公认的误差，即使合同没有规定，只要卖方交货品质在公差范围内，也不能视作违约。但为了明确起见，还是应在合同品质条款中明确一定幅度的公差，例如，尺码或重量允许有"±3%～5%的合理公差"。凡在品质公差范围内的货物，买方不得拒收或要求调整价格。

3. 品质机动幅度

某些初级产品(如农副产品等)的质量不甚稳定，在规定其品质指标的同时，可另订一定的品质机动幅度，即允许卖方所交货物的品质指标在一定幅度内有灵活性。关于品质机动幅度，有下列几种做法：

(1)规定一定的范围。对品质指标允许有一定的差异范围。例如，漂布，幅阔 35/36 寸，买方交付的漂布，只要在此范围内，均算合格。

(2)规定一定的极限。对所交货物的品质规格，规定上下极限。卖方交货只要没有超出上述极限，买方就无权拒收。

为了体现按质论价，在使用品质机动幅度时，也可根据交货品质情况调整价格，即所谓品质增减价条款。采用品质增减价条款，一般应选用对价格有重要影响而又允许有一定机动幅度的主要质量指标，对于次要的质量指标或不允许有机动幅度的重要指标，则不能适用。

4. 低于约定品质者赔偿损失

有些国家的法律规定："卖方交货品质与合同不符，买方有权撤销合同并要求赔偿损失。"卖方

为了排除这项法律规定，以维护自身的利益，也可争取在合同中规定："如卖方交货品质有缺陷，不符合合同规定，买方不得拒收货物或撤销合同，但可向卖方提出索赔。"

(三)正确运用各种表示品质的方法

采用何种表示品质的方法，应视商品特性而定。一般来说，凡能用科学的指标说明其质量的商品，则适于凭规格、等级或标准买卖；有些难以规格化和标准化的商品，如工艺品等则适于凭样品买卖；有些质量好并具有一定特色的名优产品，适于凭商标或品牌买卖；某些性能复杂的机器、电器和仪表，则适于凭说明书和图样买卖；具有地方风味和特色的产品，则可凭产地名称买卖。

凡能用一种方法表示品质的，一般就不宜用两种或两种以上的方法来表示。如同时采用既凭样品、又凭规格买卖，则要求交货品质，既要与样品一致，又要符合约定的规格，有时难以办到，给履行合同带来困难。

(四)品质条件要有科学性和合理性

为了便于合同的履行和维护我们的利益，在规定品质条款时，应注意其科学性和合理性。

第一，要从产销实际出发，防止品质条件偏高或偏低。既要考虑国外市场的实际需要，又要考虑国内生产部门供货的可能性。

第二，要合理规定影响品质的各项重要指标。在品质条款中，应有选择地规定各项质量指标。凡影响品质的重要指标，不能出现遗漏，要将其完全纳入品质条款中，对于次要指标，可以有选择性的将部分指标纳入条款，对于一些与品质无关紧要的条件，不宜订入，以免条款过于烦琐。

第三，要注意各质量指标之间的内在联系和相互关系。各项质量指标是从各个不同的角度来说明品质，它们有内在的联系，在确定品质条件时，要通盘考虑，注意它们之间的一致性，以免由于某一质量指标规定不科学和不合理而影响其他质量指标，造成不应有的经济损失。例如，在荞麦品质条款中规定："水分不超过17％，不完善粒不超过6％，杂质不超过3％，矿物质不超过0.15％"。显然，此项规定不合理，因为，对矿物质的要求过高，这与其他指标不相称。为了使矿物质符合约定的指标，则需反复加工，其结果必然会大大减少杂质和不完善粒的含量，从而造成不应有的损失。

第四，品质条件应明确、具体。不宜采用诸如"大约"、"左右"、"合理误差"之类的笼统含糊字眼，以免在交货品质问题上引起争议。但是，也不宜把品质条件订得过死，给履行交货义务带来困难。一般来说，对一些矿产品、农副产品和轻工业品的品质规格的规定，要有一定的灵活性，以便合同的履行。

想一想

在国际贸易中对商品品质有哪些具体要求？

对出口商品品质的要求：

必须贯彻"以销定产"的方针和坚持"质量第一"的原则，大力提高出口商品质量，使其符合下列具体要求：

第一，针对不同市场和不同消费者的需求来确定出口商品质量。由于世界各国消费水平、消费习惯、消费结构、各民族的爱好互有差异，因此，我们要从国外市场的实际需要出发，搞好产销结合。

第二，不断更新换代和精益求精。凡质量不稳定或质量不过关的商品，要严把质量关，不可能只图眼前利益，以免败坏声誉。即使质量较好的商品，也不能满足现状，要本着精益求精的精神，不断改进、提高出口商品质量，加速更新换代。

第三，适应进口国的有关法令规定和要求。各国对进口商品的质量都有相关法令规定和要求，凡质量不符合法令规定和要求的商品，一律不准进口，有的还要就地销毁，并由货主承担由此引起的各种费用。

第四，适应国外自然条件、季节变化和销售方式。由于各国自然条件和季节变化不同，销售方式各异，商品在运输、装卸、存储和销售过程中，其质量可能起某种变化。因此，注意自然条件、季节变化和销售方式的差异，掌握商品在流通过程中的变化规律，使我国出口商品质量适应这些方面的不同要求，也有利于增强我国出口商品的竞争能力。

对进口商品品质的要求：

进口商品质量的优劣，直接关系到国内消费者的切身利益。凡品质、规格不符合要求的商品，不应进口。对于国内生产建设、科学研究和人民生活急需的商品，进口时要货比三家，切实把好质量关，使其品质、规格不低于国内的实际需要，以免影响国家的生产建设和人民的消费与使用。但是，也不应超越国内的实际需要，任意提高对进口商品品质、规格的要求，以免造成不应有的浪费。总之，对进口商品品质的要求，要从我国现阶段的实际需要出发，根据不同情况，实事求是地予以确定。

【典型实例】

某地一进出口公司向巴西出口一批非食用玉米。合同规定：品质为适销品质，以98%的纯度为标准，杂质小于2%，运输方式为海运，支付方式采用远期汇票承兑交单，以给予对方一定的资金融通。合同生效后两个月货到买方，对方以当地的检验证书证明货物质量比原订规定低，黄曲霉菌超标为由，拒收实物。经查实，原货物品质不妨碍其销售，对方违约主要是由于当时市场价格下跌。后经多次商谈，我方以降价30%完成合同。

【简评】支付方式、品质条款，对于出口方来讲均存在很大的风险性。品质方面，虽考虑到了农产品的品质在备货时很难准确把握，用"适销品质"来补充，但没有采用品质增减价条款具体地说明在品质出现不同情况时的处理方式。另外，玉米本身具有易滋生黄曲霉菌的特点，长时间的运输更加快其增长速度。对于这种可以预料但难以避免的状况，在品质条款中没有任何说明。这些都给对方拒收货物提供了机会。在支付方式上，远期汇票承兑交单，货到付款，虽是我国对南美贸易中普遍采用的方式，但这种方式过于注重促成合同的成立，风险性极大，特别容易被对方恶意利用。在市场形势对其有利的情况下，往往都是以其他条款为由或拒收货物，或大幅度压价。

M任务三 商品的数量

任务描述

东北某公司向国外出口一批红小豆，洽谈时双方谈妥出口100公吨，每公吨收US$320。但签订合同时只规定"东北红小豆，100吨，每吨US$320"。货到目的港后外商以短吨为计量单位，认为我方多供应9.3吨，而提出拒收。

这是一起外商利用合同对计量单位规定的不严格而拒收货物的纠纷事件。外商的做法不尽合理。由于双方在洽谈时采用的单位是公吨，并且作为计量单位，吨可解释为公吨、长吨、短吨，因此外商提出以短吨作为计量单位的要求是不合理的。处理这一纠纷可经双方协商将"吨"改为"公吨"，价格维持原样。或将"吨"改为"短吨"，当然价格相应也会按比例调整。若双方不能达成有关协议可提交仲裁机构解决。

本任务中，要掌握数量条款的基本内容，熟悉数量条款订立时应该注意的事项，能运用所学知识正确灵活订立合同中的数量条款并能正确分析国际贸易中出现的相关案例。

概念点击

毛重(gross weight)：是指商品本身的重量加皮重，也即商品连同包装的重量。

净重(net weight)：是指商品本身的重量，即毛重扣除皮重(包装)的重量。

公量(conditioned weight)：是指使用科学仪器，抽去商品中所含水分，再加标准水分重量，求得的重量。

法定重量(legal weight)：纯商品的重量加上直接接触商品的包装材料，如内包装等的重量，即为法定重量。

任务完成

在国际贸易中，货物的买卖是指一定数量的货物与一定金额的价款的交换。买卖双方在磋商订约时必须约定数量，否则，不能构成合同。

一、计量单位

在国际货物贸易中，确定买卖货物的数量时，必须明确采用什么计量单位。由于商品的种类和性质不同，采用的计量单位也不同。通常采用的计量单位有下列几种：

(一)按重量(Weight)计算

按重量计算是当今国际贸易中广为使用的一种，如许多农副产品、矿产品和工业制成品，都按重量计量。按重量计量的单位有公吨(metric ton)、长吨(long ton)、短吨(short ton)、公斤(kilogram)、克(gram)、盎司(ounce)等。

(二)按数量(Number)计算

大多数工业制成品，尤其是日用消费品、轻工业品、机械产品以及一部分土特产品，均习惯于按数量买卖。按数量计量的单位有件(piece)、双(pair)、套(set)、打(dozen)、卷(roll)、袋(bag)、包(bale)等。

(三)按长度(Length)计算

在金属绳索、丝绸、布匹等类商品的交易中，通常采用米(meter)、英尺(food)、码(yard)等长度单位来计量。

(四)按面积(Area)计算

在玻璃板、地毯、皮革等商品的交易中，习惯于以面积作为计量单位，通常有平方米(square meter)、平方英尺(square foot)、平方码(square yard)等。

(五)按体积(Volume)计算

如木材、天然气和化学气体等均按体积成交。计量单位有立方米(cubic meter)、立方英尺(cubic foot)、立方码(cubic yard)等。

拓展阅读

国际贸易中常用的度量衡制度

目前国际贸易中常用的度量衡制度有公制(the Metric System)、英制(the British System)和美制(the U. S. System)以及在公制基础上发展起来的国际单位制(International System)四种。现在实际上已有八十多个国家在用国际单位制,但大部分国家的度量衡制度还是不同的,使用的计量单位也不同。因此,在国际货物买卖合同中必须具体写明使用哪一种计量单位或度量衡制度。我国政府规定,公制是我国的基本度量衡制度,并要逐步采用国际单位制。根据《中华人民共和国计量法》规定,从1991年起,除了个别特殊领域外,不再允许使用非法定计量单位。即一般不允许进口非法定计量单位的仪器设备,如属特殊需要,须经省、市、自治区以上的政府计量部门批准。在对外贸易中可按买卖合同中的规定采用各种计量单位,合同中如无规定计量单位的,则应使用法定计量单位。

(六)按容积(Capacity)计算

各类谷物和流体、气体物品,如汽油、液体气等,往往按容积计算。如升(litre, l.)、加仑(gallon, gal.)、蒲式耳(bushel, bu.)等。

二、计算重量的方法

在国际货物贸易中,计算重量的方法主要有:

(一)毛重(Gross Weight)

在国际货物贸易中,按重量计算运费时,一般都是按毛重计算。在按重量计价时,有些单位价值不高的货物(如粮谷饲料等农副产品)或因包装本身不便分别计量,常采用按毛重计价的方法,即习惯上所称的"以毛计净"(Gross for Net)。如:红小豆,100公吨,单层新麻袋装,每袋100公斤,以毛计净。(Small Red Beans, 100MT packed in single new gunny bags of 100kgs, gross for net.)

(二)净重(Net Weight)

净重是指商品本身的实际重量,不包括皮重的商品重量。

计算皮重的方法有以下四种:

第一,实际皮重(Actual tare),即通过衡量每件包装的实际重量而求得的总的包装重量。

第二,平均皮重(Average tare),即抽取若干件包装经称重后加权平均取得的重量。

第三,习惯皮重(Customary tare),即被市场确认的规格化的包装,如运粮食的麻袋,习惯重2.5磅。

第四,约定皮重(Computed tare),即不经过衡量,而是由买卖双方商定的包装重量。

上述皮重通常指的是商品外包装的重量。按贸易习惯,商品的毛重扣除外包装的重量称为"净重",在从净重中扣除内包装(如塑料袋、衬衣垫板、别针等)重量称"净净重",即商品本身的重量

(Net net weight)。

如果合同中未明确规定用毛重还是净重计量、计价的，按惯例应按净重计。

(三)公量(Conditioned Weight)

用科学方法抽出商品中的水分后，再加上国际公认的标准含水量求得的重量。这种方法常用于价值较高而水分含量较为稳定的货物，如羊毛、生丝等。其计算公式为：

$$公量＝干量＋标准含水量＝\frac{实际重量×(1＋标准回潮率)}{1＋实际回潮率}$$

(四)理论重量(Theoretical Weight)

某些有固定规格形状和尺寸的商品，如钢板、有色金属制品等，只要规格一致，每件重量大体相同，就可以从其件数推算出总重量，这种计算重量的方法为理论重量。

三、买卖合同中的数量条款

(一)数量条款的基本内容

买卖双方在数量条款中，一般都明订交易货物的具体数量和计量单位，对按重量计算的商品，还应该规定计算重量的具体方法。按合同规定的数量交货是卖方的主要义务，除非另有规定，否则就构成卖方违约。按照《联合国国际货物销售合同公约》的规定，买方可以收取，也可以拒收卖方多交货物的一部分或全部，但如果卖方短交货物，可允许卖方在规定交货期届满之前补交，但不得使买方遭受不合理的不便或承担不合理的开支。

(二)数量机动幅度

在国际货物买卖业务中，虽然一般应明确规定具体的买卖数量，但有些商品由于其本身特性，不易精确计量，或因自然条件的影响和受包装和运输条件的限制，实际交货数量往往不易做到绝对准确。为了避免日后发生争议，买卖双方应事先谈妥并在合同中订明交货数量的机动幅度。

数量机动幅度是指卖方可以按照买卖双方约定的某一具体数量多交或少交若干的幅度。规定数量机动幅度的方法一般有以下三种情况：

第一，合同中明确规定数量机动幅度，即采用"溢短装条款"(More or Less Clause)。是指在合同中明确规定卖方交货时可以多交或少交若干，但以不超过合同规定的百分之几为限。例如："1000 码，买方可溢装或短装 5％"。一般而言，溢短装条款由卖方决定，但在买方负责租船接货的情况下，为了便于同租船合同衔接，也可以规定由买方决定。

第二，"约"数，即在合同的数量前加一"约"(about，circa，approximately)字，表明其为"约"量。也可使具体交货数量作适当浮动，即可多交或少交一定百分比的数量。但国际上对"约"字的含义没有统一解释，有的解释为 2.5％，有的解释为 5％，也有的解释为 10％。因此，为了防止纠纷，使用时买卖双方应事先明确允许增减的百分比，或者尽量避免这种做法，而是明确规定溢短装的幅度。根据《跟单信用证统一惯例》(国际商会第 600 号出版物)第 30 条 A 款的规定"凡'约''大约'或类似意义的词语用于信用证金额或信用证所列的数量或单价时，应解释为允许对有关金额或数量或单价有不超过 10％的增减幅度"。

第三，合同中未明确规定机动幅度。原则上卖方应按合同规定的数量交货，但若合同是以信用证方式支付并受《跟单信用证统一惯例》的约束，且不适宜包装或个数单位计数的，按第 39 条 B

款的规定"卖方交货数量可以有±5％的机动幅度"。

合同中对数量机动幅度内溢短装部分的计价办法，一般也有两种：一种是溢短装部分均按合同价格计算，另一种方法是溢短装部分按装船时的市价计算。采用后一种办法的目的，是为了防止享有溢短装权利的一方在市场价格发生波动时，利用溢短装条款故意多装或少装货物。按照国际市场的习惯，合同中如未对溢短装部分规定作价办法，溢短装部分应按合同价格算。

拓展阅读

订立数量条款应注意的问题

第一，正确掌握成交数量。

对于出口商品数量的掌握，应考虑以下4点：

(1)国外市场的供求情况。要正确运用市场供求变化规律，按照国外市场实际需要合理确定成交量，以保证我国出口商品获得较好的收益，对于我国的主销市场和常年稳定供货的地区与客商，应经常保持一定的成交量，防止因成交量过小，或供应不及时，使其他竞争者乘虚而入，失去原来的市场和客户。

(2)国内货源情况。在有生产能力和货源充足的情况下，可适当扩大成交量。反之，则不应盲目成交，以免给生产企业和履行合同带来困难。

(3)国际市场的价格动态。当价格看跌时，应多成交，快脱手；价格看涨时，不宜急于大量成交，应争取在有利时机出售。

(4)国外客户的资信状况和经营能力，对资信情况不了解和资信欠佳客户，不宜轻易签订成交数量较大的合同，对小客户也要适当控制成交数量，而大客户成交数量过小，将缺少吸引力。总之要根据客户的具体情况确定适当的成交数量。

对进口商品数量掌握，要考虑以下3个因素：

(1)国内的实际需要。应根据实际需要确定成交量，以免盲目成交。

(2)国内的支付能力。当外汇充裕而国内又有需要时，可适当扩大进口商品数量。如外汇短缺，应控制进口，以免浪费外汇和出现不合理的贸易逆差。

(3)市场行情的变化。当行情对我方市场有利时，可适当扩大成交数量；反之，应适当控制成交数量。

第二，明确计量单位。

第三，数量条款应当明确具体。

在数量条款中，对计量单位的规定，以"吨"计量时，要订明是长吨、短吨还是公吨；以罗为单位时，要注名每"罗"的打数，力求避免使用含糊不清和笼统的字句，以免引起争议。对于"溢短装"和"约"量必须在合同中订明增减或伸缩幅度的具体百分比。

第四，合理规定数量机动幅度。

【典型实例】

我国某公司与日本进行一笔煤炭出口，合同规定"成交中国煤炭10000公吨，5％增减，由卖方选择，增减部分按合同价格结算。"货物运抵日本后，经日本海关检查发现煤炭实际吨数为10500公吨。据此日商提出降价5％的要求，否则拒收多交的500公吨煤炭。

【简评】日商做法不合理。合同中已明确规定溢短装条款，我方多交500公吨不超出合同中5％的数量机动幅度，且合同中也规定了多出部分按合同价格结算，所以日商提出降价5％的要求是违反合同规定的。

任务四　商品的包装

任务描述

我国向加拿大出口一批货物，合同规定用塑料袋包装。由于备货时没有塑料袋，我方改用纸袋包装。货到后，为了适应市场的需要，加拿大进口商不得不雇人重新更换包装。后来加方向我方提起索赔，我方只得赔偿加方的损失。

此案例是因我方擅自更改包装材料，导致包装材料不符合进口国市场的需要，从而给进口商造成了损失。这样必然就会遭到索赔。

本任务中，主要掌握包装条款的基本内容，熟悉包装条款订立时应该注意的事项，能运用所学知识正确灵活订立合同中的包装条款。

概念点击

包装：是指按照一定的技术方法采用一定的包装容器、材料及辅助物包裹货物。

运输标志(shipping mark)：俗称"唛头"，通常刷印在运输包装明显的部位，由一些字母、数字及简单的文字组成，有的还伴有几何图形。

指示性标志：是根据商品特性，对一些容易破碎、残损、变质的商品，在搬运装卸、存放保管方面所提出的要求和注意事项，以图形或文字表示出来的标志。

警告性标志：又称危险品标志，是指在装有爆炸品、易燃品、腐蚀品、氧化剂、放射物质等危险货物的运输包装上，用图形或文字表示各种危险品的标志。

定牌：买方要求出口商品和/或包装上使用买方指定的商标或牌名的做法。

无牌：买方要求在出口商品和/或包装上免除任何商标或牌名的做法。

中性包装：商品的内外包装上不注明生产国别的包装。

任务完成

在国际贸易中，除了少数商品因其本身特点不需要包装外，大多数商品都需要一定的包装。需要包装的商品称为包装货，不需要包装的商品称为散装货(Bulk Cargo)或裸装货(Nude Cargo)。

未加任何包装、直接付运以至销售的货物是散装货。通常适用于不需要包装即可进入流通领域或不容易或不值得包装的货物。例如，煤炭、矿砂、粮食等。

将商品略加捆扎或以其自身进行捆扎称为裸装。裸装方式适用于一些形态上自然成件，能抵抗外界影响，品质稳定和难以包装的货物。如钢材、木材、橡胶、车辆等。

包装是生产的继续，凡需包装的商品，只有经过适当的包装，才算完成生产过程，也才有利于储存、保管、运输、装卸、计数、防盗和销售工作的进行。同时，由于科学技术的进步和消费者消费心理的影响，商品包装日益成为商品的一个有机的组成部分。因此，大部分商品只有经过包装，才能进入流通和消费领域，才能最终实现其价值和使用价值，并增加商品价值。在国际市场上，包装好坏关系到货物售价的高低、销路的畅滞，也关系到一个国家及其产品的声誉。此外，包装还是货物说明的组成部分。因此，包装亦是国际贸易的主要交易条件之一，应在合同中加以明确规定。

一、包装的种类和作用

在国际贸易中，货物的包装一般可分为销售包装和运输包装。

(一)销售包装

销售包装又称内包装(Inner Packing)、小包装(Small Packing)或直接包装(Immediate Packing)，是直接接触商品，随其进入零售市场和直接与消费者见面的包装。它除了保护商品之外，还具有美化商品、宣传推广、便于销售和使用等作用。在设计、制作时，应体现便于陈列展售，便于识别商品，便于携带使用并且具有一定的艺术吸引力。由于国际市场上竞争日益激烈以及超级市场的发展，出口货物的销售包装显得日益重要。

随着电子扫描自动售货设备的使用日益广泛，近年来，许多国家普遍在商品包装上使用"条形码"，使销售包装增加了结算的功能。商品包装上使用条形码，超级市场的收款员只需将顾客预购商品上所印刷条形码对着光电扫描器，计算机就能自动识别条形码上的信息并确定商品的名称、品种、数量、生产日期、制造厂商、产地等，并据此在数据库中查询其单价，进行货款结算并打印出购货清单。如今商品条形码已成为国际通用的商品"身份证"。

为了适应国际市场的需要和扩大出口，我国于1988年建立了"中国物品编码中心"，负责推广条形码技术，并对其进行统一管理。1991年4月中国物品编码中心代表中国正式加入国际物品编码协会，该会分配给我国的国别号为690、691和692，凡条形码前三位为690、691、692的商品，即表示为中国出产的物品。

目前国际市场上较流行的销售包装，按其形式和作用大致可分为三类：一是便于陈列展销类，如"堆叠式包装"、"挂式包装"等；二是便于识别商品类，如"透明包装"或"开窗包装"等；三是便于使用类，如易开包装、喷雾包装等。

此外，衬垫物也作为包装的重要组成部分不容忽视。它的作用是防震、防碎、防潮、防锈等。衬垫物一般用纸屑、纸条、防潮纸和各种塑料衬垫物。应该注意的是，我国出口包装不准用报纸之类作衬垫物，有些国家不准用稻草、干草、棉絮等作为衬垫物。

(二)运输包装

运输包装又称大包装(giant packing)或外包装(outer packing)，它是指将货物装入到特定容器，或以特定方式做成成件或成箱的包装，其主要作用在于保护商品，以免货物在运输、装卸、储存作业时被损坏。

运输包装的方式主要为单件运输包装和集合运输包装。单件运输包装是把货物在运输过程中作为一个计量单位的包装。按其造型可分为包、箱、桶、袋、筐、卷、捆等；按其质地可分为软性包装、半硬性包装和硬性包装；按其材料可分为纸质包装、金属包装、木质包装、塑料包装、棉麻包装、竹柳草制品包装、玻璃制品包装、陶瓷制品包装等。集合运输包装又称组合化运输包装，是指在单件运输包装的基础上，为适应运输、装卸工作现代化的需要，将一定数量的单件运输包装组合成一件大包装或装入一个大的包装容器内。其作用主要是提高装卸率、保护商品、节省费用、促进包装的标准化。随着集装箱运输和托盘运输的出现，将货物装在特制的集装箱内或固定在特制的托盘上进行运输的情况越来越多，虽然集装箱和托盘是运载工具的组成部分，但由于它们起着保护商品的作用，故也有人把它们当做运输包装来看待。特别是集装箱，与其他运输包装相比有其显著的优势，它可以加快装卸速度，比普通装卸快30倍左右；减少搬运次数，简化检查手续，缩短运输时间；提高船只及码头的使用率，缩短船只停靠码头时间；堆放方便，增大货舱容量；减少运输途中的损耗和失落，节省保险费；减少包装成本。

二、包装标志

为了便于识别货物，便于运输、检验、仓储和海关等有关部门进行工作，以及便于收货人处理货物，在商品外包装上要刷制一系列的包装标志。包装标志主要有运输标志、指示性标志、警告性标志和尺码、重量标志等。

(一)运输标志(唛头)

运输标志(Shipping Mark)习惯上称为"唛头"。其作用在于在装卸、运输、保管过程中，便于有关部门识别货物，防止错发、错运。

运输标志一般由四部分组成：

- 收货人或买方名称的英文缩写字母或简称。
- 参考号(如运单号、订单号、发票号、合同号、信用证号等)。
- 目的地的名称或代号。
- 件号或件数。

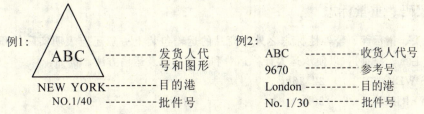

例1：

△ ABC ---------- 发货人代号和图形

NEW YORK ---------- 目的港

NO.1/40 ---------- 批件号

例2：

ABC ---------- 收货人代号

9670 ---------- 参考号

London ---------- 目的港

No. 1/30 ---------- 批件号

图 4-1　唛头式样

刷制唛头时要注意标志简明清晰，大小适当，易于辨认，颜料要牢固，防止褪色、脱落；刷制部位要适当；运输包装上不要加任何广告性的宣传文字和图形，以免混淆；唛头要与信用证的要求一致。

(二)指示性、警告性标志

在外包装上，除唛头之外，还往往根据商品的性质刷上一些指示性和警告性的标志(Indicative and Warning Marks)，以促使搬运人员及开箱拆包人员注意，以保证货物质量完好，保障操作人员的安全。指示性和警告性的标志有使用文字和图样两种情况。使用文字的，例如：

指示性标志："小心轻放"(Handle with Care)、"请勿用钩"(Use no Hook)、"此端向上"(This Side up)、"保持干燥"(Keep dry)等。

此端向上

保持干燥

小心轻放

图 4-2　指示性标志

警告性标志："有毒品"（Poison）、"爆炸物"（Explosive）、"易燃物品"（Inflammable）等。

为了避免由于各国文字不同而造成的识别文字标志的困难，在国际贸易中还往往使用简单、醒目、易懂的图样以弥补文字标志的不足。

EXPLOSIVE   POISON GAS   INFLAMMABLE GAS

(符号:黑色,底色:白色) (符号:黑色或白色, (符号:黑色,底色:橙红色)

底色:正红色)

图 4-3　警告性标志

（三）尺码、重量标志

除了唛头、指示性、警告性标志之外，商品的运输包装上一般还应表明实际体积（长×宽×高）、重量（毛重、净重），以便承运人计算运费和选择装卸及运输方法。例如：

GROSS WEIGHT　　　22.26kg

NET WEIGHT　　　　20kg

MWASUREMENT　　　42cm×28cm×25cm

另外，我国出口的商品，除非有特殊说明，内外包装还要注明"Made in the People's Republic of China"或"Made in China"或"China Produce"的字样。

三、定牌和中性包装

定牌和中性包装是国际贸易中的通常做法。我国在出口业务中，有时也应客户的要求，采用这些做法。

（一）定牌（Appointed Trademark）

采用定牌是为了利用买主（包括大型百货公司、超级市场和专业商店）的经营能力和他们的企业商誉或名牌声誉，以提高商品的售价和扩大销售数量。但对于我国已创立名牌和畅销的商品，则不宜接受定牌。我国在出口业务中采用定牌时，有以下两种情形：

第一，对某些国外大量的长期稳定的订货，出于扩大对外贸易的需要，可以接受买方指定的商标，也不加注生产国别的标志，即定牌中性包装。

第二，接受国外商人指定的商标，但在商标、牌号下标明"Made in China"的字样。

此外，我们也可以接受在商标牌号下加注外国商人的商号名称或代表其商号的标志等要求，这几种做法也是适应国外市场的需求，扩大销售的手段。

（二）中性包装（Neutral Packing）

国际市场上常见的中性包装有两种：无牌中性包装和定牌中性包装。

　　无牌中性包装是在商品和包装上均不使用任何商标或牌号，也不注明生产国别。定牌中性是在商品或包装上使用买方指定的商标或牌号，但不注明生产国别。

　　采用中性包装是为了适应国际市场交易的特殊需要，如转口销售等。有时也是为了打破某些国家和地区对我国出口商品实行的高关税和不合理的配额限制，以使我国的商品能够顺利进入这些市场。

四、合同中的包装条款

　　包装条款主要包括包装材料、包装方式、包装规格、包装的文字说明和包装费用的负担等内容。

(一)包装材料

　　包装材料是指制造货物的包装所使用的原材料。它既包括制造运输包装也包括制造销售包装的材料。根据材料，包装可分为纸制包装、金属包装、木制包装、玻璃制品包装和陶瓷包装等。不同的商品，不同的运输条件都要求不同的包装。在选择包装材料时，除了要使其能满足货物的通常要求，还应该考虑到进口国对包装材料的特殊要求。例如，美国规定，为防止植物病虫害的传播，禁止使用稻草做包装材料，如被海关发现，必须当场销毁，并支付由此产生的一切费用。在订立条款时就应该充分考虑到这些方面，同时应该使用合同中规定的材料来包装。

　　如果合同中规定不用包装的，我们不能随意添加包装。例如，我方曾出口不需要包装的散装货。而在实际交货时，货物用麻袋包装了，净重相同，且不另外收费。然而，我出口商仍然遭到索赔。因为进口商在卸载货物时本来可以用吸管吸取，由于我方改为麻袋包装，反而增加了卸货的费用，因而遭到对方索赔。

(二)包装方式

　　包装方式既包括货物一个计件单位的包装，也包括若干单位包装组合成的一件大包装的规格。比如麻袋的大小，又如用盒装货物时，一盒应装几个或多重的货物等。包装的方式也应该满足商品运输以及销售的要求。

议一议

我方为何遭到索赔？

　　某公司外售杏脯 1.5 公吨，合同规定用纸箱包装，每箱 15 公斤（内装 15 小盒，每小盒 1 公斤）。交货时，因为没有这样包装的材料，该公司改为小包装交货（每箱 15 公斤，内装 30 小盒，每小盒 0.5 公斤）。结果外商以货物包装不符合规格为由提起索赔，我方理亏，不得不进行赔偿。

　　在此案例中，货物的数量没有改变，都是 1.5 公吨，每箱的重量没有改变，都是 15 公斤。然而每箱的盒数以及每盒的重量改变了。也就是说改变了计件单位的包装，这可能会给进口商的销售带来影响，当然也是违反合同的做法，所以会遭到对方索赔。包装条款也是合同的一部分，改变了包装方式当然就违背了合同，必然会遭到索赔。

商品包装标准化

1. 包装材料标准化

商品包装材料应尽量选择标准材料，少用或不用非标准材料，以保证材料质量和材料来源的稳定。要经常了解新材料的发展情况，结合企业生产的需要，有选择地采用。

包装材料主要有纸张、塑料、金属、木材、玻璃、纤维织物等。对这几大类包装材料的强度、伸长、每平方米重量、耐破程度、水分等技术指标应作标准规定，以保证包装材料制成包装容器后能够承受流通过程中各种损害商品的外力和其他不利条件。

2. 包装容器的标准化

包装容器的外形尺寸与运输车辆的内部尺寸和包装商品所占的有效仓库容积有关。因此应对包装外形尺寸作严格规定。运输包装的内尺寸和商品中包装的外尺寸也有类似的关系，因此对运输包装的内尺寸和商品中包装的外尺寸，也应作严格规定。为了节约包装材料和便于搬运、堆码，一般情况下，包装容器的长与宽之比为3：2，高与长相等。

3. 包装工艺标准化

凡是包装箱、桶等，必须规定内装商品数量、排列顺序、合适的衬垫材料，并防止包装箱、桶内空隙太大，商品游动。如木质包装箱，必须规定箱板的木质、箱板的厚度、装箱钉子的规格、相邻钉子距离，包角的技术要求及钉子不得钉在夹缝里等。纸箱必须规定如何封口，腰箍的材料，腰箍的松紧及牢固度等。布包则要规定针距及捆绳的松紧度等。回收复用的木箱、纸箱及其他包装箱也都必须制定标准。

4. 装卸作业标准化

在车站、港口、码头、仓库等处装卸物时，都要制定装卸作业标准。机械化装卸要根据商品包装特点选用合适的机具，如集装袋、托盘等。工业、商业、交通运输部门交接货物时，要实行验收责任制，以做到责任分明。

5. 集合包装标准化

集合包装即适合机械化装卸，又能保护商品安全。我国集合包装近几年有较快的发展，并制订了部分国家标准，其中，20吨以上的集装箱采用国际标准。托盘的标准应和集装箱的标准规定的尺寸相配套。

五、包装的文字说明

通常，运输包装和销售包装都会有文字说明。文字说明包括运输标志及其他文字的内容和使用的语种。在外包装上要使用约定的运输标志。

对销售包装来说，文字说明的要求较高。内容上要符合规定，语种也不能用错。例如，在文字内容上，日本政府规定，凡销往日本的药品，必须说明成分，服用方法以及功能，否则海关就有权扣留，不能进口。在语种的要求上，很多国家也有特别的规定。例如，加拿大政府规定，进口商品说明必须英法文对照；运往法国产品的装箱单及商业发票必须用法文。

议一议

从下面的案例谈谈包装的重要性

国内某公司与国外客户签下订单，客户要求所有包装上不能显示货号"828"，由于此次进口国海关对于"828"等几种产品征收很高的反倾销关税，故客户有此要求。而该公司却在包装上都印有"828"字样。客户在收到该公司寄来的货样照片时，发现彩卡上仍有"828"字样，随即提出去掉"828"字样，由于我们的货物已全部完成，若换彩卡会造成 5 万元的经济损失，同时交货期将推迟 20 天。该公司告诉客户货物已全部生产完毕，若返工将造成 5 万元的经济损失，并希望客户接受有"828"的彩卡。最后客户答应愿意接受我们货物，但是客户疏通海关需要 2000 美元的费用，我公司只好同意接受了。

这个案例中，由于我公司的疏忽，在货物包装上出现了对方要求禁用的字样，给国外公司造成了额外的损失，对方虽接受了该批货物，但同时也给中方公司带来了额外的费用支出。

从以上对包装材料、包装方式以及包装的文字说明和这几个案例的分析中我们不难发现，包装问题往往细节上出错。实际上只要我们在进行包装的时候能够小心谨慎，严格遵照合同的要求，这些失误都是可以避免的。

六、包装费用

包装费用由谁负担也是包装条款所需涉及的问题，包装费用负担有三种规定办法。

一是包装费包括在货价之内。这是一种通常的做法，一般不需要在合同中另外列明。即货物价格中已经计入包装费用，由卖方负担。

二是包装费用不包括在货价之内，或货价内只包括部分费用。这主要是针对国外客户对我国出口商品包装有特殊要求时所采取的一种办法。如外商有特殊要求，可以采用包装费用买方负担，或由买方提供包装物料(包括商标和其他装潢物料)。采取这种做法，必须在合同中加以明确规定，并且规定费用支付和包装物料运送的到达时间和运输方法。若因包装费用或物料不及时交付所导致的生产和交货的延迟，应由对方负责。在规定到达时间时，应留有一定余地。即使是由对方负担费用，我们也不能接受由于技术等条件所制约而办不到的包装要求。

三是包装材料按货物价格一样计算。在货物成交数量采取"以毛作净"的情况下，货物的皮重成为成交数量的一部分，实际上是包装材料取得了与货物本身一样的价格。一般适用于包装费用便宜和货物单位价格不高的情况，如粮食的麻袋包装等。

议一议

订立国际货物买卖合同中的包装条款应注意的问题是什么?

为了订好包装条款，以利于合同的履行，在商定包装条款时，需要注意下列事项：①要考虑商品特点和对不同运输方式的要求。②对包装的规定要明确具体，一般不宜采用"海运包装"和"习惯包装"之类的术语。③明确包装由谁供应和包装费用由谁负担。④关于运输标志(唛头)的提供问题。

拓展阅读

国际市场对商品包装的要求

具体的要求有以下几方面：

1. 名称易记。包装上的产品名称要易懂、易念、易记。

2. 外形醒目。要使消费者从包装外表就能对产品的特征了如指掌。

3. 印刷简明。包装印刷要力求简明。那些在超级市场上出售的商品，因为是由顾客自行挑选，所以具有独特设计、印刷简明的产品才能吸引人的注意力。

4. 体现信誉。包装要充分体现产品的信誉，使消费者透过产品的包装增加对产品的认可度。

5. 颜色悦目。一般来说，欧洲人喜欢红色和黄色。在超级市场上销售的高档商品，多采用欧洲流行色，即淡雅或接近白色的色彩。

6. 有地区标志。包装应有产品地区标志或图案，使人容易识别。

7. 有环保意识。国际上现在普遍重视环境保护工作。为此国际上有许多关于包装材料的新的具体规定，总的趋势是逐步用纸和玻璃取代塑料、塑胶等材料。如德国规定中国出口到德国的食品包装用瓦楞纸箱。

【典型实例】

我出口公司出口到加拿大一批货物，计值80万美元。合同规定用塑料袋包装，每件要使用英、法两种文字的唛头。但我某公司实际交货改用其他包装代替，并仍使用只有英文的唛头，国外商人为了适应当地市场的销售要求，不得不雇人重新更换包装和唛头，后向我方提出索赔，我方理亏只好认赔。

（资料来源：冷柏军. 国际贸易实务）

【简评】目前许多国家对于在市场上销售的商品规定了有关包装和标签管理条例，进口商品必须符合这些规定，否则不准进口或禁止在当地市场上出售。标签是指附在商品或包装上用以简介生产国别、制造厂商、货物名称、商品成分、品质特点、使用方法等内容的标志。在给销售包装制作标签时，应注意有关国家的标签管理条例的规定。一些发达国家常以这些规章制度作为限制国外进口的一种手段，对此应引起足够的重视。例如，欧盟在商品标签方面有一系列的规定，基本内容就是商品本身或外包装上必须带有内容全面、可读、可理解、正确的标签。从本案来看卖方未严格按照合同规定的包装条件履行交货义务，应视为违反合同。我公司的错误有二，一是擅自更换包装材料，虽然对货物本身的质量未造成影响却影响了货物在进口国的销售；二是未按合同规定使用唛头，由于加拿大大部分地区属于法语区，为此，销售产品除英文外常还要求加注法文。总之，为了顺利出口，必须了解和适应不同国家规定的特殊要求，以减少不必要的麻烦。

综合实训

1. 何为标的物？在规定标的物条款时需要注意哪些事项？

2. 表示品质的方法多种多样，应如何结合商品特点合理选择和运用？

3. 在某些大宗商品交易中为什么要约定溢短装条款？溢短装的选择权应当由谁掌握？

4. 某公司出口苹果酒一批，国外来证货名为"APPLE WINE"，于是该公司为了单证一致起见，所有单据上均有"APPLE WINE"字样。不料货到国外后遭海关扣留罚款，因该批酒的内外包装上均写的是"CIDER"字样。结果外商要求该公司赔偿其损失。试试论：

(1)为什么进口国的海关要扣留罚款？

(2)该公司对此有无责任？为什么？

实训目标：

品名条款订立不当的争议处理。

组织实施：

学生分组，各成员分工，分别负责争议双方各自主张的处理意见和建议。

操作提示：

本实训材料中单证上的品名和商品自身包装上名称不一致，但信用证又要求单证必须一致，出口商在具体履行合同时，容易引起争议。

成果检测：

完成活动项目任务，各组分别展示，学生讨论，教师进行评价。

5.我国向德国出口某农产品一批，合同规定水分最高为15%，杂质不得超过3%。但在成交前我方曾向买方寄过样品，订约后我方又电告对方成交货物与样品相似。货到德国后，买方提出货物的质量虽与合同相符，但货物的质量比样品差的检验证明，并据此要求赔偿600英镑的损失。试讨论：

(1)这笔交易是采用什么方法来表示品质的？

(2)我方是否应按对方的要求予以赔偿？为什么？

实训目标：

品质条款订立不当的争议处理。

组织实施：

学生分组，各成员分工。

操作提示：

本实训材料中合同的质量条款与缴纳的样品不一致。双方在沟通和理解上又存在有误解，因此容易引起争议。

成果检测：

完成活动项目任务，各组分别展示，学生讨论，教师进行评价。

6.我国某出口公司与日本一商人按每公吨500美元CIF东京成交某农产品200公吨，合同规定包装为25公斤双线新麻袋，信用证方式付款。该公司凭信用证装运出口并办妥了结汇手续。事后对方来电称：我公司所交货物扣除皮重后实际到货不足200公吨，要求按净重计量价格，退回因短量多收的货款。我公司则以合同未规定按净重计价为由拒绝退款。试讨论：该公司做法是否可行？为什么？

实训目标：

重量条款订立不当的争议处理。

组织实施：

学生分组，各成员分工，分别负责争议双方各自主张的处理意见和建议。

操作提示：

本实训材料中合同的重量条款不够明确，因此容易引起争议。

成果检测：

完成活动项目任务，各组分别展示，学生讨论，教师进行评价。

7. 我方某公司从国外进口一批手套，合同上规定每箱 60 双，共 100 箱。货物运抵大连海关后，经检验发现外商擅自改为每箱 50 双，共计 120 箱。请问我方若据此提出拒收或索赔是否合理？

实训目标：

包装不当引起的争议处理。

组织实施：

学生分组，各成员分工，分别负责争议双方各自主张的处理意见和建议。

操作提示：

外商提供数量与合同规定相符，但还要注意包装条款。

成果检测：

完成活动项目任务，各组分别展示，学生讨论，教师进行评价。

商品的价格

项目介绍

　　在国际贸易中，如何确定进出口商品价格和规定合同中的价格条款，是交易双方最关心的一个重要问题。因此讨价还价往往成为交易磋商的焦点，价格条款便成为买卖合同中的核心条款，双方在其他条款上的利害得失，一般会在商品价格上反映出来，价格条款与合同中其他条款又有密切的联系。在实际业务中，正确掌握进出口商品的价格，合理选用计价货币和作价办法，适当地运用与价格有关的佣金和折扣，并能对出口商品经济效益进行核算，制定好合同中的价格条款，对于体现我国对外政策、完成外贸任务和提高外贸经济效益，具有十分重要的意义。

任务一　计价货币的选用

任务描述

　　2008 年 1 月 1 日，国内有一家企业向欧洲市场销售一批商品，定价为人民币 3000000 元，双方协议在两个月之后以美元结清所有款项。交易当天的汇率为 1∶7.3046，两个月后的汇率为 1∶7.0347。由于人民币升值，美元贬值，在短短的两个月的时间内就导致了国内企业莫名其妙的损失掉了 15757.31 美元（3000000/7.0347－3000000/7.3046），折合人民币 110847.96 元（15757.31×7.0347）。

　　如果国内企业与欧洲市场采用的是以欧元为计价货币的话，结果又会怎样呢？2008 年 1 月 1 日人民币兑欧元的汇率为 1∶10.6611，同年 3 月 1 日汇率为 1∶10.8178，双方的交易条件没有变化，只是将以美元结算换为以欧元作为计价货币。由于欧元相对于人民币处于升值的状态，企业采用欧元结算，在两个月后就能靠汇率波动获利 4076.1418 欧元（3000000/10.6611－3000000/10.8178），折合人民币 44094.89 元（4076.1418×10.8178）。

　　　　　　　　　　　（资料来源：中国资金管理网．http://www.treasurer.org.cn）

　　从上例中我们可以发现，同样的交易、同样的交易金额，由于采用了不同的计价货币，其结果完全相反。这就提醒了广大的国际货物买卖的进出口商要针对不同类型的交易环境，采取不同的交易币种，以避免汇率波动所带来的损失。

　　本任务中，国际贸易买卖双方需要充分考虑影响进出口商品价格的各项因素，在双方协商一致的基础上选择商品的作价方法，同时视买卖双方的交易习惯、经营意图以及价格等因素确定选用何种计价货币。

概念点击

　　固定作价法：是指买卖双方在协商一致的基础上，议定出具体的成交价格，在合同中把它明确下来，在合同的有效期内，除非双方当事人同意，任何一方不得随意更改。

　　暂不固定作价法：是指交易双方仅在合同中就作价的时间方法做出规定，而将具体价格留待日后按约定方式再确定的一种作价方法。

暂定作价法：是指交易双方在合同中先定一个非正式价格，作为日后确定最终成交价格的参考依据的作价方法。

部分固定、部分不固定作价法：是指买卖双方就近期交付部分的商品价格在合同中加以确定，而对远期交货部分的商品价格暂时不作规定，而是根据交货时市场供求情况以国际市场价格为准，或由双方在每批货物装运前的一定时间另行协商议定。

滑动作价法：是指交易双方在签订合同时，先规定一个基础价格，并同时订立价格调整条款，约定价格调整的百分比，到交货时，根据工资、物价的变动情况对原订价格进行调整，计算出最终的成交价格。

计价货币（Money of Account）：是指买卖双方在合同中规定用来计算价格的货币。

支付货币（Money of Payment）：是指买卖双方当事人约定的用来清偿货款的货币。

硬币（Hard Currency）：是指币值比较稳定且汇率具有上浮趋势的货币。

软币（Soft Currency）：是指币值不稳定且汇率具有下浮趋势的货币。

 **任务完成**

一、价格的掌握

价格的掌握是一项十分复杂的工作，为了做好此项工作，必须正确贯彻我国进出口商品的作价原则，切实掌握国际市场的价格变动趋势，充分考虑影响价格的各种因素。

（一）正确贯彻作价原则

在确定进出口商品价格时，必须遵循下列三项原则：

第一，按照国际市场价格水平作价。国际市场价格是以商品的国际价值为基础并在国际市场竞争中形成的，它是交易双方都能接受的价格，是我们确定进出口价格的客观依据。

第二，要结合国别、地区政策作价。为了使外贸配合外交，在参照国际市场价格水平的同时，也可以适当考虑国别、地区政策。

第三，要结合购销意图作价。进出口商品价格在国际市场价格水平的基础上，可根据购销意图来确定，即可略高或略低于国际市场价格。

（二）注意国际市场价格动态

国际市场价格因受供求关系的影响而上下波动，所以在确定成交价格时，必须注意市场供求关系的变化和国际市场价格涨落的趋势。切实了解市场的供求状况，对国际市场价格的走势做出正确判断，从而合理地确定进出口商品的成交价格。

（三）考虑影响价格的各种具体因素

第一，要考虑商品的质量和档次。在国际市场上，一般都贯彻按质论价的原则。品质的优劣、档次的高低、包装装潢的好坏、式样的新旧，商标、品牌的知名度，都会影响商品的价格。

第二，要考虑运输的距离。运输距离的远近，影响运费和保险费的开支，从而影响商品的价格。因此，确定商品价格时，必须认真核算运输成本，做好比价工作，以体现地区差价。

第三，要考虑交货地点和交货条件。确定商品进出口价格时，必须明确交货地点和交货条件。

例如，同一距离内成交的同一商品，按 CIF 条件成交同按 DES 条件成交，其价格应当不同。

第四，要考虑季节性需要的变化。在国际市场上，某些节令性商品，如果赶到节令前到货，抢行应市，就能卖上好价。过了节令的商品，往往售价很低。因此，我们应充分利用季节性需要的变化，掌握好季节性差价，争取按对我方有利的价格成交。

第五，要考虑成交数量。按国际贸易的习惯做法，成交量的大小影响价格，我们应该掌握好数量方面的差价。

第六，要考虑支付条件和汇率变动的风险。支付条件是否有利和汇率变动风险的大小，都影响商品的价格。例如，同一商品在其他条件相同的情况下，采取预付货款和凭信用证方式付款，其价格应当有所区别。同时，确定商品价格时，一般应争取采用对自身有利的货币成交，如果采用对自身不利的货币成交时，应当把汇率变动的风险考虑到货价中去，即适当提高出售价格或压低购买价格。

此外，交货期远近、市场销售习惯和消费者的爱好等因素，对确定价格也有不同的影响，我们必须通盘考虑和正确掌握。

(四)价格的核算

在国际贸易中，不同的贸易术语表示其价格构成因素不同，即包括不同的从属费用。例如：FOB 术语中不包括从装运港至目的港的通常运费；CIF 术语中除包括从装运港至目的港的通常运费外，还包括保险费。在对外经商交易过程中，有时报价术语不统一，就涉及价格的核算问题。了解贸易术语的价格构成及其核算方法，是从事国际贸易人员必须掌握的基本知识和技能。

二、商品的作价办法

在国际货物买卖中，可以根据不同的情况，分别采用下列各种作价办法：

(一)固定作价法

在合同中采用固定作价是国际贸易中的一种常规做法。我国对外签订的进出口合同，大多采用这种方法。固定作价法的优点在于价格明确、具体、肯定和便于核算入账。但采用固定作价法，买卖双方要承担从合同签订开始一直到交货付款期间价格变动的风险。因此，在采用此种作价方法时，应充分考虑可能影响商品价格的各种因素，正确判断价格的走势并选择资信较好的客户。一般来说，固定作价法适用于即期交易。

议一议

为了减少价格风险，在采用固定价格时，应注意哪些事项？

首先，必须对影响商品供需的各种因素进行细致的研究，并在此基础上，对价格的前景做出判断，以此作为决定合同价格的依据。

其次，必须对客户的资信进行了解和研究，慎重选择订约的对象。以免在市场价格剧涨暴跌时出现外商违约或毁约的情况。

最后，对价格一直相对稳定的商品，以及对成交数量不大或近期交货的商品，一般可以按固定价格成交。如果属于远期交货、大量成交或市场价格起伏不定的商品，则不宜轻易采用固定价格的做法，以减少价格变动的风险。

(二)非固定作价法

某些商品的国际市场价格频繁波动，买卖双方对价格前景难以判断。为了减少风险，防止毁约，一般采用非固定价格的方法对商品进行作价。

1. 在合同中只规定作价方式具体价格留待以后确定

主要适用于交货期比较长(1年或2年)的交易。例如，买卖双方在合同中规定"由双方在交货期前10天，参照国际市场价格水平协商议定正式价格"或"按提单日期的国际市场价格计算"。其优点是避免将价格定死而承担价格变动的风险，但这种方法容易造成合同执行的不稳定性，甚至导致合同无法履行。

2. 暂定作价法

暂定作价法是在合同中先订立一个初步价格，作为买方开立信用证和支付货款的依据，待双方确定最终价格后，再进行最后清算，多退少补。

3. 部分固定、部分不固定作价法

部分固定、部分不固定作价法又称"半死半活价"，多用于分批交货的买卖合同，交货期近的价格在订约时固定下来，余者在交货前一定期限内作价。这种作法可解决双方在采用固定价格或非固定价格方面的分歧，促使交易的达成。

4. 滑动作价法

在价格调整条款中，通常使用下面的公式来调整价格。

$$P = P_0 \times (A + B \times M/M_0 + C \times W/W_0)$$

式中：P——成交的最后价格。

P$_0$——签约时约定的基础价格。

M——计算最后价格时引用的有关原料的平均价格或指数。

M$_0$——签约时有关原料的平均价格或指数。

W——计算最后价格时引用的有关工资的平均价格或指数。

W$_0$——签订合同时的有关物价指数。

A——经营管理费用和利润在价格中所占的比重。

B——原料在价格中所占的比重。

C——工资在价格中所占的比重。

A、B、C所代表的比例签合同时确定，以后固定不变。

滑动作价法主要适用市场价格变动较大的大宗交易，如农产品、矿产品，尤其适用于周期长的大型机器设备的交易。

三、计价货币的选择

计价货币和支付货币往往是同一种货币，但有时也可以是不同的货币。如果合同中的价格是用一种双方当事人约定的货币(如欧元)表示的，没有规定用其他货币支付，则合同中规定的货币既是计价货币，又是支付货币。如果在计价货币之外，还规定了其他货币(如英镑)支付，则英镑是支付货币。

(一)合理选择计价货币的意义

在一般国际货物买卖往来中，用来计价的货币，可以是出口国货币，可以是进口国货币，也可以是双方都同意的第三国货币，由买卖双方协商确定。由于世界各国的货币价值不是一成不变的，特别是在世界许多国家普遍实行浮动汇率制的情况下，被用来计价的货币币值是经常发生波动的。

拓展阅读

固定汇率制和浮动汇率制

固定汇率制(Fixed Exchange Rates)是指汇率的制定以货币的含金量为基础，形成汇率之间的固定比值。这种制定下的汇率或是通过黄金的输入输出予以调节，或是在货币当局调控之下，在法定幅度内进行波动，因而具有相对稳定性。

浮动汇率制(Floating Exchange Rates)是指一国货币的汇率根据市场上货币量的供求变化，任其自由涨落，各国政府和中央银行原则上不加限制，也不承担义务来维持汇率的稳定。

浮动汇率制按照国家是否干预外汇市场，可分为自由浮动汇率制(又称"清洁浮动汇率制")和管理浮动汇率制(又称"肮脏浮动汇率制")。实际上，今天没有哪个国家实行完全的自由浮动汇率制，而主要发达国家都对外汇市场进行不同程度的干预。

拓展阅读

人民币汇率改革事记

2008 年 4 月 7 日：人民币兑美元逼近 7.007 元。

2005 年 7 月 21 日：人民币汇率改革，汇率不再盯住单一美元货币。

2003 年起：国际社会强烈呼吁人民币升值。国内外关于人民币升值与否的论战不断升级。

1997 年后：人民币汇率始终保持在较窄范围内浮动，波幅不超过 120 个基本点，并没有随宏观基本面的变动而波动。

1994—1996 年间：出现严重通货膨胀和大量资本内流，加之亚洲金融危机的影响，人民币汇率承受巨大压力。

1994 年 1 月 1 日：汇率体制重大改革，实施有管理的浮动汇率制。人民币一步并轨到 1 美元兑换 8.70 元人民币，国家外汇储备大幅上升。

1990 年 11 月 17 日：由 1 美元换 4.7221 元人民币调到 1 美元换 5.2221 元人民币，贬值对宏观经济运行的冲击相当大。

1989 年 12 月 26 日：由 1 美元 3.7036 元人民币调到 1 美元换 4.7221 元人民币。

1986 年 7 月 5 日：由 1 美元换 3.1983 元人民币调到 1 美元换 3.7036 元人民币。

1985 年 1 月 1 日：取消贸易内部结算价，重新实行单一汇率，1 美元合 2.7963 元人民币。

1981—1984 年：官方牌价与贸易内部结算价并存。

1981 年起：人民币实行复汇率，牌价按一篮子货币加权平均的方法计算。

改革开放前：长期实行固定汇率制度，人民币长期高估。

（资料来源：改革开放大事记—三十年 30 事. http://news.hexun.com/2008/gaige30shi/）

国际货物买卖通常的交货期都比较长，从订约到履行合同，往往需要有一个过程。在此期间，计价货币的币值如果要发生变化，或者出现大幅度的起伏，其结果必然直接影响进出口双方的经济利益。

因此如何选择合同的计价货币就具有重大的经济意义，是买卖双方在确定价格时必须注意的问题。

(二)选择计价货币应考虑的因素

1. 货币的可兑换性

计价货币一般要选择汇率比较稳定的可自由兑换的货币,比如有欧元、美元、英镑、日元、德国马克、法国法郎、瑞士法郎、加元等。

2. 货币的稳定性

选用计价货币时,应充分考虑汇率波动所带来的风险,尽量选择对自己有利的货币。因此,任何一笔交易,在选择计价货币时都必须在深入调查研究的基础上,结合交易习惯、经营意图而定。一般来说,选择计价货币应遵循的基本原则是出口选"硬币",进口选"软币"。

3. 补救措施

为了避免可能发生的经济损失,双方当事人在签订合同时可以订立考虑汇率变动的附加保值条款。一般采用下列办法:

(1)黄金条款。这是国际贸易中常见的一种保值方法,即买卖双方的货款支付按签订合同时黄金的价值计算。在合同中明确订约时该种货币的法定含金量或黄金平价,并约定在交货付款时,该法定含金量或黄金平价如果有变化,合同价格也必须按比例相应调整。

议一议

为什么选择计价货币应遵循的基本原则是出口选"硬币",进口选"软币"?

出口商售出货物后要收入外汇,所收外汇的汇率如在货款实际收付时上升,意味着外汇的购买力有所提高,同等的外汇收入可在国际市场上购买到更多的商品或换取更多的本国货币;进口商购进货物要付外汇,如果实际付款时所支付的货币汇率下跌,则可用较少的本国货币兑换外汇即可,这无形中降低了进口商品的成本。

(2)汇率风险。在签订合同时,明确订明计价货币与另一种货币的汇率,付款时,如果该汇率有变动,则按比例调整合同价格。

(3)使用欧元计价。欧元是欧盟的联合货币单位,与其他货币相比,具有相对的稳定性,在货币市场剧烈波动的情况下,由于这种货币具有相对稳定性而逐步被扩大使用。为了规避汇率风险,可以在合同中写明,以欧元计价,结汇时再折成美元或其他西方货币收汇或付汇。

拓展阅读

欧 元

欧元(EUR),是欧洲货币联盟(EMU)国家的统一法定货币名称,惯用符号是€。欧元现钞于2002年1月1日起正式进入流通领域,这是第二次世界大战后美元取代英镑成为全球最重要货币以来国际金融界最重大的进展,同时也将打破美元在国际金融体系中的垄断地位,深深影响着21世纪国际金融体系。目前欧元区共有15个成员国:奥地利、比利时、芬兰、法国、德国、希腊、爱尔兰、意大利、卢森堡、荷兰、葡萄牙、斯洛文尼亚、西班牙、马耳他和塞浦路斯。斯洛伐克于2008年达到标准并在2009年1月1日加入欧元区。欧元现钞包括纸币和硬币。纸币共有7种面值,都采用了正面为门窗,背面是桥的设计方式。拱门和窗户图案象征着开放和合作的精神,纸币背面的桥形建筑代表着欧洲国家之间以及欧洲与世界的合作与沟通。欧元硬币共有8种面值,硬币的正面是代表欧盟国家之间凝聚力的欧盟地图和条形图案,背面图案由成员国选择各自的国家标志。

图 5-1　欧元纸币和硬币

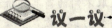

> 如果在合同中规定用一种货币计价而用另一种货币支付，且两种货币的汇率都是按付款时的汇率结算，其中有的为硬币，有的为软币，则作为卖方应该如何选择更有利？
>
> 不论计价和支付用的是什么货币，都可以按计价货币的量收回货款。对卖方而言，如计价货币是硬币，支付货币是软币，基本上不会受损失，可起到保值的作用；如计价货币是软币，支付货币是硬币，其收入的硬币就会减少，则对卖方不利。

【典型实例】

人民币汇率加速升值，兑美元进入 6 元时代。昨天，截至记者发稿时，人民币兑美元汇率中间价报 7.0018，而前日曾突破 7 比 1 的水平，首度探高到 6.9995 元兑 1 美元。针对此番人民币对美元的升值以及综合考虑原材料价格上涨等因素，由于担心利润受损，目前，嘉兴一些出口企业开始弃用美元议价和结算，改用欧元、英镑等强势升值货币来进行贸易结算。

海宁一家大型出口企业有关负责人昨天对记者表示，为了规避汇率风险，用美元报价时，他们会与采购商协商分担汇率风险；而在欧洲市场，则坚持用欧元、英镑等结算。因人民币兑美元加速升值，每天利润 2% 已被侵蚀的嘉兴泰恩普斯进出口贸易有限公司总经理杨竹英也称，将马上弃用美元结算，改用欧元、英镑等强势升值货币；同时，以出口见长的"泰恩普斯"今年将大幅提升进口业务，以此增强其进出口综合实力。

而除了选择用欧元或英镑来结算外，一些参加贸易展的厂家也开始使用短期合同或者与贸易对象约定好汇率。一家即将参加今年广交会的海盐企业相关负责人告诉记者，今年准备的合同一般事先都和采购商有过协商，共同承担汇率波动的风险。

与此同时，年产值 1 亿元左右的嘉兴春达纺织有限公司总经理史雪荣称，在王江泾工业（功能）区，与其规模相当的一批纺织企业目前依然是以产定销，产品通过上游贸易商进行出口而不是直接自行出口，对于变更出口贸易结算方式还不是特别敏感。不过，史雪荣已是明显感觉到了"阵阵寒意"，突出表现为纺织企业因人民币汇率加速升值利润空间受到强烈挤压，企业都在千方百计"生钱养活自己"。

中国银行嘉兴分行综合管理部有关负责人表示，企业其实处于整个汇率变动环节的最前沿，他们对此反应相对更灵敏。中行目前在对企业结算服务方面，主要还是根据客户需求，针对性地设计理财方案，进行跟踪服务，帮助企业规避因汇率变动带来的潜在风险和损失。

但是，也有出口企业选择了不同的应对之策。位于平湖市新仓镇浙江茉织华工业园内的嘉兴德用纺织品有限公司营业部负责人宋小姐说，目前，公司的对策是产品定价跟着汇率走，在结算方法上没有什么改变，主要靠提高产品报价来抵消人民币兑美元升值的影响。

宋小姐称，该公司生产产品较为多样化，且属于深加工层次，竞争力比较强，所以对产品的议价能力比较强，在纺织行业普遍不太景气的大环境下，能够通过提高产品价格、增加产品订单数量、采取不同的商品作价方法等来维持企业利润。

（资料来源：陈峰华，陈雪峰．人民币汇率奔向"6时代"嘉兴出口企业弃用美元结算．嘉兴日报，2008－04－10）

【简评】国际贸易买卖双方要做好计价货币的选用工作。本实例中，浙江省嘉兴市的出口企业充分考虑人民币升值及原材料价格上涨等客观因素，针对自身的情况，结合买卖双方的交易习惯、经营意图以及价格等多方面原因，采取了不同的规避风险的方法：弃用软币美元、启用硬币欧元英镑、与买方协商分担汇率风险、提高产品价格、增加产品订单数量、采取不同的商品作价方法等，争取做到在大环境不景气的情况下来维持企业利润。作为国际贸易买卖的出口方，嘉兴市的出口企业较好地完成了该项任务。

任务二 佣金和折扣

任务描述

只要说到国际贸易中的佣金和折扣，许多初涉外贸的企业经理都会倒抽一口凉气，因为对于那些做惯内贸的业务人员来说，往往会把它与"回扣"或者"贿赂"之类见不得光的事联系起来。仿佛只能"关起门来谈"，或者说根本是"拿不上台面"的事，非要偷偷摸摸不可。因而，只要一说到佣金和折扣，有人就会横眉冷对，似乎有损人格。

其实在国际贸易中，佣金与折扣的构成是价格谈判的基本内容之一，也是商洽中经常涉及的最普通不过的事。价格中包含了佣金或折扣，直接影响到买卖的最终完成，也影响到实际价格的高低，关系到进、出口双方以及相关第三者的经济收益。要顺利达成贸易条款，佣金和折扣经常成为不可或缺的因素之一。但是，佣金与折扣也有着明显的差别。

（资料来源：龚玉和．国际贸易中的佣金与折扣．新理财，2006(2)）

从上例中我们可以发现，由于传统认识上的误区，初涉外贸企业的从业人员普遍都对佣金和折扣具有较差的第一印象，甚至就是"谈虎色变"，认为佣金和折扣是极其不光彩的事情。这种观念和想法是错误的，我们要正确认识和对待佣金和折扣，使从业人员正确客观的理解掌握其含义并学会运用于贸易实践过程中。

本任务中，国际贸易买卖双方在掌握佣金和折扣概念的基础上，熟练应用其规定办法，并顺利完成佣金和折扣的计算，同时掌握其支付方法。

概念点击

佣金(Commission)：是指在国际贸易中，因中间商介绍生意或代买代卖而需收取一定的酬金，此项酬金叫佣金。

折扣(Discount，Rebate，Allowance)：是指卖方按原价给予买方一定百分比的减让，即在价格上给予适当的优惠。

含佣价(Price Including Commission)：是指包含有佣金的价格。

净价(Net Price)：是指不包含佣金和折扣的价格。

明佣：是指在合同价格条款中明确规定佣金的百分比。

暗佣：是指在合同价格条款中，不标明佣金的百分比，甚至连"佣金"字样也不标示出来，有关佣金的问题由双方当事人另行约定。

明扣：是指在合同价格条款中明确规定折扣率。

暗扣：是指交易双方就折扣问题已达成协议，而在价格条款中不明示折扣率。

 **任务完成**

一、佣金

佣金直接关系到商品的价格，货价中是否包括佣金和佣金比例的大小，都影响商品的价格。显然，含佣价比净价要高。正确运用佣金，有利于调动中间商的积极性和扩大交易。

(一)佣金的规定办法

1. 用佣金率表示

在价格条款中，对于佣金可以有不同的表示办法，通常在规定具体价格时，用文字明示佣金率。

例如，"USD 200 per M/T CIF San Francisco including 2％ commission"

（每公吨 200 美元 CIF 旧金山，包括 2％佣金）。

也可以在贸易术语上加注佣金的英文字母缩写"C"和佣金的百分比来表示。

例如，"USD 200 per M/T CIF San Francisco inducing 2％ commission"

（每公吨 200 美元 CIFC2％旧金山）。

2. 用绝对数字表示

价格中所包含的佣金除用百分比表示外，也可以用绝对数来表示。例如，"每公吨付佣金 30 美元。"如果中间商为了从买卖双方获取"双头佣金"或为了逃税，有时要求在合同中不规定佣金，而是另按双方暗中达成的协议支付。佣金的规定应合理，其比率一般掌握在 1％～5％之间，不宜偏高。

(二)佣金的计算

在国际贸易中，计算佣金的方法不一。有的按成交额约定的百分比计算，也有的按成交商品的数量来计算，即按每一单位数量收取若干佣金计算。在我国的进出口业务中，计算方法也不一致，按成交金额计算时，有的以发票总金额为计算佣金的基数，有的则以 FOB 总值为基数来计算佣金。如按 CIF 成交，而以 FOB 值为基数计算佣金时，则应从 CIF 价中减去运费和保险费，求出 FOB 值，然后以 FOB 值乘佣金率，即得出佣金额。

关于计算佣金的公式如下：

佣金额＝含佣价×佣金率

净价＝含佣价－佣金额＝含佣价－单位货物佣金额

上述公式也可以写成：

净价＝含佣价×(1－佣金率)

假如已知净价，则含佣价的计算公式应为：

含佣价＝净价/(1－佣金率)

在这里，值得注意的是，如果在洽商交易时，我方报价为 1000 美元，对方要求 3％的佣金，在这种情况下，我方改报含佣价，按上述公式计算，报出的含佣价应为 1000/(1－3％)＝1030.93 美元，这样才能保证我方实收 1000 美元。

(三)佣金的支付方法

佣金一般由卖方在收到货款后另行通过银行付给中间商。因为，中间商的服务不仅在于促成交易，还应负责联系、督促买方履约、协助履约过程中可能发生的问题，以便合同得到圆满履行。另外，佣金支付也可以由中间代理商直接从货价中扣除。在实际业务中，具体如何支付佣金，应由双方事先约定或按条款规定办理。还有一种是由中间代理商直接从货价中扣除佣金。在支付佣金时，应防止错付、漏付和重付等问题发生。

按照一般惯例，在独家代理的情况下，如委托人同约定地区的其他客户达成交易，即使未经独家代理过手，也得按约定的比率付给其佣金。

做一做

我国某外贸公司出口商品每箱 2000 美元 CIFC3％纽约，若对方要求佣金增至 5％，我方要维持出口净价不变，应改报 CIFC5％纽约多少美元？

解：净价＝含佣价－佣金额＝含佣价×(1－佣金率)＝2000×(1－3％)＝1940(美元)

含佣价＝净价/(1－佣金率)＝1940/(1－5％)＝2042.105(美元)

二、折扣

在国际贸易中使用折扣的原因很多，或因产品质量较差，或因购买数量较大，或是为了照顾老客户，或是为了加强商品在市场上的竞争能力。折扣的形式很多，其中常见的有：数量折扣(Quantity Discount)，季节折扣(Season Discount)，年终回扣(Turnover Bonus)，特别折扣(Special Discount)。

折扣直接关系到商品的价格，货价中是否包括折扣以及折扣率的大小程度，都影响商品的价格，折扣率越高，则价格越低。折扣如同佣金一样，都是市场经济的必然产物，是一种促销手段。正确运用折扣，有利于调动采购商的积极性和扩大销路，在国际贸易中，它是加强对外竞争的手段。

(一)折扣的规定办法

1. 用折扣率表示

在国际贸易中，折扣通常在合同价格条款中用文字明确表示出来。例如："CIF 伦敦每公吨 200 美元，折扣 3％"(USD 200 per M/T CIF London inducing 3％ discount)。此例也可表示为："CIF 伦敦每公吨 200 美元，减 3％折扣"(USD 200 per M/T CIF London less 3％ discount)。

2. 用绝对数字表示

折扣也可以用绝对数来表示，例如："每公吨折扣 6 美元"。在实际业务中，也有用"CIFD"或"CIFR"来表示 CIF 价格中包含的折扣。这里的"D"和"R"是"Discount"和"Rebate"的缩写。鉴于在贸易往来中加注的"D"或"R"含义不清，可能引起误解，故最好不使用此缩写语。交易双方采取折扣的做法时，在合同中不予规定。有关折扣的问题，按交易双方暗中达成的协议处理。这种做法属于不公平竞争。公职人员或企业雇佣人员拿"暗扣"，应属于贪污受贿行为。

(二)折扣的计算

折扣的计算和佣金的计算基本一致，也是以成交额或发票金额为基础计算出来的。其公式为：

单位货物折扣额＝原价(或含折扣价)×折扣率

卖方实际净收入＝原价－单位货物折扣额

例如：CIF 伦敦，每公吨 2000 美元，折扣 2％，卖方的实际净收入为每公吨 1960 美元。

议一议

佣金与折扣有什么区别？

佣金与折扣都直接影响到商品价格，但二者概念不同。首先，付给的对象不同。其次，如果卖方将中间商的佣金包括在货价内，如出口使用 CIF 价，卖方投保时应将佣金计算在保险金额内；而买方在付款时就已经将折扣扣除，因此不包括在保险金额内。再次，许多国家对佣金要征收所得税，但是如果折扣对买方有利害关系，则不征税。

(三)折扣的支付方法

折扣通常是在买方付款时或开立信用证时预先扣除。也有的折旧金额不直接从货价中扣除，而按暗中达成的协议另行支付给买方，这种做法通常在给"暗扣"时采用。

做一做

我国某外贸公司出口某商品，价格条款中规定："USD 500 per metric ton FOB Tianjin less 3％ discount"，若出口 110 公吨该商品，试计算单位货物折扣额，卖方实际净收入和总折扣额。

解：单位货物折扣额＝原价(或含折扣价)×折扣率＝500×3％＝15(美元/公吨)

卖方实际净收入＝原价－单位货物折扣额＝500－15＝485(美元/公吨)

总折扣额＝单位货物折扣额×商品总量＝15×110＝1650(美元)

【典型实例】

我国某出口公司拟出口化妆品至中东某国，正好该国某中间商主动来函与该出口公司联系，表示愿为该公司提供化妆品的推销服务，并要求按每笔交易的成交额给予 5％的佣金。不久，经中间商介绍与当地进口商达成 CIFC5％总金额 5 万美元的交易，装运期为订约后两个月内从中国港口装运，并签订了销售合同。合同签订后，该中间商即来电要求我出口公司立即支付佣金 2500 美元。我出口公司复电称：佣金需待货物装运并收到全部货款后才能支付。于是，双方发生了争议，请分析这起争议发生的原因是什么？

(资料来源：孙继红．新编国际贸易实务．上海：上海财经大学出版社，2008)

【简评】国际贸易买卖双方在掌握佣金和折扣概念、应用、计算的基础上，同时要掌握其支付方法。本实例中，争议发生的原因是出口方没有与中间商明确商定佣金的支付时间和支付条件。佣金的支付，习惯上应先由卖方收到全部货款后，再支付给中间商。另一种支付方法就是由中间商直接从货价中扣除佣金。双方应该取得一致意见后达成书面协议，以免引起争议。作为出口方的我国公司并没有很好地完成此项任务，希望该企业引以为戒，吸取经验，为以后从事海外贸易夯实基础。

任务三 出口商品经济效益的核算

任务描述

2005 年 1 月 1 日，全球纺织品和服装配额全部取消。纺织品配额体制走向终结，全球纺织品进入自由贸易时代，这是全世界纺织服装业的福音，对古老的丝绸之国来说，机遇与挑战并存。纺织品服装自 2005 年 1 月 1 日进入"后配额时代"以来，江苏对欧美出口规模和增幅均达历史最高水平，市场份额比 2004 年底同期上升 10 个百分点，然而出口价格却不升反降，尤其是对欧美出口出现"井喷"的 3 类服装，出口规模增长了 10 倍以上，价格却下降了 3 至 4 成。纺织服装出口"量增价跌"的新动向，不仅使我国的利润大大受损，而且还遭到欧美等发达国家对我国纺织品展开的所谓的"特保调查"。

（资料来源：蔡逸，沈联宣．长三角纺织业酝酿"突围"．江苏经济报，2005－05－11）

从上例中我们可以发现，在价格掌握上，要注意加强成本核算，以提高经济效益，防止出现不计成本，不计盈亏和单纯追求成交量的偏向。尤其在出口方面，若单纯追求成交或成交的数量，往往在价格上做出让步，不断降低价格，这很容易忽视成本核算，无法获得良好的经济效益。所以，加强成本核算更显重要。

本任务中，国际贸易买卖双方在加强出口成本、出口销售外汇（美元）净收入和人民币净收入的数据核算的基础上，掌握出口商品盈亏率、出口商品换汇成本和出口创汇率的计算。

概念点击

出口商品的成本核算：是将出口商品所作的投入与通过出口该商品所创造的 FOB 外汇净收入或 FOB 出口销售人民币净收入相比较。

出口总成本：是指出口商品的进货成本加上出口前的一切费用和税金。

出口销售外汇净收入：是指出口商品按 FOB 价出售所得的外汇净收入。

出口销售人民币净收入：是指出口商品的 FOB 价按结汇日的外汇牌价兑换人民币的数额。

出口商品盈亏额：是指出口销售人民币净收入与出口商品总成本的差额。

出口商品盈亏率：是指出口商品盈亏额与出口商品总成本的比率。

出口商品换汇成本：是指以某种商品的出口总成本与出口所得的外汇净收入之比，得出用多少人民币换回 1 美元。

出口创汇率：是指进口的原料或国产的原料加工成成品出口的外汇净收入与进口原料所花的外汇成本或国产原料出口的外汇净收入的比率。

任务完成

在价格掌握上，要注意加强成本的核算，以提高经济效益，防止出现不计成本、不计盈亏和单纯追求成交量的偏向。尤其在出口方面，强调加强成本核算，掌握出口成本、出口销售外汇（美元）净收入和人民币净收入的数据，并计算和比较各种商品出口的盈亏情况，更有现实意义。

一、出口商品盈亏率的核算

其计算公式如下：

$$出口商品盈亏率=\frac{出口商品盈亏额}{出口总成本}\times100\%=\frac{出口销售人民币净收入-出口总成本}{出口总成本}\times100\%$$

二、出口商品换汇成本的核算

出口商品换汇成本如高于银行外汇牌价，则出口为亏损；反之，出口为赢利。其计算公式如下：

$$出口商品换汇成本=\frac{出口总成本（人民币）}{出口销售外汇净收入（美元）}$$

做一做

某商品国内进货价为人民币 7270 元，加工费 900 元，流通费 700 元，税金 30 元，出口销售外汇净收入为 2200 美元，则：

出口总成本＝7270＋900＋700＋30＝8900（人民币）

出口商品换汇成本＝8900 人民币元/2200 美元＝4.0455（人民币元/美元）

在上例中，若当时的外汇牌价为 1 美元折合 7.2300 元人民币，试计算此项业务的出口商品盈亏率。

$$
\begin{aligned}
出口商品盈亏率&=\frac{出口销售人民币净收入-出口总成本}{出口总成本}\times100\%\\
&=\frac{2200\times7.2300-8900}{8900}\times100\%\\
&=78.72\%
\end{aligned}
$$

同时，我们也可以看出，出口商品换汇成本低于银行外汇牌价，出口为盈利。

三、出口创汇率的核算

$$出口创汇率=\frac{成品出口外汇净收入-原料外汇成本}{原料外汇成本}\times100\%$$

出口创汇率又叫外汇增值率。通常情况下，进口原料的外汇成本，一般按 CIF 的进口价计算；国产原料的外汇成本，可按过去原料出口时的 FOB 价计算，如果没有原料进口记录，可参照国际市场同类商品的价格计算。

做一做

我国某公司 2008 年 10 月完成了一笔进料加工业务。已知付出进料外汇 90 万美元，加工出口成品 25 万件，外销价每件 5.6 美元 CIF 纽约。共支付海运运费 182200 美元，保险费 15400 美元。试计算该笔业务的出口创汇率。

解：

$$
\begin{aligned}
出口创汇率&=\frac{成品出口外汇净收入-原料外汇成本}{原料外汇成本}\times100\%\\
&=\frac{250000\times5.6-182200-15400-900000}{900000}\times100\%\\
&=33.60\%
\end{aligned}
$$

四、价格换算

在计算出口商品盈亏率或出口商品换汇成本时，涉及价格术语的转换问题。现对最常用的

FOB、CIF 和 CFR 三种价格术语的换算公式说明如下：

1. 以 FOB 价格换算其他价格的公式

CFR＝FOB＋F

CIF＝FOB＋I＋F

＝(FOB＋F)/(1－投保加成×保险费率)

注：其中 F 为运费，I 为保险费，下同。

2. 以 CFR 价格换算其他价格的公式

FOB＝CFR－F

CIF＝CFR＋I

＝CFR /(1－投保加成×保险费率)

3. 以 CIF 价格换算其他价格的公式

FOB＝CIF－I－F

＝CIF×(1－投保加成×保险费率)－运费

CFR＝CIF－I

＝CIF×(1－投保加成×保险费率)

做一做

我国某公司向芬兰出口农产品一批，向客户发盘为每公吨 800 欧元 CIF 赫尔辛基，按 CIF 价加成 20%投保，对方要求改报 FOB 价格，我方同意，经查自中国口岸至赫尔辛基运费为每公吨 100 欧元，保险费率为 2%，请计算我方改报价格应为多少？

解：FOB＝CIF×(1－保险费率×投保加成)－F

＝800×(1－2%×20%)－100

＝696.80(欧元)

此外，在出口商品价格的掌握上，还要防止盲目坚持高价或随意削价竞销的偏向。出口商品的价格过高，不仅会削弱我国出口商品的竞争能力，而且还会刺激其他国家发展生产，或增加替代品来同我国产品竞销，从而产生对我国不利的被动局面。反之，不计成本，削价竞销，盲目出口，不仅在外销价格方面会出现混乱，造成资金外流，给国家带来经济损失，而且还会使一些国家借此对我国出口产品采取限制措施，致使反倾销案件增多。在当前情况下，主要应防止后一种偏向。

【典型实例】

我国某公司出口一批货物，外销价为每公吨 1 000 美元 CIF 马赛，其中，需支付运费为 80 美元，保险费为 10 美元。该公司的进货成本为每公吨 4 000 元人民币，国内直接和间接费用加15%。假设此时的外汇牌价为 1 美元折合 7.0020 元人民币，要求实际操作并计算该商品的出口商品盈亏率和出口商品换汇成本。

操作步骤一：

出口总成本＝进货成本＋国内直接和间接费用＝4 000×(1＋15%)＝4 600(人民币元)

操作步骤二：

出口销售外汇净收入＝CIF－运费－保险费＝1000－(80＋10)＝910(美元)

操作步骤三：

出口销售人民币净收入＝出口销售外汇净收入×外汇牌价＝910×7.0020＝6371.82(人民币

元）

操作步骤四：

$$出口商品盈亏率 = \frac{出口销售人民币净收入 - 出口总成本}{出口总成本} \times 100\%$$

$$= \frac{6371.82 - 4600}{4600} \times 100\%$$

$$= 38.52\%$$

操作步骤五：

$$出口商品换汇成本 = \frac{出口总成本（人民币）}{出口销售外汇净收入（美元）}$$

$$= \frac{4600 人民币元}{910 美元}$$

$$= 5.0549（人民币元/美元）$$

同时，我们也可以看出，出口商品换汇成本低于银行外汇牌价，出口为赢利。

【简评】国际贸易买卖实务工作中要加强出口商品经济效益的核算。本实例中，细化经济效益核算的操作步骤，在具体的实际操作过程中不仅可以对出口总成本等相关概念进行回顾复习，还可以在细化的步骤中深刻领会并掌握出口商品盈亏率和出口商品换汇成本等的核算，举一反三，更好地完成该任务，为今后出色地完成此类任务积累经验。

任务四   合同中的价格条款

任务描述

我国天津某公司（甲）与韩国某公司（乙）于 2008 年 5 月签订了一份购销合同，约定：乙公司在一年内向甲公司提供某型号电视机 1200 台，双方约定以 CIF 天津成交，具体供货时间和数量以甲公司要货传真为准，双方就价格条款作如下特别约定：以目前市场价格人民币 4800 元/台为基础，随行就市。之后，双方按人民币 4800 元/台履行合同，乙公司供给了甲公司电视机 600 台。2009年 2 月甲公司又向乙公司发传真要求其以 4800 元/台的价格供货时，乙公司以原材料涨价为由，告知甲公司只能以人民币 5200 元/台的价格供货，而甲公司以乙公司未提前告知和协商为由，坚持要求乙公司以人民币 4800 元/台供货，乙公司拒绝供货，双方协商未果，甲公司遂以乙公司违约为由诉诸法律。

（资料来源：中国大学生网—法学. http: //lw. chinaue. com）

从上例我们可以发现，本案的矛盾集中点在"随行就市"这四个字上，在国际货物买卖合同中，交易双方出于行文简洁、加快交易节奏等因素的考虑，常会拟定"随行就市"之类的价格条款，由于对"随行就市"的相关要素没有具体约定，当市场行情发生变化时，各方常常出于自身利益的考虑，对此约定做出不同解释，纠纷也随之而生。这就提醒交易双方在制定价格条款时不仅要明确其基本内容，还要特别关注价格条款的细节事项，尤其是卖方要考虑价格跌涨因素，从而避免承担风险。

本任务中，国际货物买卖双方在掌握价格条款基本内容的基础上，要明确规定价格条款应注意的事项，保证买卖双方权利的实现。

概念点击

单价(Unit Price)：是指单位商品的计价金额。

总值或总金额(Total Amount)：是指单价和数量的乘积。

 任务完成

一、价格条款的基本内容

国际买卖合同中的价格条款一般包括单价和总值或总金额两项基本内容，至于确定单价的作价办法和与单价有关的佣金和折扣的运用，也属于价格条款的内容。

(一)单价

国际货物买卖合同中的单价比国内贸易的单价要复杂，它由计量单位、单位价格金额、计价货币和贸易术语四项内容组成。例如：

每公吨	200	美元	CIF 伦敦
计量单位	单位价格金额	计价货币	贸易术语

USD 200 Per Metric Ton CIF London(每公吨 200 美元 CIF 伦敦)。

单价中的四个要素不但可以表明商品的价格，还可以划分双方所承担的责任、费用和风险。因此，单价的各个组成部分必须表达明确，并且应注意四个部分中外文书写上先后不同的次序，不能任意颠倒。

1. 计量单位

一般来说，计量单位应与数量条款所用的计量单位一致。如计量单位为公吨，则数量和单价中均应为公吨，而不能另一个用长吨或短吨。有时有所谓的不一致情形，那么只能是单价以千克为单位，数量以公斤为单位的类似情况。

2. 单位价格金额

应按双方协商一致的价格，正确填写在书面合同中，如金额写错，就容易引起争议，甚至导致不必要的损失。因为写错单位价格金额和书面合同中的其他条款，若经当事人双方签署确认，按国际贸易惯例就可以否定或改变磋商时已决定的条款。

3. 计价货币

不同国家(或地区)使用不同的货币，有的使用货币的名称相同，但其币值不同，如"元"有"美元"、"加元"、"日元"、"港元"等。因此，在表示计价货币时，必须明确是哪一个国家的货币。同时，单价和总金额所用的货币也必须一致。

作为南部非洲第二大国的津巴布韦，曾是一个美丽富饶的国家，现在的津巴布韦无疑是全球百万富翁最多的国家，但它同时也是全球最穷的国家之一，当地的老百姓"是一个什么也买不起的百万富翁"。针对津巴布韦的严重通货膨胀情况，请同学们想一想，我们在进行国际贸易往来时会选择津巴布韦币作为计价货币吗？为什么？选择计价货币时应该注意哪些事项？

想一想

通货"巨"胀　津巴布韦发行 5 亿元新钞

津巴布韦中央银行 2008 年 12 月 12 日发行面额 5 亿津元新钞，以缓解国内严重的通货膨胀和

现钞短缺现象。新钞面值是 5 亿津巴布韦元，乍看之下有如天文数字，但实值只有 10 美元。这是津巴布韦今年内第 29 次靠发新钞来追赶通货膨胀和舒缓货币短缺问题。

津巴布韦刚在上周四(12 月 4 日)发行面值分别为 1 亿津元、5000 万津元和 1000 万津元的钞票。1 亿津巴布韦元的钞票，当时的实值是 14 美元；可是一星期后，兑换率只有 0.5 美元。此前，津巴布韦还曾发行面额 10 亿津币的钞票，当时只能买一个面包。津巴布韦中央银行 12 日发表的声明说，发行新钞是为了给公众带来方便。

津巴布韦经济形势糟糕，商品奇缺，物价飞涨，现钞严重短缺。津巴布韦在 7 月间的通胀率高居世界第一，国内物价在一天之内，可能上涨好几次，央行只有靠印钞票来同物价赛跑。此外，由于货币短缺，到银行提款每星期只限一次，每次提款还要等上几个钟头，有些人为了确保拿到钱，干脆就在银行外过夜。

(资料来源：中国财经信息网 . http：//www.cfi.net.cn/)

4. 贸易术语

贸易术语一方面标明商品的价格构成，另一方面也标明合同的性质。在贸易术语的表达中，一方面要注意运用变形来表示术语本身尚不能明确的责任义务的划分(如装、卸货费用、佣金和折扣等)；另一方面必须根据不同术语的含义加注装运港(发货地或目的地)。例如，FCA、FAS 和 FOB 等必须加注装运港(发货地)；《2000 年通则》中 C 组的术语则必须注明目的港(目的地)。由于国际上同名的港口和城市情况不少，所以还必须加注国别或地区名称，以防误解。

 议一议

选择贸易术语的一般原则有哪些？

出口业务尽量采用 CIF 或 CFR 术语，为国家增加保险费或运费的外汇收入；进口时尽量采用 FOB 术语，减少保险费和运费的支出，节省外汇。但也要根据方便贸易、促进成交的原则，根据具体情况，灵活选择贸易术语。

拓展阅读

进出口合同中的价格条款实例

1. 每公吨 500 美元 CIFC5 新加坡(或 CIF 新加坡包含 5％的佣金)。

USD 500 per M/T CIFC5 Singapore (Or CIF Singapore including 5％commission).

2. 每纸箱 800 美元 FOB 南通，以毛作净。

USD 800 per carton FOB Nantong, Gross for net.

3. 交易条款以《2000 年国际贸易术语解释通则》的规定为准。

The trade terms shall be governed under and by the latest Inco terms 2000.

4. 装运期间运费的提价由买方支付。

Any advance in freight at time of shipment shall be for buyer's account.

(资料来源：冷柏军 . 国际贸易实务 . 北京：中国人民大学出版社，2008)

(二)总值或总金额

在总值项下一般也同时列明贸易术语。如果一份合同中有两种以上的不同单价，就会有两个以上金额，几个金额相加再形成总值或总金额。总值所使用的货币必须与单价所使用的货币一致。总值除用阿拉伯数字填写外，一般还用文字表示。填写金额要求认真细致，计算正确，防止差错。

二、规定价格条款应注意的事项

第一，适当确定单价水平，防止偏高或偏低。贯彻我国进出口商品作价原则，灵活运用差价规则，结合销售意图，确定适当的价格水平。出口商品价格过高，不利于市场的开拓，甚至会导致市场的缩小。同时也必须掌握各类货物的价格弹性特征，一些价格弹性低的商品，低廉的价格并不能起到扩大销售和增加外汇收入的效果。进口合同如果价格偏高会造成外汇的浪费，影响进口经营的经济效益。

第二，争取选择有利的计价货币或加订保值条款。计价货币的选择会直接影响进出口业务的经济效益，由于国际上一些货币的币值具有不稳定性，为了避免由于货币币值不稳定带来的风险损失，出口合同应争取采用"硬币"，进口合同应尽量选用"软币"，否则应考虑通过加订"保值条款"来避免货币币值变动风险。

第三，根据货源与船源选择适当的贸易术语。根据货源的特征及我国船源的供给状况，选用适当的贸易术语，对于更好履行合同，以及促进我国运输业的发展都有重要影响。

第四，避免承担风险。尤其是国际货物买卖中价格变动剧烈，波动幅度大的敏感性商品，规定价格水平时，应掌握价格波动趋势。出口业务中，货物价格必须考虑价格跌涨因素。一般说来，敏感性商品的交货期不能太长，多次分期装运的货物也不宜一次将价格固定。另外，在有溢短装的情况下，也必须对溢短装部分的价款作明确规定。

拓展阅读

表 5-1　世界各主要国家(地区)货币名称、国际标准货币符号及辅币进位制一览表

国家(地区)	货币名称	国际标准货币符号	辅币进位制
中国	人民币元	CNY	1CNY＝10 jiao(角) 1 jiao＝10 fen(分)
中国香港	港元	HKD	1HKD＝100cents(分)
中国澳门	澳门元	MOP	1MOP＝100avos(分)
朝鲜	元	KPW	1KPW＝100 分
日本	日元	JPY	1JPY＝100 sen(钱)
越南	越南盾	VND	1VND＝10 角＝100 分
菲律宾	菲律宾比索	PHP	1PHP＝100 centavos(分)
马来西亚	马元	MYR	1MYR＝100 cents(分)
泰国	泰铢	THP	1THP＝100 satang(萨当)
马尔代夫	马尔代夫卢比	MVR	1MVR＝100 larees(拉雷)
印度尼西亚	盾	IDR	1IDR＝100 cents(分)
印度	卢比	INR	1INR＝100paise(派士) (单数：paisa)
伊朗	伊朗里亚尔	IRR	1IRR＝100 dinars(第纳尔)

续表

国家（地区）	货币名称	国际标准货币符号	辅币进位制
叙利亚	叙利亚镑	SYP	1SYP＝100 piastres（皮阿斯特）
沙特阿拉伯	亚尔	SAR	1SAR＝100qurush（库尔什） 1qurush＝5 halals（哈拉）沙特里
巴林	巴林第纳尔	BHD	1BHD＝1,000 fils（费尔）
土耳其	土耳其镑	TRL	1TRL＝100 kurus（库鲁）
塞浦路斯	塞浦路斯镑	CYP	1CYP＝1,000 mils（米尔）
欧洲货币联盟	欧元	EUR	1EUR＝100 euro cents（生丁）
冰岛	冰岛克朗	ISK	1ISK＝100 aurar（奥拉）
丹麦	丹麦克朗	DKK	1DKK＝100 ore（欧尔）
挪威	挪威克朗	NOK	1NOK＝100 ore（欧尔）
瑞典	瑞典克朗	SEK	1SEK＝100 ore（欧尔）
芬兰	芬兰马克	FIM	1FIM＝100 penni（盆尼）
俄罗斯	卢布	SUR	1SUR＝100 kopee（戈比）
匈牙利	福林	HUF	1HUF＝100 filler（菲勒）
德国	马克	DEM	1DEM＝100 pfennig（芬尼）
瑞士	瑞士法郎	CHF	1CHF＝100 centimes（分）
荷兰	荷兰盾	NLG	1NLG＝100 cents（分）
英国	英镑	GBP	1GBP＝100 new pence（新便士）
法国	法郎	FRF	1FRF＝100 centimes（分）
西班牙	比塞塔	ESP	1ESP＝100 centimos（分）
意大利	里拉	ITL	1ITL＝100 centesimi（分）
奥地利	奥地利先令	ATS	1ATS＝100 Groschen（格罗申）
罗马尼亚	列伊	ROL	1ROL＝100 bani（巴尼）
希腊	德拉马克	GRD	1GRD＝100 lepton（雷普顿） or lepta（雷普塔）
美国	美元	USD	1USD＝100 cent（分）
加拿大	加元	CAD	1CAD＝100 cents（分）
墨西哥	墨西哥比索	MXP	1MXP＝100 centavos（分）
洪都拉斯	伦皮拉	HNL	1HNL＝100 centavos（分）
尼加拉瓜	科多巴	NIC	1NIC＝100 centavos（分）

续表

国家（地区）	货币名称	国际标准货币符号	辅币进位制
哥斯达黎加	哥斯达黎加科朗	CRC	1CRC＝100 centavos（分）
巴拿马	巴拿马巴波亚	PAB	1PAB＝100 centesimos（分）
古巴	古巴比索	CUP	1CUP＝100 centavos（分）
多米尼加	多米尼加比索	DOP	1DOP＝100 centavos（分）
哥伦比亚	哥伦比亚比索	COP	1COP＝100 centavos（分）
巴西	新克鲁赛罗	BRC	1BRC＝100 centavos（分）
智利	智利比索	CLP	1CLP＝100 centesimos（分）
阿根廷	阿根廷比索	ARP	1ARP＝100 centavos（分）
埃及	埃及镑	EGP	1EGP＝100 piastres（皮阿斯特）＝1,000 milliemes（米利姆）
利比亚	利比亚第纳尔	LYD	1LYD＝100 piastres（皮阿斯特）＝1,000 milliemes（米利姆）
摩洛哥	摩洛哥迪拉姆	MAD	1MAD＝100 centimes（分）
塞内加尔	非共体法郎	XOF	1XOF＝100 centimes（分）
刚果	中非金融合作法郎	XAF	1XAF＝100 centimes（分）
喀麦隆	中非金融合作法郎	XAF	1XAF＝100 centimes（分）
南非	兰特	ZAR	1ZAR＝100 cents（分）
索马里	索马里先令	KES	1KES＝100 cents（分）
津巴布韦	津巴布韦元	ZWD	1ZWD＝100 cents（分）
澳大利亚	澳大利亚元	AUD	1AUD＝100 cents（分）
新西兰	新西兰元	NZD	1NZD＝100 cents（分）

（资料来源：中国人民银行．http://www.pbc.gov.cn/）

【典型实例】

2008 年 10 月，中国某出口公司按 CIF 价格条件和信用证付款的方式向中东地区某商人出售一批服装。该公司寄出的结算单据遭开户行拒付，其理由是，在商业发票上所列价格条件仅标明目的港名称，而其前面却漏打"CIF"字样。经与议付行洽商并由议付行向开证行交涉，说明提单上注明"运费已付"，又有保险单证明已投保货运险，就整套单据而言，是符合 CIF 价格条件的，但开证行仍然坚决拒付，并将不符合点通知开证人。开证人则以市况不佳为由，要求减价 15% 才接受单据。几经交涉之后，开证行通知议付行称："买方只能按 90% 付款赎单。"议付行就此与出口公司联系后，先按 90% 收汇，未收部分则继续与开证行交涉，但终未成功。

（资料来源：安徽．国际贸易实务教程．北京：北京大学出版社，2006）

【简评】国际货物买卖双方要掌握价格条款的基本内容。本实例中，交易双方是按照 CIF 价格条件和信用证付款方式达成交易的，则价格条款就是商业发票内的主要项目，贸易术语是商品单价的一个组成部分。制单人(出口方)不应该在发票的单价项下漏打"CIF"字样。漏打"CIF"字样，虽然没有影响开人(进口方)的实际利益，但他抓住单证上的问题，或者拒付货款，或者杀价。由此可见，在制单工作中，必须一丝不苟，制单人(出口方)要吸取经验教训，在今后的工作任务中不要再出现类似的失误，否则会对出口方的收汇任务带来麻烦。

综合实训

1. 我国进出口货物的作价办法有哪几种? 在选用各种作价办法时应注意什么问题?

2. 佣金的支付方式是什么? 折扣的规定办法有哪些?

3. 我国某公司出口商品，报价为 CFR 旧金山每公吨 2600 美元，现客户要求报价中含 5% 的佣金，为使净收入不减少，应改报多少?

4. 以每箱 22 美元 CIF 汉堡价出口某商品 1500 箱，含 3% 的佣金。我方应向中间商支付多少佣金? 如果中间商要求增加 2% 的佣金，试问我方在不影响净收入的前提下给佣金为 5% 的报价应为多少?

5. 我国某公司与国外某中间商达成一笔交易，约定我方以每公吨 250 美元 CFRC2% 马赛价出口某商品 80 公吨。海运运费为每公吨 12 美元。收汇后出口公司向国外中间商汇付佣金。计算:

(1) 该出口公司向中国银行购买支付佣金的美元共需多少人民币?

(2) 该出口公司的外汇净收入为多少美元? (100 美元＝723.57 元人民币)

6. 我国某公司向国外某客户发盘，报价为每千克 250 美元 CFR 赫尔辛基，对方回电要求我改报 FOB 中国口岸价，并含 5% 佣金。经查: 自中国口岸至赫尔辛基的运费为每千克 2.05 美元，我方如要保持外汇净收入不变，按买方要求应报何价?

7. 我方向外报价某商品每公吨 1600 美元 FOB 天津，对方要求改报 CFRC5 纽约价，已知天津至纽约的运费为每公吨 18 美元，应改报何价才能保证净收入不变? (佣金按 FOB 净价计支)

8. 我国某公司在国内收购一批货物，进价为 100 万元，加工整理费为 10 万元，商品流通费为 15 万元，出口外销价为 25 万美元，其中包括运费 3.2 万美元，保险费 0.5 万美元。已知当时的外汇牌价为 100 美元折合人民币中间价为 712 元，试计算该商品的盈亏率和换汇成本各是多少?

9. 请分析下列我方出口单价的写法是否正确? 如有错误或不完整，请更正或补充。

(1) 每码 2.6 元 CIFC 香港

(2) 每箱 300 欧元 CFR 净价法国

(3) 每公吨 500 美元 FOB 伦敦

(4) 每打 100 美元 FOB 净价减 1% 折扣

(5) 15000 日元 CIF 上海包含佣金 2%

10. 2008 年 7 月，我国某外贸公司同德国某公司签订了一份国际货物买卖合同。在双方磋商买卖合同的计价货币条款时，中方业务员按以往贸易习惯做法，主张以人民币计价; 德方代表则称中国的外汇管制严格，主张以美元做中介货币，在德方公司付款时由其将德国马克换算成美元付给中方外贸公司，并称这样做对双方都有利。中方公司业务员对德国马克汇率的变化前景未作任何预测，想当然认为美元可以作为计价货币，就同意了德方公司提出的要求。结果在合同履行过程中，美元与德国马克的比价发生变化，德方公司向中方公司付款时，德国马克对美元大幅度升值，造成中方外贸公司少收了 100 多万美元。

(资料来源: 扬悦，张野. 国际贸易合同中计价货币的风险防范. 黑龙江对外经贸，2008(8))

实训目标：

计价货币的选择。

组织实施：

学生分组，各成员分工，分别负责选择不同的计价货币。

操作提示：

选择计价货币应遵循的基本原则是出口选"硬币"，进口选"软币"。

成果检测：

完成活动项目任务，各组分别展示，学生讨论，教师进行评价。

11. 我方向外商的报价为每公吨 500 美元 CFR 新加坡，含 2% 的折扣，成交数量为 200 公吨，计算我方扣除折扣后的总收入是多少？

实训目标：

进出口报价核算。

组织实施：

学生分组，各成员分工，分别负责不同术语的报价核算。

操作提示：

佣金额＝含佣价×佣金率，净价＝含佣价×（1－佣金率），含佣价＝净价/（1－佣金率），单位货物折扣额＝原价（或含折扣价）×折扣率，卖方实际净收入＝原价－单位货物折扣额。

成果检测：

完成活动项目任务，各组分别展示，学生讨论，教师进行评价。

12. 我国某公司承做一笔进料加工业务，需支付进料外汇 60 万美元 CIF 中国口岸，预计可加工成品出口 4 万件，出口价每件 2.5 美元 CIF 温哥华，应支付海运运费 3 600 美元，保险费 3400 美元。试计算这笔业务的出口创汇率。

实训目标：

进出口货物成本核算。

组织实施：

学生分组，各成员分工，分别负责不同进出口货物的成本核算。

操作提示：

$$出口商品盈亏率 = \frac{出口销售人民币净收入 - 出口总成本}{出口总成本} \times 100\%$$

$$出口商品换汇成本 = \frac{出口总成本（人民币）}{出口销售外汇净收入（美元）}$$

$$出口创汇率 = \frac{成品出口外汇净收入 - 原料外汇成本}{原料外汇成本} \times 100\%$$

成果检测：

完成活动项目任务，各组分别展示，学生讨论，教师进行评价。

13. 某公司 A 与另一公司 B 签订一份为期 10 年的供货合同。规定：A 公司每月向 B 公司供应 10 公吨 1 级菜油，价格每季度议订一次。同时规定："如双方发生争议，应提交仲裁处理。"但该合同执行了半年后，甲方提出因合同价格不明确，主张合同无效，后报经仲裁裁决。问合同中价格条款是否明确，你认为应该如何处理争议？

实训目标：

价格条款订立不当的争议处理。

组织实施：

学生分组，各成员分工，分别负责争议双方各自主张的处理意见和建议。

操作提示：

本实训材料中合同的价格条款不够明确。它属于非固定价格的定价方法。虽然规定了定价时间，但没有明确规定定价方法，因此容易引起争议。

成果检测：

完成活动项目任务，各组分别展示，学生讨论，教师进行评价。

商品的运输

项目介绍

　　商品的运输是国际贸易过程中的重要环节之一，随着经济全球化的发展，对外贸易运输将成为国际贸易价值链中越来越重要的环节。对外贸易运输业务涉及运输方式、装运时间、装运港、目的港、分批、转运以及运输单据等多项内容，是对外贸易业务中一项时间性强、线路长、环节多、涉及面广的复杂工作。国际贸易买卖双方必须熟悉和掌握有关国际货物运输的基本知识，才能使合同中的装运条款完整、合理，做到出口货物的安全及时交付和进口货物接运任务的顺利完成。

任务一　交货时间

任务描述

　　2009 年 1 月 5 日，美国的 A 公司与中国的 B 公司签订了一份买卖 DVD 零部件的合同，数量 10 000 套，总值 80 000 美元，CIF 纽约，装运期为 1 月底，买方 A 在收到货运单据后 7 天内将货款汇给卖方 B。B 公司因内陆运输中车祸的影响，直到 2 月 3 日才装运，A 公司以 B 公司延迟交货为由要求赔偿损失，后经协商，B 公司只得降价 20%，A 公司接受了货物。只此一项 B 公司就损失了 16 000 美元。

　　从上例中我们可以看出，B 公司因延迟 3 天交货而处于非常被动的局面，损失了十几万元人民币，可见，在国际贸易合同履行时，按时交货是非常重要的。

　　本任务中，国际贸易买卖双方需要慎重考虑交货时间，并注意影响合同装运时间的因素。

概念点击

　　交货(Delivery of the Goods)：是指卖方自愿将其对货物的占有权转移给买方的行为。

　　交货时间(Time of Delivery)：是指卖方按买卖合同规定将合同货物交付给买方或承运人的期限，又称"交货期"。

　　装运期(Time of Shipment)：是指卖方在起运地点装运货物的期限。

　　实际性交货(Physical Delivery)：是指卖方须将货物实际交给买方或其代理人，即卖方只有将合同约定的货物置于买方实际控制之下才算完成交货。

　　象征性交货(Symbolic Delivery)：是指卖方只要按照合同约定的时间、地点完成装运，并提交合同规定的包括货物运输单据在内的全套合格单据就完成了交货义务，卖方就有权凭提交的单据向买方索要货款。

一、装运(交货)期

装运期是买卖合同的主要条款,如合同的当事人一方违反此项条款,另一方则有权要求赔偿其损失,甚至撤销合同。因此,在进出口业务中,订好买卖合同中的装运期条款,使装运期规定合理和切实可行,保证按时完成约定的装运任务,具有十分重要的意义。

议一议

"装运"与"交货"是一致的吗?

装运与交货是含义不同的两个概念。在象征性交货的贸易术语下,即在使用 FOB、CFR、CIF、FCA、CPT、CIP 条件时,卖方只要把合同规定的货物在装运港(地)履行交货手续,取得装运单据,并交给买方,即算完成了交货义务,此条件下,交货和装运的概念是一致的,交货期也就是装运期。

在实际交货的贸易术语下,装运并不等于交货,可能早于交货,也可能晚于交货。

下面是我国常用的海运象征性交货的贸易术语关于装运期的规定。其他贸易术语下可比照拟定装运(交货)期。

(一)规定具体的装运期限

1. 限某月某日以前装运

例如,5 月 30 日以前装运(Shipment before May 30 th)

2. 规定在某月装运或跨月装运

例如,6 月份装运(Shipment during June)

3/4/5 月份装运(Shipment during March/April/May)。

这种规定装运时间的方法比较明确具体,不受其他因素的影响,在国际贸易合同中应用比较广泛。

(二)规定收到信用证后一段时间装运

在对买方的资信不够了解或买方可能因某些原因不按时履行合同的情况下,可采用此种办法规定装运时间,以保障卖方的利益。远洋运输规定不少于 1 个月,近洋运输不少于 20 天。

要注意的是这种规定办法使装运时间取决于信用证的开抵时间,为避免因买方延迟开证而使卖方不能及时安排生产及装运进程的被动局面,因而在合同中一般还同时订立一个限制性条款,即规定买方最迟的开立或送达期限。如"收到信用证后 30 天内装运,买方必须在 5 月 15 日之前将有关的信用证开给卖方(Shipment within 30 days after receipt of L/C,the relevant L/C must reach the seller not later than May 15th.)"。

(三)规定收到信汇、电汇、票汇后一定时间内装运

在卖方已经备齐货物随时可以发运的情况下,可以采用此种规定。如"收到信汇(电汇、票汇)后 25 天内装运:Shipment within 25 days after receipt of M/T(T/T、D/D)"。

（四）采用近期装运术语

此类术语主要有"立即装运（Shipment Immediately）"、"尽快装运（Shipment as soon as possible)"等，往往是在卖方备有现货、买方要货比较急的情况下使用。国际上对此类术语并无统一的解释，因而为避免因误解而引起纠纷，除非买卖双方已有共识，应尽量避免使用。国际商会第500号出版物中明确规定："不应使用诸如'迅速'、'立即'、'尽快'等词语，否则，银行将不予理睬。"

拓展阅读

《联合国国际货物销售合同公约》中有关交货时间的规定

在国际货物买卖合同中，一般均须对交货时间做出明确具体的规定。《联合国国际货物销售合同公约》第33条、第37条、第49条和第52条(1)款对交货时间进行了规定。

《联合国国际货物销售合同公约》第33条，卖方必须按以下规定的日期交付货物：

a）如果合同规定有日期，或从合同可以确定日期，应在该日期交货；

b）如果合同规定有一段时间，或从合同可以确定一段时间，除非情况表明应由买方选定一个日期外，应在该段时间内任何时候交货；

c）其他情况下，应在订立合同后一段合理时间内交货。

《联合国国际货物销售合同公约》第52条（1）款：

如果卖方在规定的日期以前交付货物，买方可以收取货物，也可以拒绝收取货物。

《联合国国际货物销售合同公约》第37条：

如果卖方在交货日期前交付货物，他可以在那个日期到达前，交付任何缺漏部分或补足所交付货物的不足数量，或交付用以替换所交付不符合合同规定的货物，或对所交付货物中任何不符合合同规定的情形做出补救，但是，此一权利的行使不得使买方遭受不合理的不便或承担不合理的开支。但是，买方保留本公约所规定的要求损害赔偿的任何权利

（资料来源：联合国国际货物销售合同公约，1988）

二、确定装运时间应考虑的因素

（一）货源情况

从卖方的角度看，货源是洽商装运时间首先要考虑的问题。所规定的装运时间必须与库存商品的品种、规格和数量相适应。另外，对待生产的货物装运时间要考虑生产能力和进度。

（二）运输情况

要掌握运输信息，对该区域的运输能力、航线、港口条件等情况有一定的了解。

（三）市场情况

要考虑市场需求状况，特别是应季商品，其装运时间与客户安排销售密切相关，要为客户着想。

（四）商品情况

要考虑商品本身的性质和特点。如电子产品需防震，应避免在台风季节装运。

【典型实例】

　　3月20日，我国某进口商B公司与巴西某出口商A公司签订一份购销货物合同，合同规定交货期为6月10日，付款方式原为信用证，之后A公司擅自变更为托收方式付款。B公司于6月8日收到装船电报通知，注明货物已于6月7日运往中国上海港，并注明合同号和信用证号。6月14日B公司接到提货通知和随船提单一份，提单上的装船日期为6月11日。为此，B公司以A公司违约为由拒绝提货并拒绝付款，同时提出双方解除合同。A公司不服，经双方协调，未果。B公司便依据买卖合同中的仲裁条款提起仲裁。试分析，B公司以A公司违约为由提出的要求符合法律规定吗？如何才能使其合法权益获得保障？

（资料来源：刘德标．国际贸易实务案例分析．北京：中国商务出版社，2005）

　　【简评】在本案中，根据《联合国国际货物销售合同公约》规定，A公司交货时间仅迟延一天，不能构成"根本性违约"，所以，B公司如果以迟延交货一天为由，则无权要求解除合同、拒收货物，只能要求A公司赔偿损失。但该案中，合同规定装运期为6月10日，而提单日为6月11日，是倒签提单。根据国际惯例，B公司一旦有证据证明提单上说明的装船日期是伪造的，就有权拒绝接收货物、支付货款。

任务二　装运港和目的港

任务描述

　　国内的A公司从香港B公司进口一套德国的设备，合同价格条件是CFR广西梧州，装运港是德国汉堡，装运期为开出信用证后90天内，提单通知人是卸货港的外运公司。

　　合同签订以后，A公司于7月25日开出信用证，10月18日香港B公司发来装船通知，11月上旬B公司将全套议付单据寄交开证行，A公司业务员经审核未发现不符并议付了货款。船运从汉堡到广西梧州包括在香港转船正常的时间应在45～50天内，12月上旬，A公司屡次查询梧州外运公司都无货物消息，12月下旬电告B公司要求联系其德国发货方协助查询货物的下落，元月上旬，B公司来电，称货物早已在去年12月初运抵广州黄埔港，请速派人前往办理报关提货手续。此时货物海关滞报已40多天，发生的滞箱费、仓储费、海关滞报金、差旅费及其他相关费用达十几万元。

（资料来源：国际商报．2001—10—07）

　　从上例中我们可以看出，造成上述结果的原因主要有：

　　第一，合同未列明转运港。A公司凭经验想当然认为转运港定为香港，卸货港定为梧州。可德国发货方并不知道香港至梧州有船来往，他们安排了"汉堡—香港—广州—梧州"的运输路线，而上述路线是合理的。

　　第二，原合同规定提单通知人为卸货港的外运公司较笼统。货抵黄埔后，黄埔外运不知货主是谁。A公司认为合同目的港是梧州，只和梧州外运联系，根本没想到黄埔外运。目的港是内河或内陆口岸，或装运港与目的港间无直达航线需要周转的，可允许转船但要明确转船的地点。

　　可见，明确有关装运港和目的港及装运港的规定，对于国际贸易合同的顺利执行，减少不必要的纠纷及损失是非常重要的。

　　本任务中，国际贸易买卖双方应能根据各自的情况选择合适的装运港和目的港，熟练应用关

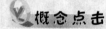

于合同中有关分批装运和转运的规定，了解装运通知。

概念点击

装运港(Port of Shipment)：是指货物起始装运的港口。

目的港(Port of Destination)：是货物最后卸货的港口。

分批装运(Partial Shipment)：是指一个合同项下的货物分若干期或若干次装运。

转运(Transshipment)：是指货物从装运港(地)到目的港(地)的运输过程中，从一运输工具卸下，再装上同一运输方式的另一运输工具；或在不同运输方式情况下，从一种方式的运输工具卸下，再装上另一种方式的运输工具的行为。

装运通知(Shipping Advice)：是指为明确买卖双方的责任，促使双方互相配合，共同做好船货衔接工作而做出的通知。

任务完成

一、装运港

一般情景下，装运港由卖方提出，经买方同意后确定。

(一)装运港的规定办法

第一，一般情况下，规定一个装运港。例如，装运港：大连(Port of shipment：Dalian)。

第二，如数量较大或来源分散，集中一点装运有困难，可规定两个或两个以上装运港。例如，装运港：新港/上海(Port of shipment：Xingang/Shanghai)。

第三，规定某一航区为装运港。有时货源不十分固定，可不规定具体港口。例如：在中国港口装运(shipment from Chinese port)。

(二)规定装运港时应注意的事项

第一，应选择靠近货源、交通方便、费用低、基础设施完善、存储方便的装运港。

第二，尽可能明确装运港，并且对重名的装运港应注明国别和地区，以免引起误解。如维多利亚(Victoria)港，共 12 个；悉尼(Sydney)建有两个等。

第三，不能接受与我国没有贸易往来的一些国家港口作为装运港。

二、目的港

在进出口业务中，目的港一般由买方提出，经卖方同意后确定。

(一)目的港的规定办法

第一，规定一个目的港。例如，目的港：天津(Port of destination：Tianjin)。

第二，规定两个或以上的港口为目的港。有时按实际业务的需要，如买方有不同的使用或销售地，也可规定两个或两个以上的港口为目的港。例如，目的港：伦敦/汉堡/鹿特丹(Port of destination：London/Hamburg/Rotterdam)。这种情况下，承运人要求加付相关费用。

第三，规定选择港，这是对装运港和目的港所做的具体规定，但有时也可先规定两个或三个港口再由买方任选一个执行，这就要求采用选择港。在买卖合同中应明确规定因选择而增加的运

费、附加费均由买方负担。例如：CIF 伦敦/汉堡/鹿特丹，任选（CIF London/Hamburg/Rotterdam optional）。

又如，CIF 伦敦，任选汉堡/鹿特丹，选港附加费由买方负担（CIF London，Hamburg/Rotterdam optional，additional for buyer's account）。

第四，规定某一航区为目的港。例如，"目的港：欧洲主要港口"（Port of destination：European Main Port）。这种规定不够明确，且承运工具到达目的港前，需要加以确认。同样，承运人要求加付相关费用。

(二)规定目的港时应注意的事项

第一，我国不允许使用的目的港，不能作为目的港。对于有战争或动乱的地方，也不宜定为目的港。

第二，对于航次较少或无直达航线的货物运输，应在合同中指明允许转运。注意目的港的港口条件，港口拥挤或港口费用高都会增加贸易成本。

第三，对于目的港的规定要明确，尽量指明确切的名称。注意港口重名问题。

第四，对于采用选择港，所选港口数目不宜过多，一般不得超过三个，而且都应在同一条航线上的基本港口。买方必须在承载船只到达第一个选择港前若干小时（一般是 48 小时）内，将最后确定的卸货目的港通知该港的船代理。否则，船方有权在任何一个选择港卸货。运费按选择港中最高的费率和附加费计算。对于选择卸货港所增加的费用，应由买方负担。

第五，对于季节性港口，应避开冰冻期、雨季、季风等季节。

三、分批装运与转运

分批装运和转运涉及买卖双方的利益，在合同中必须有明确的规定。关于分批和转运的解释和处理，《跟单信用证统一惯例》600 号出版物的规定如下：

第一，除非信用证另有规定，银行将接受分批装运的单据。为了避免不必要的争议，争取早出口、早结汇，防止交货时发生困难，除非买方坚持不允许分批装运，原则上应明确在出口合同中订明"允许分批装运"。

第二，对于同一船只、同一航次及同一目的港的多次装运，即使运输单据表面上注明不同的装运日期或不同的装运港口，不同的监管地，也不应视为分批装运。

第三，信用证规定在指定日期内分期支款及/或装运，若其中任何一期未按期支款及/或装运，除非信用证另有规定，则信用证对该期及以后各期均告失效。

第四，除非信用证另有规定，银行将接受转运的单据。为了明确责任和便于装运，买卖双方是否同意转运以及有关转运的办法和转运费的负担等问题，应在买卖合同中订明。

拓展阅读

进出口合同中的装运条款实例

1. 允许分批装运，不许转船。

Partial shipments allowed, Transshipment prohibited.

2. 9 月份装 300 公吨，10 月份装 400 公吨。

Ship 300 M/T during September and 400 M/T during October.

3. 2007 年 10/11 月份两批平均装运，每月一批，允许转运。

Shipment during October/November 2007 in two equal monthly shipment, with transshipment allowed.

4. 2007 年 11 月 15 日前装运，从大连至伦敦，集装箱装运，允许分批和转运。

Shipment on or before 15th November 2007，from Dalian to London by container vessel，partial shipment and transshipment to be permitted.

5. 分两批于 7 月和 8 月平均装运

Shipment during July and August in two equal lots.

6. 8 月 15 日前装运，在香港转船

Shipment by 15th August ，to be transshipped at Hong Kong.

7. 600 公吨棉籽油，装运港：上海，允许分两批装运，其中 400 公吨于 2007 年 9 月 20 日发往伦敦，200 公吨于 2007 年 10 月 30 日前发往利物浦。

600M/Ts of Cotton seed Oil，loading port：Shanghai，partial shipment allowed in two lots，400 M/Ts to London not later than 9/20/2007，200M/Ts to Liverpool not later than 10/30/2007.

8. 货物按上述搭配分为两匹，各 2000 件。缮制数量为 4000 件的发票一套，所有其他单据按照 2000 件一批制单。

Shipment to be effected in two lots of 2000 pieces each in above assortment. Invoice to comprise one lot of 4000 pieces. All other documents to be made up separately for 2000 pieces.

（资料来源：刘秀玲. 国际贸易实务与案例. 北京：清华大学出版社，2008）

想一想

如何巧用"允许分批装运条款"

我方某公司收到国外客户开来的信用证，证中规定：货物为 1×20 英寸集装箱各式运动鞋和塑料底布面库存拖鞋，价值分别为 45154 美元和 2846 美元，允许分批装运，单据要求规定我方必须提供由中国商品检验局签发的品质检验证书（简称质检证）。货物备妥发运前，我方商检局认为该批拖鞋品质未达到国家标准不能签发质检证。为此，我方立即要求客户修改信用证（即删除库存拖鞋的质检证条款），客户以改正费用太高且可能影响交货期为由拒绝改证，但表示只要货物和封样相同，他仍会接收货物。

我方可采取如下操作：根据信用证要求如期装运货物，并要求船公司出具两套海运提单分别代表运动鞋和库存拖鞋，然后将其会同各自出口单据，先后（日期差距应稍大，但都应在规定的交单期限内）分别向银行议付。因信用证允许分批装运，银行便视每套单据为每批货物单据。议付行会认为运动鞋项下的单据完全符合信用证的要求，而库存拖鞋项下的单据缺少质检证。议付行先后向国外寄单，运动鞋的货款安全收回，而拖鞋的货款可能因单证不符遭到开证行拒付，事实上，该客户还是接受了上述不符点而履行付款，所以我方还是可以收回拖鞋货款。

（资料来源：林俐. 国际贸易实务. 北京：清华大学出版社，2006）

四、备货和装运通知

装运通知是装运条款中不可缺少的一项内容。无论按哪一种贸易术语成交，交易双方都要承担相互通知的义务。目的在于明确双方的责任，促使双方互相配合，共同搞好车、船、货的衔接，有利于贸易的顺利进行。在按 CFR 或 CPT 条件成交时，装运通知具有特殊重要的意义。

按 FOB 条件成交时，应遵循的国际贸易惯例：

第一，卖方应在约定的装运期开始以前（一般为 30 天或 45 天），向买方发出货物备妥通知。

第二，买方接到通知后，应按约定的时间将船名、船舶到港受载日期等通知卖方。

第三，货物装船后，卖方应在约定时间将合同号、货物名称、件数、重量和发票金额、船名及装船日期等内容电告买方(装船通知)，以便买方办理保险、接卸货物和办理通关手续(包括CFR 和 CIF 条件)。

例如，合同中的备货通知条款：Shipment during May from London to Shanghai. The Sellers shall advise the Buyers 45 days before the month of shipment of the time the goods will be ready for Shipment. Partial shipments and transshipment allowed.

5 月份装运，由伦敦至上海，卖方应在装运月份前 45 天将备妥货物可供装船的时间通知买方。允许分批和转船。

【典型实例】

某农产品进出口公司于 1997 年间向斯特勒国际贸易有限公司出口一批芸豆。2 月 25 日接到对方开来信用证，有关部分信用证条款规定："1000 M/Tons of Large White Kidney Beans... Three sets of Shipping documents to be required as follows: One Set for 300 M/Tons, one set for 200 M/Tons, one set for 500 M/Tons. Shipment not later than 31st March, 1997. Partial shipments are not allowed."(1 000 公吨大白芸豆……装运单据需分如下三套：300 公吨一套；200 公吨一套；500 公吨一套。装运不得晚于 1997 年 3 月 31 日，不许分批装运。)农产品进出口公司经与船方代理公司联系，根据 3 月末前舱位情况，1 000 公吨无法在一条船上装完，即向买方斯特勒国际贸易有限公司提出修改信用证。3 月 14 日即接到信用证修改书改为："Partial shipment are permitted. All other credit terms and conditions remain unchanged.(允许分批装运。信用证的其他一切条款均未改变。)

农产品进出口公司最后经过船方代理公司配船于 3 月 20 日起将货相继装出，即于 3 月 21 日装"JIAXING"轮 300 公吨；3 月 24 日装"WANGJIANG"轮 200 公吨；3 月 26 日装"SHUNJIANG"轮 200 公吨；3 月 28 日装"WANQUANHE"轮 300 公吨。并各取得 3 月 21 日、3 月 24 日、3 月 26 日和 3 月 28 日签发的提单。农产品进出口公司于 3 月 31 日将备齐的全部单据通过议付行向开证行寄出。但于 4 月 14 日开证行提出单证不符："第××××号信用证项下单据经我行审查发现单证不符：根据你方所提交的单据共四套：即 300 公吨一套；200 公吨一套；200 公吨一套和 300 公吨一套。我信用证规定，装运单据分三套，所以你方单据与我信用证规定不符，单据暂由我行留存，速告如何处理。"

农产品进出口公司即于 4 月 16 日作出反驳意见：

"你方 14 日电悉。对于我方第××××号单据所谓单证不符事，我们认为：你方信用证虽然规定在不分批的条件下分三套单据，但你方 3 月 14 日已将信用证修改为允许分批装运。既然又允许分批，所以我方按任何分批方法装运，即分 300 公吨一批、200 公吨一批、200 公吨一批、300 公吨一批，并不违背你方信用证要求。因此，你行所谓'单证不符'不能成立。"

但开证行于 4 月 17 日复电仍坚持原意见：

"你方 16 日电悉。关于第××××号信用证项下的你方单证不符，经我们研究仍认为你方误解信用证修改条款的要求。我信用证原条款规定：不许分批装运，装运单据需分如下三套：300公吨一套；200 公吨一套；500 公吨一套。我信用证于 3 月 14 日仅修改为'允许分批装运'，即装运单据需分三套的条款要求仍然存在，其三套单据是不可改变的。至于修改可分批装运，意即三套单据各数量(300 公吨、200 公吨、500 公吨)可以不必装于一条船上，但三套单据仍是存在的。根据你方所提交的单据却分四套(即 300 公吨、200 公吨、200 公吨和 300 公吨四套)，故不符合信用证要求。"

农产品进出口公司认为开证行上述电文中的意见与信用证规定的条款有出入。于 4 月 21 日又向开证行作出如下反驳意见：

"你方 17 日电悉。我们认为原信用证条款规定不许分批装运的情况下又要求装运单据分三套，其意思应理解为除三套的数量可以分开装运外，在三套的单据之中每批的数量不能再分批。但信用证以后又修改为允许分批装运，其意思应理解为在规定的三批装运中，允许每批中还可以再分批，即分四批、五批……都可以。我装 JIAXING 轮 300 公吨、WANGJIANG 轮 200 公吨、SHUNJIANG 轮 200 公吨和 WANQUANHE 300 公吨，所以符合信用证要求。"

开证行于 4 月 28 日又回电，电文如下：

"贵方 21 日电悉。我 4 月 17 日电文中已经阐明了：我原信用证条款规定装运单据分三套，又规定不允许分批装运，其意思应该理解为 1 000 公吨只能不分批地装在一条船上，单据要分三套缮制。以后信用证又修改为允许分批装运，其意即在保持原规定三套单据的数量不变的条件下，允许在三套单据之间分批装运。也就是说 300 公吨可以装一条船；200 公吨可以再另装一条船；500 公吨也可以再另装一条船。在每批之中的数量绝不能再分批，因为我信用证只将'不许分批装运'改为'允许分批装运'，其他条款并未改变，请注意我 3 月 14 日回信用证修改又特别阐明'……信用证的其他一切条款均未改变。'也就是说除了分批装运条款外，分三套单据提供的要求并不改变，它仍然存在。如需分批也只能在三套数量之间分批。每套单据限定数量中再不能分批装运。所以贵方分四套单据是不符合我信用证要求的。"

农产品进出口公司经有关人员研究，并将上述开证行所解释与信用证对照才认为确系我们误解信用证条款。农产品进出口公司又与斯特勒国际贸易有限公司商洽，亦无效果，最终以降价 20％而结案。

（资料来源：分批装运与分套制单的误解．百考试题网，http：//www.100test.com）

【简评】本案例的农产品进出口公司完全是没有理解信用证条款的要求。开证行在 4 月 17 日电文对农产品进出口公司的误解信用证条款作了解释，但农产品进出口公司仍然认为自己的理解是正确的。4 月 28 日开证行再次对信用证的条款进行了详尽的解释，农产品进出口公司才有所醒悟。正如开证行所解释的一样，信用证条款规定不许分批装运，后改为允许分批装运，但原规定限制三种数量分三套单据的要求并未改变。该信用证经修改后实质变成这样条款："允许分批装运，但单据必须分为三套，即 300 公吨为一套；200 公吨为一套；500 吨为一套。"单据分三套是肯定的。如果 1000 公吨只装一条船也可以，但单据仍要按上述限定的数量 300 公吨、200 公吨、500 公吨分开三套单缮制。如果将 1000 公吨分两条船装也可以，例如第一条船装 500 公吨，单据则分两套：300 公吨一套、200 公吨一套；另一条船装 500 公吨为一套单据。如果 1 000 公吨分三条船装也可以，则按规定数量 300 公吨、200 公吨和 500 公吨分装三条船，单据按每条船一套分别缮制。上述几种分批方法均符合信用证要求。除此之外分四条船、五条船……都违背信用证要求。总而言之，不分批也可以，单据仍分三套。如分两批或三批也可以，单据仍要分三套，分三套单据是不可改变的。而农产品进出口公司恰恰相反，却分了四条船装运货物，单据分四套，当然不符合信用证要求了。

"正确"、"及时"是单证工作的原则。农产品进出口公司的第一批货于 3 月 21 日装了 300 公吨，第二批于 24 日又装了 200 公吨，既然信用证修改为允许分批装运，应该将 21 日所装的 300 公吨和 24 日装的 200 公吨分别及时向银行交单办理议付。如果能这样及时交单，这两笔共 500 公吨的货款即可安全收回。因为第一批货和第二批货的装运数量完全符合信用证条款所规定的分批和分套制单的要求，单证相符，开证行就必须接受第一批交单和第二批交单的单据并按时付款，这样就能减轻一半的损失。即使不是这样的情况，一般单证工作也要求在装运后应该及时向银行交单办理议付，争取早一天收汇以便增加一天外汇利息。希望该企业要引以为戒，吸取经验，争取下次遇到此类任务时可以顺利完成。

任务三　运输方式

任务描述

某出口公司出口货物对外报价 FOB 新港，每公吨 500 港元。外商要求改报 CIF 香港价。业务人员在查阅运价表时见该商品每运费吨为 50 港元，并匡算保险费为 6 港元，便以 CIF 每公吨 556 港元对外报价，结果成交 150 公吨。到装运时发现运价表上运费吨 50 港元是指尺码吨，不是重量吨，因商品积载系数为 2.5/1（立方米/公吨），给国家造成损失 11400 港元。

（资料来源：浙江工业大学国际贸易精品课程，http//www.gmsw.sunbo.net）

从上例中我们可以看出，运输方式的选择、运输费用的核算是国际贸易双方必须非常熟悉的内容，它会影响到双方的报价及利润，为了解决这些问题，避免贸易纠纷或经济损失，就必须选择合理的运输方式。

本任务中，国际贸易买卖双方进出口商品的交付是通过各种运输方式来完成的。运输方式的种类很多，各种运输方式都有其自身的特点和独特的经营方式，了解各种运输方式的特点和经营方式、运输费用的构成，对于合理选择和正确利用各种运输方式，有着重要的意义。

概念点击

海洋运输（Ocean Transportation）：简称海运，它是利用货船在国内外港口之间通过一定的航线和航区进行货物运输的一种运输方式。

班轮运输（Liner Shipping）：又称定期船运输，是指船舶在固定的航线上和固定港口之间按事先公布的船期表（Sailing schedule）和运费率往返航行，从事货运业务的一种运输方式。

基本运费（Basic Freight）：指货物在预定航线的各基本港口之间进行运输所规定的运价，是班轮运费的主体。

附加费（Surcharge）：是指班轮公司针对某些特殊情况或需要特殊处理的货物在基本运费之外加收的费用。

租船运输（Charter Shipping）：是指租船人向船公司租赁船舶用于货物运输的海洋运输方式。

程租（Voyage Charter）：是指定程租船运输，又称航次租船，是由船舶所有人负责提供船舶，按租船人的要求在指定港口之间进行一个或数个航次运送指定货物的一种租船方式。

滞期费（Demurrage）：是指规定的装卸时间内，如果租船人未能完成装卸作业，给船方造成经济损失，租船人向船方支付的一定金额的罚金。

速遣费（Despatch money）：是指租船人提前完成作业，船方作为鼓励而付给租船人的奖金。

集装箱运输（Container Transport）：是指以集装箱为基本运输单位，采用海陆空等运输方式将货物运往目的地的一种现代化运输方式。

 任务完成

一、海洋运输

(一)海洋运输的特点

海洋运输(Ocean Transportation)是国际货物各种运输方式中最传统、最常用、最普遍的一种。当前国际货物有2/3以上是通过海上运输来完成的，海上运输已成为目前国际贸易中最重要的运输方式，具体特点是：

- 通过能力大。海运有四通八达的天然航道，不像火车和汽车那样受轨道和道路的限制。
- 运量大。海运船舶的运载量远远超过火车、汽车的载运量，一艘万吨级船舶的载重量一般相当于5～6列火车的载重量。
- 运费低。由于船舶载运量大，使海运的单位货物运费就比其他运输方式低得多。海运的单位运输成本一般相当于铁路运输的1/20左右，相当于航空运输的1/30以下。
- 航行速度较慢。
- 易受气候和自然条件的影响。
- 对货物的适应性强。

海上运输的船舶多种多样，可以适用不同类型的货物运输。即使是石油井台、火车、机车等超重超大货物，其他运输方式无法装运的，船舶一般也都可以装运。

(二)海洋运输船舶的经营方式

海洋运输按船舶经营方式的不同分为班轮运输和租船运输两种。

1. 班轮运输

班轮运输主要用于运量较少，不足一整船的工业制成品、半制成品和其他高价值的产品和邮件、包裹等杂货的运输。

(1)班轮运输的特点

①"四固定"。即船舶行驶的航线固定、停靠的港口固定、船期固定和相对固定的运费率。

②管装管卸。班轮公司收取的运费中已包括装卸费用，承托双方不计算滞期费和速遣费。

③班轮提单为运输合同。承运人和托运人双方的权利和义务以签发的班轮提单背面条款为准，不再另外签订运输合同。

④承运货物比较灵活，不论数量多少，只要有舱位，都接受装运。

(2)班轮运费

包括基本运费和附加费两部分。

① 基本运费

第一，重量吨，按货物的毛重计收，在运价表内用字母"W"表示，1重量吨为1公吨或1长吨或1短吨。

第二，尺码吨，按货的体积计收，在运价表内用字母"M"表示，1尺码吨为1立方米或40立方英尺。

第三，从价运费，按商品的价格计收，在运价表内用"A. V."表示或"Ad. Val"表示，按货物的FOB价格的百分比计算运费，一般不超过5%。

第四，重量吨或尺码吨，按货物的毛重或体积，由船公司选择其中收费较高的一种计收运费，在运价表中用"W/M"表示。

第五，重量吨或尺码吨或从价运费，选择货物的重量、体积和价值三者中较高的一种计收运费，在运价表中用"W/M or A. V."表示。

第六，重量吨或尺码吨加从价运费，除按重量吨和尺码吨中较高的收运费外，另加一定的从价运费，以"W/M Plus A. V."表示。

第七，计件运费，按货物的件数计收，以"Per Unit"表示。

第八，议价法，对大宗低值货物，采用船、货双方临时议定运价的办法，以"Open"表示。

②附加费

常见的附加费有超重附加费（Heavy lift Additional）、超长附加费（Long Length Additional）、直航附加费（Direct Additional）、转船附加费（Transshipment Surcharge）、港口附加费（Port Additional or Port Surcharge）、港口拥挤费（Port Congestion Surcharge）、选港附加费（Additional on Optional Discharge Port）、货币附加费（Devaluation Surcharge）等。

班轮运费的计算方法

第一步，先根据商品的英文名称在货物分级表中查出该商品所属等级及其计费标准。货物分级表是班轮运价表（liner's freight tariff）的组成部分，它有"货名"、"计算标准"和"等级"三个项目。

第二步，根据商品的等级和计费标准，在航线费率中查出这一商品的基本费率。

第三步，查出该商品本身所经航线和港口的有关附加费率。

第四步，计算商品每一运费吨的单位运价。

第五步，用得出的该商品的单位运价乘以货物的数量，得出货物的总运费。

公式为：运费总额＝基本运费＋附加费

做一做

上海运往肯尼亚蒙巴萨港口"门锁"（小五金）一批计100箱，每箱体积为24000立方厘米，每箱重量为25公斤。当时燃油附加费为40%。蒙巴萨港口拥挤附加费为10%，试计算该货物的运费。

计算方法为：

第一步，查阅货物分级表。门锁属于小五金类，其计收标准为 W/M，等级为10级。

第二步，计算货物的体积和重量。

100箱门锁的体积为：0.024×100 箱＝2.4（立方米）

100箱门锁的重量为：0.025×100 箱＝2.5（公吨）

由于2.4立方米小于2.5公吨，因此计收标准为重量。

第三步，查阅"中国—东非航线等级费率表"，10级费率为443港元，则基本运费为：

$443 \times 2.5 = 1107.5$（港元）

第四步，附加运费为：

$1107.5 \times (40\% + 10\%) = 553.75$（港元）

第五步，上海运往肯尼亚蒙巴萨港100箱门锁，其应付运费为：

$1107.50 + 553.75 = 1661.25$（港元）

2. 租船运输

在租船运输中，船舶航行的时间、航线、停靠的港口及运费（包括运费中是否包含装卸费）均在装运前由租船人和船公司通过协商，以签订租船合同的方式来加以确定。租船运输通常适用于货物运量较大的散装货物的运输。租船人和船公司之间的权利和义务以双方签订的合同为准，提单不再作为运输合同。租船运输可分为以下三种形式。

（1）程租（Voyage Charter）。又称船次租船，程租按照航次多少和货物来去的配置，有单程租船（Single Trip Charter）、来回程租船（Return Trip Charter）、连续航次租船（Consecutive Trip Charter）以及包运合同租船（Contract of affreightment）等形式。

程租的特点是由船东负责船舶的管理营运工作，并负担船舶航行中的一切营运费用；由托运人和承租人负责完成货物的组织，支付按货物装运数量计算的运费及相关的费用；关于装卸费用由谁承担及货物装卸的时间、滞期费和速遣费的计算标准等问题由双方在租船合同中订明。

（2）定期租船（Time Charter）。又称"期租船"或"期租"，是指船舶所有人将特定的船舶，按照租船合同的约定，在约定的期限内租给承租人使用的一种租船方式。在租期内，承租人利用租赁的船舶既可以进行不定期船货物运输，也可以投入班轮运输，还可以在租期内将船舶转租，以取得运费收入或谋取租金差额。

期租的主要特点是：船东负责配备船员，并负担其工资和伙食；租船人负责船舶的调度和营运工作，并负担船舶营运中的可变费用，船舶营运中的固定费用由船东负责；船舶租赁以整船出租，租金按船舶的载重吨、租期及商定的租金率计收。

拓展阅读

利用期租（Time Charter）船的行骗及其防范

这类诈骗主要是指国际诈骗犯只要付首期的租金（通常是15天或30天的租金）就可以以期租方式租入船舶，同时自己就以二船东的身份以程租船的方式把船转租出去，并要求付货人预付运费，等到货物装妥船长签发了已付运费的提单后，收到运费的二船东就溜之大吉或突然破产、倒闭，留下的只是原船东面对提单项下的责任。原船东于是就成了这类诈骗案的受害方，因为原船东的提单表明了尽管运费已被二船东骗走，但他负有不可推卸的承运责任。在这种情况下，原船东要完成预定的航次，就要付很多的航次费用，如物料、燃油、工资、伙食、卸港费等，而其收到的首期或二期的租金是自然不足以弥补这类开支的，但由于船东提单的存在，他就必须完成这一承运任务，否则就是违约。

著名的案例是1960年香港船东所有的"Mandarin star"号货轮，某次装货到日本大阪，将抵目的港时租船人公司突然宣布破产倒闭，船东再也收不到租金，于是就拒绝驶往大阪并要挟收货人再付运费，否则就将货物卖掉，收货人拒不再付款，船果真把船驶往香港，把货卸岸入仓，并已与人洽妥价，准备把货卖掉。收货人闻讯后立即向香港法庭申请禁令，并向船东提出诉讼要求赔偿一切损失，结果船东败诉并输得一败涂地并因此跳楼自杀。

海运中这类利用期租船进行诈骗的案件频频发生的一主要原因是①近年来世界航运业竞争十分激烈，世界租船市场的供远大于求，如果船东再对租家挑来捡去，可能丧失生意，实际情况是常常四五条船争一个租船人，所以难免上当受骗，香港大大小小的船运公司没有一家幸免过此类诈骗。②世界租船市场上的经纪人（ship Broker）间的竞争也十分激烈，这样会有部分经纪人虽对租船人的信用有怀疑但仍向船东推荐为第一流的租船人。但也有时候是由于经纪人的业务水平不高而造成推荐失误的。③行骗的租家十分狡猾，他们往往和原船东或别人先做一两票货的生意来获得好的信誉，为自己创造好的声誉，然后就进行一次数量和金额都较大的租船诈骗，得手后就逃之夭夭，或者干脆立即用另一个新的公司名字登记，这家新的公司与其他信誉昭著的公司一样完全没有投诉的记录，于是船东又容易上当了。

对这类诈骗的最好的防范措施是船东加强对租船人资信的调查，具体可到船东会 BIMCO (Baltic International Maritime conference)查看租家过去有无被投诉的记录，到银行了解租家近期的财务状况，如果情况不妙应断然拒绝租让，另外还应尽可能不与来历不明的租家进行业务交易以免被经常换名称的纸面公司所坑害。值得一提的是即便船东受骗上当已成定局，船东还应尽可能地保持理智，切不可采取通过要挟货主以转嫁损失的做法，要不然将受到货主的起诉，而遭受新的败诉导致名利双失，正确的做法应是吸取教训完成航运。

（资料来源：龙之向导—外贸资讯，http：//www. dragon-guide. net/index0. htm）

（3）光船租船(Demise Charter)。又称"光租"，它是船东将船舶出租给承租人使用，由承租人自己配备船员，提供工资、给养，负担船舶经营管理和一切固定和变动的营运费用的租船运输形式。船东在租期内除收取租金外，对船舶和其经营不再承担任何责任和费用。实质上是一种财产租赁方式，船东不具有承揽运输的责任。

拓展阅读

国际海洋运输的主要规则

《海牙规则》。其全称为《统一提单若干法律规定的国际公约》(International Convention for the Unification of Certain Rules of Law Relating to Bill of Lading)公约草案是 1921 年在海牙通过，1924 年 8 月 25 日由 26 个国家在布鲁塞尔签订，1931 年 6 月 2 日生效。包括欧美许多国家在内的 50 多个国家都先后加入了这个公约。1936 年，美国政府以这一公约作为立法基础制定了 1936 年美国海上货物运输法。该规则使得海上货物运输中有关提单的法律得以统一，在促进海运事业发展，推动国际贸易发展方面发挥了积极作用，是最重要的和目前仍被普遍使用的国际公约，我国于 1981 年承认该公约。特点：较多地维护了承运人的利益，这在风险分担上很不均衡，因而引起了作为主要货主国的第三世界国家的不满，纷纷要求修改海牙规则，建立航运新秩序。

《海牙—维斯比规则》。第三世界国家强烈要求修改海牙规则，北欧国家和英国等航运发达国家主张折中各方意见，只对海牙规则中明显不合理或不明确的条款作局部的修订和补充。也称为海牙—维斯比规则(Hague-Visby Rules)，其全称为《关于修订统一提单若干法律规定的国际公约的议定书》(Protocol to Amend the International Convention for the Unification of Certain Rules of Law Relating to Bill of Lading)，或简称为"1968 年布鲁塞尔议订书"(The 1968 Brussels Protocol)，1968 年 2 月 23 日在布鲁塞尔通过，于 1977 年 6 月生效。目前已有英、法、丹麦、挪威、新加坡、瑞典等 20 多个国家和地区参加了这一公约。

《汉堡规则》。在第三世界国家的反复斗争下，经过各国代表多次磋商，并在某些方面作出妥协后通过的。全面修改了海牙规则，其内容在较大程度上加重了承运人的责任，保护了货方的利益，代表了第三世界发展中国家的意愿，这个公约于 1992 年生效。但对国际海运业影响不是很大。

除上述两种常用的规则外，还有《国际海事委员会海运单统一规则》和《国际海事委员会电子提单规则》。

（资料来源：冯德连. 国际贸易理论与实务. 北京：中国物资出版社，2008）

二、铁路运输

铁路运输(Rail Transport)是国际贸易中仅次海洋运输的另一种重要运输方式，海洋运输的进出口货物，也大多是靠铁路进行货物的集中和分散的。铁路运输具有如下优点：运输量比较大，仅次于海洋运输；速度比较快，仅次于航空运输；连续性和准确性强，铁路运输几乎不受气候影响，一年四季可以不分昼夜进行运输，其出发与到达的时间也比较准确；风险小；运费低，铁路运输费用比航空运输、公路运输都低，仅次于海洋运输。铁路运输的缺点是建设投资大，受轨道限制，不能跨洋过海。

我国对外贸易中，铁路运输主要有对中东至欧洲的国际铁路联运和对港澳地区的铁路联运两种方式。

(一)国际铁路货物联运(International Railway Through Transport)

凡是使用一份统一的国际联运票据，用铁路负责经过两国或两国以上铁路的全程运送，并通过一国铁路向另一国移交货物时，不需要发货人和收货人参加，这种运输称为国际铁路货物联运，如近年来由我国连云港至荷兰鹿特丹的新亚欧大陆桥的国际铁路联运业务。

1. 相关的国际公约

《国际铁路货物运送公约》(International Convention Concerning the Carrie of Goods by Rail，简称 CIM，《国际货约》)。它是欧洲各国政府批准的有关国际铁路货物联运的规定、制度和组织机构的公约。其前身为《国际铁路货物联运规则》，1934 年又重新修订，改称《国际铁路货物运输公约》。目前参加国有法国、德国、比利时、西班牙、葡萄牙等 30 多个国家，目前我国未加入该公约。

《国际铁路货物联运协定》(International Agreement Concerning the Through Transport of Goods by Rail，简称《国际货协》)。我国 1954 年参加该协定。

由于一些国家(如匈牙利、保加利亚、罗马尼亚、波兰、捷克、德国)同时加入了这两个条约，另外，一些分属不同公约的接壤国之间亦缔结有双边协定，因此两个条约缔结国之间可以联运。

2. 联运的范围及有关运费的规定

国际铁路联运既适用于"货协"国际之间的运输，也适用于"货协"与"货约"国家之间的顺向或反向的货物运输。

有关国际铁路货物联运的运输费用的规定是：发送国铁路的运输费用按发送国铁路的国内运价计算，到达国铁路的运输费用按到达国铁路的国内运价计算，过境国铁路的运输费用按国际铁路联运协定统一过境运价规程(统一货运价)的规定计算。

(二)对港澳地区铁路联运

对港澳地区的铁路联运主要由国内段铁路运输和港澳段铁路运输组成。中国对外贸易运输公司的分支机构作为运输承运人，负责对港澳的全程运输(而不是由内地交通部门办理)。外贸单位凭外运公司签发的承运货物收据向银行办理结汇。国内运单不能作为对外结汇的凭证。

对香港铁路联运的具体做法是：由国内出口公司从发运地组织托运，经国内运输运至深圳北站，获得国内运单。由深圳外运公司作为收货人和各外贸发货单位的代理，向铁路办理租车手续，并支付租车费，或将货物原车过轨，运至香港，再由中国旅行社作为深圳外运的代理，负责港段起票至九龙站的卸车交货工作。

对澳门铁路联运的具体做法是：主要通过广州中转。国内出口公司从发运地组织托运，经国内运输运至广州南站，由广东省外运分公司作为收货人并办理中转手续，负责将货物运至澳门。

对港铁路货物运输费用，按内地段铁路运输和港段铁路运输分别计算，内地按人民币计算，港段按港币计算。内地段运费包括铁路运费、深圳过轨租车费和深圳外运公司劳务费。港段运费包括铁路运费、港终点站卸货费、港段调车费及劳务费等。

三、航空运输

航空运输（Air Transportation）与其他运输方式相比，具有运输速度快、货运质量高且不受地面条件限制等优点。因此，它最适宜运送急需物资、鲜活商品、精密仪器和贵重物品。空运方式有以下几种：

（一）班机运输（Scheduled Airline）

班机运输是指有固定的航线、航期、经停空港和相对固定的收费标准的飞机运输。一般客货混载，选择班机运输可预知货物的启运和到达时间，并准确核算运费，交货也较有保障。

（二）包机运输（Chartered Carrier）

包机运输是指租机人租用整架飞机或若干租机人合租一架飞机运送货物的方式。分为整架包机和部分包机两种形式。整架包机适用于大宗货物的运送，部分包机适用于多个客户，且货物到站又是同一地点的货物运输。运费相对班机较低。

（三）集中托运（Consolidation Transport）

集中托运是指航空代理公司把若干批单独发运的货物，按照到达的同一目的地，组成一整批向航空公司办理托运，用一份总运单将货物发送到同一目的站，由预定的代理人负责收货、报关、分批后交给实际收货人的一种运输方式。

（四）航空快运方式（Air Express）

航空快运方式是指由专门经营快递业务的公司与航空公司合作，派专人以最快的速度在发货人、机场、收货人之间传递货物的方式，比较适合于急需的药品、贵重物品，合同资料及各种票据单证的传递。

四、公路、内河、邮政和管道运输

公路运输（Road transport）和铁路运输同为陆上运输的基本运输方式。它可直接运进或运出外贸货物，也是港口、车站、机场集散进出口货物的重要方式，具有"门到门"运输的优点，但公路运输载货量有限，运输成本高，风险大。由于我国幅员辽阔，在陆地上与许多国家相邻，所以在我国边疆地区与邻国的进出口贸易交换中，公路运输也占重要地位。

内河运输（Inland waterway transport）属于一种水上运输方式，具有成本低，运量大等优点，是连接内陆腹地与沿海地区的纽带，在现代化运输中起着重要的辅助作用。

邮政运输（Port transport）是通过邮局来运送货物的一种方式，该运输方式具有国际多式联运和"门到门"的特点。进出口贸易采用该运输方式时，卖方只需按条件将商品包裹交付邮局，付清邮费并取得收据（parcel port receipt），就算完成了交货义务。邮政运输对包裹的重量、体积有一定的限制，所以适用于小件货物的运送。

管道运输（Pipeline transport）是货物在管道内借助高压气泵和压力输往目的地的一种运输方式，主要适用于运送液体和气体货物。

五、集装箱运输

集装箱（Container）也称"货柜"或"货箱"，是一种柜形容器，可以把货物集中装入该容器内，所以被称为集装箱。由于集装箱可以整体装卸，使装卸速度加快，在转运过程中不需要掏箱，可以直接换装，使得装卸效率提高，同时可以简化货物手续，加快货运速度，提高货运质量，节省包装费和运杂费，降低运输的成本。以集装箱作为运输单位，可以组织多种运输方式，进行大量、快速、廉价、安全的国际多式联运。

由于集装箱运输特别适合于运输杂货，目前集装箱运输已在杂货运输中占有支配地位，并且已经形成了世界性的集装箱运输网络。

拓展阅读

集装箱计算单位(twenty-feet equivalent units 简称：TEU)

集装箱计算单位又称 20 英尺换算单位，是计算集装箱箱数的换算单位。目前各国大部分集装箱运输，都采用 20 英尺和 40 英尺长的两种集装箱。为使集装箱箱数计算统一化，把 20 英尺集装箱作为一个计算单位，40 英尺集装箱作为两个计算单位，以利于统一计算集装箱的营运量。

1. 集装箱货物的装箱方式

整箱货(full container load ，简称 FCL)

拼箱货的相对用语。由发货人负责装箱、计数、积载并加以铅封的货运。整箱货的拆箱，一般由收货人办理。但也可以委托承运人在货运站拆箱。可是承运人不负责箱内的货损、货差。除非货方举证确属承运人责任事故的损害，承运人才负责赔偿。承运人对整箱货，以箱为交接单位。只要集装箱外表与收箱时相似和铅封完整，承运人就完成了承运责任。整箱货运提单上，要加上"委托人装箱、计数并加铅封"的条款。

拼箱货 (less than container load，简称 LCL)

整箱货的相对用语，指装不满一整箱的小票货物。这种货物，通常是由承运人分别揽货并在集装箱货运站或内陆站集中，而后将两票或两票以上的货物拼装在一个集装箱内，同样要在目的地的集装箱货运站或内陆站拆箱分别交货。对于这种货物，承运人要负担装箱与拆箱作业，装拆箱费用仍向货方收取。承运人对拼箱货的责任，基本上与传统杂货运输相同。

2. 集装箱的交接方式

集装箱运输中，整箱货和拼箱货在船货双方之间的交接方式有以下几种：

(1)FCL—FCL(整箱交，整箱收)，适用于 CY—CY，Door—Door，CY—Door，Door—CY。

(2)FCL—LCL(整箱交，拆箱收)，适用于 CY—CFS，Door—CFS。

(3)LCL—FCL(拼箱交，整箱收)，适用于 CFS—CY，CFS—Door。

(4)LCL—LCL(拼箱交，拆箱收)，适用于 CFS—CFS(很少使用)。

门到门(Door to Door)：由托运人负责装载的集装箱，在其货仓或厂库交承运人验收后，负责全程运输，直到收货人的货仓或工厂仓库交箱为止。这种全程连线运输，称为"门到门"运输。

门到场(Door to CY)：由发货人货仓或工厂仓库至目的地或卸箱港的集装箱装卸区堆场。

门到站(Door to CFS)：由发货人货仓或工厂仓库至目的地或卸箱港的集装箱货运站。

场到门(CY to Door)：由起运地或装箱港的集装箱装卸区堆场至收货人的货仓或工厂仓库。

场到场(CY to CY)：由起运地或装箱港的集装箱装卸区堆场至目的地或卸箱港的集装箱装卸区堆场。

场到站(CY to CFS)：由起运地或装箱港的集装箱装卸区堆场至目的地或卸箱港的集装箱货运站。

站到门(CFS to Door)：由起运地或装箱港的集装箱货运站至收货人的货仓或工厂仓库。

站到场(CFS to CY)：由起运地或装箱港的集装箱货运站至目的地或卸箱港的集装箱装卸区堆场。

站到站(CFS to CFS)：由起运地或装箱港的集装箱货运站至目的地或卸箱港的集装箱货运站。

六、国际多式联运

国际多式联运(International Multi-model Transport)是在集装箱基础上，海、陆、空等各种运输方式更有效地结合起来的一种国际综合性的运输方式。《联合国国际货物多式联运公约》的定义是"国际多式联运是按照国际多式联运合同，以至少两种运输方式，由国际多式联运经营人将货物从一国境内接收货物的地点运至另一国境内指定交付货物的地点"。多式联运经营人一般为班轮公司，也可以是货运代理企业(称为"无船承运人")。

根据上述定义，国际多式联运的特点是：

第一，必须是国际两种或两种以上不同运输方式的连贯运输。

第二，有一个多式联运合同。合同中明确规定多式联运经营人(承运人)和托运人之间的权利、义务、责任等。

第三，多式联运经营人对全程运输负责。即货物不管在哪一程运输中出现问题，都由多式联运经营人向托运人负责。

第四，使用一份包括全程的多式联运单据(Multimodal Transport Document，简称 MTD 或 Combined Transport Document，简称 CTD)。

第五，必须全程使用单一的运输费率(Multi-modal Transport Single Factor Rate)。

国际多式联运汇集了各种运输方式的优点，实现了较为完善的运输效果。多式联运责任统一，手续简便，各种运输环节紧凑、连贯，中转迅速，货主可尽早结汇，加快资金的周转。

目前，我国开办的国际多式联运线路有 10 余条，由我国内地或港口可达欧、美、非洲的港口或内地各城市。

【典型实例】

某企业出口柴油机一批，共 15 箱，总毛重为 5.65 公吨，总体积为 10.676 立方米，由青岛装中国远洋运输公司轮船，经香港转船至苏丹港，求该批货物总运费。

操作步骤一：确定了货物的准确英文译名为"Diesel engine"，从班轮公司运价表的"货物分级表"(Classification of Commodities)中查出相应货名。查到该货物为 10 级，计算标准为"W/M"。

操作步骤二：在中国内地—中国香港航线登记费率表中查得青岛—香港航线的费率为 22 美元，并得知香港中转费为 13 美元。

操作步骤三：在中国香港—红海航线费率表中查得 10 级货物的费率为 95 美元。查附加费率表，只有苏丹港要收港口拥挤附加费，费率为香港—红海基本运费率的 10%。

操作步骤四：计算单位运费。

单位运费＝22＋13＋95×(1＋10%)＝139.5(美元)

操作步骤五：计算运费总额。

运费总额＝基本运费＋附加费＝单位运费×货物数量

　　　　＝139.5×10.676

　　　　＝1 489.302(美元)

【简评】国际贸易买卖实务工作中对运输费用的核算是必须掌握的，因为运输费用的核算对运输方式的选择，成本的核算起重要的作用。在本例具体的实际操作过程中熟悉海洋运输中班轮运输运输费用的计算，不仅可以熟悉各种附加费的概念，还可以熟悉计算的步骤，为今后出色的完成此类任务积累经验。

任务四 国际货物运输单据

任务描述

中国 A 公司委托中国某航运公司 B 将 1 万袋咖啡豆从中国上海港运往巴西某港口。船长签发了清洁提单，载明每袋咖啡豆重 60 公斤，其表面状况良好。货到目的港卸货后，收货人巴西 C 公司发现其中 600 袋有重量不足或松袋现象，经过磅约短少 25%。于是，C 公司提起诉讼，认为承运人 B 公司所交货物数量与提单的记载不符，要求 B 公司赔偿货物短少的损失。B 公司出具有力证据证明货物数量的短少在货物装运时业已存在，并抗辩称，因其在装船时未对所装货物一一进行核对，所以签发了清洁提单。货物数量的短少不是因承运人 B 公司的过失所造成，所以 B 公司不应对此承担赔偿责任。经查，货物数量的短少的确不是因承运人的原因所造成，而属托运人 A 公司的责任。想一想，B 公司应该承担赔偿责任吗？

（资料来源：中国大学生网—法学．http：//lw.chinaue.com）

该案例中，法院认为 B 公司签发的清洁提单是其已经按提单所载状况收到货物且货物表面状况良好的初步证据，B 公司虽能提供证据证明货物数量的短少在装船时已存在，而不是因其过失所造成，但该证据和理由不能对抗善意受让提单的包括收货人在内的第三人。据此，法院判决 B 公司应对货物数量的短少向收货人 C 公司承担赔偿责任。本案中，对收货人 C 公司而言，承运人 B 公司签发的清洁提单是 B 公司按提单记载情况收到货物，且货物表面状况良好的终结性证明，即使 B 公司能提出确切的证据证明货物数量的短少是托运人的原因所造成，B 公司仍然应向信赖提单记载事项的 C 公司承担赔偿责任，然后再向托运人 A 公司索赔。提单在海运中的作用很大，航运公司作为承运人在制作提单时应谨慎处理，对每项内容都应认真填写，不可滥发清洁提单，否则一点点疏忽都会带来巨大的损失。

从上例中我们可以看出，该案例主要涉及海运提单的性质和作用等法律问题，提单在国际贸易中是非常重要的单据，它是交接货物，处理索赔与理赔以及向银行结算货款或进行议付的重要单据。因此国际贸易的双方应该熟悉各种运输单据的性质，在国际贸易中合理地应用，从而避免损失和承担风险。

本任务中，国际货物买卖双方在掌握各种货运单据基本内容的基础上，要明确不同单据应注意的事项，保证买卖双方的权利得到最大保证。

概念点击

海运提单(Ocean bill of lading，B/L)：简称提单，是船方或其代理接管承运货物或货物装船后签发给托运人的货物收据，以及承运人据以保证交付货物的凭证。海运提单也是收货人在目的港向船公司或其代理提取货物的凭证。

已装船提单(On board B/L)：是指承运人已将货物全部装上指定船舶后签发的提单，其特点是提单上注明货物已装船、装船日期、船长或其代理人的签字，证明货物已装船。

备运提单(Received for shipment B/L)：是指承运人在收到托运货物等待装运时所签发的提单。

清洁提单(Clean B/L)：清洁提单是指货物装船时表面状况良好，一般未加表示货物或其包装不良的批注，或虽有批注，但不影响结汇的提单。

不良批注：是指在提单上注明货物表面状况、包装有不良或存在缺陷。

不清洁提单(Unclean B/L)：是指承运人在提单上加注货物表面或包装不良或存在缺陷等批注的提单。

正本提单(Original B/L)：是指提单上有承运人、船长或其代理人签字盖章并注明签发日期的提单。

副本提单(Cope B/L)：是指提单上没有承运人或其代理人签字盖章，而仅供工作上参考用的提单。

倒签提单(Anti-dated B/L)：是指货物装船后，应托运人请求船方签发的早于货物实际装船日期的提单。

预借提单(Advanced B/L)：是指货物尚未装船，预先签发的、借给托运人的一种提单。

 **任务完成**

一、海运单据

(一)海运提单

1. 海运提单的性质和作用

海运提单的性质和作用有三点：一是货物收据，证明船方已收到或接管货物。二是物权凭证，提单持有人有权凭它提货，还可背书转让其货物所有权。三是运输契约的证明，提单条款规定了承、托双方的权利和义务、责任与豁免，是处理纠纷的法律依据。

2. 海运提单的格式和内容

每个船公司都有自己的提单格式，但内容基本相同，包括提单正面的记载事项和背面印刷的运输条款。

(1)提单的正面内容。提单号码(B/L NO.)，托运人(Shipper)，收货人或指示(Consignee or order)，被通知人(Notify Party)，前程运输(Pre-carriage by)，装运港(Port of loading)，船名(Vessel)，转运港(Port of transshipment)，卸货港(Port of discharge)，最后目的地(Final Destination)，集装箱号或唛头号(Container seal No. or marks and Nos.)，货物的件数、包装种类和货物的描述(Number and Kind of Packages, Description of goods)，毛重(Gross Weight)，尺码(Measurement)，运费和费用(Freight and Charges)，转船信息(Regarding transshipment information please contact)，运费预付地(Prepaid at)，运费支付地(Freight Payable at)，签单地点和日期(Place and date of issue)，全部预付(Total prepaid)，正本提单份数(Number of Original B/Ls)，承运人或船长的签名(Signed for or on behalf of the master)。

(2)提单的背面条款。在提单背面的运输条款是确定承托双方以及承运人、收货人和提单持有人之间的权利与义务的主要依据。国际上为统一提单背面条款内容，先后签署了三个有关提单的国际公约：①1924 年签署的《关于统一提单的若干法律规则的国际公约》，简称《海牙规则》；②1968 年签署的《布鲁塞尔议定书》，简称《维斯比规则》；③1978 年签署的《联合国海上货物运输公约》，简称《汉堡规则》。由于上述三项公约签署的历史背景不同，内容不一，各国对这些公约所持有的态度也不相同，因此，各国船公司签发的提单背面条款也有一定差异。

3. 海运提单的种类

(1)根据货物是否已经装船划分。①已装船提单(On board B/L)，在目前出口业务中所见到的信用证，除了集装箱运输使用运输单据外都要求提供已装船提单。②备运提单(Received for shipment B/L)，买方一般不愿意接受备运提单，但在货物实际装船后，承运人在印制好的备运提单加注"已装船"字样，并注明船名、装船日期及签字后，就成为"已装船提单"。

(2)根据货物外表有无不良批注来划分。①清洁提单(Clean B/L)，清洁提单是买方收到完好货物的保证，也是结汇、提单转让时必备的条件。②不清洁提单(Unclean B/L 或 Foul B/L)。承运人在提单上批注"包装不固"、"包装残旧玷污"、"短装10箱"等词句后，该提单便是不清洁提单。承运人这类批注主要源于：在交货时如果发现货损或货差，且可归因于此类批注，承运人可据此免责。除非信用证明确规定可以接受不清洁提单，否则银行不接受不清洁提单。

(3)根据运输过程是否需转运来划分。①直达提单(Direct B/L)，又称直航提单，是指货物从装船后中途不经换船而直接驶达目的港卸货所签发的提单。②转船提单(Transshipment B/L)，是指从装运港装货的轮船，不直接驶往目的港，而需在中途换转另外船舶所签发的提单。在这种提单上要注明"转船"或"在××港转船"字样。③联运提单(Through B/L)，是指货物通过海陆、海空或海海的联合运输时，由第一程海运承运人签发的包括全程的提单。签发联运提单的承运人一般都在提单中规定，只承担他负责运输的一段航程内的货损责任。

(4)根据抬头(收货人)不同来划分。①记名提单(Straight B/L)。在收货人栏内列明指定收货人名称，货物只能交给提单上指定的收货人，不能背书(Endorsement)转让。此种提单可以不凭正本提单提货，此时该提单就失去了物权凭证作用，一般用于买方预付货款情况。②不记名提单(Open B/L，Blank B/L 或 Bearer B/L)，收货人栏内不需要列明任何收货人，只写明"货交提单持有人"，或不填写任何内容的提单。谁持有提单，谁就可凭以提货，船方交货是凭单不凭人。以上两种提单很少使用。③指示提单(Order B/L)，收货人栏内填写"凭指定"(to order)或"凭某人指定"(to order of...)字样，此种提单经过背书才能转让。指示提单的背书有"空白背书"和"记名背书"。空白背书是由背书人(提单转让人)在提单背面签章，但不注明被背书人的名称；记名背书除了背书人签章外，还要注明被背书人的名称，如再以转让可再加背书。目前使用最多的是凭指定并经空白背书的提单，习惯上称其为"空白抬头、空白背书"提单。

(5)根据内容繁简不同来划分。①全式提单(Long term B/L)，不但有完整的正面内容，而且有详细的背面条款的提单。国际贸易中使用的大多为全式提单。②略式提单(Short term B/L)，仅有正面内容而无背面条款的提单。

(6)根据提单使用效力不同来划分。①正本提单(Original B/L)，正本提单上必须要标明"正本"(Original)字样，以示与副本提单有别。它是法律上公认有效的单证。②副本提单(Non-negotiable or copy B/L)，一般提单上标明"Copy"或"Non-negotiable"(不做流通转让)字样，以示与正本提单有别。

(7)根据船舶营运方式的不同来划分。①班轮提单(Liner B/L)，班轮公司承运货物后签发给托运人的提单。②租船提单(Charter party B/L)，承运人根据租船合同而签发的提单，一般为略式提单，提单上注明"一切条件、条款和免责事项按照某租船合同"或批注"根据××租船合同"字样。

(8)其他种类提单。①起码提单(Mini B/L)，船方按最低运费计收所签发的提单。②舱面提单(On deck B/L)，指承运人签发的提单上注有"货装甲板"字样的提单。这种提单的托运人一般都向保险公司加保舱面险，以保货物安全。一般不接受舱面提单。③过期提单(Stale B/L)，信用证项下，是指错过规定的交单日期或者晚于货物到达目的港的提单。前者是指卖方超过提单签发日期后21天才交单议付的提单，银行拒绝接受此类提单；后者是在近洋运输时，货物先到、单据后到，所以在近洋国家间的贸易合同中，一般都订有"过期提单可以接受"的条款。④倒签提单(Anti-dated B/L)，这主要是为了使提单符合信用证对装运日期的规定，以便顺利结汇。如，实际装船日期是 6 月 25 日，为了符合客户 6 月 21 日之前装货的要求，则将提单日期倒签至 6 月 21 日，以符合客户规定的装运期。⑤预借提单（Advanced B/L），按规定提单须在货物装船完毕时签发，无论是倒签还是预借，提单日期都不是真正的装船日期。这种行为侵犯了收货人的合法权益，故应尽量减少或杜绝使用。上述两种提单均须托运人提供担保函（letter of indemnity）才能获得。

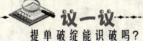 议一议

提单破绽能识破吗？

2001 年 3 月，国内某公司（以下简称甲方）与加拿大某公司（以下简称乙方）签订一设备引进合同。根据合同，甲方于 2001 年 4 月 30 日开立以乙方为受益人的不可撤销的即期信用证。

信用证中要求乙方在交单时，提供全套已装船清洁提单。

2001 年 6 月 12 日，甲方收到开证银行进口信用证付款通知书。甲方业务人员审核议付单据后发现乙方提交的提单存在以下疑点：

1. 提单签署日期早于装船日期。

2. 提单中没有已装船字样。

根据以上疑点，甲方断定该提单为备运提单，并采取以下措施：

1. 向开证银行提出单据不符点，并拒付货款。

2. 向有关司法机关提出诈骗立案请求。

3. 查询有关船运信息，确定货物是否已装船发运。

4. 向乙方发出书面通知，提出甲方疑义并要求对方做出书面解释。

乙方公司在收到甲方通知及开证银行的拒付函后，知道了事情的严重性并向甲方做出书面解释并片面强调船务公司方面的责任。在此情况下，甲方公司再次发函表明立场，并指出，由于乙方原因，设备未按合同规定期限到港并安排调试，已严重违反合同并给甲方造成了不可估量的实际损失。要求乙方及时派人前来协商解决问题，否则，甲方将采取必要的法律手段解决双方的纠纷。乙方遂于 2001 年 7 月派人来中国。在甲方出具了充分的证据后，乙方承认该批货物由于种种原因并未按合同规定时间装运，同时承认了其所提交的提单为备运提单。最终，经双方协商，乙方同意在总货款 12.5 万美元的基础上降价 4 万美元并提供 3 年免费维修服务作为赔偿并同意取消信用证，付款方式改为货到目的港后以电汇方式支付。

（资料来源：隋方柏．国际商报．2001—10—28）

本案例的焦点在于乙方提交银行的议付单据中提单不符合信用证规定的已装船清洁提单的要求。由于乙方按实际业务操作已经不可能在信用证规定的时间内向信用证议付行提交符合要求的单据，便心存侥幸以备运提单作为正式已装船清洁提单并将此作为议付单据。岂不知这种做法不仅违反了合同的有关要求而且已经构成了诈骗，其行为人不仅要负民事方面的责任还要负刑事责任。我们应该吸取的经验教训：

第一，在合同和信用证中详细清楚地规定议付单据中的提单必须是全套清洁的已装船提单。

第二，收到议付单据后，仔细认真地审核相关单证，确认所有单据符合单单相符，单证相符的要求。

第三，仔细审核提单中的每一个细节，确保所收到的提单是全套清洁的已装船提单。

（二）海上货运单

简称海运单（Sea waybill or Ocean waybill），是指承运人直接签发给收货人的提单。海运单不是物权凭证，不能向银行押款，也不可转让，因此也称"不可转让海运单"（Non-negotiable sea waybill）。海运单能方便买方提货，可以有效减少假提单诈骗现象。

二、其他主要运输单据

（一）铁路运输单据

铁路运单（Railway Bill B/L）是铁路承运人收到货物后所签发的铁路运输单据。我国对外贸易铁路运输按营运方式分为国际铁路联运和国内铁路运输两种方式。前者使用国际货协运单，后者使用承运货物收据。

1. 国际货协运单（International Cargo Agreement Transportation）

国际货协运单使用正副本方式。运单正本随同货物从始发站到终点站交给收货人，作为铁路向收货人交付货物的凭证。运单副本在发货站加盖承运期戳记，成为货物已被承运的证明，发货人凭之向银行要求结汇。国际货协运单不能转让。

2. 承运货物收据（Cargo Receipt）

承运货物收据是对港澳铁路运输中使用的一种结汇单据。该收据包括大陆段和港段两段运输，是代办运输的外运公司向出口人签发的货物收据，也是承运人与托运人之间的运输契约，同时还是出口人办理结汇手续的凭证。

（二）航空运单

航空运单（Air Way Bill）是航空公司收到货物后出具的货物收据和运输凭证。航空运单与海运提单性质不同，它只能表示承运人已收到货物，起到货物收据的作用，却不是物权凭证。货到目的地后，收货人不是凭航空货运单提货而是凭航空公司发出的"到货通知"提取货物。所以航空运单不能背书转让，也不能作为有价证券流通。

（三）多式联运单据

多式联运单据（Multimodal Transportation Documents）是指多式联运经营人在收到货物后签发给托运人的单据。按照国际商会《联合运输单证统一规则》的规定，多式联运经营人负责货物的全程运输。多式联运单据与联运提单在形式上有相同之处，但在性质上并不同。

1. 提单的签发人不同

多式联运单据由多式联运经营人签发，而且可以是完全不掌握运输工具的"无船承运人"，全程运输均安排各分承运人负责。联运提单由承运人或其代理人签发。

2. 签发人的责任不同

多式联运单据的签发人对全程运输负责。而联运提单的签发人仅对第一程运输负责。

3. 运输方式不同

多式联运提单的运输既可用于海运与其他方式的联运，也可用于不包括海运的其他运输方式的联运。联运提单的运输限于海运与其他运输方式的联合运输。

4. 已装船证明不同

多式联运提单可以不表明货物已装船，也无须载明具体的运输工具。联运提单必须是已装船提单。

附：提单样本

SEA－LAND SERVICE，INC.

INTERNATIONAL BILL OF LADING

NOT NEGOTIABLE UNLESS CONSIGNED "TO ORDER"

(SPACES IMMEDIATELY BELOW FOR SHIPPER'S MEMORANDA)

SHIPPER/EXPORTER (COMPLETE NAME AND ADDRESS)		BOOKING NO.	BILL OF LADING NO.
		EXPORT REFERENCES	
CONSIGNEE (COMPLETE NAME AND ADDRESS)		FORWARDING AGENT/F M C NO.	
		POINT AND COUNTRY OF ORIGIN	
NOTIFY PARTY (COMPLETE NAME AND ADDRESS)		ALSO NOTIFY － ROUTING & INSTRUCTIONS	
		FINAL DESTINATION (OF THE GOODS NOT THE SHIP)	
VESSEL VOY FLAG	PORT OF TRANSSHIPMENT	LOADING PIER/TERMINAL	ORIGINAL(S) TO BE RELEASED AT
PORT OF DISCHARGE	PLACE OF DELIVERY BY ON-CARRIER	TYPE OF MOVE(IF MIXED, USE BLOCK 20 AS APPROPRIATE)	

PERTICULARS FURNISHED BY SHIPPER

MKS. & NOS/ CONT. NOS	NO. OF PKGS.	DESCRIPTION OF PACKAGES AND GOODS	GROSS WEIGHT	MEASUREMENT
DECLARED VALUE	IF SHIPPER ENTERS A VALUE, CARRIERS PACKAGE LIMITATIONS OF LIABILITY DOES NOT APPLY AND THE AD VALOREM RATE WILL BE CHARGED.	FREIGHT PAYABLE AT/BY		

FREIGHT CHARGES	RATED AS PER	RATE	PREPAID	COLLECT	CURR－ENCY	RATE OF EXCHANGE
TOTALS						

THE RECEIPT CUSTODY, CARRIAGE AND DELIVERY OF THE GOODS ARE SUBJECT TO THE TERMS APPEARING ON THE FACE AND BACK HEREOF AND TO CARRIER'S APPLICABLE TARIFF.	* APPLICABLE ONLY WHEN USED FOR MULTIMODEL OR THROUGH TRANSPORTATION * INDICATE WHETHER ANY OF THE CARGO IS HAZARDOUS MATERIAL UNDER DOT. IMCO OF OTHER REGULATIONS AND INDICATE CORRECT COMMODITY NUMBER IN BOX 20.
	AT BY
	FOR SEA － LAND SERVICE, INC. AS CARRIER.

【典型实例】

对于无正本提单放货案的思考

江门市金益五金贸易有限公司（下称金益公司）与多米尼加共和国某公司签订了一份售货合同，约定由金益公司向该公司出口一批电话机。2000年4月13日，通过以色列以星轮船有限公司（下称以星公司）在香港的代理人，金益公司与以星公司签订了海上货物运输合同。根据该合同约定，以星公司负责将金益公司这批货物用集装箱从香港运往多米尼加共和国首都圣多名哥。以星公司并向金益公司签发了全套正本记名提单一式三份，记名的收货人是该批电话机的买方。然而，该批货物运抵目的港后，在金益公司仍持有全套正本提单的情况下，货物却被人提走，使金益公司失去对这批货物的控制权，最终导致无法收回货款。金益公司在收不到货款、手中握有全套正本提单却不知货物下落的情况下，向广州海事法院提起无正本提单放货侵权诉讼，要求以星公司赔偿货款损失64万元及利息损失。

广州海事法院经审理认定，以星公司按照目的港所在国有关规定，向港务局交货，主观上没有过错，而且是履行交货义务的必要步骤。广州海事法院对这起涉外无正本提单放货纠纷案作出一审判决：驳回原告金益公司对被告以星公司的诉讼请求。

（资料来源：外贸族．http：//www.waimaozu.com/Knowledge/haiguan/2008-08/2951386.html）

【简评】提单在国际贸易中的重要性是不言而喻的。由于提单具有物权凭证的法律功能，出口方可以通过控制提单来有效控制和支配提单项下货物的物权，以确保收取货款，这一点不论是通过信用证方式、凭单付款方式还是放单前电汇的方式进行收款都是极为重要的。但是对于记名提单，这种做法却并非万无一失，而且正面临着越来越大的挑战。

但是在本案中，没有提单却可以照样提货。原来，多米尼加共和国对进口货物的交付问题有其特殊的法律规定：境内港口进口货物由港务局直接交付，海运承运人无权也不负责货物的交付，多米尼加共和国港务局及海关有权在收货人未交正本提单的情况下交付货物。以星公司也称，这批货物已交给圣多名哥港口。

广州海事法院经审理认为，以星公司按照目的港所在国有关法律的规定，向港务局交货，主观上没有过错，而且是履行交货义务的必要步骤。所以，金益公司要求以星公司赔偿损失的请求缺乏法律依据，法院不予支持。据此，根据多米尼加共和国有关法律规定，该法院判决驳回金益公司的诉讼请求。

由于记名提单作为物权凭证的不确定性，在出口业务中应尽量避免，实在不得不使用时，应考虑可能出现的风险并采取相应的防范措施。

综合实训

1. 进出口合同中的装运港和目的港有哪些规定办法？
2. 什么叫分批装运？《跟单信用证统一惯例》对此有何规定？
3. 集装箱运输中货物的装箱方式有几种，各有什么不同？
4. 简述国际多式联运的特点。
5. 我国粮油进出口总公司天津分公司对新加坡出口5 000公吨大豆，国外开来信用证规定：不允许分批装运。结果我方在规定的期限内分别在大连港、天津新港各装2 500公吨于同一航次的同一船上，提单也注明了不同的装运地和不同的装船日期。请问这是否违约？银行能否议付？

6. 我国向俄罗斯出口茶叶 9 000 箱，合同和信用证均规定"从 7 月份开始，连续每月 3 000 箱"，问：我方于 7 月份装 3 000 箱，8 月份没装，9 月份装 3 000 箱，10 月份装 3 000 箱，可否？

7. 某年我国某公司与非洲客户签订一项商品销售合同。当年 12 月起至次年 6 月交货，每月等量装运××万米，凭不可撤销信用证，提单签发后 60 天付款。对方按时开来信用证，证内装运条件仅规定："最迟装运期为 6 月 30 日，分数批装运。"我经办人员见证内未有"每月等量装运××万米"字样，为了早出口、早收汇，便不顾合同装运条款，除当年 12 月按合同规定等量装出第一批外，其余货物分别于次年 1 月底，2 月底两次装完，我银行凭单议付。这样交货有无问题？

8. 我国对新加坡按 CFR 合同出口一批化肥，合同规定 1～3 月份装运，国外来证也如此，别无其他字样。但我方在租船订舱时发生困难，因出口量大，一时租不到足够的舱位，须分三次装运。问在这种情况下，是否需要国外修改信用证的装运条款？

9. 我国大连某纺织品进出口公司出口至日本纺织品一批，共 9.6 立方米，运费计算标准为 M，按 1998 年 8 月 1 日《中远表》5 号版本 10 级货类计算。此货从大连起运至日本横滨，查大连至日本横滨 10 级货基本运费为 36 元人民币，加币值附加费 35.8%，再加燃油附加费每公吨 18 元人民币，试计算其运费为多少？

10. 翻译装运期规定：

(1) 2002 年 6 月底以前装运。

(2) 2005 年 3 月份装运。

(3) 收到信用证后 25 天内装运。

(4) 买方必须不迟于 8 月 8 日将信用证开到卖方。

(5) 收到信汇后 20 天内装运。

(6) 1995 年 4/5 月份分两批平均装运，允许转船。

(7) 3/4/5 月份装运，允许分批和转船。

实训目标：

装运时间规定训练。

组织实施：

学生分组，分别练习。

操作提示：

熟悉专用术语及英文表达。

成果检测：

完成活动项目任务，各组分别展示，学生讨论，教师进行评价。

11. 我国某出口公司按 CFR 条件向日本出口红小豆 250 吨，合同规定，卸货港为日本口岸。发货时，正好有一船驶向大阪，我公司打算租用该船。但装运前我方主动去电，询问日方在哪个口岸卸货，时值货价下跌，日方故意让我方在日本东北部的一个小港卸货，我方则坚要在大阪、神户卸货，双方争执不下，日方就此撤销合同。试问我方做法是否合适？日本商人是否违约？

实训目标：

装运条款分析训练。

组织实施：

学生分组，各成员分工，分别负责不同的习题分析。

操作提示：

信用证一经开立就成为独立于合同之外的法律文件，只要单证一致，单单相辅，即可收取货款。但为防止日后麻烦，应尽量既满足信用证条款也满足合同条款。

成果检测：

完成活动项目任务，各组分别展示，学生讨论，教师进行评价。

12. 某公司出口到澳大利亚悉尼港某商品 100 箱，每箱毛重 30 公斤，体积为 0.035 立方米，运费计算标准为 W/M10 级。查 10 级货直运悉尼港基本运费为 200 元人民币，加货币附加费 35.8%，再加燃油附加费 28%，港口拥挤费 25%。

实训目标：

进出口货物班轮运输费用的核算。

组织实施：

学生分组，各成员分工，分别负责不同进出口货物的成本核算。

操作提示：

班轮运输运输费用＝基本运费＋附加运费。

成果检测：

完成活动项目任务，各组分别展示，学生讨论，教师进行评价。

13. 某进口公司以 CFR 价格，即期信用证付款方式成交某商品 1500 袋，提货时，发现短量 103 袋，持清洁提单向船公司索赔时，船公司出示出口人出具的"赔偿保证书"(Letter of Indemnity, L/I)(通称保函)，拒不承担赔偿责任，进口商当即致电卖方索赔，巧遇卖方公司破产倒闭。对此船公司应该如何处理？船公司是否有责任？

实训目标：

提单的性质和作用。

组织实施：

学生分组，各成员分工，分别负责争议双方各自主张的处理意见和建议。

操作提示：

《汉堡规则》规定只要不是对收货人进行欺诈，则保函在承运人与托运人之间有效，而对第三人不发生效力。进口公司可以选择追究托运人的责任或承运人的责任。

成果检测：

完成活动项目任务，各组分别展示，学生讨论，教师进行评价。

商品的运输保险

项目介绍

在国际货物交接过程中，可能会遇到各种不同的自然灾害和意外事故，使货物遭受部分损失或全部灭失，从而给买方或卖方带来不利的经济后果。为了使货物在运输过程中遭到的意外损失得到补偿，货物的买方或卖方便需要按合同规定向保险公司办理保险手续。投保人同保险公司订立保险契约，被保险人（买方或卖方）向保险人（保险公司）按一定的金额投保一定的险别，交付一定的保险费，从而将货运过程中可能遭到的风险交由保险公司承担。

国际货物运输保险包括海上货物运输保险、陆地货物运输保险（包括铁路货运和公路货运保险）、航空货物运输保险、邮包货物运输保险等多种形式。其中，海上货物运输保险的历史最久，业务量最大，在国际货物运输保险中占据主要地位，是国际贸易中无形贸易的重要组成部分。

任务一 海上货物运输保险

任务描述

我国江西景德镇某企业按 CIF 向不来梅出口了一批瓷器，投保一切险，由广州经新加坡转运至德国的不来梅。货物抵达新加坡后，由中铁公司负责办理转运业务。办理转运时，因货物绝大部分包装袋破裂，船方无法承运，为赶船期，中铁公司在新加坡雇工重新包装，更换包装的费用为 3500 美金。

这笔费用应该由保险公司承担，因为货物已经投保了一切险。一切险的承保范围包括"包装破裂险"，保险公司对用袋装、箱装、篓装的货物在运输途中因搬运、装卸不当使包装破裂造成短少、玷污等损失均需负责。

（资料来源：孙继红. 新编国际贸易实务. 上海：上海财经大学出版社，2008）

从上例中我们可以发现，在海上货物运输过程中，商品从出口地到进口地，由于暴风雨、海啸、洪水等自然灾害，搁浅、触礁等意外事故以及串味、锈损、破裂等外来风险等原因，使货物在装卸、转运和储存的过程中损坏或灭失，致使买卖双方受到不必要的损失。为了保证货物在运输途中的安全，减少买卖双方的损失，托运人（买方或卖方）通常投保货物运输险，使自身利益不受侵害。因此，海上货物运输保险是进出口实务中不可缺少的一部分。

本任务中，国际贸易买卖双方要熟悉海上货物运输保险的承保范围（海上风险、海上损失与海上费用），掌握海上货物运输保险的基本险别和附加险别，从而在国际贸易实务往来中更好的选择险种，尽量减少自身损失，保障贸易双方的利益。

概念点击

海上风险（Marine Risks）：是指船舶或货物在海上运输过程中所发生的风险。

自然灾害（Natural Calamities）：是指不以人的意志为转移的、人类不可抗拒的非一般自然力量所造成的灾害。

意外事故(Fortuitous Accidents)：是指由于意料不到的原因所造成的事故。

外来风险(Extraneous Risks)：是指由于外来原因引起的风险。

一般外来风险：是指由于一般外来原因所造成的风险。

特殊外来风险：是指由于特殊的外来原因所造成的风险。

海上损失(Marine Losses)：简称海损，是指被保险货物在海运过程中，由于海上风险所造成的船只或货物的损坏或灭失。

全部损失(Total Losses)：简称全损，是指运输途中的整批货物或不可分割的一批货物的全部损失。

部分损失(Partial Losses)：是指被保险货物的损失没有达到全部损失的程度。

实际全损(Actual Total Losses)：是指被保险货物全部灭失或完全变质，或者不可能归还被保险人的损失。

推定全损(Constructive Total Losses)：是指被保险货物发生事故后，认为实际全损已不可避免，或者为避免实际全损所需支付的费用与继续将货物运抵目的地的费用之和超过保险价值的，为推定全损。

共同海损(General Average)：是指载货运输的船舶在运输途中遭遇自然灾害、意外事故等，使船舶、货物或其他财产的共同安全受到威胁，为了解除共同危险，使航程得以继续完成，由船方有意识地、合理地采取救难措施，所直接造成的特殊牺牲和支付的特殊费用。

单独海损(Particular Average)：是指除共同海损以外的意外损失，即由于承保范围内的风险所直接导致的船舶或货物的部分损失。

海上费用(Expenses and Charges)：是指海上货物运输遇险后，为营救被保险货物所支出的费用。

施救费用(Sue and Labor Expenses)：是指被保险货物在遭遇承保责任范围内的灾害事故时，被保险人(或其代理人、雇用人员、保险单受让人)为了避免或减少损失，采取了各种抢救或防护措施所支付的合理费用。

救助费用(Salvage Charges)：是指被保险货物在遭遇承保责任范围内的灾害事故时，由保险人和被保险人以外的第三者采取救助行动而向其支付的费用。

保险险别：是指保险人对风险和损失的承保责任范围。

 **任务完成**

一、海上货物运输保险概述

海上货物运输保险承保的范围，包括海上风险、海上损失与海上费用等。

(一)海上风险

在国际贸易往来中，由于货船在海运中风险很大，海运事故频繁，所以海上货物运输保险是各类风险中发展最早也是最完善的。在现代海上保险业务中，保险人所承保的海上风险是有特定范围的：一方面它并不包括一切在海上发生的风险，另一方面它又不局限于航海中所发生的风险，还包括发生在与海上航运相关联的内陆、内河、内湖运输过程中的一些风险。

1. 海上风险

海上风险包括自然灾害和意外事故两种。在海运保险中，自然灾害主要包括恶劣气候、雷电、洪水、流冰、地震、海啸以及其他人力不可抗拒的灾害。

在海运保险中，意外事故指的主要包括船舶搁浅、触礁、碰撞、爆炸、火灾、沉没和船舶失踪或其他类似事故。

2. 外来风险

外来风险包括一般外来风险和特殊外来风险两种。

除了海上风险以外的，来自于保险标的物外部的，对保险标的物产生损害的风险都是外来风险。

一般外来风险通常是指偷窃、提货不着、淡水雨淋、短量、混杂玷污、渗漏、破损破碎、串味、受潮受热、钩损、包装破裂、锈损等外来风险。

特殊外来风险是指由于军事、政治、国家政策法令和行政措施等原因所造成的风险，包括战争、罢工、类似战争的行为、武装冲突或海盗行为等。

(二)海上损失

根据国际保险市场的一般解释，凡与海运连接的陆运过程中所发生的损坏或灭失，也属海损范围。就货物损失的程度而言，海损可分为全部损失和部分损失；就货物损失的性质而言，海损又分为共同海损和单独海损。

1. 全部损失

全损有实际全损和推定全损之分。

(1)实际全损。构成被保险货物的实际全损有以下几种情况：①被保险货物的实体已经完全灭失。例如，运输盐的船只遭受海难后沉没，货物同时沉入海底。②被保险货物遭到了严重损失，已失去原有用途和价值。例如，茶叶经过水浸泡后，虽然没有灭失，但是已经不能饮用，失去商业价值。③被保险人无法挽回地丧失了保险货物。例如，船只被索马里海盗抢劫，货物被敌方扣押等。虽然船、货本身并未遭受损失，但是被保险人已经失去了这些财产的所有权，无法复得。④载货船舶失踪达到一定时期仍无音讯。例如，船舶丢失不见，半年仍无音讯，则视为全部灭失。

议一议

由锦州开往大阪的货轮在海上航行时，某船舱发生火灾，船长命令灌水施救，扑灭大火后，发现纸张已烧毁一部分，未烧毁的部分，因灌水后无法使用，只能作为纸浆处理，损失原价值的80%。另有印花棉布没有烧毁但水渍损失，其水渍损失使该布降价出售，损失该货价值的20%。请问纸张损失的80%，棉布损失20%，都是部分损失吗？为什么？

提示：从数字上看，一个是80%，另一个是20%，好像都是部分损失，其实不然。根据海上货物运输保险的相关法律条文规定，第一种情况，即纸张的损失80%，应属于全部损失；第二种情况下，印花棉布的损失20%，则属于部分损失。这是因为，保险业务中的全部损失，分为实际全损和推定全损，纸张原来应该作为印刷书报或加工成其他成品，现只能作为纸浆造纸，已失去原有用途和价值，因此属于实际全损的第三种情况。而印花棉布虽遭水渍，处理之后仍作棉布出售，原来的用途未改变，因此，只能作为部分损失。

(2)推定全损。构成被保险货物的推定全损有以下几种情况：①保险标的实际全损不可避免。如船舶触礁地点在偏远而危险的地方，因气候恶劣，不能进行救助，尽管货物实际全损还没有发生，但实际全损将不可避免地发生；又如货物在运输途中严重受损，虽然当时没有丧失属性，但可以预计到达目的地时丧失属性不可避免。这类情况下被保险人就可以按推定全损索赔。②被保险人丧失对保险标的的实际占有。被保险人丧失对保险标的的实际占有，在合理的时间内不可能收回该标的，或者收回标的的费用要大于标的回收后的价值，就构成推定全损。③保险货物严重受损，其修理、恢复费用和续运费用总和大于货物本身的价值，该批货物就构成了推定全损。

在船舶发生共同海损后，凡属共同海损范围内的牺牲和费用，均可通过共同海损理算，由有关获救受益方(即船方、货方和运费收入方)根据获救价值按比例分摊。

(2)单独海损。单独海损仅涉及船或货某一方面的利益。例如，由于触礁使船体某部位撞坏，但是船仍可航行，未影响所载货物安全及时到达目的港。又如，由于暴风雨导致海水入舱，使所载的部分精密机器设备严重锈蚀。发生单独海损后，由受损失方单独负责。

议一议

如何区分共同海损和单独海损？

某货船从青岛港出发驶往日本，在航行途中货船起火，大火蔓延到机舱。船长为了船货的共同安全，命令采取紧急措施，往舱中灌水灭火。火扑灭后，由于主机受损，无法继续航行。船长雇用拖轮将货船拖回青岛修理，检修后重新将货物运往日本。事后经调查，此次事件造成损失有如下几项：①800箱货物被火烧毁。②1600箱货物因灌水灭火受到损失。③主机和部分甲板被烧坏。④雇用拖船费用。⑤额外增加的燃料和船长、船员工资。从上述各项损失的性质看，哪些属共同海损？哪些属单独海损？为什么？

提示：①和③是因为意外事故(火灾)而造成的直接损失，不具备共同海损成立的条件，属单独海损。②、④和⑤是因维护船货共同安全，进行灌水灭火而造成的损失和产生的费用，属于共同海损。

(3)共同海损和单独海损的区别。①造成海损的原因不同。单独海损是承保风险所直接导致的船、货损失，共同海损是为了解除或减轻共同危险而人为地造成的一种损失。②承担损失的责任不同。单独海损的损失一般由受损方自行承担，而共同海损的损失，则应由受益的各方按照受益大小的比例共同分摊。

(三)海上费用

保险人不仅对由于承保风险而造成的损失，按照保险合同的规定负赔偿责任，而且也承担施救费用和救助费用。

施救费用与救助费用的区别主要有以下几点：

1. 采取行为的主体不同

施救是由被保险人及其代理人等采取的行为，而救助是保险人和被保险人以外的第三者进行的。

2. 给付报酬的原则不同

施救费用是施救，不论有无效果都予以赔偿；而救助则是"无效果，无报酬"。

3. 保险人的赔偿责任不同

施救费用可在保险货物本身的保额以外，再赔付一个保额；而保险人对救助费用的赔偿责任是以不超过获救财产的价值为限。

除上述各种风险损失外，保险货物在运输途中还可能发生其他损失，如运输途中的自然损耗以及由于货物本身特点和内在缺陷所造成的货损等，这些损失不属于保险公司承保的范围。

海上货物运输保险的承保范围分类如图7-1所示。

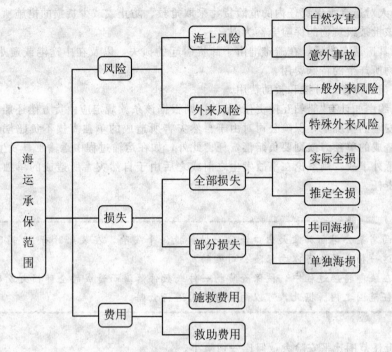

图 7-1　海运货物承保范围分类

二、海上货物运输保险的险别

在保险业务中，各种险别的承保责任是通过各种不同的保险条款规定的。为了适应国际货物海运保险的需要，中国人民保险公司根据我国保险实际情况并参照国际保险市场的习惯做法，分别制定了各种条款，总称为《中国保险条款》(China Insurance Clauses，简称 CIC)，其中包括《海洋运输货物保险条款》、《海洋运输货物战争险条款》以及其他专门条款。按中国保险条款规定，投保人可根据货物特点、航线及港口实际情况自行选择投保适当的险别。

(一)基本险别

中国海洋运输货物保险可以分为基本险别和附加险别，其中基本险别是可以单独投保的险别。基本险别包括平安险(Free from Particular Average，简称 FPA)、水渍险(With Average or With Particular Average，简称 WA or WPA)和一切险(All Risks)三种。

1. 平安险

平安险是三种险别中责任范围最小的险种，其承保范围包括：

(1)被保险的货物在运输途中由于恶劣气候、雷电、海啸、地震和洪水等自然灾害造成整批货物的全部损失和推定全损。

(2)由于运输工具遭到搁浅、触礁、沉没、互撞、与流冰或其他物体碰撞以及失火、爆炸等意外事故所造成的货物全部或部分损失。

(3)在运输工具已经发生搁浅、触礁、沉没和焚毁等意外事故的情况下，货物在此前后又在海上遭受恶劣气候、雷电、海啸等自然灾害所造成的部分损失。

(4)在装卸或转船时由于一件或数件甚至整批货物落海所造成的全部或部分损失。

（5）被保险人对遭受承保责任内的危险货物采取抢救、防止或减少货损的措施所支付的合理费用，以不超过该批被毁货物的保险金额为限。

（6）运输工具遭遇海难后，在避难港由于卸货引起的损失，以及在中途港或避难港由于卸货、存仓和运送货物所产生的特殊费用。

（7）共同海损的牺牲、分摊和救助费用。

（8）运输契约中如计有"船舶互撞责任"条款，则根据该条款规定应由货方偿还船方的损失。

在投保平安险的情况下，保险公司对由于自然灾害所造成的单独海损不负赔偿责任，而对于因意外事故所造成的单独海损则要负赔偿责任。此外，如在运输过程中运输工具发生搁浅、触礁、沉没和焚毁等意外事故，则不论在事故发生之前或之后由于自然灾害所造成的单独海损，保险公司也要负赔偿责任。

议一议

我国江西省某公司向加拿大出口瓷器一批，投保平安险，在装船时有20箱因吊钩脱扣而落海。问这一损失是否可以向保险公司索赔？

提示：在装卸转船过程中，被保险货物一件或数件落海而造成的全部损失或部分损失也在平安险责任范围之内。据此，可以向保险公司进行索赔。

2. 水渍险

水渍险的责任范围比平安险大，但比一切险小。

投保水渍险后，保险公司除担负上述平安险的各项责任外，还对被保险货物如由于恶劣气候、雷电、海啸、地震和洪水等自然灾害所造成的部分损失负赔偿责任。

3. 一切险

一切险是三种基本险别中责任范围最大的险种。

投保一切险后，保险公司除担负平安险和水渍险的各项责任外，还对被保险货物在运输途中由于外来原因而遭受的全部或部分损失，负赔偿责任。

想一想

三种基本险别的责任范围如何？

从上述这三种基本险别的责任范围来看：

平安险的责任范围最小，它对自然灾害造成的全部损失和意外事故造成的全部和部分损失负赔偿责任，而对自然灾害造成的部分损失，一般不负赔偿责任。

水渍险的责任范围比平安险的责任范围大。凡因自然灾害和意外事故所造成的全部和部分损失，保险公司均负责赔偿。

一切险的责任范围是三种基本险别中最大的一种，它除包括平安险、水渍险的责任范围外，还包括被保险货物在运输过程中，由于一般外来原因所造成的全部或部分损失，如货物被盗窃、钩损、碰损、受潮、发热、淡水雨淋、短量、包装破裂和提货不着等。

由此可见，一切险是平安险、水渍险加一般附加险的总和。在这里还需特别指出的是，一切险并非保险公司对一切风险损失均负赔偿责任，它只对水渍险和一般外来原因引起的可能发生的风险损失负责，而对货物的内在缺陷、自然损耗以及由于特殊外来原因（如战争、罢工等）所引起的风险损失，概不负赔偿责任。

除外责任和责任起讫

我国的《海洋运输货物保险条款》除规定了各种基本险别的责任外，还对保险的除外责任(Exclusions)和责任起讫(W/W Clause)也作了具体规定。

除外责任是指保险公司明确规定不予承保的损失和费用：被保险人的故意行为或过失所造成的损失；属于发货人责任所造成的损失；在保险责任开始前，被保险货物已存在的品质不良或数量短差所造成的损失；被保险货物的自然损耗、本质缺陷、特性以及市价跌落、运输延迟所引起的损失和费用；属于海洋运输货物战争险和罢工险条款规定的责任范围和除外责任。

在海运保险中，保险责任的起讫，主要采用"仓至仓条款"(Warehouse to Warehouse Clause，简称 W/W Clause)。即保险责任自被保险货物运离保险单所载明的起运地仓库或储存处所开始，包括正常运输中的海上、陆上、内河和驳船运输在内，直至该项货物运抵保险单所载明的目的地收货人的最后仓库或储存处所或被保险人用作分配、分派或非正常运输的其他储存处所为止。但保险责任最长期限为被保险货物在最后到达卸载港卸离海轮后满 60 天为止。

（资料来源：中华人民共和国商务部网站. http：//www. mofcom. gov. cn）

(二)附加险别

附加险别是对基本险别的补充和扩大。在海运保险业务中，进出口商除了投保货物的上述基本险别外，还可根据货物的特点和实际需要，酌情再选择若干适当的附加险别将可能发生的损失降低到最小。附加险别包括一般附加险和特殊附加险。

1. 一般附加险

一般附加险(General Additional Risks)承保的是一般外来风险造成的损失，具体包括下列 11 种险别：偷窃提货不着险(Theft Pilferage and Non-delivery Risks，简称 T. P. N. D)、淡水雨淋险(Fresh Water Rain Damage Risks，简称 F. W. R. D)、短量险(Shortage Risks)、混杂、玷污险(Intermixture and Contamination Risks)、渗漏险(Leakage Risks)、碰损、破碎险(Clash and Breakage Risks)、串味险(Taint of Odour Risks)、受潮受热险(Sweating and Heating Risks)、钩损险(Hook Damage Risks)、包装破裂险(Breakage of Packing Risks)、锈损险(Rust Risks)。

想一想

一般附加险不能作为一个单独的项目投保，而只能在投保平安险或水渍险的基础上，根据货物的特性和需要加保一种或若干种一般附加险。如果加保所有的一般附加险，这就叫投保一切险。可见，一般附加险被包括在一切险的承保范围内，故在投保一切险时，不存在再加保一般附加险的问题。

议一议

上海某造纸厂以 CIF 条件向非洲出口一批纸张，因上海与非洲的湿度不同，货到目的地后因水分过分蒸发而使纸张无法使用，买方能否向卖方索赔？为什么？

提示：买方不能向我方索赔。因为，虽然 CIF 表明由卖方承担保险费，但是风险划分依然以船舷为界，因此风险由买方承担。再者，卖方承担保险费一般只投保最低险别，除非买方要求加保附加险(受潮受热险)。

2. 特殊附加险

特殊附加险(Special Additional Risks)承保的是特殊外来风险造成的损失。

(1)战争险和罢工险。

战争险(War Risks)主要承保由于战争、武装冲突或海盗行为所导致的货物扣留、扣押、禁制等损失。罢工险(Strike Risks)主要承保货物由于罢工者、停工工人或他人的恶意行为造成的损失。根据国际保险市场的习惯做法，一般将罢工险与战争险同时承保。如投保了战争险又需加保罢工险时，仅需在保单中附上罢工险条款即可，保险公司不再另行收费。

想一想

按中国人民保险公司的保险条款规定，战争险不能作为一个单独的项目投保，而只能在投保上述三种基本险别之一的基础上加保。战争险的保险责任起讫和货物运输险不同，它不是采取"仓至仓条款"，而是从货物装上海轮开始至货物运抵目的港卸离海轮为止，即只负责水面风险。

(2)其他特殊附加险。

为了适应对外贸易货运保险的需要，中国人民保险公司除承保上述各种附加险外，还承保交货不到险(Failure to Delivery Risks)，进口关税险(Import Duty Risks)，舱面险(On Deck Risks)，拒收险(Rejection Risks)，黄曲霉素险(Aflatoxin Risks)，货物出口到香港(包括九龙)或澳门存仓火险责任扩展条款(Fire Risks Extension Clause for Storage of Cargo at Destination Hongkong, Including Kowloon or Macao)等特殊附加险。

拓展阅读

我国主要出口货物包装情况及应投保的险别

商品名称	包 装	投保险别名称
木材	无包装	平安险，偷窃提货不着险，战争险
陶瓷器	箱装	平安险或水渍险，偷窃提货不着险，破损、破碎险，战争险
药材	箱或捆装	平安险或水渍险，淡水雨淋险，受潮受热险，包装破裂险
成药	箱装	平安险或水渍险，破损、破碎险，渗漏险，战争险
地毯	箱装	水渍险，偷窃提货不着险，钩损险，混杂、玷污险，战争险
纺织、服装类	麻布装	水渍险，偷窃提货不着险，淡水雨淋险，混杂、玷污险，战争险
茶叶	箱装	一切险，战争险
新鲜水果	筐或箱装	平安险，偷窃提货不着险，受潮受热险，战争险
各种矿砂	散装	平安险，短量险，战争险
机械配件	箱装	平安险，偷窃提货不着险，战争险

(资料来源：冷柏军. 国际贸易实务. 北京：中国人民大学出版社，2008)

【典型实例】

中国某进出口公司与美国商人签订一份出口玉米合同，由中方负责货物运输和保险事宜。为此，中方与上海某轮船公司 A 签订运输合同租用"扬武"号班轮的一个舱位。2009 年 3 月 26 日，中方将货物在张家港装船。随后，中方向中国某保险公司 B 投保海上运输货物保险。货轮在海上航行途中遭遇风险，使货物受损。问题：

(1)如果卖方公司投保的是平安险，而货物遭受部分损失是由于轮船在海上遭遇台风，那么卖方公司是否可从 B 处取得赔偿？为什么？

(2)如果卖方公司投保的是一切险，而货物受损是由于货轮船员罢工，货轮滞留中途港，致使玉米变质，那么卖方能否从 B 处取得赔偿？为什么？

(3)如果发生的风险是由于承运人的过错引起的并且属于承保范围的风险，B 赔偿了损失后，卖方公司能否再向 A 公司索赔？为什么？

(资料来源：国家职业资格考试网．http：//www.zgks.org/)

【简评】(1)中国某进出口公司不能向保险公司 B 提出赔偿请求，因为平安险对货物因自然灾害造成的部分损失不予赔偿。货轮在海上航行途中遭遇台风，使货物受到部分损失是因自然灾害引起的单独海损，但由于卖方中国某进出口公司投保的是平安险，保险人的保险责任范围不包括自然灾害引起的单独海损，所以卖方中国某进出口公司不能从保险公司 B 处获得赔偿，除非卖方已投保水渍险和一切险。

(2)中国某进出口公司也不能向保险公司 B 提出赔偿请求，因为一切险的责任范围包括被运输货物在运输途中由于自然灾害、意外事故等外来原因所造成的全部损失或部分损失，但不包括战争险、罢工险等特殊附加险。即便投保人投保了一切险，仍须与保险人特别约定，经保险人特别同意后，才能把特殊附加险的责任包括在保险人承保范围之内。由于卖方未投保特殊附加险，故无法取得赔偿。

(3)不能。保险合同是一种补偿合同，被保险人不得以保险作为谋利的手段。保险货物的损失如果是由于第三者的过失或疏忽造成的，被保险人从保险人处取得保险赔偿时，应当把对该第三者的损害赔偿请求权转让给保险人，由保险人代为行使被保险人的一切权利和追偿要求，而不能一方面向保险人取得保险赔款，另一方面又向有过失的第三者索赔，从而获取双倍于损失金额的收入。

任务二　其他运输工具下的货运保险

任务描述

我国黑龙江省某公司向俄罗斯出口一批器材，投保陆运一切险。载货火车在行驶途中最后一节车厢与汽车发生碰撞事故，部分器材受损。在等待救援的过程中，天降暴雨；雨过天晴后，救援人员修理好受损车厢，载货火车继续驶往目的地。半个月后货物运至目的地时，发现大部分器材出现生锈现象。

这笔业务中，由于货物投保了陆运一切险，被保险货物在运输途中遭受暴风、雷电、地震、洪水等自然灾害，或由于路上运输工具(主要指火车、汽车)遭受碰撞、倾覆或出轨等意外事故，保险公司负责赔偿；此外，保险公司对被保险货物在运输途中由于一般外来原因造成的短少、短量、偷窃、渗漏、碰损、破碎、钩损、雨淋、生锈、受潮、受热、发霉、串味、玷污等部分或全部损失，也负赔偿责任。

从上例中我们可以发现，在国际贸易中，货物运输除了主要采用海洋运输方式外，还有陆运、空运、邮包运输等多种形式。陆运、空运货物与邮包运输保险是在海运货物保险的基础上发展起来的。由于陆运、空运和邮运同海运可能导致货物损失的风险种类不同，所以陆、空、邮货运保险与海上货运保险的险别及其承保责任范围也有所不同。

本任务中，国际贸易买卖双方要熟悉陆运、空运和邮包运输的承保范围，掌握陆运、空运和邮包运输保险的基本险别和附加险别，从而在国际贸易实务往来中更好的选择险种，尽量减少自身损失，保障贸易双方的利益。

概念点击

"门到门"运输：是指用机动灵活的公路运输工具，不经任何中转环节把货物从生产厂家、货物发点直接运送到用户或货物终点的一种运输。

任务完成

一、陆运货物保险

(一)陆运承保范围

货物在陆运过程中，可能遭受各种自然灾害和意外事故。常见的风险有：车辆碰撞、倾覆和出轨、路基坍塌、桥梁折断和道路损坏，以及火灾和爆炸等意外事故；雷电、洪水、地震、火山爆发、暴风雨以及霜雪冰雹等自然灾害；战争、罢工、偷窃、货物残损、短少及渗漏等外来原因所造成的风险。这些风险会给运输途中的货物造成损失。货主为了转嫁风险损失，就需要办理陆运货物保险。

(二)陆运货物保险的险别

根据中国人民保险公司制定的《陆上运输货物保险条款》规定，陆运货物保险的基本险别有陆运险(Overland Transportation Risks)和陆运一切险(Overland Transportation All Risks)两种。此外，陆上运输冷藏货物险也具有基本险性质。

陆运险的承保责任范围同海运水渍险相似，陆运一切险的承保责任范围同海运一切险相似。上述责任范围，均适用于铁路和公路运输，并以此为限。陆运险与陆运一切险的责任起讫，也采用"仓至仓条款"。被保险货物运抵保险单所载明的目的地后，如果没有及时送交收货人的仓库或贮存处所，则保险责任期限最长不能超过被保险货物到达最后卸载车站全部卸离陆上运输工具后60天。

拓展阅读

陆上运输冷藏货物险

陆上运输冷藏货物险(Overland Transportation Insurance "Frozen Products")是陆上货物险中的一种专门险。其主要责任范围是：保险公司除负责陆运险所列举的各项损失外，还负责被保险货物在运输途中由于冷藏机器或隔温设备的损坏或者车厢内贮存冰块的融化所造成的解冻融化以致腐败的损失。但对由于战争、罢工或运输延迟而造成的被保险冷藏货物的腐败或损失，以及被保险货物开始时因未保持良好状态，包括整理加工和包扎不妥、冷冻上的不合规定及骨头变质所引起的货物腐败和损失则不负责任，至于一般的除外责任条款，也适用本险别。

陆上运输冷藏货物的责任自被保险货物远离保险单所载明起送地点的冷藏仓库装入运送工具

开始运输时生效。包括正常陆运和与其有关的水上驳运在内,直至该项货物到达保险单所载明的目的地收货人仓库为止。最长保险责任以被保险货物到达目的地车站后 10 天为限。中国人民保险公司的该项条款还规定:装货的任何运输工具,都必须有相应的冷藏设备或隔离温度的设备;或供应和贮存足够的冰块使车厢内始终保持适当的温度,保证被保险冷藏货物不致因溶化而腐败,直至目的地收货人仓库为止。

(资料来源:中华人民共和国国家经济贸易委员会网. http://www.setc.gov.vn)

想一想

陆运货物在投保上述基本险之一的基础上可以加保附加险。如投保陆运险,则可酌情加保一般附加险和战争险等特殊附加险;如投保陆运一切险,就只能加保战争险,而不能再加保一般附加险。陆运货物在加保战争险的前提下,再加保罢工险,不另收保险费。陆运货物战争险的责任起讫,是以货物置于运输工具时为限。

二、空运货物保险

(一)空运承保范围

货物在空运过程中,有可能因自然灾害、意外事故和各种外来风险而导致货物全部或部分损失。常见的风险有:雷电、火灾、爆炸、飞机遭受碰撞、倾覆、坠落、失踪和战争破坏以及被保险物由于飞机遇到恶劣气候或其他危难事故而被抛弃等。为了转嫁上述风险,货主空运货物一般都需要办理保险,以便当货物遭到承保范围内的风险损失时,可以从保险公司获得赔偿。

(二)空运货物保险的险别

空运货物保险的基本险别有航空运输险(Air Transportation Risks)和航空运输一切险(Air-transportation All Risks)。前者与海运水渍险的责任相似,后者与海运一切险的责任基本相同。这两种基本险都可单独投保,在投保其中之一的基础上,经投保人与保险公司协商可以加保战争险等附加险。加保时须另付保险费。在加保战争险前提下,再加保罢工险,则不另收保险费。

航空运输险和航空运输一切险的责任起讫也采用"仓至仓条款"。航空运输货物战争险的责任期限,是自货物装上飞机时开始至卸离保险单所载明的目的地为止。如果被保险货物未到达收货人的仓库或贮存处所,则以货物最后卸货地卸离飞机后满 30 天为止。

三、邮包运输保险

(一)邮包运输承保范围

邮包运输通常需经海、陆、空辗转运送,实际上是属于"门到门"运输,在长途运送过程中遭受自然灾害、意外事故以及各种外来风险的可能性较大。寄件人为了转嫁邮包在运送过程中的风险损失,需办理邮包运输保险,以便在发生损失时能从保险公司取得承保范围内的经济补偿。

(二)邮包运输保险的险别

根据中国人民保险公司制定的《邮政包裹保险条款》的规定,有邮包险(Parcel Post Risks)和邮包一切险(Parcel Post All Risks)两种基本险。前者与海运水渍险的责任相似,后者与海运一切险的责任基本相同。其责任起讫是,自被保险邮包离开保险单所载起运地点寄件人的处所运往邮局时开始生效，直至被保险邮包运达保险单所载明的目的地邮局发出通知书给收件人当日午夜起 15 天为限，但在此期限内，邮包一经递交至收件人处所时，保险责任即告终止。

在投保邮包运输基本险之一的基础上，经投保人与保险公司协商可以加保邮包战争险等附加险。加保时，也须另付保险费。在加保战争险的基础上，如加保罢工险，则不另收费。邮包战争险承保责任的起讫，是自被保险邮包经邮政机构收讫后，开始运送时生效，直至该项邮包运达保险单所载明的目的地邮政机构送交收件人为止。

拓展阅读

英国伦敦保险业协会货物保险条款的主要内容

在国际保险市场上，各国保险组织都制定有自己的保险条款。但最为普遍采用的是英国伦敦保险业协会所制定的《协会货物条款》(Institute Cargo Clause，简称 I.C.C.)、我国企业按 CIF 或 CIP 条件出口时，一般按《中国保险条款》投保，但如果国外客户要求按《协会货物条款》投保，一般可予接受。

《协会货物条款》的现行规定于 1982 年 1 月 1 日修订公布，共有 6 种险别，它们是：

(1)协会货物条款(A)[简称 ICC(A)]。

(2)协会货物条款(B)[简称 ICC(B)]。

(3)协会货物条款(C)[简称 ICC(C)]。

(4)协会战争险条款(货物)(IWCC)。

(5)协会罢工险条款(货物)(ISCC)。

(6)恶意损害险(Malicious Damage Clause)。

以上六种险别中，(A)险相当于中国保险条款中的一切险，其责任范围更为广泛，故采用承保"除外责"之外的一切风险的方式表明其承保范围。(B)险大体上相当于水渍险。(C)险相当于平安险，但承保范围较小些。(B)险和(C)险都采用列明风险的方式表示其承保范围。六种险别中，只有恶意损害险，属于附加险别，不能单独投保，其他五种险别的结构相同，体系完整。因此，除(A)、(B)、(C)三种险别可以直接单独投保外，必要时，战争险和罢工险在征得保险公司同意后，也可作为独立的险别进行投保。

(资料来源：中国国际贸易网．http：//www.chinaintertrade.com/terms)

【典型实例】

UPS 是一家大型的国际快递公司，它除了自身拥有几百架货物运输飞机之外，还租用了几百架货物运输飞机，每天运输量达 1000 多件。2009 年 3 月份从西安运输一批邮包至雅加达，途经新加坡转运，寄件人中信公司为了转嫁邮包在运输过程中的风险损失，给其邮寄的两件邮包投保了邮包险。途经新加坡转运时，由于工作人员疏忽，中信公司的邮包丢失了一件，最终运达目的地的只有一件。对此，中信公司提请保险公司赔偿。请问，保险公司会赔偿吗？为什么？

【简评】保险公司不会赔偿。邮包险的责任范围包括被保险货物在邮运途中遭受恶劣气候、雷电、海啸、地震、洪水等自然灾害，由于运输工具遭受搁浅、触礁、沉没、碰撞、倾覆、出轨、坠落、失踪，或由于失火、爆炸等意外事故所造成的全损或部分损失。对由于一般外来原因(包括偷窃、短少在内)造成的全部或部分损失不包含在内。

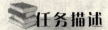

任务三　合同中的保险条款和投保程序

任务描述

CIF 条件下，货物在装船前发生损失索赔案

　　有一份 CIF 合同，出售可可共 20 吨，卖方投保的保险是从非洲内陆仓库起，直到美国波士顿的买方仓库为止。保险单抬头是卖方。货物在从卖方仓库运至码头装船以前，发生损失。当买方凭卖方转让的保险单向保险公司索赔时，保险公司以买方对这批货物不具有保险利益为由，拒绝赔偿。

　　这笔业务中，买方可凭保险单向保险公司索赔，而保险公司无权拒赔。因为，本来从出口仓库到码头的损失应由卖方索赔，但若卖方把保险单在提交单证议付货款时合法地、有效地转让给买方（保险单可以转让，一般是随物转让，事先不必征得保险公司同意），则买方作为合法的、有效的受让人或被背书人，就成为该项保险单的合法持有人，从而他就成为该项保险单的全部权益承让人。因此，买方完全可以凭保险单向保险公司索赔，保险公司无权拒赔。

　　（资料来源：全国国际商务单证培训认证考试办公室．国际商务单证实训教程．北京：中国商务出版社，2007）

　　从上例中我们可以发现，保险单是保险人与被保险人权利、义务的契约，是被保险人或受让人索赔和保险人理赔的依据，我们要给予其足够的重视。在发生保险范围内的损失或灭失时，保险单的合法持有人可凭保险单向保险人要求赔偿。保险单贯穿货物运输投保程序始终，也是合同中保险条款的主要内容之一。

　　本任务中，国际贸易买卖双方要明确合同中保险条款的主要内容，熟悉货物运输投保的程序，掌握保险金额及保险费的确定。

概念点击

　　保险金额（Insurance Amount）：是指投保人与保险公司之间实际投保和承保的金额，是保险费的计收依据，是投保人或其受让人索赔和保险人理赔的最高限额。

　　保险费率（Premium Rate）：是根据不同的险别、不同的商品、不同的运输方式、不同的目的地，并参照国际上的费率水平而制定的计算保险费的比率。分为"一般货物费率"和"指明货物加费费率"两种。前者是一般商品的费率，后者系指特别列明的货物（如某些易碎、易损商品）在一般费率的基础上另行加收的费率。

任务完成

一、合同中的保险条款

　　在国际货物买卖合同中，为了明确交易双方在货运保险方面的责任，通常都订有保险条款，其内容主要包括：保险投保人、保险公司、保险险别、保险费率和保险金额的约定等事项。

（一）保险投保人的约定

　　每笔交易的货运保险，究竟由买方抑或卖方投保，完全取决于买卖双方约定的交货条件和所使用的贸易术语。由于每笔交易的交货条件和所使用的贸易术语不同，故对投保人的规定也相应有别。例如，按 FOB 或 CFR 条件成交时，在买卖合同的保险条款中，一般只订明"保险由买方自理"。如买方要求卖方代办保险，则应在合同保险条款中订明："由买方委托卖方按发票金额×％代为投保××险，保险费由买方负担"。按 DES 或 DEQ 条件成交时，在合同保险条款中，也可订明"保险由卖方自理"。凡按 CIF 或 CIP 条件成交时，由于货价中包括保险费，故在合同保险条款中，需要详细约定卖方负责办理货运保险的有关事项，如约定投保的险别、支付保险费和向买方提供有效的保险凭证等。

(二)保险公司和保险条款的约定

在按 CIF 或 CIP 条件成交时，保险公司的资信情况，与卖方的利害关系不大，但与买方却有重大的利益关系。因此，买方一般要求在合同中限定保险公司和所采用的保险条款，以便日后保险索赔工作的顺利进行。例如，我国按 CIF 或 CIP 条件出口时，买卖双方在合同中，通常都订明："由卖方向中国人民保险公司投保，并按该公司的保险条款办理。"

(三)保险险别的约定

按 CIF 或 CIP 条件成交时，运输途中的风险本应由买方承担，但一般保险费则约定由卖方负担，因货价中包括保险费，买卖双方约定的险别通常为平安险、水渍险、一切险三种基本险别中的一种。但有时也可根据货物特性和情况加保一种或若干种附加险。在双方未约定险别情况下，按惯例，卖方可按最低的险别予以投保。

在 CIF 或 CIP 货价中，一般不包括加保战争险等特殊附加险的费用，因此，如买方要求加保战争险等特殊附加险时，其费用应由买方负担。如买卖双方约定，由卖方投保战争险并由其负担保险费时，卖方为了避免承担战争险的费率上涨的风险，往往要求在合同中规定："货物出运时，如保险公司增加战争险的费率，则其增加的部分保险费，应由买方负担。"

(四)保险金额的约定

按 CIF 或 CIP 条件成交时，因保险金额关系到卖方的费用负担和买方的切身利益，故买卖双方有必要将保险金额在合同中具体订明。根据保险市场的习惯做法，保险金额一般都是按 CIF 价或 CIP 价加成计算，即按发票金额再加一定的百分率。此项保险加成率，主要是作为买方的预期利润。按国际贸易惯例，预期利润一般按 CIF 价的 10％估算，因此，如果买卖合同中未规定保险金额时，习惯上是按 CIF 价或 CIP 价的 110％投保。中国人民保险公司承保出口货物的保险金额，一般也是按国际保险市场上通常的加成率，即按 CIF 或 CIP 发票金额的 110％计算。

议一议

如果买方要求保险加成超过 10％时，卖方可以接受吗？

提示：按照国际惯例，保险加成率主要作为买方的预期利润。由于不同货物、不同地区、不同时期的预期利润不一，因此，在洽商交易时，如果买方要求保险加成率超过 10％时，卖方也可以酌情接受。如果买方要求保险加成率过高，则卖方应同有关保险公司商妥后方可接受。

(五)保险单的约定

在买卖合同中，如约定由卖方投保，通常还规定卖方应向买方提供保险单。如被保险的货物在运输过程中发生承保范围内的风险损失，买方即可凭卖方提供的保险单向有关保险公司索赔。

 议一议

在洽商保险条款时应注意哪些问题？

提示：1. 应尊重对方的意见和要求。有些国家规定，其进口货物必须在本国的保险公司内投保，这些国家有四十多个。如朝鲜、缅甸、印度尼西亚、伊拉克、巴基斯坦、加纳、也门、苏丹、叙利亚、伊朗、墨西哥、阿根廷、巴西、秘鲁、索马里、利比亚、约旦、阿尔及利亚、扎伊尔、尼日利亚、埃塞俄比亚、肯尼亚、冈比亚、刚果、坦桑尼亚、阿曼、加蓬、厄瓜多尔、马达加斯加、越南、俄罗斯、蒙古、罗马尼亚、卢旺达、毛里塔尼亚等。对这些国家的出口，我们不宜按 CIF 价格报价成交。

2. 如果国外客户要求我们按伦敦保险协会条款投保，我们可以接受客户要求，订立在合同里。因为英国伦敦保险协会条款，在世界货运保险业务中有很大的影响，很多国家的进口货物保险都采用这种条款。

3. 经托收方式收汇的出口业务，成交价应争取用 CIF 价格条件成交，以减少风险损失。因为在我们交货后，如货物出现损坏或灭失，买方拒不赎单时，我保险公司可以负责赔偿，并向买方追索赔偿。

二、货物运输投保程序

在国际货物买卖过程中，由哪一方负责办理投保，应根据买卖双方商定的价格条件来确定。例如，按 FOB 条件和 CFR 条件成交，保险即应由买方办理。办理货运保险的一般程序是：

(一)确定投保的金额

保险金额一般是根据保险价值确定的。保险价值一般包括货价、运费、保险费以及预期利润等。按照国际惯例，保险金额应按发票上的 CIF(或 CIP)价另加 10% 的投保加成率计算。保险金额的计算公式为：

$$保险金额＝CIF(或 CIP)价×(1＋投保加成率)$$

但是，各国市场情况不尽相同，对进出口贸易的管理办法也各有异。如果在中国人民保险公司办理进出口货物运输保险，可按两种办法进行：一种是逐批投保，即被保险人对每一批货物单独向保险公司提交投保单，一旦保险人接受，保险合同即告成立；另一种是按签订预约保险总合同办理，即与保险公司签订预约保险合同，凡属该合同规定范围内的海运进口货物，保险公司自动负责，而不必对每批货物都填写投保单。

其中：

1. 出口方面

(1)如果按 CIF 条件作价成交，其保险金额的计算公式是：

$$保险金额＝CIF 价×(1＋投保加成率)$$

(2)如果按 CFR 条件作价成交，其保险金额的计算公式是：

$$保险金额＝\frac{CFR 价×(1＋投保加成率)}{1－保险费率×(1＋投保加成率)}$$

2. 进口方面

(1)如果按 FOB 条件作价成交，其保险金额的计算公式是：

$$保险金额 = \frac{FOB 价 \times (1 + 运费率)}{1 - 保险费率}$$

(2)如果按 CFR 条件作价成交,其保险金额的计算公式是:

$$保险金额 = \frac{CFR 价}{1 - 保险费率}$$

(二)填写投保单

保险单是投保人向保险人提出投保的书面申请,其主要内容包括被保险人的姓名,被保险货物的品名、标记、数量及包装,保险金额,运输工具名称,开航日期及起讫地点,投保险别,投保日期及签章等。

关于投保险别,如果合同上已经订明,应按合同规定办理。在信用证的条件下,应做到合同条款、信用证条款、保险单条款一致。如果合同上没有明确规定投保险别,则应参考货物的性质、包装、用途、运输工具、运输路线、运输季节和货物残损规律等因素加以确定。投保险别必须合理、明确,避免使用"水险"(Marine Insurance)"惯常险"(Usual Risks)等含糊名称,保险标的物不应漏保,如玻璃器皿要加保破碎险;避免投保没有意义的保险,如钢轨就无须加保锈蚀险。有时合同上没有规定要加保某种险,但对方却临时提出要求加保某种险,此时超过合同规定险别的保险费可以向对方另行收取。

(三)支付保险费,取得保险单

保险费按保险金额和保险费率计算。保险费的计算公式为:

$$保险费 = 保险金额 \times 保险费率$$

1. 出口方面

(1)如果按 CIF 条件作价成交,其保险费的计算公式是:

$$保险费 = CIF 价 \times (1 + 投保加成率) \times 保险费率$$

(2)如果按 CFR 条件作价成交,其保险费的计算公式是:

$$保险费 = \frac{CFR 价 \times (1 + 投保加成率)}{1 - 保险费率 \times (1 + 投保加成率)} \times 保险费率$$

2. 进口方面

(1)如果按 FOB 条件作价成交,其保险费的计算公式是:

$$保险费 = \frac{FOB 价 \times (1 + 运费率)}{1 - 保险费率} \times 保险费率$$

(2)如果按 CFR 条件作价成交,其保险费的计算公式是:

$$保险费 = \frac{CFR 价}{1 - 保险费率} \times 保险费率$$

做一做

上海某公司出口一批货物到日本,原报价 CFR 日本西海岸某港口,总金额为 80000 美元,现客商要求改报 CIF 价,目的地不变,并按 CIF 价加成 10% 投保海运一切险。假设运至日本大阪的该项货物海运一切险的保险费率为 0.5%,试计算保险金额应为多少?保险费是多少?

解:保险金额 $= \dfrac{CFR 价 \times (1 + 投保加成率)}{1 - 保险费率 \times (1 + 投保加成率)}$

$= \dfrac{80000 \times (1 + 10\%)}{1 - 0.5\% \times (1 + 10\%)}$

$$=88486.68(美元)$$

保险费＝保险金额×保险费率

$$=88486.68×0.5\%$$

$$=442.43(美元)$$

海运险的一般货物费率按照平安险、水渍险和一切险计算。如果在主要险别的基础上加保的附加险是某项商品的主要危险，一般应按一切险计算费率。

陆运、空运和邮运险分为主要险和一切险两种费率，投保主要险后所保附加险的费率计收办法与海运险相同。但是，即使同一险别，在不同国家和不同港口的费率也有差异。

战争险不论海运、空运、陆运及邮运，其费率都相同，而且一般无国家、地区、港口差异。

指明货物加费率在一般费率的基础上另行加收一定的费率。对某些特别易碎易损货物和粮谷等货物习惯上要扣除一定的免赔幅度。

交付保险费后，投保人即取得保险单(Insurance Policy)。保险单实际上已构成保险人与被保险人之间的保险契约，是保险人对被保险人的承保证明。在发生保险范围内的损失或灭失时，投保人可凭保险单向保险人要求赔偿。

拓展阅读

我国常用的保险单证

1. 保险单

保险单(Insurance Policy)俗称"大保单"，是一种正式的保险合同。该保险单背面印有保险条款，它是一种独立的保险凭证，一旦货物遭受到损失，承保人和被保险人都要按照保险条款和投保险别分清货损，处理索赔。当 L/C 要求提交保险单或保险凭证时，银行可接受保险单。目前，国内保险公司均出具保险单作为出口贸易的保险凭证。

2. 保险凭证

保险凭证(Insurance Certificate)俗称"小保单"，是一种简单的保险凭证，具有与大保单同等的效力。但它在背面不印刷保险条款，只印刷承保责任界限，其余事项，如保险当事人的权利、义务及相关保险责任范围的约定以保险公司的保险条款为准，缺乏完整的独立性。因此，当 L/C 明确要求 INSURANCE POLICY 时，银行不接受保险凭证。

3. 联合保险凭证

联合保险凭证(Combined Insurance Certificate)，又称承保证明(Risk Note)，它是我国保险公司使用的将发票与保险相结合的形式最简单的保险单据。保险公司仅将承保险别、保险金额及保险编号加注于出口货物发票上，并正式签章作为已经保险的证据。目前仅适用于由港澳中银集团银行开立的 L/C，将货物运至港澳、新马地区华商的部分出口业务。

4. 预约保险单

预约保险单(Open Policy)是保险公司承保被保险人在一定时期内发运的、以 CIF 价格条件成交的出口货物或以 FOB、CFR 价格条件成交的进口货物的保险单。预约保险单载明保险货物的范围、险别、保险费率、每批运输货物的最高保险金额及保险费的结付办法等。凡属于预约保险范围内的进出口货物，一经起运，即自动按预约保险单所列条件承保，但被保险人在获悉每批保险货物起运时，应立即以起运通知书或其他书面形式将该批货物的名称、数量、保险金额、运输工具的种类和名称、航程起讫地点、开航日期等情况通知保险公司。

5. 保险批单

保险批单(Endorsement)是保险人应投保人申请，对已开立的原保单做出更改的文件。当保险公司按照被保险人的申请签发了保险单据后，直至保险期限结束前，被保险人如果中途因保险单据上的某项内容有错误，或由于某种原因需要修改保险单据上的某项内容时，可以向保险人提出修改申请，由保险人出具批单进行修改。批单须粘贴在原保单上，并加盖骑缝章，注明更改或补充的内容。

（资料来源：邵渭洪．进出口贸易实务操作．上海：上海财经大学出版社，2007）

（四）提出索赔手续

当被保险的货物发生属于保险责任范围内的损失时，投保人可以向保险人提出赔偿要求。按"INCOTERMS 2000"E组、F组、C组包含的八种价格条件成交的合同，一般应由买方办理索赔。按"INCOTERMS 2000"D组包含的五种价格条件成交的合同，则视情况由买方或卖方办理索赔。

被保险货物运抵目的地后，收货人如发现整件短少或有明显残损，应立即向承运人或有关方面索取货损或货差证明，并联系保险公司指定的检验理赔代理人申请检验，提出检验报告，确定损失程度，同时向承运人或有关责任方提出索赔。属于保险责任的，可填写索赔清单，连同提单副本、装箱单、保险单正本、磅码单、修理配置费凭证、第三者责任方的签证或商务记录以及向第三者责任方索赔的来往函件等向保险公司索赔。

索赔应当在保险有效期内提出并办理，否则保险公司可以不予办理。

【典型实例】

保险条款不明确导致纠纷案

G公司以CIF价格条件引进一套英国产检测仪器，因合同金额不大，合同采用简式标准格式，保险条款一项只简单规定"保险由卖方负责"。到货后，G公司发现一个部件变形影响其正常使用。G公司向外商反映要求索赔，外商答复仪器出厂经严格检验，有质量合格证书，并非他们的责任。后经商检局检验认为是运输途中部件受到振动、挤压造成的。

G公司于是向保险代理索赔，保险公司认为此情况属"碰损、破碎险"承保范围，但G公司提供的保单上只保了"协会货物条款（C）"，没保"碰损、破碎险"，所以无法索赔。

G公司无奈只好重新购买此部件。既浪费了金钱，又耽误了时间。

（资料来源：姚新超．国际货物运输与保险．北京：对外经济贸易大学出版社，2006）

【简评】G公司业务人员想当然地以为合同规定卖方投保，卖方一定会保"一切险"或伦敦"协会货物条款（A）"按照《INCOTERMS》的解释，在CIF条件下，如果合同没有具体规定，卖方只需要投保最低责任范围险别，即平安险和伦敦"协会货物条款（C）"就算履行其义务。解决办法：

（1）当进口合同使用CIF、CIP，由卖方投保的价格术语时，一定有在合同上注明按发票金额的110%投保的具体险别以及附加险。

（2）进口合同尽量采用CFR，CPT等价格术语，由买方在国内办理保险。

（3）根据货物的特点选择相应险别和附加险。

综合实训

1. 什么是单独海损、共同海损和仓至仓条款？
2. 海上货物运输的风险与损失有哪些？
3. 我国海上货物运输保险的险别有哪几种？各自的责任范围有何区别？
4. 保险的基本程序是怎样的？

5. 某公司出口货物，合同规定 CIF 按发票金额 110% 投保一切险和战争险，如出口发票金额为 15000 美元，一切险保险费率为 0.6%，战争险保险费率为 0.03%。试问，投保金额是多少？应付保险费为多少？

6. 某公司出口报价为每吨 2000 美元 CFR×× 港，现客户要求改报 CIF 价，加投保一切险和战争险，一切险费率为 1%，战争险费率为 0.03%。试计算在不影响外汇净收入前提下的 CIF 报价。

7. 某公司对外出售货物一批，单价为每吨 1000 英镑 CIF 伦敦。按合同规定，卖方按 CIF 发票金额的 110% 投保，保险险别为水渍险和受潮受热险，两者费率合计为 0.9%。现客户要求改报 CFR 价，试计算在不影响收汇前提下的 CFR 伦敦价。

8. 某轮载货后，在航行途中不慎发生搁浅，事后反复开倒车，强行起浮，但船上轮机受损且船底划破，致使海水渗入货舱，造成船货部分损失。该船行驶至邻近的一港口船坞修理，暂时卸下大部分货物，前后花了 10 天时间，增加支出各项费用，包括船员工资。当船修复后装上原货启航后不久，A 舱起火，船长下令对该舱灌水灭火。A 舱原载有文具用品、茶叶等，灭火后发现文具用品一部分被焚毁，另一部分文具用品和全部茶叶被水浸湿。试分别说明以上各项损失的性质，并指出在投保 CIC 何种险别的情况下，保险公司才负责赔偿。

9. 一批出口货 CFR 价为 250000 美元，现客户要求改 CIF 价加两成投保海运一切险，我同意照办，如保险费率为 0.6% 时，我应向客户收取保险费多少？

实训目标：
进出口货物保险金额及保险费的核算。

组织实施：
学生分组，各成员分工，分别负责使用不同价格术语投保时保险金额及保险费的核算。

操作提示：

保险金额＝CIF 价×(1＋投保加成率)

$$保险金额＝\frac{CFR 价×(1＋投保加成率)}{1－保险费率×(1＋投保加成率)}$$

$$保险金额＝\frac{CFR 价×(1＋投保加成率)}{1－保险费率×(1＋投保加成率)}$$

$$保险金额＝\frac{FOB 价×(1＋运费率)}{1－保险费率}$$

保险费＝保险金额×保险费率

成果检测：
完成活动项目任务，各组分别展示，学生讨论，教师进行评价。

10. 某外贸企业进口散装化肥一批，曾向保险公司投保海运一切险。货抵目的港后，全部卸至港务公司仓库。在卸货过程中，外贸企业与装卸公司签订了一份灌装协议，并立即开始灌装。某日，由装卸公司根据协议将已灌装成包的半数货物堆放在港区内铁路堆场，等待铁路转运至他地以交付不同买主，另一半留在仓库尚待灌装的散货，但因遭受台风袭击，遭受严重湿损。于是，外贸企业就遭受湿损部分向保险公司索赔，被保险公司拒绝。对此，试予评论。

实训目标：
进出口货物险别及险种的分析。

组织实施：

学生分组，各成员分工，先一起讨论不同险别及险种的联系与区别，然后分别对实训材料中涉及的不同险别及险种进行分析。

操作提示：

实际全损、推定全损、共同海损、单独海损、平安险、水渍险、一切险、一般附加险、特殊附加险等险别及险种的联系与区别。

成果检测：

完成活动项目任务，各组分别展示，学生讨论，教师进行评价。

项目 8　支付工具和支付方式

项目介绍

国际贸易业务中，货款的收付直接关系到买卖双方的利益，是一个非常重要的环节。国际货款的支付方法主要有汇付、托收和信用证方式，以信用证方式使用最为普遍。在实际业务中，一般可以单独使用某种支付方式，也可以视需要将各种支付方式结合使用。随着国际贸易和现代银行信用的发展，买卖双方在贸易实践中普遍采用一些信用工具来结算彼此间的债权、债务，传统的现金结算方式已非常少见。这里所说的信用工具就是一些票据，票据由出票人签发，以无条件支付一定金额为目的，在一般情况下还可以流通转让。国际贸易中常见的票据有汇票、本票和支票。

任务一　支付工具

任务描述

奴隶社会、封建社会的时候国际贸易就已经产生，相应的货款收付也已经发生，但其形式非常原始，即通过在国际输送黄金和白银来办理。资本主义萌芽开始以后，国际交换日益扩大，区域性国际商品市场逐渐形成。以黄金、白银的运送来结算债权、债务的方式已不适应当时贸易发展的需要，商人们开始使用"字据"来替代现金。到 16—17 世纪，欧洲大陆上由这种字据发展起来的票据已被广泛使用。随着结算业务量的增加，使用单据的非现金结算方法日益显示出它的优越性。票据代替金钱，金钱被单据化了。到 18 世纪，单据化的概念被普遍接受。例如：英国 A 商向澳大利亚 B 商购买价值 GBP100000 羊毛；澳大利亚 C 商向英国 D 商购买了价值 GBP100000 的棉纺织品。英国商人 D 在发出货物后，做出命令澳大利亚 C 商支付 GBP100000 的票据，同时 D 将这张票据售与英国的 A 商，收回他应得的 GBP100000。英商 A 取得票据后，寄给澳大利亚的 B 商，由他持票向澳大利亚的 C 商要求付款。这样英国和澳大利亚两国之间两笔债权债务通过一张汇票的传递和流转，得到了清算，从而避免现金结算方式下黄金和白银的远途往返运输，节约了时间和费用，这一最早的票据就是商业汇票。

（资料来源：贺瑛．国际结算．北京：中国金融出版社，2006）

从上例中我们可以看出，商人间用商业汇票结算债权、债务有一定的局限性，必须具备三个条件：①一国的进出口商之间要有密切的业务联系和相互信任的基础。②进出口商的任何一方有垫付资金的能力。③进出口货物的金额和付款时间应完全相同。任何两笔交易要同时具备以上三个条件，实际上是很困难的，于是就有了商业银行的介入。在国内，银行遍设机构；在国外，银行或直接开设分行，或与外国银行建立代理关系和签订互委业务约定，使银行网络覆盖全球。在这种情况下，买卖双方能集中精力开展贸易，货款结算则完全通过银行办理。银行与商人之间既有分工又有协作，两者相辅相成共同开展对外贸易，为安全收汇和按时付汇做出贡献。所以国际货款的收付通常涉及买卖双方和银行。

本任务中，国际贸易买卖双方需要充分了解常见支付工具，特别是汇票，掌握汇票的基本含义、汇票的种类、汇票的缮制方法和使用方法，了解支票和本票的基本含义、内容和种类。

 概念点击

汇票(Bill of Draft)：是指一人向另一人出具的无条件书面命令，要求对方见票时或在某一规定的时间或可以确定的时间内，向某一特定人或其指定人或持票人支付一定的金额。

本票(Promissory Note)：是指一人向另一人签发的，保证即期或定期或在可以确定的将来的时间，对某人或其指定人或持票人支付一定金额的无条件书面承诺。

支票(Cheque/Check)：是指以银行为付款人的即期汇票。它是银行存款人(出票人)对银行(付款人)签发的授权银行对某人或其指定人或持票人即期支付一定金额的无条件书面命令。

银行汇票(Banker's Draft)：是指出票人和付款人都是银行的汇票。

商业汇票(Commercial Draft)：是指出票人是企业或个人，而付款人可以是企业、个人也可以是银行的汇票。

即期汇票(Sight Draft)：是指在提示或见票时立即付款的汇票。

远期汇票(Time Bill)：是指付款人在一定期限内或指定日期付款的汇票。

光票汇票(Clean Bill)：是指付款人仅凭汇票付款，不得要求附带商业单据的汇票。

跟单汇票(Documentary Bill)：是指付款人凭票付款时，不仅要求受款人提交汇票，还要求其按约定条件，提交其他相关单据的汇票。

任务完成

一、汇票

(一)汇票必须载明的内容

各国票据法对汇票记载事项都有一定要求，但规定各有不同，一般必须记载以下几项：

- 记载表明"汇票"的字样。
- 无条件支付命令。
- 确定的金额。
- 付款人姓名。
- 收款人姓名。
- 出票日期。
- 出票人签章，指汇票必须有出票人的签名、盖章或签名加盖章方能生效。
- 出票地。
- 付款地。
- 到期日。

(二)汇票的种类

汇票从不同角度出发可分为以下几类：

第一，按出票人的不同，可分为银行汇票和商业汇票。

第二，按付款时间不同，可分为即期汇票和远期汇票。

对远期汇票的付款时间有以下几种规定：

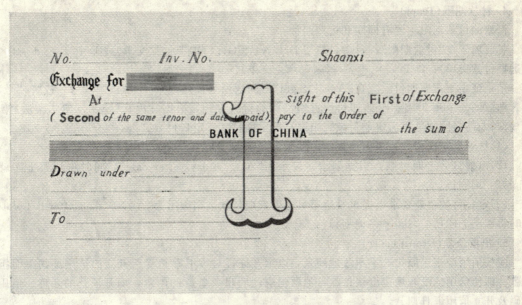

图 8-1 国际结算中空白汇票样票(第一联)

见票后若干天付款(At ×× days after sight)

出票后若干天付款(At ×× days after date of draft)

提单签发后若干天付款(At ×× days after date of Bill of Lading)

货物到达后若干天付款(At ×× days after date of arrival of goods)

指定日期付款(Fixed date)

第三,按有无附商业单据,可分为光票汇票和跟单汇票。

(三)汇票的填制

汇票在进出口贸易结算中是一种非常重要的票据。汇票在缮制时,除应严格符合支付方式要求外,还要符合汇票的规范制法。

1. 汇票编号(No.)

实务操作中,汇票编号一般与商业发票的号码一致,表明本汇票属于第×××号发票项下。银行也接受此栏是空白的汇票。所以一般情况下,NO. 与 INV. NO. (INVOICE NO. 发票号)是一致的。

2. 出票地点和日期(Place and Date of Issue)

信用证方式下的汇票出票地点一般指议付行的所在地和出票人所在地,以议付日期作为汇票的出票日期。出票地点可能会牵涉到法律管辖权,出票时间不得早于装船时间。

3. 汇票大小写金额(Exchange for)

汇票上有两处相同案底的栏目,较短的一处填写小写金额,如:USD1260.00;较长的一处填写大写金额,要求顶格,不留任何空隙,以防有人故意在汇票金额上做手脚。此栏必须与汇票的小写金额一致。填写大写金额时应在"the sum of"后,冠以货币全称的复数形式,句末加上"Only"(整)。大写金额由两部分构成,一是货币名称,二是货币金额,如:US DOLLARS ONE THOUSAND TWO HUNDRED AND SIXTY ONLY.

4. 付款期限(Tenor)

汇票的付款期限主要有即期和远期两种。

托收项下在"付款期限"栏目中,填写 D/P AT SIGHT(即期付款交单)或 D/P ×× days(××天远期付款交单);D/P ×× days(××天承兑交单)。

信用证项下,即期付款应在"At"与"Sight"之间空白处以虚线"………"(或" ＊ "号,或"×"号)连接。即"At…Sight",表示见票即付。远期汇票的付款方式,根据日内瓦《统一汇票本票法》第 33 条规定,有三种:"见票后定期付款、出票日后定期付款、定日付款。"

(1)见票后定期付款:根据所规定的期限,表示为"At ×× days after sight"。

(2)出票日后定期付款:根据要求,表示为"At ×× days after date",同时将汇票上印就的"sight"一词划掉。

(3)定日付款:若要求以提单日后第××天到期付款,则表示为"At ×× days after B/L date",同时将汇票上印就的"sight"一词划掉。

5. 出票条款(Drawn under)

应按信用证规定原句一字不改地照录,以示开证行对该汇票是受所开立的信用证约束而担保付款。即使信用证没有规定出票条款,汇票仍应注明出票条款的内容,即开证行的名称、信用证号码及开立信用证日期。

有些信用证规定了利息条款,则可在出票条款后列出。

如果信用证规定汇票注明"Documents Against Payment(凭单付款)",则也要在出票条款后列明。

6. 受款人(Payee)

汇票中受款人这一栏目,在信用证支付的条件下填写银行名称和地址,一般是议付行的名称;在托收项下,一般是托收行的名称。如:"Pay to STANDARD CHARTERED BANK"。

7. 受票人(Drawee)

根据 UCP600 规定,信用证方式的汇票以开证行或其指定银行为付款人,如下面的样票中"TO:"项目下填写的内容。托收项下,付款人一般填进口人。

8. 出票人及签字(Authorized Signature)

即信用证的受益人(出口商)必须在汇票上签章才能生效,以示出票人对该汇票承担责任。出票人的签章必须与其出具的商业发票等其他单据的签章一致。习惯上,把出票人的名称填在右下角,与付款人对应。

 议一议

根据汇票知识,结合图8-2中的汇票样票,分析该汇票的基本当事人和性质。

(四)汇票使用

汇票的使用一般经过出票、提示、承兑、付款环节,如需转让,还要背书。当汇票遭到拒付,还会涉及拒绝证书和行使追索权等法律问题。

1. 出票(Issue)

出票是指出票人填写汇票,经签字交给受票人的行为。在出票时,对收款人一栏的填写通常有三种写法:

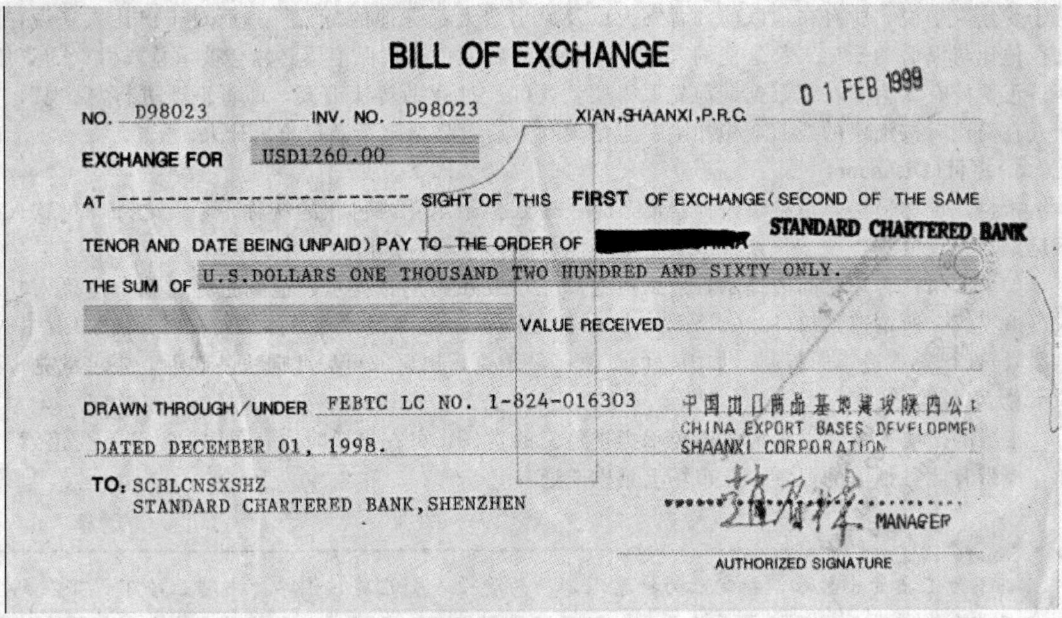

图 8-2 国际结算中已填制汇票样票(第一联)

(1)限制性抬头。例如，"仅付××公司"(Pay ×× Co. only)或"付××公司，不得流通"(Pay ×× Co. not negotiable)。这种抬头的汇票不能流通转让，只能由抬头人收款。

(2)指示性抬头。例如，"付××公司或其指定人"(Pay ×× Co. or order 或 Pay to the order of ×× Co.)这种抬头的汇票，××公司既可收取货款，也可背书转让。

(3)持票人或来人抬头。例如，"付给来人"(Pay Bearer)。这种抬头的汇票则无须背书即可转让。

2. 提示(Presentation)

提示是指持票人将汇票提交给付款人要求承兑或付款的行为。付款人见到汇票叫见票(Sight)。提示可以分为两种：付款提示和承兑提示。前者是指持票人向付款人提交汇票，要求立即付款的行为；后者是指持票人向付款人提交远期汇票，要求付款人见票后办理承兑手续，到期付款的行为。

3. 承兑(Acceptance)

承兑是指付款人对远期汇票表示承担到期付款责任的行为。

办理承兑时，付款人应在汇票上写明"承兑"字样，注明承兑日期并签字，交还持票人。承兑后，付款人即成为汇票的第一债务人，而出票人处于从债务人的地位。

4. 付款(Payment)

对于即期汇票，在持票人出示汇票时，付款人即应付款；对远期汇票，付款人经过承兑后，在汇票到期日付款。付款后，汇票上的一切债务即告解除。

5. 背书(Endorsement)

背书就是由汇票持有人在汇票背面签字，或再加上受让人(被背书人)的名字，并把汇票交给受让人的行为。

在国际市场上，汇票是一种流通工具，可以在票据市场上流通转让。背书是转让汇票权利的一种法定手续。经背书后，汇票的收款权利便转移给受让人。汇票可以经过背书不断转让下去。

对于受让人来说，所有在他以前的背书人以及原出票人都是他的"前手"；而对于出让人来说，所有在他让与以后的受让人都是他的"后手"。前手对后手负有担保汇票必然会被承兑或付款的责任。

汇票持有人为了在汇票到期前先取得票款，可经过背书转让汇票，即将汇票进行"贴现"，受让人在受让时按汇票的票面金额扣除一定贴现利息后，将票款余额付给出让人。

6. 拒付（Dishonor）

拒付，也称退票，是持票人提示汇票时，遭到拒绝承兑或付款的统称。除此之外，付款人拒不见票、死亡或宣告破产，以致事实上不可能付款，也称为拒付。

如果汇票在合理时间内提示，遭到拒绝承兑，或在到期日提示，遭到拒绝付款，持票人立即取得追索权。所谓追索权（Right of Recourse），是指汇票遭到拒付时，持票人有对其前手（背书人、出票人）进行票款追索的权利。如拒付的汇票已经承兑，出票人可凭此向法院起诉，要求承兑汇票的承兑人付款。

汇票的出票人或背书人为了避免承担被追索的责任，可在出票时或背书时加注"不受追索"字样，但带有此种批注的汇票，在市场上难以流通。

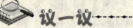 议一议

> 甲为汇票的出票人，指定乙为持票人，丙为受票人。乙将该汇票背书转让给丁，丁在到期日前向受票人丙提示汇票并获承兑。但至汇票到期日，丙以资金周转困难为由，拒绝向丁付款。请问：丁此时有何权利？如何行使？
>
> 丁此时有追索权。丁应及时做出拒付证书，保全追索权；并可向出票人（甲）、前手（乙）、承兑人（丙）中的任何一人、数人或全体行使追索权。

二、本票

（一）本票必须载明的内容

各国票据法对其本票所含事项的规定各有不同。一般来说，必须记载以下事项：

- 表明"本票"的字样。
- 无条件支付的承诺。
- 确定的金额。
- 收款人的名称。
- 出票日期。
- 出票人签章。

（二）本票的种类

本票按其出票人不同，可分为商业本票和银行本票。

商业本票，又称一般本票，是工商企业或个人所签发的本票，主要用于清偿出票人自身的债务。商业本票有即期和远期之分。

银行本票，是指由银行签发的本票，均为即期。根据我国《票据法》的规定，银行本票仅限于由中国人民银行审定的银行或其他金融机构签发。

拓展阅读

本票与汇票的区别

本票和汇票都属于票据的范畴，但二者之间又有较大的不同，主要区别如下：

第一，本票是一项付款承诺；而汇票是一项支付命令。

第二，本票只有两个基本当事人：出票人和收款人；而汇票则有三个基本当事人：出票人、付款人和收款人。

第三，本票的出票人始终是第一债务人，一旦拒付，持票人可以立即要求法院裁定，要求出票人付款；而汇票在承兑前其出票人为第一债务人，在承兑后，承兑人为第一债务人，出票人处于从债务人的地位。

第四，本票签发的份数只能是一式一份；而汇票可以开出一套，即一式两份或一式多份。

三、支票

(一)支票必须载明的内容

各国票据法对支票所含事项规定不同，一般来说，必须记载以下事项：

- 表明"支票"的字样。
- 无条件支付的委托。
- 确定的金额。
- 付款人的名称。
- 出票日期。
- 出票人签章。
- 收款人名称。
- 出票地。
- 付款地。

(二)支票的种类

支票按抬头的不同，可分为记名支票和不记名支票；按支票出票人的不同，可分为银行支票和商业支票；按支票本身的基本特征可分为保付支票、空头支票等。

支票的出票人必须在付款银行有存款，其签发支票的票面金额不得超过其在银行的存款。凡票面金额高于其在银行存款的支票，称为空头支票。空头支票的持有人向付款银行提示支票要求兑付时会遭到拒绝，支票的出票人也要负法律责任。

【典型实例】

甲交给乙一张经付款银行承兑的远期汇票，作为向乙订货的预付款，乙在票据上背书后转让给丙以偿还原先欠丙的借款，丙于到期日向承兑银行提示取款，恰遇当地法院公告该行于当天起进行破产清理，因而被退票。丙随即向甲追索，甲以乙所交货物质次为由予以拒绝，并称10天前通知银行止付，止付通知及止付理由也同时通知了乙。在此情况下丙再向乙追索，乙以汇票系甲开立为由推诿不理。丙遂向法院起诉，被告为甲、乙与银行三方。你认为法院将如何依法判决？理由何在？

（资料来源：张炳达，王晓静. 国际贸易实务与案例. 北京：立信会计出版社，2006）

【简评】第一，法院应判甲向丙清偿被拒付的汇票票款，自到期日或提示日起至清偿日止的利息，以及丙进行追索所支付的相关费用。甲与乙的纠纷则另案处理。

第二，法院判决的理由：①由于票据具有流通性、无因性、文义性、要式性，因此只要丙是票据的合法持有人，就有权要求票据债务人支付票款，并且此项权利并不受其前手乙的权利缺陷（向甲交付的货物质次）的影响。②丙在遭到主债务人（承兑银行）退票后，即有权向其前手甲、乙进行追索。同样由于票据特性，甲不能以抗辩乙的理由抗辩丙。

任务二　汇　付

任务描述

某年 11 月底，我方 A 公司与台湾 B 公司签订了一份出口合同，总价值 10118.00 美元，规定从上海运往基隆港，到港时间不得晚于同年 12 月 17 日，支付方式为 B 公司收到目的港代理的接货通知书后 48 小时内将全部货款办理电汇（T/T）给 A 公司。由于装运期较为紧迫，我方立即准备货物，并预定了 12 月 10 日船期（预计整个航程共需 7 天）。货物如期装船后，正本提单寄 B 公司。但因货物途经高雄时多停靠了 2 天，于 12 月 19 日才抵达目的港，客户于次日提货后，提出暂时拒付全部货款，待货物销完后再付，原因是货物未能如期到港，致使这批货物无法赶上当地圣诞节的销售高潮，其部分客户已纷纷取消订单，造成此批货物大量积压，给他带来巨大经济损失。A 公司多次电告 B 公司，告知货物未能如期到港（延误 2 天），我方是无法预料与控制的，再者，因备货时间短，我方已尽力将货物装上最早船期。A 公司多次要求 B 公司办理付款，B 公司均不予以理睬。2 个月后，A 公司只好请台湾某一友好客户 C 与 B 公司协商，B 公司才开始有所松口，条件是要求我方降价 30％后才同意给予付款（客户称约有价值 30％货物积压仓库）。经我方一再努力与之协商，最终才以我方降价 15％告终，此案中我方直接损失 1500 多美元。

（资料来源：马朝阳，丛凤英. 外贸单证实务. 北京：科学出版社，2007）

从上例中我们可以看出，国际贸易买卖双方在货款收付时不仅要选择支付工具，还包括支付方式的选择。本案中，我方接受了货物到港后对方以电汇方式付款，实属赊销，是我方收汇风险最大的一种方式，因我方已先行发货，且正本提单已寄客户，完全丧失物权，客户若借故拒付，由于我方处于劣势，故损失了部分权益，所以我方丧失了该笔业务的部分收汇权利。

本任务中，国际贸易买卖双方要了解电汇、信汇和票汇的含义，熟悉其性质，掌握三种汇付方式的业务流程和在进出口实务中的使用。

概念点击

汇付（Remittance）：或称汇款，是汇出行应汇款人的要求，以一定的方式，把一定的金额，通过汇入行或付款行的国外联行或代理行，付给收款人的一种支付方式。

顺汇：是指资金的流向与结算工具的传送方向相同。

逆汇：是指结算工具的传送方向与资金的流动方向相反。

电汇(Telegraphic Transfer，简称 T/T)：是指汇款人将款项交汇出行，委托汇出行用电报(Cable)、电传(Telex)或 SWIFT 等电信方式通知汇入行解付一定金额给指定收款人的汇款方式。

信汇(Mail Transfer，简称 M/T)：是指汇出行应汇款人申请，将信汇委托书(M/T Advice)或支付通知书(Payment Order)航空邮寄汇入行，授权其解付一定金额给收款人的汇款方式。

票汇(Remittance by Bank's Demand Draft，简称 D/D)：是指汇出行应汇款人申请，签发以其分行、代理行或往来银行为付款人的即期银行汇票(或银行本票)，交汇款人自行交付(面交或邮寄)收款人凭票发款。

任务完成

一、汇付的性质

在国际贸易中，当买卖双方采用汇款方式结算债权债务时，或者先由卖方将货物发运至买方，再由买方付款；或先由买方向卖方预先支付款项，然后卖方发货，因而汇款方式是建立在买卖双方相互提供信用基础上的支付方式，属于商业信用的范畴。

二、汇付的当事人

在汇付方式中，一般有四个当事人：汇款人、收款人、汇出行和汇入行。

(一)汇款人(Remitter)

汇款人是委托银行向国外债权人付款的当事人。在国际贸易中汇款人通常是进口商或债务人，其责任是填具汇款申请书，向银行提供将要汇出的金额并承担有关费用。汇款人与汇出行之间是委托与被委托关系。

(二)收款人(Payee Or Beneficiary)

收款人是指接受汇款人所汇款项的当事人。在国际贸易中汇款方式下的收款人通常为出口商或债权人，其权利是凭证取款。收款人与汇入行之间一般有账户关系。

(三)汇出行(Remitting Bank)

汇出行是指接受汇款人委托，办理款项汇出业务的银行。汇出行通常是汇款人所在地银行，其职责是按汇款人的要求将款项汇给收款人。汇出行与汇入行之间是委托与被委托的关系。

(四)汇入行(Paying Bank)

汇入行也称解付行，是指接受汇出行委托，向收款人解付汇入款项业务的银行。汇入行通常是受款人所在地银行，它必须是汇出行的联行或代理行，其职责是证实汇出行委托付款指示的真实性，通知收款人取款并付款。

三、不同汇付方式的业务流程

(一)电汇业务流程

当结算双方商定以电汇方式结算资金后，电汇的具体操作程序如下：

第一，汇款人填写电汇申请书，交款付费给汇出行。汇款金额为汇入地货币或第三国货币，汇出行一般按银行当天该货币的电汇卖出汇率折算成本国货币加上电汇费后向汇款人收取。

第二，汇出行给汇款人以电汇回执。

第三，汇出行根据汇款人申请书内容，将汇款金额、收款人或汇款人姓名、地址、汇款人附言等内容以电传或电报通知汇入行委托解付。汇出行在发电报或电传时，要加列与汇入行约定使用的密押，以证实电报或电传内容确实是汇出行所发。汇入行收到电文，要核实密押无误后才能办理解付手续。

第四，汇入行收到汇出行汇款电文并核对密押相符后，立即通知收款人取款。目前国际贸易结算的汇款，一般收款单位都在汇入行开有账户，故汇入行可以仅凭电文将款项收入汇款人账户，然后给收款人一张收账通知单。

第五，收款人持通知书到汇入行取款时，必须在"收款人收据"上签名或盖章。

第六，汇入行向收款人解付汇款。

第七，汇入行将付讫借记通知书邮寄给汇出行，以使双方的债权债务得以结算。

采用电汇方式，资金转移速度快，效率高。通常从世界某地汇款到异地仅需1~3个银行工作日。随着技术进步和电讯成本的降低，目前国际贸易中的汇款业务最经常使用的方式是T/T，汇出行以电报、电传、或SWIFT方式转托汇入行解付，这种汇款将时差计入，一般当天或隔天可到，减少了资金占用时间，最为快捷，但电讯费用相对其他两种汇付方式较高。

(二)信汇业务流程

信汇的业务程序与电汇基本相同，但汇款人必须填写信汇申请书。信汇与电汇的唯一差别是，汇出行通过航空信函邮寄信汇委托书(M/T Advice)或支付委托书(Payment Order)给汇入行，而不是采用电报。

在M/T方式下，汇出行以信件转托汇入行付款给收款人这种汇付方法，需要一个地区间的邮程时间，一般航程为7~15天，具体视地区远近而异，如用快递(Speed Post)可加速至3~5天。M/T需通过银行邮政系统实现，信件委托书可能在邮寄途中遗失或延误而影响收汇，故安全性较差，加上资金在途中时间长、操作手续多，这种方式已很少被采用。

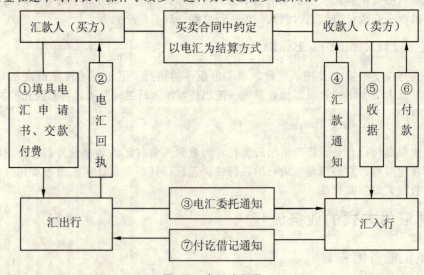

图 8-3　电汇流程图

由于电汇的快捷安全和票汇的灵活方便，国内银行现在除对个别国家和一些小额个人汇款外，一般不再使用和接受信汇。美国、加拿大等发达国家亦早已不再使用和接受信汇。

(三)票汇业务流程

当结算双方商定以票汇方式结算资金后，以最常见银行即期汇票为支付工具的票汇具体操作程序如下：

第一，汇款人填写票汇申请书，并交款付费给汇出行。

第二，汇款人开立银行即期汇票交给汇款人。

第三，汇出行将票汇通知书(即票根 Advice of Drawing)邮寄给汇入行。

第四，汇款人将银行即期汇票自行邮寄给收款人。

第五，收款人凭银行即期汇票向汇入行取款。

第六，汇入行对汇票和票根审核无误后，付款给收款人。

第七，汇入行同时把付讫借记通知书寄给汇出行。

D/D 是开立银行即期汇票或者银行本票，由汇款人通过邮寄或自行挟带出国的方式将票据交付给收款人，到期由收款人向票据付款人提示要求付款。其中，银行汇票或银行本票用于银行的代客拨款，其出票人和付款人均为银行(可以为同一银行或双方有总、分支行关系或代理关系)；我国采用票汇支付方式时，外贸企业收到进口方寄来的票据后，应将票据交给当地银行，委托其通过付款地分行或代理行代收款，在收到收妥通知后，方可对外发货，以防因国外不法商人伪造票据、出票行破产倒闭、签发空头支票或其他原因收不到票款而蒙受损失。

票汇是一种比较灵活的支付方式，适合邮购或支付各种费用，但在寄票过程中，票据有丢失或毁损的风险，加上容易因背书转让带来一连串的债权债务关系而陷入汇票纠纷，票据遗失后挂失或止付的手续比较麻烦等，均影响了票汇的使用。

票汇流程，以最常见的银行即期汇票为支付工具，如图 8-4 所示。

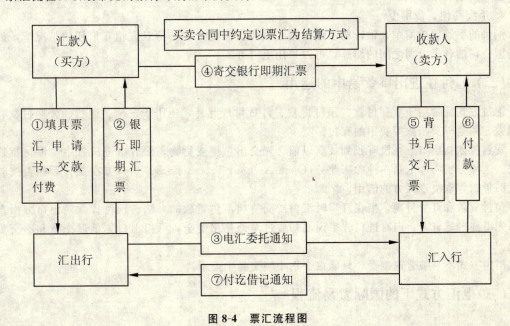

图 8-4　票汇流程图

表 8-1　电汇、信汇和票汇的主要区别

汇付方式	支付命令的交递方式	速度/费用	取款通知	背书转让
电汇	电子方式	较快/较高	付款行发出	不能，银行直接代收代付
信汇	邮寄	较慢/较低	付款行发出	不能，银行直接代收代付
票汇	汇款人自带或寄交收款人	较慢/较低	付款行无须发出，收款人持票领取	收款人可背书转让

四、汇款方式在国际贸易实务中的使用

(一) 汇付的特点

1. 属于商业信用

在国际贸易中，当买卖双方采用汇付结算债权债务时，一般采取货到付款或者预付货款方式，因而汇付方式是建立在买卖双方相互提供信用基础上的支付方式，属于商业信用的范畴。

2. 风险大

对于货到付款的卖方或对于预付货款的买方来说，能否按时收汇或能否按时收货，完全取决于对方的信用。如果对方信用不好，则可能钱货两空。

3. 资金负担不平衡

对于货到付款的卖方或预付货款的买方来说，资金负担较重，整个交易过程中需要的资金，几乎全部由他们来提供。

4. 手续简便，费用少

汇付的手续比较简单，银行的手续费用也较少。因此，在交易双方相互信任的情况下，以及在跨国公司的各子公司之间的结算，可以采用汇付方式。

(二) 汇付在进出口贸易中的运用

汇付方式通常用于货到付款、预付货款、订货付现此外，还用于定金、运费、分期付款、货款尾数、佣金以及赔款等费用的支付。

货到付款指出口方在没有收到货款以前，先交出单据或货物，然后由进口方主动汇付货款的方法。这种方法实际上是一种赊账业务（Open Account Transaction）。出口方在发货后能否按时顺利收回货款，取决于买方的信用。

预付货款和订货付现，指在订货时汇付或交货前汇付货款的办法。预付货款对出口方而言可以事先得到一笔资金。但对进口方来说，却要过早地垫出资金，承担出口方延迟交货和不交货的风险。

汇付方式不易被普遍接受，只能在个别小额交易中采用。

(三) 电汇方式下的国际贸易流程

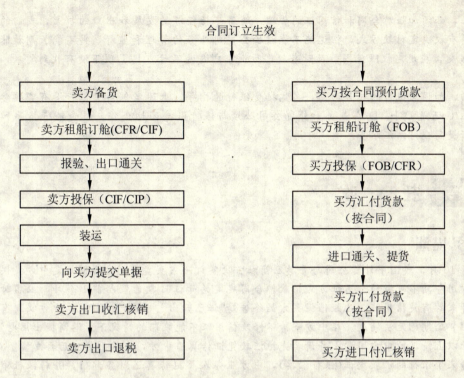

图 8-5　电汇方式下的国际贸易流程图

【典型实例】

　　某公司 2000 年向美国 MAYWELL 公司出口工艺品。该公司以前曾多次与其交往关系良好，但始终没有成交。第一笔成交客户坚持要以 T/T 付款，称这样节约费用对双方有利。考虑双方长时间交往，于是就答应了客户的要求。在装完货收到 B/L 后即 FAX 给客户。客户很快将货款 USD11000 汇给我方。第一单非常顺利。一个月后客户返单，并再次要求 T/T 付款，我方同意，三个月内连续 4 次返单总值 FOB DALIAN USD44 000，目的港为墨西哥。但由于我方疏忽在出发后既没有及时追要货款，更没有采取任何措施。使客户在没有正本 B/L 的情况下从船公司轻松提货。待 4 票货全部出运后再向客户索款已为时过晚，客户均以各种理由拖延，一会儿说资金紧张，一会儿说负责人不在，一会儿说马上付款，半年后客户人去楼空，传真、E-mail 不通，4 万多美元如石沉大海，产生了重大损失。

　　　　（资料来源：贸易诈骗案例两则及教训．世贸人才网，http：//class. wtojob. com）

　　【简评】从这个案例中我们得出以下教训：

　　第一，签订 T/T、D/A、D/P 纯属商业信誉的合同时，必须对客户有十分可靠的了解，必要时可通过有关驻外机构进行资信调查，在没有搞清楚客户全部情况前不能贸然接受 T/T、D/P 付款。上述案例经事后调查发现这个公司是中东阿拉伯国家不法商人在美国开办的公司，他们不讲商业道德，根本没有什么资金保障，专门从事欺诈。我们必须提高警惕，对非欧美国家在美国经商的第三世界商人更要格外小心，防止上当受骗。

　　第二，必须努力识破奸商惯用的欺诈手段，防患未然。这个案例是第一单客户信守承诺，及时付款，没有任何推迟和延误，而第二单就开始诈骗。这是一切骗子所惯用的伎俩，先小单正常履约引诱，然后开始大额行骗。

第三，必须加强对合同和信用证的管理。随着市场经济的发展和出口的扩大，我们的许多一线业务员有权决定付款方式，但这绝不能放松公司对业务的管理和监督，更不能长期放账。对于T/T下成交，应规定权限范围，及时查款，防止客户迟迟不付。T/T项下没有收到货款，不能寄B/L。

第四，加强与银行的业务沟通，自觉接受银行的指导。上述案例虽然银行没有直接参与，但不管是L/C还是D/P、D/A业务，外贸公司必须与银行保持密切合作，接受银行指导和业务培训，不断提高公司结汇水平。

任务三 托 收

任务描述

某年10月，我国甲外贸公司与香港乙商社首次签订一宗买卖合同，合同规定中方提供一批货物，买方用即期不可撤销信用证方式付款。合同规定的开证日期为装船前1个月，但届时并未收到买方开来的有关信用证。几经催促买方始终告知"证已开出"。装船前10天，中方收到有关的信用证，但装船期已无法满足。在中方坚持不修改信用证不能装船的情况下，港商提出用电汇方式。

鉴于以上情况，中方同意，并请其先把汇款凭证传真给中方，在收到货款后再发货。第二天，港商便传来了银行的汇款凭证(银行汇票)，中方业务人员把传真送财务部门，并转银行审核，经核对签字无误。此时，中国港口及运输部门又多次催促装箱、装船。中方有关人员认为款即已汇出，不必等款到再发货，否则错过装船期影响装运，于是即装船，并及时发出装船电。发货后1个月财务人员查询时发现了问题。原来港商在中方要求改好证才能装货的情况下，到银行买了张银行汇票传真过来作为汇款凭证，中方业务人员不了解情况。港商就利用一张有银行签字的汇票促使中方发货，待收到装船电后，便立即撤销这笔汇款，把本应寄给中方的正本汇票退回银行。因其正本汇票还未寄出，汇付又仅属商业信用，银行是准予撤销的，只收少量手续费。港商这种欺诈行为使中方公司钱、货两空，损失惨重。

(资料来源：国际结算教学与实训平台．http：//www.itradeclass.com)

从上例中我们可以看出，在进出口实务中，不得已无法采取信用证的方式，或者因故无法正常使用信用证时，因为不能银货当面两讫，汇款方式又存在较大风险，那么我们应该采取什么样的支付方式来降低交易风险呢？常用的跟单托收则把国际贸易变成一手交货(单据)，一手交钱(货款)的形式，大大降低了交易风险。

本任务中，国际贸易买卖双方要了解托收的含义，熟悉其性质，掌握托收的业务流程和在进出口实务中的使用。

概念点击

托收(Collection)：是指由接到托收指示的银行根据所收到的指示处理金融单据和商业单据以便取得付款或承兑，或凭付款或承兑交出商业单据，或凭其他条款或条件交出单据。

金融单据(Financial Documents)：是指汇票、本票、支票、付款收据或其他用于取得付款或款项的凭证。

商业单据(Commercial Documents)：是指发票、运输单据、物权单据或其他类似单据，或除金融单据以外的其他单据。

光票托收(Clean Collection)：指不附带商业单据的金融单据的托收。

跟单托收(Clean Collection)：指附带商业单据的金融单据的托收，或不附带金融单据的商业票据的托收。

付款交单(Documents against Payment，简称 D/P)：指银行的交单以买方付款为条件。由于单据中通常包含作为物权凭证的海运提单，因此买方得到单据就意味着得到了货物。

承兑交单(Documents against Acceptance. 简称 D/A)：指在远期跟单托收业务中，代收行交单以进口商承兑汇票为条件，进口商在承兑远期汇票后即可取得运输单据，而不必先行付款。

 **任务完成**

一、托收的当事人

第一，委托人(Principal)，即委托银行办理托收的人，常为出口方。

第二，托收行(Remitting Bank)，是指接受委托人委托，办理托收业务的银行，常为出口地银行。

第三，代收行(Collecting Bank)，是指接受托收行的委托，向付款人收取票款的银行，常为进口地银行。

第四，提示行(Presenting Bank)，是指将汇票和单据向付款人提示的银行，常由代收行兼任。

第五，付款人(Payer)，是指根据托收指示做出付款的人，通常为进口方。

第六，需要时代理委托人的代表(Principal's Representative in Case of Need)，是委托人指定在付款地代为处理货物存仓、转售、运回或改变交单条件等事宜的代理人。根据《托收统一规则》规定，委托人应在托收指示中注明"需要时代理"及其权限，否则银行不接受"需要时代理"的指示。

拓展阅读

《托收统一规则》

在托收业务中，银行与委托人之间的关系往往由于各方对权利、义务和责任解释上的分歧，和不同银行在业务做法上的差异，从而导致争议和纠纷。国际商会为了调和托收当事人之间的矛盾，以利于国际商业和金融活动的运行，避免差异和纠纷，促进贸易的发展，于 1958 年草拟《商业单据托收统一规则》(Uniform Rules for Collection of Commercial Paper，ICC Publication No. 192)，建议各银行采用，但并未得到普遍采纳。国际商会分别在 1967 年、1978 年和 1995 年进行了修订，目前使用的版本为国际商会第 522 号出版物《托收统一规则》(Uniform Rules for Collection，ICC Publication No. 522，简称《URC 522》)，于 1996 年 1 月 1 日起生效。

URC522 全文包括总则、定义及具体条款共 26 条，为国际托收业务提供了规范性指导意见。《托收统一规则》的基本精神是：银行办理托收业务完全根据委托人的指示办事。银行在托收过程中遇到的一切风险、费用、意外事故概由委托人承担。

目前世界上多数国家的银行都根据这个规则来处理托收业务，并常在托收委托书中注明其采用了该规则及其版本。

(资料来源：中国国际海运网，http://www.shippingchina.com)

二、托收方式分类

托收根据是否随附运输单据(Shipping Documents)可分为光票托收和跟单托收。

(一)光票托收(Clean Collection)

光票托收有即期和远期之分。对即期汇票,代收行应向付款人提示付款;对远期汇票,代收行应向付款人提示承兑,到期付款。如遭拒付,代收行应及时通知托收行以求解决。托收行在光票托收业务中,对已经垫付给收款人的款项有追索权。

光票托收因不附带商业单据,因此不牵涉物权的转移和货物的处理,业务程序相当简单,且费用低廉。通常仅用于收取小额贸易从属费用,如广告费、运费、样品费等。

(二)跟单托收(Documentary Collection)

跟单托收是贸易实践中最重要的托收方式。之所以要跟单,目的是把商业单据与货款作当面两讫的交易。换句话说,跟单托收实际上是出口商通过银行,以商业单据(特别是作为物权凭证的提单)作为对价,向进口商收取货款的结算方式。进口商只有在对汇票付款或承兑后才能得到商业单据。

跟单托收总的原则是"凭单付款"。但在实践中,"单据"和"付款"是可以分离的。根据交单条件不同,跟单托收可分为付款交单(D/P)和承兑交单(D/A)。

1. 付款交单(Documents against Payment,简称 D/P)

付款交单可分为即期付款交单(D/P at sight)和远期付款交单(D/P after sight)。

即期付款交单是跟单托收最普遍的做法。是指出口商开具即期汇票,交收行通过代收行向进口商出示。进口商见票后应审核单据,并决定接受与否,如表示接受,应立即付款以换取单据。进口商如拒收单据应提出理由,单据由代收行暂时保管。代收行应将拒付情况及理由电告托收行,等候进一步答复。

远期付款交单是指进口商在承兑由出口商签发的远期汇票后,于汇票到期日付款赎单的做法。

2. 承兑交单(Documents against Acceptance,简称 D/A)

承兑交单是指在远期跟单托收业务中,代收行交单以进口商承兑汇票为条件,进口商在承兑远期汇票后即可取得运输单据,而不必先行付款。

三、不同托收方式下业务程序

(一)即期付款交单(D/P at sight)业务流程

当结算双方商定以即期付款交单方式结算资金后,具体操作程序如下:

(1)出口人按合同规定装货后,填写托收申请书,开立即期汇票,连同货运单据交托收行,委托代收货款。

(2)托收行在审查托收申请书和单据无误后出立回单给出口人,作为接受委托和收到汇票、单据的凭证,并根据托收申请书缮制托收委托书连同汇票、货运单据寄交进口地代收行委托代收。

(3)代收行按照委托书的指示向买方提示汇票与单据。

(4)进口人验单无误后付清货款。

(5)代收行交单。

(6)代收行办理转账并通知托收行款已收妥。

(7)托收行将货款交给出口人。

议一议

托收属于顺汇还是逆汇?

托收是出口商完成装运后,将货运单据和汇票提交出口地银行(托收行),委托其通过进口地分行或代理行(代收行)向进口商收取货款的结算方式。正常情况下,货款进口人向代收行付款赎单,最后由托收行交给出口商。所以托收属于逆汇。

上述即期付款交单一般业务程序如图8-6所示。

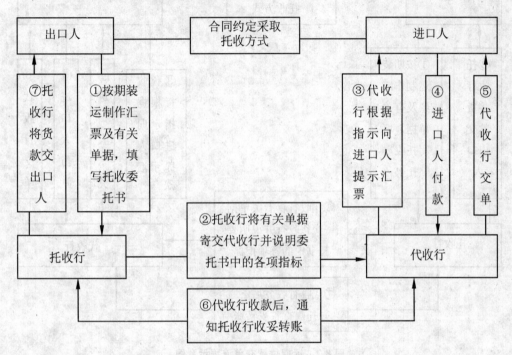

图8-6 即期付款交单流程示意图

(二)远期付款交单(D/P after sight)业务流程

当结算双方商定以远期付款交单方式结算资金后,具体操作程序如下:

第一,出口人按合同规定装货后,填写托收申请书,开立远期汇票,连同货运单据交托收行,委托代收货款。

第二,托收行在审查托收申请书和单据无误后,出立回单给出口人,作为接受委托和收到汇票、单据的凭证;并根据托收申请书缮制托收委托书连同汇票、货运单据寄交进口地代收行委托代收。

第三,代收行按照委托书的指示向进口人提示汇票与单据。

第四,进口人经审核无误在汇票上承兑后,代收行收回汇票与单据。

第五,进口人到期付款。

第六,代收行交单。

第七,代收行办理转账,并通知托收行款已收妥。

第八,托收行向出口人交款。

URC522并不鼓励远期付款交单这一做法。在远期付款交单业务中，如果货物已经运抵目的港而付款日期未到，进口商既可提前付款赎单，也可向代收行出具信托收据预借单据。即付款交单，凭信托收据借单。

上述远期付款交单一般业务程序如图8-7所示。

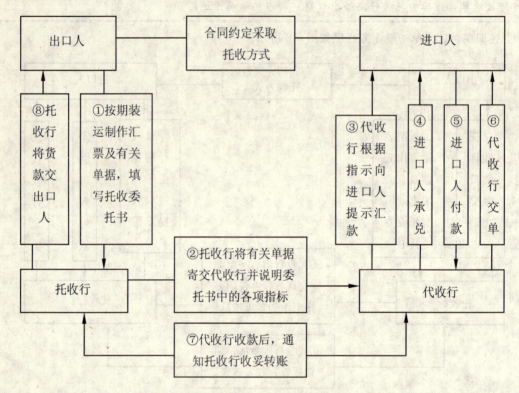

图 8-7　远期付款交单流程示意图

拓展阅读

信托收据 T/R(Trust Receipt)

信托收据就是进口商借单时提供的一种书面信用担保文件，用来表示愿意以代收行委托人的身份代为提货、报关、存仓、保险或出售，并承认货物所有权仍属银行。货物出售后所得的货款，应于汇票到期时交于银行。这是代收行向进口商提供的一种短期融资业务，与出口商无关。凭信托收据借出单据后，货物物权仍属代收行，进口商处于代管货物地位，他的身份只是受托人或者说保管人。

代收行如"私下"借出单据，事后又无法收回货款，就应承担付款责任。如果出口商事先同意并授权代收行如此操作，那么风险自然由出口商承担。

（资料来源：天津法律网 . http：//www. hicourt. gov. cn）

(三)承兑交单(Documents against Acceptance，简称 D/A) 业务流程

当结算双方商定以承兑交单方式结算资金后，具体操作程序如下：

第一，出口人按合同规定装货后，填写托收申请书，开立远期汇票，连同货运单据交托收行，委托代收货款。

第二，托收行在审查托收申请书和单据无误后，出立回单给出口人，作为接受委托和收到汇票、单据的凭证；并根据托收申请书缮制托收委托书连同汇票，货运单据寄交进口地代收行委托代收。

第三，代收行按照委托书的指示向进口人提示汇票与单据。

第四，进口人经审核无误在汇票上承兑后，代收行收回汇票与单据。

第五，代收行在收回汇票与单据的同时，将货运单据交给进口人。

第六，进口人到期付款。

第七，代收行办理转账，并通知托收行款已收妥。

第八，托收行向出口人交款。

如果销售顺利，至到期日应付款时，货物已经售出。因此这实际上是卖方向买方提供的资金融通。如果是 180 天远期的话，进口商几乎可以做无本的生意。

在理论上，进口商承兑汇票后，就必须对付款负责。但进口方在付款前就可以取得单据，凭此提货，出口人先交出商业单据，其收款的保障完全依赖进口人的信用，一旦进口人到期不付款，出口人便会遭到货物与货款全部落空的损失，因此采用 D/A 方式时应谨慎。

承兑交单一般业务程序如图 8-8 所示。

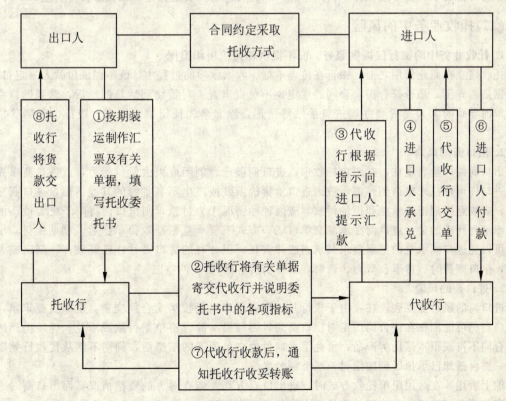

图 8-8 承兑交单流程示意图

四、托收式在国际贸易实务中的使用

（一）托收的性质

托收的性质是商业信用。在托收业务中，银行只提供服务，不提供信用。也就是说，无论是委托人和托收行之间，还是托收行与代收行之间，都是委托代理关系，不保证付款人必然付款，对货运单据和到港货物也无审查和看管责任。委托人发货后能否安全及时收回货款，完全取决于进口商的信用。

想一想

在进出口实务操作中选择跟单托收，卖方为什么要争取按 CIF 条件成交？

在跟单托收项下，选择 CIF 条件成交对出口人比较有利。这是因为，若按 FOB 或 CFR 条件成交，出口人不负责投保。如果货物在进口人提货前遭遇风险，进口人因此拒付，出口人势必蒙受损失。因此，为保障自身权益，出口人应争取按 CIF 或 CIP 条件成交。这样，由出口人自行投保，若遇意外可直接向保险公司索赔。

有些国家规定进出口业务必须在本国投保，因此对这些国家贸易只能按 FOB 或 CFR 条件成交。在这种情况下，卖方应投保"卖方利益险"，或另行购买货运保险，以保障自身利益。

（二）托收业务中的风险

1. 托收业务中的银行仅提供服务，而不提供任何信用和担保

托收建立在商业信用之上，银行在传递单据、收取款项的过程中，既不保证付款人一定付款，对单据是否齐全、是否符合买卖合同的规定也不负责审查。对货物到达目的地后，遇到进口商拒不赎单而导致的无人提货和办理进口手续等情形，除非事先征得银行同意，银行也无照管货物之责。

2. 出口商的风险

出口商的风险表现在：在跟单托收中，进口商破产、倒闭或失去偿付能力，或进口商事先未得到进口许可证或未申请到外汇，或因进口地货价下跌或产生不利货物的其他情形，进口商变卦违约，或故意挑剔拒绝承兑和拒绝付款，或因种种情况无力付款，则出口商将陷于极为被动的局面。而最为严重的是，进口商在承兑交单（D/A）方式下凭承兑汇票取得单据后，到期拒付，出口商虽可以凭进口商承兑的汇票要求其承担法律责任，但此时的进口商往往已经破产、倒闭或人去楼空，出口商费时、费事、费力、费财，最终仍然落得"货款两空"。

3. 进口商的风险

进口商的风险主要表现在：由于银行并不担保出口商会按买卖合同交货，也不负责审单，所以进口商仍可能面临在按合同规定对出口商通过银行提示的合格单据付款或承兑，凭单提到的货物与合同不符或根本是伪劣产品；承兑了远期付款交单项下的汇票后，到期不能从代收行处取得单据，而自己却已承担了到期偿付汇票金额的责任。

综上所述，在运用跟单托收方式时，进出口双方都要调查对方的资信情况，而出口商对进口商的资信更要了解得十分清楚并确信安全可靠后才能使用，对承兑交单方式更应谨慎小心。

（三）托收方式下的国际贸易流程

托收方式下的国际贸易流程如图 8-9 所示。

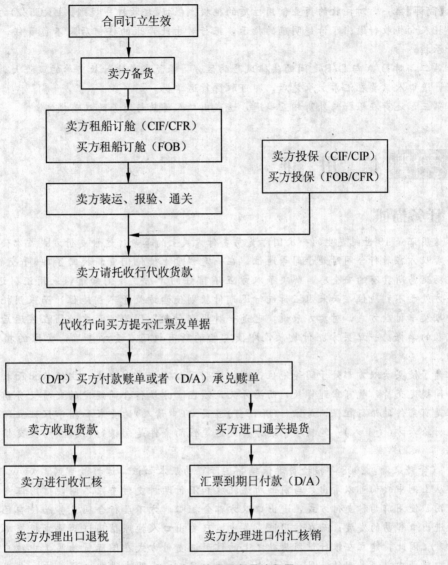

图 8-9　托收方式下的国际贸易流程图

【典型实例】

　　某年 6 月 6 日，某托收行受理了一笔付款条件为 D/P at sight 的出口托收业务，金额为 USD100 000，托收行按出口商的要求将全套单据整理后撰写了托收函一同寄给英国一家代收行。单据寄出 5 天后委托人声称进口商要求托收将 D/P at sight 改为 D/A at 60 days after sight，最后委托行按委托人的要求发出了修改指令，此后一直未见代收行发出承兑指令。当年 8 月 19 日委托行收到代收行寄回的单据，发现三份正本提单只有两份。委托人立即通过英国有关机构了解到，货物已经被进口商提走。此时，委托行据理力争，要求代收行要么退回全部单据，要么承兑付款，但是代收行始终不予理睬。货款始终没有着落。

　　（资料来源：国际结算中关于托收结算方式风险分析．世贸人才网，2008－07－04）

【简评】第一，对托收的商业信用性质的把握。根据《托收统一规则》(URC522)的有关规定：只要委托人向托收行做出了清楚明确的指示，银行对由此产生的任何后果不负责任，后果由委托人自行承担。

第二，对D/A与D/P之间的法律风险的区分。承兑交单比付款交单的风险大。在承兑交单条件下，进口人只要在汇票上承兑后，即可取得货运单据。

第三，还存在银行与外商相互串通，造成出口人货款与财务的双重损失。

M*任务四 MISSION4 信 用 证

📚 任务描述

信用证是19世纪发生的一次国际贸易支付方式上的革命，这种支付方式首次使不在交货现场的买卖双方在履行合同时处于同等地位，在一定程度上使他们重新找回了"一手交钱，一手交货"的现场交易所具有的安全感，解决了双方互不信任的矛盾。我们知道，采用汇付进行预期付款，使买方处于不利地位，而采用汇付进行迟期付款则使卖方处于不利地位，而采用托收方式，即使是即期交单付款方式，对卖方来说，也是一种迟期付款。因为，卖方必须在装运后，才能获得全套收款的单据。一旦买方拒付货款，即使货物的所有权还在卖方手里，卖方的损失还是难以避免的。

为了使买卖双方都处于同等地位，人们发明了信用证支付方式，由银行出面担保，只要卖方按合同规定交货，就可拿到货款，而买方又无须在卖方履行合同规定的交货义务前支付货款。信用证是有条件的银行担保，是银行(开证行)应买方(申请人)的要求和指示保证立即或将来某一时间内付给卖方(受益人)一笔款项。卖方得到这笔钱的条件是向银行(议付行)提交信用证中规定的单据。

(资料来源：2008年报检员考试辅导国际贸易基本知识. 远播教育网，www.114study.com)

从上例中我们可以看出，与前面所述托收和汇付两种支付手段不同，信用证支付方式属于银行信用。使用前两种支付方式，进出口双方都会担心对方不履行合同义务而使自己遭受损失，不利于进出口贸易的发展；而在信用证业务中，只要出口人按照信用证的要求提交单据，银行即保证付款。因此，建立在银行信用基础之上的信用证支付方式在国际货物买卖中被广泛应用，成为进出口贸易中普遍采用的一种主要的支付方式。目前，我国在进出口贸易中，也以信用证为主要支付方式。

本任务中，国际贸易买卖双方要了解信用证的含义，熟悉其内容和性质，掌握信用证基本业务流程和审证制单以及信用证在进出口实务中的使用。

🔑 概念点击

信用证(Letter of Credit，L/C)：是开证银行根据开证申请人的请求或以其自身的名义向受益人开立的承诺在一定期限内凭规定的单据支付一定金额的书面文件。

跟单信用证(Documentary L/C)：是指开证行凭跟单汇票或仅凭单据付款的信用证。

光票信用证(Clean L/C)：是指开证行仅凭附单据的汇票付款的信用证。

保兑信用证(Confirmed L/C)：是指由另一家银行接受开证行的请求，对其开立的信用证加负保证兑付责任的信用证。

即期信用证(Sight L/C)：是指开证行或开证行指定的付款行收到符合信用证条款的跟单汇票或装运单据后，立即履行付款义务的信用证。其特点是出口人收汇安全迅速，因而在进出口贸易结算中使用最广。

远期信用证(Usance L/C)：是指开证行或议付行收到信用证项下的单据时，不立即付款，而是在规定的期限内履行付款义务的信用证。

付款信用证(Payment L/C)：是指在信用证上明确指定某一银行付款的信用证，如上述的即期付款信用证和延期付款信用证。

承兑信用证(Acceptance L/C)：是指在信用证上明确指定某一家银行承兑的信用证，如上述的银行承兑远期信用证。

议付信用证(Negotiation L/C)：是指在信用证中明确指示受益人可以在某一指定的银行或任何银行议付的信用证。

可转让信用证(Transferable L/C)：是指信用证的受益人(第一受益人)可以要求授权付款、承担延期付款责任、承兑或议付的银行(统称"转让银行")或在信用证是自由议付的情况下，可以要求信用证中特别授权的转让银行将该信用证全部或部分转让给一个或数个受益人(第二受益人)使用的信用证。

循环信用证(Revolving L/C)：是指信用证在金额部分或全部使用后，其金额又恢复到原金额并被受益人再度使用，直至达到规定的次数或总金额为止的信用证。

对开信用证(Reciprocal L/C)：是指买卖双方各自开立以对方为受益人的信用证。这两个互开的信用证叫做对开信用证。

对背信用证(Back to Back L/C)：是指信用证的受益人在收到进口商开来的信用证后，要求该证的通知行或其他银行以该信用证为基础，另开一张内容近似的新证给实际供货人，这另开的信用证即为对背信用证。

预支信用证(Anticipatory L/C)：是指开证行授权付款行在受益人交单以前向受益人预先垫付信用证金额的全部或部分的信用证。

 任务完成

一、信用证付款涉及的当事人

信用证涉及的当事人很多，且因具体情况的不同而有差异。一般来说，信用证的基本当事人有四个：

(一)开证申请人(Applicant)

开证申请人又称为开证人(Opener)，是指向银行申请开立信用证的人，一般是进口商或中间商。如果开证银行以自身名义开立信用证，则信用证所涉及的当事人中没有开证申请人。

(二)受益人(Beneficiary)

受益人是指信用证上指明有权使用该证并享有权益的人，通常是出口商。

(三)开证行(Opening Bank，Issuing Bank)

开证行是指接受开证申请人的委托，代表申请人或根据自身需要开立信用证并承担付款责任

的银行，一般是进口地的银行。开证行通过开证，承担了根据受益人提交的符合信用证规定的单据付款的全部责任。

(四)通知行(Advising Bank，Notifying Bank)

通知行指受开证行的委托，将信用证转交或通知受益人的银行，一般是出口商所在地的银行，且通常是开证行的代理银行。通知行除应谨慎核查信用证的表面真实性，并及时、准确地将其通知受益人外，无须承担其他义务。

一般来说，上述四方当事人是几乎所有信用证业务都会涉及的。此外，应受益人要求，还可能出现其他当事人。

(五)议付行(Negotiating Bank)

议付行是指根据开证行的授权买入或贴现受益人提交的符合信用证规定的汇票或单据的银行。议付行可以是信用证上指定的银行，也可以是非指定的银行。若议付行遭开证行拒付，可以向受益人追索。

(六)付款行(Paying Bank)

付款行是指信用证上指定的付款银行。如果信用证未指定付款银行，开证行即为付款行。

(七)偿付行(Reimbursement Bank)

偿付行是指受开证行的委托或授权，对议付行或付款行进行垫款清偿的银行，一般是开证行指定的账户行。偿付行仅凭索汇行的索汇证明付款，而不受单，不审单，单据仍是寄给开证行。

(八)保兑行(Confirming Bank)

保兑行是指受开证行的请求在信用证上加具保兑的银行，具有与开证行相同的责任和地位。保兑行对信用证独立负责，承担必须付款或议付的责任。在付款或议付后，不论开证行倒闭或无理拒付，保兑行都不能向受益人追索。

二、信用证特点

信用证支付方式的特点，主要表现在以下三个方面：

(一)开证行负第一性付款责任

信用证支付方式是一种银行信用。在信用证业务中，开证行以自己的信用做出付款承诺，因此，开证行处于第一付款人的地位。当受益人提交的单据与信用证规定相符时，不管是否发生进口商破产或拒付等情况，开证行必须向受益人或其指定人付款、承兑或议付。

(二)信用证是一种自足文件

操作中只凭信用证办事，不受买卖合同约束。信用证的开立是以买卖合同为依据的，在内容上反映买卖合同的内容。但是信用证一经开立，就成为独立于合同以外的另一种契约，不受合同的约束。因此，开证行和参与信用证业务的其他银行只按信用证的规定办事。假如受益人提交的单据与合同条款相符，却与信用证条款不一致，仍会遭到银行拒付。

(三)信用证业务是一种纯单据买卖

强调"单证一致，单单一致"和"严格符合"。只凭有关单据办事，不管货物的真实情况。根据《UCP600》第五条的规定，银行处理的是单据，而不是单据可能涉及的货物、服务或履约行为。所以，信用证业务是一种纯粹的凭单据付款的单据业务。即受益人提交的单据在表面上与信用证的条款一致，受益人提交的各种单据之间表面上一致。开证行就应承担付款或承兑的责任，而不管单据的真实性、完整性和准确性，不管货物是否和合同条款相符。因此，单据成为银行付款的唯一依据。

三、信用证的作用

采用信用证支付方式，给进出口双方以及银行都带来一定的好处。信用证在国际结算中的作用主要表现在以下两个作用：

(一)安全保证

信用证支付方式是一种银行信用，它把进口人履行的付款责任，转为由银行来履行，保证了出口方能迅速安全地收到货款，进口方能收到代表货物的单据，有效地缓解了买卖双方互不信任的矛盾，使进出口贸易能够顺利地进行。

(二)资金融通

在信用证业务中，银行不仅提供信用和服务，还可以通过打包贷款、叙做出口押汇向出口人融通资金；通过凭信托收据、叙做进口押汇向进口人融通资金。

四、信用证的主要内容

国际上各银行的信用证没有固定、统一的格式，但其内容基本相同，主要包括以下几项：

第一，对信用证本身的说明，如信用证的编号、种类、金额、开证日期、有效日期、交单日期和到期地点等。

第二，信用证的当事人，如开证申请人、受益人、开证行及其指定的通知行、议付行、付款行、偿付行、保兑行等的名称、地址。

第三，有关货物的描述，如商品的名称、规格、数量、包装、单价、总值等。

第四，对运输的要求，如运输方式、装运期限、起运地、目的地、可否分批和中途转运等。

第五，对单据的要求。对单据的要求包括：对汇票的要求，信用证上如规定出口商提交汇票，则应列明汇票的必要项目，如出票人、受票人、期限、主要条款等；对货运单据的要求，主要是商业发票、海关发票、提单或运输单据、保险单据及其他单据。

第六，特别条款，主要是根据进口国的政治、经济、贸易情况的变化或不同业务需要规定的一些条款，如要求加具保兑、限制议付、限装某船或不许装某船等、限制港口和航线等。

第七，开证行对受益人及汇票持有人保证付款的责任文书以及适用的国际惯例，如"该证受国际商会《跟单信用证统一惯例》第 600 号出版物的约束"的字样。

做一做

根据下面中国银行大连分行开给韩国 SANGYONG CORPORATION 的信用证样本，标出信用证的当事人和基本内容。

Issue of a Documentary Credit

BKCHCNBJA08E SESSION：000 ISN：000000

BANK OF CHINA

LIAONING

NO. 5 ZHONGSHAN SQUARE

ZHONGSHAN DISTRICT

DALIAN

CHINA——开证行

Destination Bank：

KOEXKRSEXXX MESSAGE TYPE：700

KOREA EXCHANGE BANK

SEOUL

178.2 KA，ULCHI RO，CHUNG-KO——通知行

40A Type of Documentary Credit IRREVOCABLE——信用证性质为不可撤销

20 Letter of Credit Number LC84E0081/99——信用证号码

31G Date of Issue 990916——开证日期

31D Date and Place of Expiry 991015 KOREA——失效时间地点

51D Applicant Bank BANK OF CHINA LIAONING BRANCH——开证行

50 Applicant DALIAN WEIDA TRADING CO.，LTD.——开证申请人

59 Beneficiary

SANGYONG CORPORATION

CPO BOX 110

SEOUL

KOREA——受益人

32B Currency Code，Amount

USD 1 146 725.04——信用证总金额

41D Available with...by... ANY BANK BY NEGOTIATION——承兑方式不限议付银行

42C Drafts at 45 DAYS AFTER SIGHT——汇票付款期限：见证45天内付款

42D Drawee BANK OF CHINA LIAONING BRANCH（亦称受票行 Drawee Bank，通常也是付款行 paying bank，但是付款人不能为信用证申请人）

43P BANK OF CHINA LIAONING BRANCH——付款行

43T Partial Shipments NOT ALLOWED——分装不允许 Transhipment NOT ALLOWED——转船不允许

44A Shipping on Board/Dispatch/Packing in Charge at/ from RUSSIAN SEA——起运港：俄罗斯海港

44B Transportation to DALIAN PORT，P. R. CHINA——目的港：大连港，中国

44C Latest Date of Shipment 990913——最迟装运期

45A Description of Goods or Services：

FROZEN YELLOWFIN SOLE WHOLE ROUND (WITH WHITE BELLY) USD770/MT CFR DALIAN QUANTITY：200MT

ALASKA PLAICE (WITH YELLOW BELLY) USD600/MT CFR DALIAN QUANTITY：

300MT——货物描述

46A Documents Required——议付单据

1. SIGNED COMMERCIAL INVOICE IN 5 COPIES.——签字的商业发票五份

2. FULL SET OF CLEAN ON BOARD OCEAN BILLS OF LADING MADE OUT TO ORDER AND BLANK ENDORSED, MARKED "FREIGHT PREPAID" NOTIFYING LIAONING OCEAN FISHING CO., LTD. TEL：(86)411－3680288——一整套清洁已装船提单，抬头为 TO ORDER 的空白背书，且注明运费已付，通知人为 LIAONING OCEAN FISHING CO., LTD. TEL：(86)411－3680288

3. PACKING LIST/WEIGHT MEMO IN 4 COPIES INDICATING QUANTITY/GROSS AND NET WEIGHTS OF EACH PACKAGE AND PACKING CONDITIONS AS CALLED FOR BY THE L/C.——装箱单/重量单四份，显示每个包装产品的数量/毛净重和信用证要求的包装情况

4. CERTIFICATE OF QUALITY IN 3 COPIES ISSUED BY PUBLIC RECOGNIZED SURVEYOR.——由 PUBLIC RECOGNIZED SURVEYOR 已签发的质量证明三份

5. BENEFICIARY'S CERTIFIED COPY OF FAX DISPATCHED TO THE ACCOUNTEE WITH 3 DAYS AFTER SHIPMENT ADVISING NAME OF VESSEL, DATE, QUANTITY, WEIGHT, VALUE OF SHIPMENT, L/C NUMBER AND CONTRACT NUMBER.——受益人证明的传真件，在船开后三天内已将船名航次、日期、货物的数量、重量、价值、信用证号和合同号通知付款人

6. CERTIFICATE OF ORIGIN IN 3 COPIES ISSUED BY AUTHORIZED INSTITUTION.——当局签发的原产地证明三份（一般是贸促会或者商检局签发）

7. CERTIFICATE OF HEALTH IN 3 COPIES ISSUED BY AUTHORIZED INSTITUTION.——当局签发的健康/检疫证明三份

47A ADDITIONAL INSTRUCTIONS——附加指示

1. CHARTER PARTY B/L AND THIRD PARTY DOCUMENTS ARE ACCEPTABLE.——租船提单和第三方单据可以接受

2. SHIPMENT PRIOR TO L/C EXPIRY DATE IS ACCEPTABLE.——装船期在信用证有效期内可接受

3. BOTH QUANTITY AND AMOUNT 10 PERCENT MORE OR LESS ARE ALLOWED——允许溢短装及金额在 10% 以内

71B CHARGES ALL BANKING CHARGES OUTSIDE THE OPENNING BANK ARE FOR BENEFICIARY'S ACCOUNT.——银行费用承担

48　Period for Presentation

DOCUMENTS MUST BE PRESENTED WITHIN 15 DAYS AFTER THE DATE OF ISSUANCE OF THE TRANSPORT DOCUMENTS BUT WITHIN THE VALIDITY OF THE CREDIT.——交单期限

49 Confirmation Instructions

WITHOUT

Instructions to the Paying/Accepting/Negotiating Bank：78

1. ALL DOCUMENTS TO BE FORWARDED IN ONE COVER, UNLESS OTHERWISE STATED ABOVE.

2. DISCREPANT DOCUMENT FEE OF USD 50.00 OR EQUAL CURRENCY WILL BE DE-

DUCTED FROM DRAWING IF DOCUMENTS WITH DISCREPANCIES ARE ACCEPTED.

——对付款行、议付行、承兑行的指示

57A "Advising Through" Bank

KOEXKRSEXX XMESSAGE TYPE：700

KOREA EXCHANGE BANK

SEOUL

178.2 KA，ULCHI RO，CHUNG-KO——通知行

This standby letter of credit is subject to Uniform Customs and Practice for Document Credits (2007 revision) International Chamber of Commerce Publication No. 600.

（资料来源：中华国际投资协会. http：//zhgj.org）

五、信用证支付基本业务流程

采用信用证方式结算货款，从进口人向银行申请开证，一直到开证行付款后，又向进口人收回垫款，经过许多道环节，并须办理各种手续。信用证的业务流程随信用证的类型不同和条款的不同规定而有所差异，但就其基本环节而言，大体都要经过申请、开证、通知、议付、索偿、付款、赎单等环节。

当结算双方商定以信用证方式结算资金后，其基本收付程序如下：

第一，申请开证。进口人向当地银行提出开证申请，按照合同的各项规定填写开证申请书，并交纳押金或提供其他担保，要求开证行向受益人开立信用证。

第二，开立信用证。开证行根据申请书内容，向出口人（受益人）开出信用证，并传达（电开信用证）或寄交（信开信用证）出口人所在地分行或代理行（通知行）。

第三，通知。通知行核对密押（电开信用证）或印鉴（信开信用证）无误后，将信用证转交给受益人。

第四，审证、交单。受益人收到经通知行转来的信用证后，应审核信用证条款是否和合同条款相符。如果发现信用证中的条款有差错、表述不清或不能接受等情况时，均应通知开证申请人，请求修改信用证。修改后的信用证的传递方式与信用证相同。

受益人收到信用证审核无误，或需修改的经收到修改通知书后，可按信用证规定装运货物。发货后，受益人备妥信用证规定的各项货运单据，开出汇票，在信用证的有效期和其规定的交单期内，送议付行议付。

第五，议付。议付行按信用证条款审核单据无误后，按照汇票金额扣除利息和手续费，将货款垫付给受益人。

第六，索偿。议付行办理完议付后，将单据和汇票以及索偿证明分次航寄开证行或其指定的付款行请求偿付。

第七，偿付。开证行或其指定的付款行审核单据无误后，付款给议付行。

第八，提示单据。开证行履行完偿付责任后，向开证人提示单据。

第九，审单付款。开证申请人审单无误后，付清货款。

第十，交付单据。开证申请人取得货运提单。

信用证收付流程如图 8-10 所示。

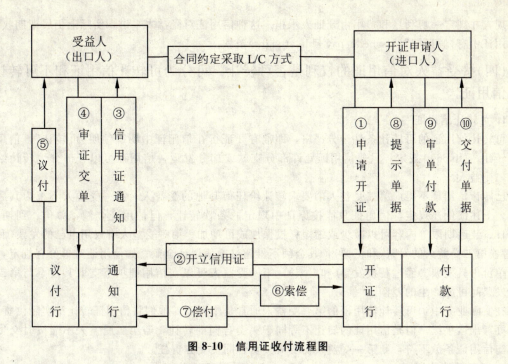

图 8-10　信用证收付流程图

六、信用证的种类

在国际结算中使用的信用证种类繁多，根据用途、性质、期限、流通方式的不同可以有以下分类。

(一)按信用证项下的汇票是否附有货运单据，可分为跟单信用证和光票信用证

跟单信用证主要用于贸易结算，是当前进出口贸易支付的主要方式。光票信用证一般来讲较少使用。

(二)按有无另一家银行在信用证上加以保证兑付，可分为保兑信用证和不保兑信用证

开具保兑信用证的银行为保兑行(Confirming Bank)，它通常是由通知行担任，有时也可以是出口地的其他银行或第三国银行。保兑行一经在信用证上加保兑，就和开证行一样承担第一性的付款责任，即付款后对其前手或受益人无追索权。这种信用证是由两家银行对受益人做出付款承诺，具有双重保障，对出口人安全收汇最为有利。保兑手续一般是由保兑行在信用证上加列保兑文句。当开证行资信好时，一般都使用不保兑信用证。

(三)按付款时间的不同，可分为即期信用证、远期信用证和假远期信用证

即期信用证的特点是出口人收汇安全迅速，因而在进出口贸易结算中使用最广。

远期信用证又可分为两种：银行承兑远期信用证(Banker's Acceptance L/C)，延期付款信用证(Deferred Payment L/C)。

假远期信用证(Usance L/C Payable at Sight)。信用证规定受益人开立远期汇票，由付款行负

责贴现，并规定一切利息和费用由开证人承担。这种信用证对受益人来讲，实际上仍属即期收款，在信用证中有"假远期"（Usanellc/pay able at sight）条款。

（四）按受益人对信用证的权利是否可转让，可分为可转让信用证和不可转让信用证

1. 可转让信用证

可转让信用证的可转让条件十分严格，即唯有开证行在信用证中明确注明"可转让"，信用证方可转让。UCP600规定，只要信用证允许部分支款或部分发运，信用证可以分部分地转让给数名第二受益人。

已转让信用证不得应第二受益人的要求转让给任何其他的受益人。第一受益人不视为其后受益人。上述惯例还规定，信用证只能按原证中规定的条款转让，但信用证金额、单价、到期日、交单日、装运期限等内容可以减少或缩短；投保加成可增加。第一受益人有权用自己的发票（和汇票）替换第二受益人的发票（和汇票），其金额不得超过原信用证金额；如信用证对单价有规定，应按原单价出具发票。经过替换发票（和汇票），第一受益人可以在信用证项下支取其发票与第二受益人发票间可能产生的差额。

在实际业务中，可转让信用证的第一受益人通常是中间商。他们将信用证转让给实际供货人，由其办理出运手续。但是信用证的转让不等同于买卖合同的转让，若第二受益人不能按时交货或单据与信用证条款不符，则第一受益人仍要对买卖合同负卖方责任。

2. 不可转让信用证

不可转让信用证是指受益人不能将信用证的权利转让给他人的信用证。凡信用证中未注明"可转让"字样的，就是不可转让信用证。

（五）按付款方式不同，可分为付款信用证、承兑信用证和议付信用证

UCP600规定："所有信用证都必须清楚地表明该证适用于即期付款、延期付款、承兑或议付。"因此，根据付款方式的不同，信用证可分为以下三种：

1. 付款信用证（Payment L/C）

付款信用证一般不要求受益人开具汇票，仅凭受益人提交的单据付款。

2. 承兑信用证（Acceptance L/C）

当受益人向指定银行开具远期汇票并提示时，指定银行即行承兑，并于汇票到期日履行付款义务。

3. 议付信用证（Negotiation L/C）

根据UCP600的规定，议付是指被授权议付的银行对汇票/单据付出对价。只审核单据而不支付对价不是议付。"议付"和"付款"的主要区别在于议付行如因开证行无力偿付等原因而未能收回款项时，可向受益人追索；而开证行或付款行一经付款，就无权向受款人及其前手进行追索。

拓展阅读

议　付

议付（Negotiation），即银行根据信用证付款。信用证业务中的议付，实际上指的是出口押汇。本来根据信用证付款的是开证银行，或者是付款行（保兑行），但是出口人在出口地一般会找一个银行交单，这个银行审核单据一致后，如果该银行认可，可以先把信用证金额给出口人，然后拿信用证项下的单据去付款行索汇。单据无误的情况下，付款行正常付款。如果因故单据被拒付，

交单行可以向出口人追索。这种有追索权的信用证项下资金融通就是出口押汇，也就是一般教科书里所说的议付。

但是在中国的实际业务中，议付的概念大部分是指向出口地银行交单据，出口地银行会帮出口人审单、邮寄单据，但并不提供资金融通。也就是说，在实务中，银行就好像是一个代理人的角色，如果正常付款了，议付行将通知出口人，已收款入账；如果遭到拒付，银行告知出口人开证行拒付，这时候出口人需要做进口方的工作。特别是 UCP600 实施后，对拒付做出了特别重要的改动，增加了"拒付后，如果开证行收到申请人放弃不符点的通知，则可以释放单据"。这项业务中，银行是几乎没有风险的，当前的进出口实务中把这个也叫做议付，实际上是代理交单而已。

(六)循环信用证(Revolving L/C)

循环信用证一般适用于长期分批均衡供货合同。对进口商来说，可以减少开证手续、免去逐笔开证的费用；对出口商来说，也免去了催证、审证的麻烦，有利于合同的履行。循环信用证按循环计算方式不同，可分为按时间循环和按金额循环。

(七)对开信用证(Reciprocal L/C)

对开信用证的两张信用证的金额可以相等，也可以不相等。两张信用证可以同时生效，也可以先后生效。对开信用证的特点有以下两方面：一是双方互为进出口贸易的买卖双方，必须承担购买对方货物的义务，一方的出口必须以另一方的进口为条件，双方互相联系、互相约束、互为条件，常用于易货交易、来料加工和补偿贸易。二是第一张信用证的受益人和开证申请人就是第二张信用证的开证人和受益人，第一张信用证的开证行和通知行通常分别是第二张信用证的通知行和开证行。

(八)对背信用证

对背信用证的内容除开证人、受益人等有关当事人及金额、单价、保险金额、装运期限、有效期限等可有变动外，其他条款一般与原证相同。对背信用证往往用于信用证的受益人是中间商，而进口商要求开证行开出的是不可转让信用证的情况。

(九)预支信用证

开证行授权付款行在受益人交单以前向受益人预支的信用证金额是开证行应开证申请人的要求授权的，因此，其后果全部由开证申请人承担，与开证行和付款行无关。若遇出口商事后不交单议付，则垫款银行可向开证行追索，开证行保证偿还并负担利息，然后它再向开证申请人追索。传统的预支货款的条款都是用红字打出的，习惯上称其为"红条款信用证"(Red Clause L/C)。现在的预支条款不一定采用红色表示，但效力相同。

想一想

汇付、托收和信用证分别属于顺汇还是逆汇？

汇付方式就属于顺汇的范畴。顺汇的特点是资金的流向与结算工具的传送方向相同。逆汇(Reverse Remittance)，是指由债权人以出具票据的方式，委托银行向国外债务人收取款项。逆汇包括银行的托收业务和信用证业务，其特点是结算工具的传送方向与资金的流动方向相反。

七、《跟单信用证统一惯例》(UCP600)

国际商会为明确信用证有关当事人的权利、责任、付款的定义和术语,减少因解释不同而引起各有关当事人之间的争议和纠纷,于1930年拟订一套《商业跟单信用证统一惯例》(*Uniform Customs and Practice for Commercial Documentary Credits*),并于1933年正式公布。以后随着国际贸易变化国际商会分别在1951年、1962年、1974年、1978年、1983年、1993年进行了多次修订,称为《跟单信用证统一惯例》(*Uniform Customs and Practice for Documentary Credits*),被各国银行和贸易界广泛采用,已成为信用证业务的国际惯例。

现行的《跟单信用证统一惯例》是2007年的修订本,也是国际商会第600号出版物,简称为《UCP600》。UCP600共有39个条款,包括:总则和定义、信用证的形式和通知、责任与义务、单据、杂项规定、可转让信用证和款项让渡七个部分。各条款规定了各当事方的责任范畴。由于UCP的重要和核心地位,它的修订还带动了EUCP、ISBP、SWIFT等的相应修订和升级。

《跟单信用证统一惯例》不是一个国际性的法律规章,但是它已为各国银行普遍接受。在我国对外出口业务中,如采用信用证方式支付,国外来证绝大多数会加注:"除另有规定外,本证根据国际商会《跟单信用证统一惯例》即国际商会第600号出版物办理。"

拓展阅读

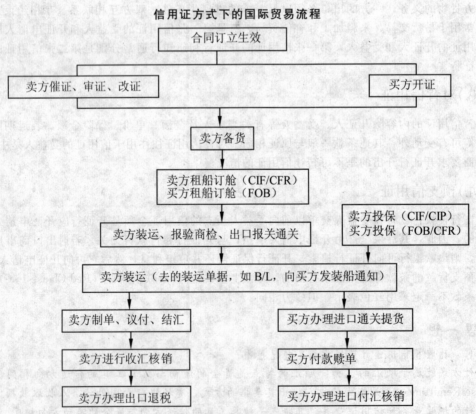

图 8-11　信用证方式下的国际贸易流程图

【典型实例】

实例一：

某年 10 月，法国某公司（卖方）与中国某公司（买方）在上海订立了买卖 200 台计算机的合同，每台计算机 1000 美元 CIF 上海，以信用证支付，12 月马赛港交货。

11 月 15 日，中国银行上海分行（开证行）根据买方指示向卖方开出了金额为 20 万美元的信用证，委托马赛的一家法国银行通知并议付此信用证。12 月 20 日，卖方将 200 台计算机装船并获得信用证要求的提单、保险单、发票等单证后，即到该法国议付行议付。经审查，单证相符，银行即将 20 万美元支付给卖方。与此同时，载货船离开马赛港 10 天后，由于在航行途中遇上特大暴雨和暗礁，货物与货船全部沉入大海。此时开证行已收到了议付行寄来的全套单据，买方也已知所购货物全部损失的消息。中国银行上海分行拟拒绝偿付议付行支付的 20 万美元的货款，理由是其客户不能得到所期待的货物。根据国际贸易惯例，现问：

1. 这批货物的风险自何时起由卖方转移给买方？
2. 开证行能否由于这批货物全部灭失而免除其所承担的付款义务？依据是什么？
3. 买方的损失如何得到补偿？

实例二：

国外一家贸易公司与我国某进出口公司订立合同，购买小麦 500 吨。合同规定，2009 年 1 月 20 日前开出信用证，2 月 5 日前装船。1 月 28 日买方开来信用证，有效期至 2 月 10 日。由于卖方按期装船发生困难，故电请买方将装船期延至 2 月 17 日并将信用证有效期延长至 2 月 20 日，买方回电表示同意，但未通知开证银行。2 月 17 日货物装船后，卖方到银行议付时，遭到拒绝。请问：

1. 银行是否有权拒付货款？为什么？
2. 作为卖方，应当如何处理此事？

（资料来源：05 司考国际经济法 100 题答案与解析．搜狐教育网，http：//learning. sohu. com）

【简评】

实例一：

第一，风险自货物交到装运港马赛的船上起由卖方转移给买方。

第二，开证行无权拒付。根据国际商会制定的《跟单信用证统一惯例》，信用证交易独立于买卖合同，银行只负责审单。只要单据与信用证条款相符，银行也须承担其付款义务。

第三，买方可凭保险单及有关载货船舶沉没于大海的证明到卖方投保的保险公司索赔。

实例二：

第一，银行有权拒绝议付。理由如下：根据《UCP600》的规定，信用证虽是根据买卖合同开出的，但一经开出就成为独立于买卖合同的法律关系。银行只受原信用证条款约束，而不受买卖双方之间合同的约束。合同条款改变，信用证条款未改变，银行就只按原信用证条款办事。买卖双方达成修改信用证的协议并未通知银行并得到银行同意，银行可以拒付。

第二，作为卖方，当银行拒付时，可依修改后的合同条款，直接要求买方履行付款义务。

任务五 各种支付方式的选用

任务描述

我国某制造商签订了一项以安特卫普船边交货（FAS Antwerp）为价格条件出口重型机械的巨额合同，由不可撤销保兑跟单信用证付款，信用证规定卖方提供商业发票及买方签发的已在安特卫普提货的证明。货物及时备妥装运，但到达安特卫普后买方却不提货，由于卖方未收到买方的证明，无法根据信用证收到货款。经过长达一年的交涉，卖方虽然得到赔偿，但仍蒙受巨大损失。因此卖方与国际商会联系并对跟单信用证制度作为付款保证提出异议，因为该公司在签约前，曾与银行联系，得到如下答复："跟单信用证对买卖双方都是一种安全的支付工具。"卖方根据上述答复作了安排，并取得了不可撤销的保兑信用证，因此卖方认为取得了充分的付款保证，但使其失望的是，实践中付款全无保障。因此，该公司向国际商会提出质疑："信用证制度是否存在明显的缺陷？"

（资料来源：信用证案例分析及注意事项．世贸人才网，http：//class.wtojob.com）

从上例中我们可以看出，信用证结算相对汇付和托收的优点是十分明显的。但通过对上述案例进行分析，但凡任何一种结算方式都不是完美无缺的，信用证结算也不例外，本案例中就是由于信用证上存在"软条款"，导致出口人蒙受损失。其实在进出口实务中，也经常会发生信用证风险：

出口商在履行信用证条款时，有时由于种种原因，使得单证不能严格相符合，比如一个字母大小写出现差错，轻则银行因不符点扣费甚至高达80美元，重则导致开证行的拒付。根据ICC的调查，L/C文件首次议付，被银行打回的占40％左右。特别是需要出于第三者之手的B/L、验货报告或其他官方文件等，构成不符点，导致无法顺利结汇的情况。

对于进口人来说，由于信用证结算方式纯粹是一种单据买卖行为，只要"单证相符"，开证行就必须付款，进口商也必须付款赎单。进口商有可能得到与信用证规定完全相符的单据，但是并不一定能得到与单据条款完全相符的货物。那么信用证业务中也可能存在着欺诈。不良商人可能利用信用证进行不法活动，例如提供无货单据、假冒单据。同时，开证行为了降低风险，通常要求向开证人收取一定数量的押金，由于信用证结算周期比较长，该资金被银行长期占用。

本任务中，国际贸易买卖双方在掌握汇付、托收和信用证三种传统支付方式的基础上，继续了解并熟悉备用信用证、银行保函、国际保理等其他支付方式。在进出口贸易中，经过双方协商，可采用几种不同支付方式结合的办法，以保证安全迅速地收汇、收货，促进贸易的发展。

概念点击

银行保函（Letter of Guarantee）：又称"银行保证书"或"银行信用保证书"，是指银行作为保证人向受益人开立的保证文件。

备用信用证（Standby L/C）：又被称为商业票据信用证、担保（或保证）信用证、履约信用证。是开证行根据开证申请人的申请对受益人开立的、承诺在开证人未能履约时，凭受益人提交的符合该备用信用证规定的汇票及其他文件对受益人付款的书面凭据。

国际保理（International Factoring）：又称为承购应收账款。指在以商业信用出口货物时，出口商交货后把应收账款的发票和装运单据转让给保理商，即可取得应收取的大部分贷款，日后一旦发生进口商不付或逾期付款，则由保理商承担付款责任，在保理业务中，保理商承担第一付款责任。

分期付款（Payment by Installment）：是指在产品投产前，买方可采用汇付方式先交部分货款作为订金。

延期付款（Deferred Payment）：是指买方先用汇付方式支付一定比例的货款或订金，其余货款可分期偿付；有的还规定，按生产或工程进度和交货进度分期支付部分货款，其余大部分货款在交货或完工后若干年内分期付清。

 任务完成

一、银行保函

（一）银行保函性质

保函依据商务合同开出，但又不依附于商务合同，具有独立的法律效力。当受益人在保函项下合理索赔时，担保行就必须承担付款责任，而不论委托人是否同意付款，也不管合同履行的实际事实。保函在实务中是独立的承诺并且基本上是单证化的交易业务。

（二）银行保函的当事人

银行保函业务中涉及的主要当事人有三个：委托人、受益人和担保人，此外，往往还有反担保人、通知行及保兑行等。

第一，申请人（Applicant）或称委托人（Principal）：指向担保银行提出申请，要求银行开具保函的一方。不同种类的银行保函，申请人也不相同。

第二，受益人（Beneficiary）：接受保函，并有权按保函规定的条款向担保行提出索赔的一方。

第三，担保人（Guarantor）：是开立保函，作出付款或赔偿承诺的当事人。

（三）银行保函的国际惯例

由国际商会银行技术与实务委员会与国际商业惯例委员会共同组建新规则起草联合工作组，完成了银行保函规则的制定。1991 年 1 月由国际商会执行委员会批准，并以国际商会第 458 号出版物于 1992 年 4 月出版发行《见索即付保函统一规则》（URDG）。

（四）常见银行保函的种类

银行保函在实际业务中的使用范围很广，它不仅适用于货物的买卖，而且广泛适用于其他国际经济合作的领域。

1. 进口履约保函

进口履约保函是指担保人应申请人（进口人）的申请开给受益人（出口人）的保证承诺。保函规定，如出口人按期交货后，进口人未按合同规定付款，则由担保人负责偿还。这种履约保函对出口人来说，是一种简便、及时和确定的保障。

2. 出口履约保函

出口履约保函是指担保人应申请人（出口人）的申请开给受益人（进口人）的保证承诺。保函规定，如出口人未能按合同规定交货，担保人负责赔偿进口人的损失。这种履约保函对进口人有一

定的保障。

3. 还款保函

还款保函又称预付款保函或定金保函。是指担保人应合同一方当事人的申请，向合同另一方当事人开立的保函。保函规定，如申请人不履行他与受益人订立合同的义务，不将受益人预付或支付的款项退还或还款给受益人，担保人向受益人退还或支付款项。

除上述保函外，还可根据其他功能和用途的不同，分为其他种类的保函，如：投标保函、补偿贸易保函、来料加工保函、技术引进保函、维修保函、融资租赁保函、借款保函等。

二、备用信用证

(一)备用信用证性质

备用信用证是一种特殊的光票信用证，也属于银行信用，但只在当开证申请人未能按时偿还借款、预收款或支付货款，或未能履约时才起作用。如果开证申请人按期履行合同的义务，受益人则无须要求开证行在备用信用证项下支付任何货款或赔偿则该信用证就不发生作用，也就因此被称为备用信用证。

备用信用证源于美国，这是因为美国法律不允许银行开立保函，而银行为了适应进出口贸易发展的需要，招揽更多的业务，使用备用信用证，以代替保函。

(二)备用信用证与跟单信用证的区别

备用信用证是法律禁止办理保函业务的国家与地区的商业银行开立的，用来替代银行保函，因此它的许多性质、特点都与保函相似而不同于一般的跟单信用证。它与一般跟单信用证的区别主要表现在以下几方面：

第一，备用信用证可适用于包括商品进出口在内的多种交易，如投标、借款、垫款、赊销等。而跟单信用证则不同，它一般只适用于进出口贸易中一般商品的进出口，以清偿货款为目的。

第二，备用信用证具有保函性质，即受益人只有在开证申请人未能履约时才能行使信用证规定的权利，从开证行索偿。若开证申请人履行了合同义务，受益人则无此权利，因此，它往往是备而不用的文件。跟单信用证则不具有保函性质，即只要受益人履行了信用证规定的条件，开证行必须付款。

第三，在备用信用证项下，受益人可仅凭其出具的证明开证申请人违约的证明书，向开证行索偿债款。而跟单信用证一般以受益人提交符合信用证规定的货运单据为付款依据。

📖 **拓展阅读**

《国际备用信用证惯例》(ISP98)与《跟单信用证统一惯例》(UCP600)

并不是 UCP600 的所有条文都能适用于备用信用证，恰恰相反，多数条文并不能适用备用信用证。如 UCP600 中关于运输单据、保险单据、商业发票等商业单据的条文及有关货物装运的规定，在正常情况下，被认为不适用于备用信用证；而 UCP600 中一些有关诸如银行的责任与义务等跟单信用证基本事项的条文则能够适用于备用信用证。这样一来，备用信用证在适用 UCP600 条款方面就有些不确定。

备用信用证的许多特点在《跟单信用证统一惯例》中无法得到充分体现，极易导致有关当事人之间的纠纷。为此，1998 年 4 月 6 日，在美国国际金融服务协会、国际银行法律与实务学会和国际商会银行技术与实务委员会的共同努力下，《国际备用信用证惯例》(*International Standby Prac-*

tices，简称 ISP98，为国际商会第 590 号出版物）终于公布，并已于 1999 年 1 月 1 日起正式实施，填补了备用信用证在国际规范方面的空白。

按照 ISP98 的规定，只有在明确注明依据 ISP98 开立时，备用信用证受 ISP98 的管辖。一份备用信用证可同时注明依据 ISP98 和 UCP500 开立，此时 ISP98 优先于 UCP500，即只有在 ISP98 未涉及或另有明确规定的情况下，才可依据 UCP500 原则解释和处理有关条款。

（资料来源：中华人民共和国商务部网站．http：//www.mofcom.gov.cn）

三、国际保理

（一）国际保理业务当事人

在国际保理业务中，一般主要涉及四方当事人：

供货商：在国际货物买卖中即出口商，指对所提供的货物或劳务出具发票，向保理商转让其应收账款权利的保理协议中的当事人。

债务人：在国际货物买卖中即进口商，指对由提供的货物或劳务所产生的应收账款负有付款责任的当事人。

出口保理商：在出口国内对供货商的应收账款作保理业务的当事人。

进口保理商：在进口国内同意代收由供货商转让给出口保理人的应收账款，并承担信用风险审查、负责应收账款的催收和管理的当事人。

（二）国际保理作用

1. 对进口商进行资信调查及评估

保理商代出口商对进口商的注册资本、经营作风、资产负债比例、近期经营状况等进行评估，以及交易双方所在国的外汇管制、金融政策、国家政局等影响安全收汇的因素进行全面调查。保理商对进口商的资信能做出较客观的评估，并根据资信情况，对进口商核定一个合理的相应信用额度：资信越高，信用额度越大。出口商可根据进口保理商核定的信用额度签订销售合同，从而将收汇风险降到最低。

2. 代收账款

货款能否及时收回，直接影响到出口商的资金周转。出口商虽然可以通过法律途径来解决，因涉及不同国家法律，加上高昂的律师费、旷日持久的诉讼程序，是一般的企业所难以承受的。而保理商设有专门的收债人员，拥有专门的收债技术和丰富的经验，并利用所属大银行的威慑力来收债，所以，收债率极高。保理商一般都设有专门的部门处理法律事务，随时可提供一流的服务，其有关的费用也由保理商负担。

3. 账务管理

即出口商发出货物后，将有关的售后账务管理交给保理商。保理商一般均为大商业银行的附属机构，拥有完善的账务管理制度。当保理商收到出口商的发票后，即在电脑中设立有关分账户，输入有关诸如债务人、金额、支付方式、付款期限等的信息，以后就由电脑自动记账、催收、清算、计息、收货、打印报表等。这样就为出口商减少了管理人员和办公设备，并且由于保理商负责收款、寄送账单和查询、催收工作，还能节省大量邮电费等开支。

4. 风险担保，又称坏账担保

保理协议签订后，进口保理商要在协议生效前对进口商核定一个信用额度。如果进口商在付款到期日拒付或无力支付，进口保理商将在付款到期日后的第 90 天无条件地向出口保理商支付其核定的信用额度的货款。信用额度核定后，对卖方在信用额度内的销售，保理商在提供百分之百的信用额度之后，就可以完全消除因买方信用造成的坏账风险。但如果因商品质量、服务水平、交货期限等引起进口商的拒付而造成的坏账，保理商将不负责赔偿。

5. 贸易融资

这是保理业务最大的优点，保理商可以向出口商提供无追索权的融资，且简单易行，手续简便。卖方在发货后，将发票副本提交给保理商，就可以立即获得不超过80％发票金额的无追索权的预付款融资，不必像贷款那样需办理复杂的审批手续，也不像抵押贷款那样需办抵押品的移交和过户手续。但此项融资的期限一般不超过180天。

(三)国际保理业务程序

国际保理业务适用于记账赊销(O/A)、承兑交单(D/A)、付款交单(D/P)等非信用证交易结算方式。国际保理业务一般程序如下：

第一，当买卖双方经过谈判决定采用保理作为结算方式后，出口商和出口保理商签订保理协议，并将需确定信用额度的进口商的名称、地址告知出口保理商；

第二，出口保理商将对所有情况立即通知给进口保理商；

第三，进口保理商对进口商进行资信调查，并核定其信用额度，通过出口保理商通知出口商；

第四，出口商与进口商签订合同，并在信用额度内发货，将发票和运输单据寄给进口商(也可交给出口保理商，由出口保理商直接寄给进口商或通过进口保理商交给进口商)；

第五，出口商将发票副本送交出口保理商。

第六，出口商如需融资，出口保理商在收到发票副本后立即以预付款方式向出口商支付不超过发票金额80％的无追索权的融资。

第七，出口保理商将发票副本转给进口保理商由进口保理商向进口商催收。

第八，在付款到期日，进口商将全部货款付给进口保理商。

第九，进口保理商将款项拨付给出口保理商。

第十，出口保理商扣除有关费用及贴息后，将剩余的20％货款付给出口商。

国际保理业务的一般操作流程如图8-12所示。

拓展阅读

国际保理业务概述

保理业务的产生，可以一直追溯到18世纪中期的英国，从本世纪中期以后，它在全球范围内获得了迅速发展。目前，各国都比较重视保理业务对国际贸易的促进作用，尤其在一些欧洲发达国家(如德国、意大利、比利时和荷兰)，国际保理业务相当发达。20世纪90年代以来，国际保理业务总额平均每年近3000亿美元，而且保持着相当高的增长率。国际保理业务的发展，主要与国际商品交易中赊销形式的商业信用的发展有关。对国际贸易的交易双方而言，保理业务能够提供许多便利：保理商提供的商业信用和资金融通，能够使出口商放心采用赊销方式来促进出口，而把售后的账款管理、货款回收，甚至会计处理都交给保理商；对进口商来说，国际保理业务的发展意味着他们有更多机会获得以赊销方式成交的业务，从而大大降低业务成本。另外，由保理商这种专业机构来处理账款回收、财务管理、资信调查等业务，有利于进出口商集中精力生产和销售，符合社会经济向专业化、分工化发展的趋势，因此有利于提高经济的整体运行效率，促进国际贸易的开展。

国际保理业务在我国起步较晚，1988年中国银行在我国率先推出国际保理业务，并于1993

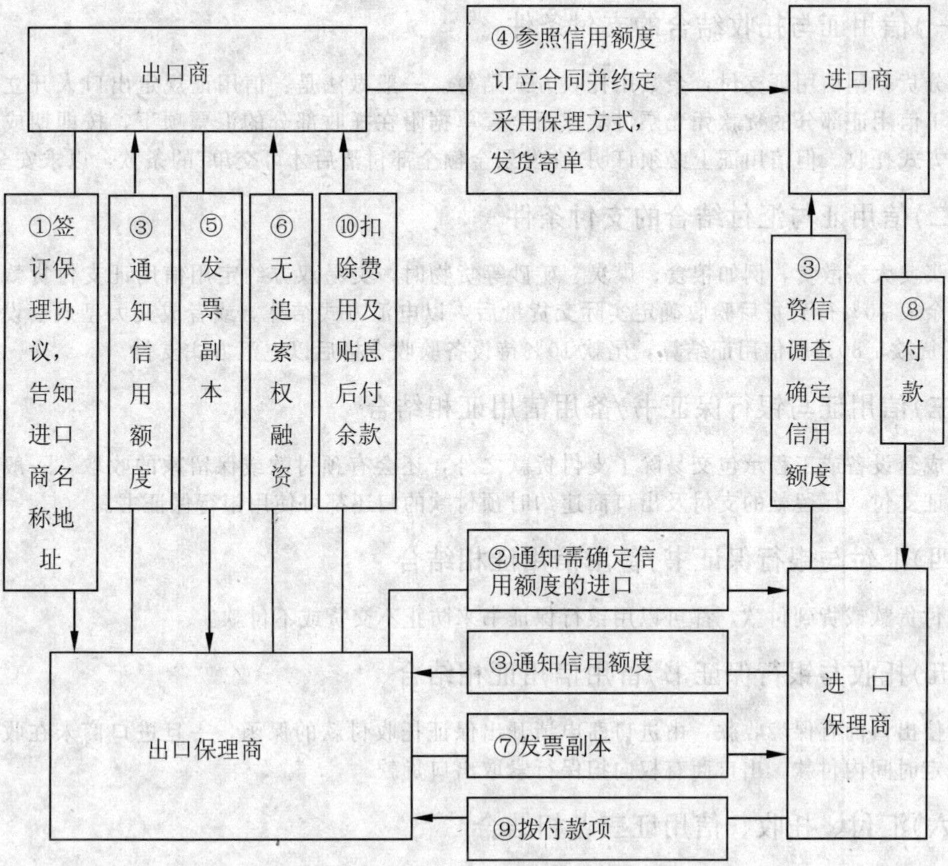

图 8-12　国际保理业务的一般操作流程图

年成为中国首家国际保理商联合会会员，接受了《国际保理惯例规则》以及国际上颁布的《国际保理服务公约》、《仲裁规则》等国际统一的业务操作规则，随后交通银行、光大银行、中信实业银行、中国工商银行等也纷纷开展国际保理业务，并先后成为 FCI 会员。

从办理机构上看，目前我国已有 12 家银行成为 FCI 会员，对外办理国内与国际保理业务，其中业务量较大的主要是中国银行和交通银行。

（资料来源：北大法律信息网．http：//www.chinalawinfo.com）

四、各种支付方式的结合使用

在进出口业务选择支付方式时，一般要对各种因素进行全面考虑，如对方资信状况与经营作风的好坏、货物本身是否畅销、市场竞争是否激烈、交易金额是否较大等，并在此基础上确定采用一种对交易双方都比较安全的支付方式。但为了吸引客户，促成交易，有时也需要采用对对方较为有利、对自己风险较大的支付方式。

在确定合同支付条件时，除以上介绍的几种常用方式外，实际工作中还往往根据具体业务背景灵活选用各种结算方式，缓解资金压力和业务风险。

(一)信用证与托收结合的支付条件

部分货款用信用证支付，余数用托收方式结算。一般做法是：信用证规定出口人开立两套汇票，属于信用证部分的货款凭光票付款，而全套单据附在托收部分的汇票项下，按即期或远期付款交单方式托收。但信用证上必须订明"在发票金额全部付清后才可交单"的条款，以求安全。

(二)信用证与汇付结合的支付条件

在买卖大宗散货，例如粮食、煤炭、矿砂等货物时，交易双方约定用信用证支付货款总额的90%，余额10%待到货后验收确定实际交货量后，以电汇方式结算。或者成交大型成套设备，预付10%货款，80%用信用证结算，尾款10%待设备验收合格后以电汇方式支付。

(三)信用证与银行保证书/备用信用证相结合

如成套设备或工程承包交易除了支付货款之外，还会有预付款或保留款的收取，一般货款可用信用证支付，保留款的支付及出口商违约时预付款的归还都可使用银行保证书。

(四)汇付与银行保证书/备用信用证相结合

预付货款或货到付款，都可以用银行保证书来防止不交货或不付款。

(五)托收与银行保证书/备用信用证相结合

为使出口商有保障收款，由进口商申请开出保证托收付款的保函，一旦进口商未在收到单据后的规定时间内付款，出口商有权向担保行索取出口货款。

(六)汇付、托收、信用证三者相结合

在成套设备、大型机械产品和交通工具的交易中，成交金额较大，产品生产周期较长，一般采取按工程进度和交货进度分若干期付清货款，即分期付款和延期付款的办法，一般采用汇付、托收和信用证相结合的方式。

五、买卖合同中的支付条款

买卖合同中的支付条款主要包括支付的方式、时间、条件等，具体的支付条款则随不同的交易和选用的不同支付方式而有所区别。下面以几种基本的支付方式为例，介绍合同中的支付条款及部分实例。

(一)汇付方式下的支付条款

汇付方式下的支付条款应明确：

第一，用何种方式支付。即采用信汇(M/T)、电汇(T/T)还是票汇(D/D)。

第二，在什么时间支付。可以规定一个确定的时间(如 2009 年 5 月)或规定一特定时间后的一定时间(如装运后一个月内)。

第三，支付的前提条件。如可规定进口方要收到规定种类、数量和内容的单据后或验收货物合格后才支付货款。

条款实例：

"买方必须于 2009 年 5 月 30 日前将全部合同金额电汇至卖方。"

（The buyer must pay the total value of the contract to the seller by T/T before May 30，2009）

"买方应在收到卖方提供的单据后 80 天内向卖方用电汇支付全部货款，单据如下：

清洁的海运提单，正本一式三份，副本一式五份；

商业发票，正本一式二份，副本一式五份；……"

（The buyer shall make the full payment 80 days after receiving the documents and the documents are follows：

Clean bill of lading，three originals with five copies；

Commercial invoice，two originals with five copies；...）

（二）托收下的支付条款

采用托收方式支付货款时，合同中还要规定：

第一，交单条件是付款交单（D/P）还是承兑交单（D/A）。

第二，汇票的付款时间，是即期还是远期。若是远期，又是见票（或出票）后多少天付款。

第三，交单是交哪些单据，如发票、运单、装箱单、合格证及产地证等。

第四，如果涉及利息，如何计算，又如何支付。如在承兑交单中，通常都规定买方要向卖方支付晚付款的利息，可在合同中规定计息的时间和利率，由买方在支付货款时一起支付。

条款实例：

"买方应凭卖方开具的即期跟单汇票，于见票时立即付款，付款后交单。"

（Upon first presentation the Buyers shall pay against documentary draft drawn by the sellers at sight. The shipping documents are to be delivered against payment only.）

（三）信用证下的支付条款

在合同规定使用信用证时，还需说明下述问题：

第一，何时开出信用证，即规定进口方开证的时间。通常规定在装运期第一天以前一定时间内开出。

第二，哪家银行作为开证行。由于开证行往往是第一付款人，受益人对开证行的资信会很关心。通常选那些较熟悉且资信较好的银行为开证行。

第三，要求开证申请人申请开出哪种信用证，如即期信用证还是远期信用证。如果是远期信用证，又是多少天的信用证，是否保兑，是否为某种特殊类型的信用证等。

第四，信用证在何地至何时有效，即要说明信用证的有效期。

第五，有关信用证的其他内容，如要提交哪些单据，对这些单据有什么要求。有些与信用证相关的内容是列于合同其他条款中的，这些条款一般不必在支付条款中出现。

条款实例：

支付条款："以不可撤销信用证，凭卖方开具的即期跟单汇票议付，有效期应为装运期后 15 天在中国到期。信用证必须于装运期第一天前 15 天达到卖方。"

（Terms of Payment：By irrevocable L/C available by seller documentary draft at sight，to be valid for negotiation in China until 15 days after date of shipment. The L/C must reach the sellers 15 days before the first day of the time of shipment.）

【典型实例】

我方与印度进口商 A 公司签订一份出口合同，货物为一次性打火机，机身形状大小须与客户提供的样品一致。付款方式为70％由即期信用证支付，剩余30％的货款不得晚于货物装船前10天以电汇方式支付。A公司即开来相关信用证，我方审核可接受后，投入备货。在货物即将生产完毕之前，我方预定了船期并随后通知了A公司，但A公司始终并未办理汇付。我方手中虽有一份70％货款的信用证，但无法如期装运，又因此批打火机是根据客户的特殊要求生产的，一时无法转售，给我方带来巨大的经济损失。试分析我方损失的原因。

（资料来源：河南经贸职业学院国际贸易实务精品课网站．http：//jpkc.hnjmxy.cn）

【分析】这起损失案的主要原因在于出口商采用"信用证与装船前汇付结合"的支付方式。一般，出口合同中支付方式规定，×％货款由信用证支付，剩余货款应由进口商在不晚于货物装船前若干天通过汇付方式支付给出口商。一般情况下，进口商会先开立信用证，然后在货物装船前若干天办理汇付，出口商收到货款或汇出行出具的汇付收据后将货物按时装船，然后向银行递交全套单据办理议付。但是，如果进口商借故不办理汇付，出口商将无法按时发货，导致信用证过期失效，已生产完毕的货物积压，从而使出口商遭受重大经济损失。

综合实训

1. 汇票必须载明的内容有哪些？简述汇票、本票和支票的区别和联系。

2. 说说进出口业务中采取汇付方式结算货款有何风险？如何防范？

3. 银行保函的内容包括哪些？在国际贸易中有何用途？

4. 信用证与托收相结合时如何操作？

5. 日本A公司从我国B公司进口一批钢材，数量20吨，价款3.6万美元。A为B签发一张以A公司为出票人和付款人、以B公司为收款人的到期日在3个月后的商业承兑汇票。1个月后，B公司从日本C公司购进一批冶金轧辊，价款4万美元。B公司就把A公司开的汇票背书转让给C公司，余下的4千美元用支票方式支付完毕。汇票到期后，C公司把汇票提交A公司要求付款，A公司拒绝付款，理由是B钢铁厂供给的钢材不合格，不同意付款。试问A公司的做法是否合法？为什么？

6. 我国某公司在"广交会"上与一外商签订一项出口合同，并凭外商在"广交会"上递交的、以国外某银行为付款人的、金额为6万美元的支票，在2天后将合同货物装运出口。随后，我出口公司将支票通过我国国内银行向国外付款行托收支票时，被告知该支票为空头支票。试分析我方应吸取的教训。

7. 我方的一笔出口货款请银行按D/P即期托收，该项托收货款被买方拒付，银行即告知我方。时隔数周，我方向银行交代货物处理方法，此时，货物已有部分被盗，我方认为银行没有保管好货物，并要求赔偿，银行断然拒绝。试分析该问题的解决途径。

8. 我国某出口商向美国一进口商发盘，其中付款条件为：即期付款交单(D/P at sight)，对方答复可以接受，但付款条件要改为：见票后90天付款交单(D/P at 90 days after sight)。按一般情况，货物从我国运至该国需要的时间为60天。请分析美商为何提出此项条件？

9. 公司向非洲出口某商品15000箱，合同规定1～6月按月等量装运，每月2500箱，凭不可撤销即期信用证付款。客户按时开来信用证，证上总金额和总数量均与合同相符。但装运条款规定为"最迟装运期6月30日，分数批装运"。我方1月份装出3000箱，2月份装出4000箱，3月份装出8000箱。客户发现后向我方提出异议。你认为我方这样做是否可以？为什么？

10. 中方某公司与意大利商人按CIF条件签订了一份出口某商品的合同，支付方式为不可撤销即期信用证。意大利商人通过银行开来信用证，经审核与合同相符，其中保险金额为发票金额的 110%。我方正在备货期间，意大利商人通过银行传递给我方一份信用证修改书，内容为将保险金额改为发票金额的 120%。我方没有理睬，按原证规定投保、发货，并于货物装运后在信用证有效期内，向议付行议付货款。议付行议付货款后将全套单据寄开证行，开证行以保险单与信用证修改书不符为由拒付。试问：开证行拒付是否有道理？为什么？

11. 某中行曾收到香港地区 BD 金融公司开出的以海南某公司为受益人的信用证，金额为 USD992 000.00，出口货物是 20 万台照相机。信用证要求发货前由申请人指定代表出具货物检验证书，其签字必须有开证行证实，且规定 1/2 的正本提单在装运后交与申请人代表。在装运时，申请人代表来到出货地，提供了检验证书，并以数张大额支票作抵押，从受益人手中拿走了其中一份正本提单。后来，受益人将有关支票委托当地银行议付，但却被告知：托收支票为空头支票，申请人代表出具的检验证书签名不符，纯属伪造。更不幸的是，货物已被全部提走，下落不明。请问：该案例中海南公司的做法有哪些问题？你能否根据所学的知识提出一个比较好的做法？

12. 2000 年，某地出口公司向巴西出口一批非食用玉米。合同规定：品质为适销品质，以 98% 的纯度为标准，杂质小于 2%，运输方式为海运，支付方式采用远期汇票承兑交单，以给予对方一定的资金融通。合同生效后两个月货到，对方以当地的检验证书证明货物质量比原订规定低，黄曲霉菌素超标为由，拒收货物。经查实，原货物品质不妨碍其销售，对方违约主要是由于当时市场价格下跌。后经多次商谈，我方以降价 30% 完成合同。请问：合同要件的规定是否存在问题？教训是什么？

实训目标：
各种支付工具和支付方式的合理使用。

组织实施：
学生分组，各成员分工，分别负责讨论汇票、本票和支票等支付工具的使用；汇付、托收、信用证、银行保函、备用信用证和国际保理等支付方式的选用。

操作提示：
各种支付方式和支付工具的含义、必要项目、使用程序及应注意的问题等。

成果检测：
完成活动项目任务，各组分别展示，学生讨论，教师进行评价。

13. 根据任务四中信用证样证要求，训练信用证下汇票的填制和汇票的使用。

实训目标：
汇票的缮制和汇票的使用。

组织实施：
①学生分组缮制汇票，各组讨论分析信用证要求完成。
②各成员根据分角色，成员各自模拟把缮制完毕的汇票与其他票据向银行交单议付，取得付款。

操作提示：
信用证的含义、当事人、主要内容、支付程序和信用证的特点。

成果检测：
完成汇票缮制项目任务，学生讨论，各组分别展示汇票，教师进行评价。

14. 电汇业务的实际操作。

实训目标：

电汇业务的操作程序及其风险防范。

组织实施：

学生分组，各成员分别负责选择买方和卖方不同的角色，洽商并达成合同。其中进口方坚持汇付方式，出口方同学要针对高风险地区，分析作为进出口企业在业务的各个环节中可能会出现什么风险？如何防范？

操作提示：

在确保安全收汇的前提下尽量把业务做活。

在实务中一些出口企业的做法是：①签约后，客户电汇预付30％订金，出口商备货并完成装运。②货物出运后，将货运单据传真客户，客户电汇付清70％余款，出口商收到全部货款后将正本单据直寄客户。

与此相类似的一种做法称为"Payment by T/T against fax all the documents"（电汇付款，以传真全套单据为付款条件），具体做法是：①出口商完成装运后在约定时间内将所有单据传真给进口商。②进口商收到传真单据后，将全部货款电汇出口商。③出口商收妥货款后，用 UPS 或 DHL 等快递方式将单据直寄进口商。

成果检测：

各组根据电汇方式下的国际贸易流程（图8-5）分别标出可能遇到的风险，并提出相应的风险防范措施，学生讨论，教师进行评价。

15. 托收业务的实际操作：

(1)我公司出口货物一批，合同规定采用托收方式付款，设寄单邮程为5天，请填写下表：

支付条件	托收日期	提示承兑日期	付款日	交单日
D/P at sight	Apr. 1st，2009			
D/P at 30 days after sight	Apr. 1st，2009			
D/A at 30 days after sight	Apr. 1st，2009			

(2)请分步骤用文字写出付款交单凭信托收据借单（D/P·T/R）的支付流程。

实训目标：

掌握托收的性质和业务流程。

组织实施：

学生分组完成。

操作提示：

托收业务中的银行仅提供服务；托收中不同的支付条件意味着不同风险承担。

成果检测：

完成活动项目任务，各组展示，并说明操作依据和思路。学生讨论，教师进行评价。

16. 任务四中的信用证样证

实训目标：

信用证的审证制单。

组织实施：

学生分组审证，各组成员分工，分别负责制作信用证不同内容的审核。

操作提示：

信用证的内容主要包括对信用证本身的说明，信用证的当事人，有关货物的描述，对运输的要求，对单据的要求，特别条款，开证行对受益人及汇票持有人保证付款的责任文句以及适用的国际惯例等。

成果检测：

完成活动项目任务，各组分别展示，学生讨论，教师进行评价。

项目9 检验、索赔、不可抗力和仲裁

项目介绍

买卖双方交易的商品一般都要进行检验，买卖双方任何一方有违约行为，受害方都有权提出索赔。合同签订后，若发生人力不可抗拒事件，致使合同不能履行或不能如期履行，可按合同中关于不可抗力条款的规定免除合同当事人相应的责任。买卖双方对履约过程中产生的争议，如难以友好协商解决，可采取仲裁方式解决。因此，本项目主要学习买卖双方商订合同时，要在合同中订立的检验、索赔、不可抗力和仲裁条款。

任务一 国际贸易货物的检验

任务描述

某合同商品检验条款中规定以装船地商检报告为准。但在目的港交付货物时却发现品质与约定规格不符。买方经当地商检机构检验并凭其出具的检验证书向卖方索赔，卖方却以上述商检条款拒赔。卖方拒赔是否合理？

卖方拒赔是有理由的。因为：合同规定商品检验以装船地商检报告为准，这决定了卖方交货品质的最终认定依据是装船地商检报告书。在此情况下，买方在目的港收到货物后，可以再行进行检验，但原则上无权提出异议。

由本案我们可以看出商检条款对于明确双方当事人的权利义务是十分重要的，为避免买卖双方因对验货时间、地点及检验机构的解释不同而发生争议，在订立商检条款时一定要做到公平合理，明确具体。

本任务中，国际货物买卖双方在掌握检验条款基本内容的基础上，要明确规定检验条款应注意的事项，使买卖双方的权利都可得到最大保证。

概念点击

商品检验（Commodity Inspection）：简称商检，是指由约定或法定商品检验机构对卖方拟交付货物或已交货物的品质、间隔、数量、包装、卫生、安全等项目所进行的检验，鉴定和管理工作。

检验权（Inspection Authority）：是指买方或卖方有权对所交易的货物进行检验，其检验结果即作为交付与接收货物的依据。

法定检验（Making Legal Inspection）：是指商检机构或者国家商检部门、商检机构指定的检验机构，根据国家的法律、行政法规，对规定的进出口商品和有关的检验检疫事项实施强制性检验。

检验证书（Inspection Certificate）：是检验机构对进出口商品进行检验、鉴定后签发的书面证明文件。

检验标准（Inspection Criterion）：是指对进出口商品实施检验所依据的标准。

一、商品检验的意义

商品检验是随着国际货物买卖的发展而产生和发展起来的，它在国际货物买卖中占有十分重要的地位。国际货物买卖中，由于交易双方身处异地，相距遥远，货物在长途运输过程中难免会发生残损、短少甚至灭失，尤其是在凭单证交接货物的象征性交货条件下，买卖双方对所交货物的品质、数量等问题更易产生争议。因此，为了便于查明货损原因，确定责任归属，以利于货物的交接和交易的顺利进行，就需要一个公证的第三者，即商品检验是国际货物买卖中不可缺少的一个重要环节。

由于商品检验直接关系到买卖双方在货物交接方面的权利与义务，特别是某些进口商品的检验工作还直接关系到本国的国民经济能否顺利协调发展、生态环境能否保持平衡、人民的健康和动植物的生长能否得到保证，以及能否促进本国出口商品质量的提高和出口贸易的发展，因此，许多国家的法律和国际公约都对商品的检验问题作了明确规定。

拓展阅读

不同国家和国际公约对商品检验的规定

《中华人民共和国进出口商品检验法》第5条规定：凡是列入《检验机构实施检验的进出口商品种类表》的进出口商品，除非经国家商检部门审查批准免于检验的，出口商品未经检验合格的，不准出口。

英国《1893年货物买卖法》（1979年修订）第34条规定："除非双方另有约定，当卖方想让买方接收货物时，买方有权要求有合理的机会检验货物，以确定它们是否与合同约定的要求相符。"买方在未有合理机会检验货物之前，不能认为他已经接受了货物。

此外，《联合国国际货物销售合同公约》第38条也对货物的检验问题作了明确规定："买方必须在按实际情况可行的最短时间内检验货物或由他人检验货物。如果合同涉及货物运输，检验可推迟到货物到达目的地后进行。"

上述各种有关商品检验的规定都体现了一个共同的原则，即除非买卖双方另有约定，买方在接收货物之前应享有对所购买的货物进行检验的权利。但需要注意的是，买方对货物的检验权并不是强制性的，它不是买方接收货物的前提条件。也就是说，如果买方没有利用合理的机会检验货物，那么就视为他自动放弃了检验货物的权利。另外，如果合同中的检验条款规定，以卖方的检验为准，此时，就排除了买方对货物的检验权。

商品的检验权的规定是直接关系到买卖双方权利与义务的主要问题，因此，交易双方应在买卖合同中对与商品检验有关的问题做出明确具体的规定，这就是合同中的检验条款。国际货物买卖合同中的检验条款，其内容因商品种类和特性的不同而有所差异，但通常都包括检验时间和地点、检验机构、检验证书，以及货物与合同规定不符时卖方索赔的时限等项内容。

二、检验时间和地点

确定检验的时间和地点，实际上就是确定买卖双方中的哪一方行使对货物的检验权，也就是确定检验结果以哪一方提供的检验证书为准。谁享有对货物的检验权，谁就享有了对货物的品质、数量、包装等项内容进行最后评价的权利。由此可见，如何规定检验时间和地点是直接关系到买卖双方切身利益的重要问题，是交易双方商定检验条款时的核心所在。

在国际货物买卖合同中，根据国际贸易习惯和我国的业务实践，有关检验时间和地点的规定办法可归纳为以下几种：

(一)在出口国检验

此种方法又包括产地(工厂)检验和装运港(地)检验两种。

1. 产地(工厂)检验

货物在产地(工厂)出运前，由产地(工厂)的检验部门或买方的验收人员进行检验和验收，并由买卖合同中规定的检验机构出具检验证书，作为卖方所交货物的品质、数量等项内容的最后依据，这是产地(工厂)检验。卖方只承担货物离开产地或工厂前的风险和责任，对于货物在运输途中所发生的一切变化，卖方概不负责。

2. 装运港(地)检验

装运港(地)检验又称"离岸品质、离岸重量"(Shipping Quality and Weight)，它是货物在装运港或装运地交货前，由买卖合同中指定的检验机构对货物的品质、重量(数量)等项内容进行检验鉴定，并以该机构出具的检验证书作为最后依据。

采用上述两种规定方法时间，即使买方在货物到达目的港或目的地后，自行委托检验机构对货物进行复验，也无权对商品的品质和重量向卖方提出异议，除非买方能证明，他所收到的与合同规定不符的货物是由于卖方的违约或货物的固有瑕疵所造成的。因此，这两种规定办法从根本上否定了买方的复验权，对买方极为不利。

(二)在进口国检验

此种方法又分为目的港(地)检验和买方营业处所(最终用户所在地)检验两种。

1. 目的港(地)检验

目的港(地)检验被称为"到岸品质、到岸重量"(Landed Quality and Weight)，是货物运达目的港或目的地时，由合同规定的检验机构在规定的时间内，就地对商品进行检验，并以该机构出具的检验证书作为卖方所交货物品质重量(数量)的最后依据。采用这种方法时，买方有权依据货物运抵目的港或目的地时的检验结果，对属于卖方责任的品质、重量(数量)不符点，向卖方索赔。

2. 买方营业处所(最终用户所在地)检验

对于一些因使用前不便拆开包装，或因不具备检验条件而不能在目的港或目的地检验的货物，如密封包装货物、精密仪器等，通常都是在买方营业处所或最终用户所在地，由合同指定的检验机构在规定的期限内进行检验。货物的品质和重量(数量)等项内容以该检验机构出具的检验证书为准。

采取上述两种做法时，卖方实际上须承担到货品质、重量(数量)的责任。如果货物在品质、数量等方面存在的不符点属于卖方责任所致，买方则有权凭货物在目的港、目的地或买方营业处所或最终用户所在地经检验机构检验后出具的检验证书，向卖方提出索赔，卖方不得拒绝。由此可见，这两种方法对卖方很不利。

(三)出口国检验、进口国复验

出口国检验、进口国复验是卖方在出口国装运货物时，以合同规定的装运港或装运地检验机构出具的检验证书，作为卖方向银行收取货款的凭证之一，货物运抵目的港或目的地后，由双方约定的检验机构在规定的地点和期限内对货物进行复验。复验后，如检验结果不符合合同规定，则凭该检验机构出具的检验证书，在合同规定的期限内向卖方索赔。由于这种做法兼顾了买卖双方的利益，较为公平合理，因而它是国际货物买卖中最常见的一种规定检验时间和地点的方法，也是我国进出口业务中最常用的一种方法。

（四）装运港（地）检验重量、目的港（地）检验品质

在大宗商品交易的检验中，为了调和买卖双方在商品检验问题上存在的矛盾，常将装运港或装运地商品的重量检验证书，作为卖方所交货物重量的最后依据，以目的港或目的地检验机构出具的品质检验证书，作为商品品质的最后依据。货物到达目的港或目的地后，如果货物在品质方面与合同规定不符，而且该不符点是卖方责任所致则买方可凭品质检验证书，对货物的品质向卖方提出索赔，但买方无权对货物的重量提出异议。这种规定检验时间和地点的方法就是装运港（地）检验重量、目的港（地）检验品质，习惯称为"离岸重量、到岸品质"（Shipping Weight and Landed Quality）。

 想一想

检验时间和地点的规定与所使用的贸易术语之间有什么联系？

由于实际业务中检验时间和地点的规定，常常与合同中所采用的贸易术语、商品的特性、检测手段、行业惯例以及进出口国的法律、法规密切相关，因此，在规定商品的检验时间和地点时，应综合考虑上述因素，尤其要考虑合同中所使用的贸易术语。通常情况下，商品的检验工作应在货物交接时进行，即卖方向买方交付货物时，买方随即对货物进行检验。货物经检验合格后，买方即受领货物，卖方在货物风险转移之后，不再承担货物发生品质、数量等变化的责任。这一做法特别适用于以 E 组和 D 组实际采用的贸易术语达成的交易。但如果按装运港交货的 FOB、CFR 和 CIF 贸易术语成交时，情况则大不相同。由于在采用上述三种术语成交的情况下，卖方只要按合同规定在装运港将货物装上船舶，并提交符合合同规定的单据，就算完成交货义务。但此时买方却并没收到货物，自然更无机会检验货物。因此，按装运港交货的贸易术语所达成的买卖合同，在规定检验时间和地点时，采用"出口国检验、进口国复验"最为适宜。

三、检验机构

在国际货物买卖中，交易双方除了自行对货物进行必要的检验外，通常还要委托独立于买卖双方之外的第三者对货物进行检验。有时，虽然买卖双方未要求对所交易的商品进行检验，但根据有关法律或入境规定必须实施商品检验。这种根据客户的委托或有关法律、法规的规定对进出境商品进行检验、鉴定和管理的独立于买卖双方之外的机构就是商品检验机构，简称检验机构或商检机构。

（一）国际上商品检验机构的类型

国际上的商品检验机构，种类繁多。名称各异，但检验机构的类型大体可归纳为官方检验机构、半官方检验机构和非官方检验机构三种。

1. 官方检验机构

官方检验机构是由国家或地方政府投资，按照国家有关法律法令对出入境商品实施强制性检验、检疫和监督管理的机构。例如美国食品药物管理局（FDA）、美国动植物检疫署等。

2. 半官方检验机构

一些有一定权威的、有国家政府授权、代表政府行使某项商品检验或某一方面检验管理工作

的民间机构可看做是半官方检验机构。例如，根据美国政府的规定，凡是进口与防盗信号、化学危险品以及电器、供暖、防水等有关的产品，必须经美国担保人实验室（Underwriter's Laboratory）这一半官方检验机构检验认证合格，并贴上该实验室的英文缩写认证标志"UL"，方可进入美国市场。

3. 非官方检验机构

这主要是指由私人创办的、具有专业检验、鉴定技术能力的公证行（Lloyd's Surveyor）、瑞士日内瓦通用鉴定公司（Societe Gnerale de Surveillance S. A. ，SGS）等。

（二）我国的商品检验机构

在我国，主管全国出入境商品检验、检疫、鉴定和管理工作的机构是中华人民共和国国家出入境检验检疫局及其设在各地的分支机构，通常习惯称为国家商检部门。为了改善我国社会主义市场经济下的质量管理体制，充分发挥质量监督和检验、检疫的作用，以适应我国加入 WTO 和同国际接轨的需要，2001 年 4 月 10 日国务院宣布将国家质量技术监督局与国家出入境检验检疫局合并，成立了中华人民共和国国家质量监督检验检疫总局。

根据对外贸易发展的需要，对涉及社会公共利益的进出口商品，我国质检总局制定和公布了《商检机构实施检验的进出口商品种类表》（以下简称《种类表》），并根据实际情况随时予以调整。

根据《中华人民共和国进出口商品检验法实施条例》（以下简称《商检法实施条例》）的规定，国家商检部门及其设在各地的检验机构的职责有下述三项：

1. 对进出口商品实施检验

商检机构实施进出口商品检验的内容，包括商品的质量、规格、数量、重量、包装以及是否符合安全、卫生要求。

商检机构实施进出口商品检验的范围可归纳为两方面，即法定检验和对法定检验以外的进出口的检验。

凡属法定检验范围内的进出口商品，必须经过商检机构或者国家商检部门、商检机构指定的检验机构的检验，未经检验或经检验不合格的商品，一律不准进出口。商检机构和国家商检部门、商检机构指定的检验机构对进出口商品实施法定检验的范围包括：

（1）对列入《种类表》的进出口商品的检验。

（2）对出口食品的卫生检验。

（3）对出口危险货物包装容器的性能鉴定和使用鉴定。

（4）对装运出口易腐烂变质食品、冷冻品的船舱、集装箱等运载工具的适载检验。

（5）对有关国际条约规定须经商检机构检验的进出口商品的检验。

（6）对其他法律、行政法规规定必须经商检机构检验的进出口商品的检验。

对于法定检验以外的进出口商品，商检机构可以抽查检验。此外，商检机构还对对外贸易合同约定或者进出口商品的收货人、发货人申请商检机构签发检验证书的进出口商品实施检验。

2. 对进出口商品的质量和检验工作实施监督管理

监督管理是指国家商检部门、商检机构对进出口商品的收货人、发货人及生产、经营、储运单位以及国家商检部门、商检机构指定或认可的检验机构和认可的检验人员的检验工作实施监督管理。

3. 对进出口商品鉴定

鉴定是指商检机构和国家商检部门、商检机构指定的检验机构以及经国家商检部门批准或授权的其他检验机构接受对外贸易关系人（通常指出口商、进口商、承运人、保险人以及进出口商品的生产、供货部门和进口商品的收货、用货部门、代理接运部门等)以及国内外有关单位的委托，办理规定范围内的进出口商品的质量、数量、重量、包装、海损鉴定，集装箱及集装货物鉴定，进口商品的残损鉴定，出口商品的装运技术条件鉴定、货载衡量、产地证明、价值证明以及其他业务。

进出口商品鉴定业务不同于法定检验。鉴定业务最突出的特点是凭进出口商品经营者或有关利害关系人的申请和委托而进行进出口商品的检验和鉴定；法定检验则是根据国家有关法律、法规的规定，对进出口商品实施强制性检验。

此外，为了适应我国对外贸易发展的需要，20 世纪 80 年代初，经国务院批准我国成立了中国进出口商品检验机构，以非官方身份和公证科学的态度，接受进出口业务中的当事人和外国检验机构的委托，办理进出口商品的检验鉴定业务，签发检验、鉴定证书并提供咨询服务。商检机构的成立既为进出口商品的顺利交接、结汇以及合理解决索赔争议提供了诸多便利条件，同时也促进了我国同世界各国进出口商品检验机构的联系与合作。

四、检验证书

(一)检验证书的种类

国际货物买卖中的检验证书，其种类繁多，卖方究竟需要提供哪种证书，要根据商品的特性、种类、贸易习惯以及政府的有关法令而定。在实际业务中，常见的检验证书主要有以下几种：

第一，品质检验证书(Inspection Certificate of Quality)。即证明进出口商品品质、规格的证书。

第二，数量检验证书(Inspection Certificate of Quantity)。即证明进出口商品数量的证书。

第三，重量检验证书(Inspection Certificate of Weight)。即证明进出口商品重量的证书。

第四，价值检验证书(Inspection Certificate of Value)。即证明出口商品价值的证书，通常用于证明发货人发票所载的商品价值正确，属实。

第五，产地检验证书(Inspection Certificate of Origin)。即证明出口商品原生产地的证书，通常包括一般产地证、普惠制产地证、野生动物产地证等。

第六，卫生检验证书(Sanitary Inspection Certificate)。即证明食用动植物产品、食品在出口前已经过卫生检验，可供食用的证书。

第七，兽医检验证书(Veterinary Inspection Certificate)。即证明动物产品在出口前已经过兽医检验，符合检疫要求的证书。

第八，消毒检验证书(Disinfection Inspection Certificate)。即证明动物产品在出口前已经过消毒处理，符合安全及卫生要求的证书。

第九，验残检验证书(Inspection Certificate on Damaged Cargo)。即证明进口商品残损情况，估算残损贬值程度，判定致损原因的证书。

此外，常见的检验证书还有植物检疫证明，船舱检验证书，货载衡量检验证书等。

(二)检验证书的作用

检验证书的作用主要有以下几点：

第一，检验证书是证明卖方所交货物的品质、数量、包装以及卫生条件等方面是否符合合同规定的依据。

第二，检验证书是海关验关放行的依据。凡属法定检验范围的商品，在办理进出口清关手续时，必须向海关提供商检机构签发的检验证书。否则，海关不予放行。

第三，检验证书是卖方办理货款结算的依据。

第四，检验证书是办理索赔和理赔的依据。

五、检验标准

检验标准涉及对商品品质、规格、包装等项目的具体规定和要求，抽样、制样或检验方法及对检验仪器的具体规定和要求等。

在国际货物买卖合同中，即使是同一种商品，对其实施检验所依据的标准和方法不同，检验结果往往会不尽相同。因此，交易双方在签订买卖合同时，除了规定检验时间和地点，检验机构及检验证书之外，往往还要明确检验标准。检验标准的具体内容，视商品的种类、特性及进出口国家有关法律或行政法规的规定而定。

(一)国际上对检验标准的分类

在国际货物买卖中，商品的检验标准可归纳为以下三类：

1. 对买卖双方具有法律约束力的标准

这是国际货物买卖中普遍采用的检验标准，其中最常见的是买卖合同和信用证中有关检验标准的条款。

2. 与贸易有关国家所制定的强制执行的法规标准

主要指商品生产国、出口国、进口国、消费国或过境国所制定的法定标准，如货物原产地标准、安全法规标准、卫生法规标准、环保法规标准、动植物检疫法定标准。

3. 国际权威性标准

是指在国际上具有权威性的检验标准，其中又包括国际标准、区域性标准化组织标准、国际商品行业协会和某国权威性标准四种。

拓展阅读

国际标准化组织

ISO：国际标准化组织 International Organization for Standardization。国际标准化组织是世界上最大的非政府性标准化专门机构，它在国际标准化中占主导地位。ISO 制定国际标准。ISO 的主要活动是制定国际标准，协调世界范围内的标准化工作，组织各成员国和技术委员会进行情报交流，以及与其他国际性组织进行合作，共同研究有关标准化问题。随着国际贸易的发展，对国际标准的要求日益提高，ISO 的作用也日趋扩大，世界上许多国家对 ISO 也越加重视。

ISO 的目的和宗旨是：在世界范围内促进标准化工作的开展，以利于国际物资交流和互助，并扩大在知识、科学、技术和经济方面的合作。

(二)我国商品的标准

在我国，根据《中华人民共和国标准化法》的规定，商品的标准分为四种，即国家标准、行业标准、地方标准和企业标准。国家标准由国务院标准化行政主管部门制定。对没有国家标准，但需要在国家某行业范围内统一技术要求的，可以制定行业标准。没有国家标准和行业标准的，可以制定地方标准或企业标准。对于既有我国标准又有国际标准或国外标准的商品，一般情况下应采用我国标准进行交易。对于已被国际上广泛采用的标准，或有助于扩大产品在国际市场销路的标准，交易时应尽量采用该种标准。

　　国际货物买卖合同中的检验条款，除了包括上述内容外，有时还需明确买方对不符货物向卖方索赔的具体期限。

 拓展阅读

买卖合同中检验条款实例

　　现举买卖合同中检验条款实例如下：

　　"以装运港(地)××(检验机构称)签发的品质和重量检验证书作为信用证项下议付所提交单据的一部分。买方对于装运货物的任何索赔，须于货物到达目的港(地)后××天内提出，并需提供经卖方认可的公证机构出具的公证报告。"

议一议

　　订立进出口商品检验条款应注意什么？

　　1. 品质条款应明确、具体，不能含糊其辞，模棱两可，致使检验工作失去确切依据而无法进行，或只能按照不利于出口人的最严格的质量标准检验。

　　2. 凡以地名、牌名、商标表示品质时，卖方所交合同货物既要符合传统优质的要求，又要有确切的质量指标说明，为检验提供依据。

　　3. 出口商品的抽样、检验方法，一般均按中国的有关标准规定和商检部门统一规定的方法办理，如买方要求使用其他的抽样、检验方法时，应在合同中具体定明。

　　4. 对于一些规格复杂的商品和机器设备等进口合同，应根据商品的不同特点，在条款中加列一些特殊规定，如详细具体的检验标准，考核及测试方法，产品所使用的材料及其质量标准，样品及技术说明书等，以便到货后对照检验与验收。凡以样品成交的进口货物，合同中应加订买方复验权条款。

　　5. 进出口商品的包装应与商品的性质运输方式的要求相适应，并详列包装容器所使用的材料、结构及包装方法等，防止采用诸如"合理包装"、"习惯包装"等定法。如果采用这种定法，检验工作将难以进行。

【典型实例】

　　我国某省进出口公司于 2006 年 11 月 9 日与澳大利亚某公司签订一份由我方公司出口化工产品的合同。合同约定的品质规格是 TiO_2 含量最低为 98％，重量 17.50 公吨，价格为 CIF 悉尼每公吨 1130 美元，总价款为 19775 美元，信用证方式付款，装运期为 12 月 31 日之前，检验条款规定："商品的品质、数量、重量以中国进出口商品检验证书或卖方所出具的证明书为最后依据。"我方收到信用证后，按要求出运货物并提交了单据，其中商检证由我国某省进出口商品检验局出具，检验结果为 TiO_2 含量为 98.53％，其他各项也符合规定。2007 年 3 月，澳方公司来电反映我方所交货物质量有问题，并提出索赔，5 月 2 日，澳方公司再次提出索赔，并将澳大利亚商检部门 SGS 出具的抽样与化验报告副本传真给我方。SGS 检验报告称根据抽样调查，货物颜色发黄，有可见的杂质，TiO_2 的含量是 92.95％。2007 年 6 月我方公司对澳方公司的索赔作了答复，指出货物完全符合合同约定，我方有合同指定的商检机构出具的商检证书。但澳方认为，我方货物未能达到合同规定的标准，理由是：1. 经用户和 SGS 的化验，证明货物与合同约定"完全不符"。2. 出口商出具的检验证书不是合同指定的商检机构出具的，并且检验结果与实际所交货物不符。

（资料来源：外贸知识网，2008—10—29）

【简评】在国际货物买卖中，卖方交货是否符合合同约定，主要是通过商品检验判明的。从上例中我们可以发现，本案合同中的商检条款约定："以中国进出口商品检验局检验证书或卖方所出之证明书为最后依据"，根据此规定，中方所出具的检验证书不符合合同约定，无法律效力，视为未提出商检证明。根据国际惯例，买方有权行使复验权，并可以复验结果作为索赔的依据。从合同中订立的商检条款看，明显对我方公司有利，但关键在于澳方公司抓住了我方的要害，中方公司出具的商检证书不是合同指定的中国进出口商品检验局提供的，中方违反了合同约定。

后来，本案经我国驻悉尼领事馆商务室及贸促会驻澳代表处从中协调，由我方公司向澳方赔偿相当一部分损失后结案。

任务二　争议与索赔

任务描述

某年春交会期间，我方某公司与中国香港某客户签订了一批进口尼龙帘子的合同，总价款96万美元，CIF大连交货，索赔期为90天。同年7月，此货到达我方最终用户时，发现质量与合同严重不符，不仅布幅明显窄于合同约定，伸张拉力强度不够，而且经线、纬线松紧密度均低于合同指标。我方公司立即请本省商品检验局进行检验，出具了"该商品不符合原合同约定"的商检证书。请客户前来复验并向其提出索赔意见供选择：①全部退货并赔偿我方利息及国内短途运、保费，赔偿因停工待料引起的间接损失或补偿以高价购买原料的损失；②降价。因幅宽和张力强度问题，致使消耗定额增大，且与设备的设计相矛盾，应降价20%。开始客商不信，后又与中国台湾生产厂商互相推诿。我方公司通过传真、电传、信函、电报等方式重申我方意见，并警告对方如果拖延下去只会加重其赔偿金额。中国香港客商与生产代表商于10月底来到中国内地，他们随机抽样8卷帘子布复验，从拉伸、挂胶、成型的全过程证明我方提出的索赔理由充分，耗料增加比例属实，最后，双方达成协议，香港客商赔偿12万美元，并如期将赔款汇至我方公司账上。

（资料来源：荆州职业技术学院 工商管理系 2007 年精品课程）

从上例中我们可以发现，本案是一个国际货物买卖索赔的典型案例，在香港客户产品质量不符规定时，我方在索赔期内及时提出索赔，有理有据，维护了我方的合法权益。

本任务中，国际货物买卖双方在掌握异议与索赔条款基本内容和罚金条款基本内容的基础上，要明确规定异议与索赔条款和罚金条款应注意的事项，保证买卖双方的权利得到最大保证。

概念点击

争议（Disputes）：是指交易的一方认为对方未能部分或全部履行合同的责任与义务而引起的纠纷。

索赔（Claims）：是指遭受损害的一方在争议发出后，向违约方提出赔偿的要求，在法律上指向相对方主张权利，在实际业务中，通常是指受害方因对违约方违约而根据合同或法律提出予以补救的主张。

理赔：是指违约方对受害方所提出赔偿要求的受理与处理。

一、争议与索赔的原因

交易中双方引起争议的原因很多，大致可归纳为以下几种情况：

(一)卖方违约

不按合同的交货期交货，或不交货，或所交货物的品质、规格、数量、包装等与合同(或信用证)规定不符，或所提供的货运单据种类不齐，份数不足等。

(二)买方违约

在按信用证支付方式条件下不按期开证或不开证；不按合同规定付款赎单，无理拒收货物。

(三)买卖双方均负有违约责任

如合同条款规定不明确，致使双方理解或解释不统一，造成一方违约，引起纠纷；或在履约中，双方均有违约行为。

从违约性质看，争议产生的原因，一是当事人一方的故意行为导致违约而引起争议；二是由于当事人一方的疏忽、过失或业务生疏导致违约而引起争议。此外对合同义务的重视不足，往往也是导致违约、发生纠纷的原因之一。

二、不同法律对违约行为的不同解释

(一)英国的法律规定

英国法律把违约分成违反要件与违反担保两种。所谓违反要件指违反合同的主要条款，受害方有权解除合同并要求损害赔偿。违反担保，通常是指违反合同的次要条款，受害方有权要求损害赔偿，但不能解除合同。一般认为与商品直接相关的品质、数量和交货期等条件属于要件，与商品不具有直接联系的为担保。

(二)《联合国国际货物销售合同公约》的规定

1980 年《联合国国际货物销售合同公约》把违约区分为根本性违约和非根本性违约，所谓根本性违约是指"一方当事人违反合同的结果，如使另一方当事人蒙受损害，以致实际上剥夺了他根据合同规定有权期待得到的东西，即为根本性违反合同"。这种根本性违反合同是由于当事人的主观行为造成的，如卖方完全不交付货物，或买方无正当理由拒收货物、拒绝付款。《公约》规定：如果是根本性违约，一方当事人可以宣告合同无效，并要求损害赔偿。如果是非根本性违约，则不能解除，只能要求损害赔偿。

综上所述，英国《货物买卖法》与《联合国国际货物销售合同公约》对违约的划分是不同的，然而对违约的法律后果所做的规定却是一致的。但前者对违约的划分是从合同条款本身来判断的，后者是从违约的后果及其严重程度而确定的。

三、合同中的索赔条款

进出口合同中的索赔条款有两种规定方式，一是异议和索赔条款，二是罚金条款。在一般买卖合同中，多数只订立异议和索赔条款，只有在买卖大宗商品和机械设备一类商品的合同中，除订明异议与索赔条款外，再另订罚金条款。

（一）异议与索赔条款

异议与索赔条款的内容，除规定一方违反合同，另一方有权索赔外，还包括索赔的依据、索赔期限、索赔损失赔偿的办法和赔付金额等项。

1. 索赔依据

主要规定索赔必需的证据和出证机构。索赔依据包括法律依据和事实依据两个方面。前者是指贸易合同和有关的国家法律规定；后者则指违约的事实真相及其书面证明，以证实违约的真实性。

2. 索赔期限

这是指索赔方向违约方索赔的有效期限，逾期索赔，违约方可不予受理。因此关于索赔期限的规定必须根据不同种类的商品做出合理安排，对有质量保证期限的商品合同中应加订保证期。保证期可规定一年或一年以上。总之，索赔期限的规定，除一些性能特殊的产品（如机械设备）外，一般不宜过长，以免使卖方承担过重的责任；也不宜规定的太短，以免使买方无法行使使索赔权，要根据商品性质及检验所需时间的多少等因素而定。规定索赔期限，尚需对索赔期限的起算时间做出具体规定，通常有以下几种起算方法：

（1）货物到达目的港后××天起算。

（2）货物到达目的港卸离海轮后××天起算。

（3）货物到达买方营业处所或用户所在地后××天起算。

（4）货物经检验后××天起算。

3. 处理索赔的办法和索赔金额

除个别情况外，通常在合同中处理索赔的办法和索赔金额只做一般概括性规定。因为违约的情形比较复杂，究竟在哪些业务环节上违约和违约的程度如何等，订约时难以预计，因此对于违约的索赔金额也难以预卜，所以在合同中不做具体性的列举式规定。

应注意，异议和索赔条款不仅是约束卖方履行合同义务的条款，同时也对买方起约束作用。不论何方违约，受害方都有权向违约方提出索赔。

 做一做

索赔金额的计算

某种植园主按产地交货条件出售一批新鲜荔枝，总值 40 万美元，合同约定买方必须在当年 5 月 25 日至 5 月 31 日间派冷藏集装箱到产地接运货物。5 月末 6 月初，卖方两次催促买方接货，但至 6 月 6 日买方仍未提货，也无处理货物的指示，于是卖方在 6 月 8 日降价 25% 转卖给另一买主。问买方应向卖方赔偿多少金额？

由于买方的违约给卖方造成 10 万美元损失，所以买方应向卖方赔偿的违约金额为 10 万美元基本上是合理的。如果合同未作具体规定，确定损害赔偿金额的基本原则为：赔偿金额应与因违约而遭受的包括利润在内的损失额相等；赔偿金额应以违约方在订立合同时可预见到的合理损失为限，由于受损害的一方未采取合理措施致使损失扩大的，违约方对于扩大损失部分不承担责任。

(二)罚金条款

当一方未履行合同时，应向对方支付一定数额的约定金额，以补偿对方的损失。罚金亦称"违约金"或"罚则"。罚金条款一般适用于卖方延期交货，或者买方迟延开立信用证或延期接货等场合下。罚金的数额的大小是以违约时间的长短为转移，并规定出最高限额。

违约金的起算日期有两种计算方法：一种是合同规定的交货期或开证期终止后立即起算；另一种是规定优惠期，即在合同规定的有关期限终止后再宽限一段时间，在优惠期内免于罚款，待优惠期届满后起算罚款。卖方支付罚金后并不能解除继续履行合同的义务。

关于合同中的罚金条款，各国在法律上有不同的解释和规定。例如，俄罗斯、东欧国家都承认和执行该项条款；而英国、美国、澳大利亚、新西兰等国家的法律则有不同的解释。例如英国的法律把合同中的固定赔偿金额条款按其性质分为两种：一是"固定的损害赔偿金额"，这种赔偿金额是由当事人双方在订立合同时，根据预计未来违约造成损失而估定的；二是罚款，这种罚款是当事人为了保证合同的履行而对违约方收取的罚金。

我国涉外经济合同法对于罚金条款给予承认和保护。该法规第二十条规定："当事人可以在合同中规定，一方违反合同时，向另一方支付一定数额的违约金，也可以约定对于违反合同时而产生的损失赔偿金额的计算方法。"又规定："合同中约定的违约金，视为违反合同的损失赔偿，但是，约定的违约金过分的高于或低于违反合同所造成的损失的当事人可以请求仲裁机构或者法院予以适当的减少或增加"，需要注意的是，凡在进出口合同中订有违约金条款者，如卖方延期交货时，即可按规定在货款中扣除该项违约金；凡货款须凭信用证支付的，则应在信用证中做相应的规定，以便有关银行据以收款。

拓展阅读

罚金或违约金条款区别

我公司以 CIF 条件从美国进口一套设备，合同总价款为 800 万美元。合同中规定，如果合同一方违约，另一方有权向违约方索赔，违约方需向对方支付 1200 万美元的违约金。合同订立后，我公司迟迟收不到货，因而影响到自己的生产、经营。故此，我公司在索赔期内向美方提出索赔，而美方却向当地法院提起诉讼。在这种情况下，美国法院将如何判决？

美国法院有可能判定合同中规定的违约金为罚金，并宣布对合同中规定的 1200 万美元的违约规定不予承认。原因是：美国属英美法系的国家，而英美法系把违约金严格地区分为"罚金"和"预约赔偿金"。认为前者是无效的，不可强制执行；后者是有效的，可以强制执行。

至于二者之间怎样区分，要以当事人订立合同时的真实意图而定。如果当事人的意图是要惩戒或预防违约的发生，则违约金就是"罚金"；如果当事人是为减少将来计算违约损害赔偿的麻烦而规定的，即属于"预约赔偿金"。就本案例来讲，由于合同中只简单订明如果一方违约，需向对方支付违约金，易让人理解为这是为了预防违约而制定的。另外，合同中规定的违约金额较高，超出合同价款的一半，也易让人理解为这笔违约金具有惩戒性质，即为"罚金"。如果我方公司不能提供自己因卖方延迟交货而遭受的损失与这 1200 万美元的违约金大体一致的充足证明，法院就会因其过高而将此违约金条款判定为"罚金"条款而不予承认。

【典型实例】

我公司以 CFR 条件对德国出口一批小五金工具。合同规定货到目的港后 60 天内检验，买方有权凭检验结果提出索赔。我公司按期发货，德国客户也按期凭单支付了货款。可半年后，我公司收到德国客户的索赔文件上称，上述小五金工具有 70% 已锈损，并附有德国某内地一检验机构出具的检验证书。对德国客户的索赔要求，我公司应如何处理？

（资料来源：毕莆清. 国际贸易实务与案例分析. 清华大学出版社，2007）

【简评】我方公司可以拒绝，抗辩理由是超过了索赔期限。双方在合同中规定货到目的港后 60 天内检验。尽管这是一个买方复验的期限，但实质上是索赔的期限。而德国客户却在半年后方向我方公司提出索赔，显然其索赔是超过索赔的期限的，因此，按照有关法律，德国客户也就丧失了向我方公司索赔的权利。

任务三 不可抗力

任务描述

我国 A 公司与英国 B 公司成交果酱 1500 公吨，每公吨 CFR 伦敦 348 英镑，总金额 52.2 万英镑，交货期为当年 5～9 月。由于当时我方缺货，只交付了 450 公吨，其余 1050 公吨经协商延长至下一年度内交货。次年，我国发生自然灾害，于是我方以不可抗力为由，要求免除交货迟延责任。但对方拒绝，并称该商品价格上涨，因我方未交货已使其损失 15 万英镑，要求我方无偿提供其他同类产品。我方不同意。于是 B 公司向仲裁机构提出仲裁，称我方不可抗力理由不充分。后经调解，我方赔偿对方 4 万多英镑结案。

（资料来源：外贸知识网，2007—11—02）

从上例中我们可以发现，在国际贸易中，买卖双方处于不同的国家或地区，在签订合同之后，由于受到各国政治、经济因素和自然条件的影响，往往会发生一些当事人事先预料不到和无法预防的意外事故，如爆发战争、发生水灾、地震等而使合同的履行受到阻碍，这时合同是否继续存在、不能履约一方应承担什么责任，合同应有所规定。反映在贸易合同中即为不可抗力条款。

本任务中，国际货物买卖双方在掌握不可抗力条款基本内容的基础上，要明确规定不可抗力条款应注意的事项，保证买卖双方的权利得到最大保证。

概念点击

不可抗力（Force Majeure）：是指买卖合同签订后，非因合同双方当事人的过错，而是由于发生了合同当事人无法预见、无法避免、无法克服的事件，以致不能履行或不能如期履行合同，发生意外事件的一方可以免除履行合同的责任或推迟履行合同。

任务完成

一、不可抗力的含义

不可抗力（Force Majeure）是一项法定免责条款，如图 9-1 所示。

在国际贸易中，对不可抗力的含义及其叫法并不统一。在英美法中，有"合同落空"（Frustration of Contract）原则的规定，其意思是指合同签订后，不是由于合同当事人的过错，发生了当事人意想不到的事件，致使订约目的无法得以实现，从而造成"合同落空"。发生事件的一方，可据此免除责任。

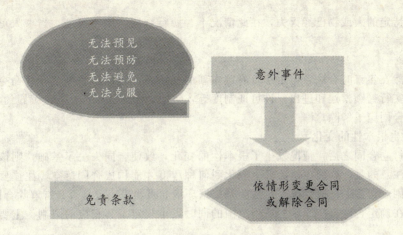

图 9-1　不可抗力含义

在大陆法系国家的法律中，有所谓"情势变迁"或"契约失效"原则的规定，其意思是指签订合同后，不是由于合同当事人的原因而发生了当事人预想不到的情况变化，致使合同不可能再履行或对原来的法律效力需作相应的变更。不过，法院对引用此项原则来免除履行责任的要求是很严格的。

根据《联合国国际货物销售合同公约》规定，合同签订后，如发生了合同当事人订约时无法预见和事后不能控制的障碍，以致不能履行合同义务，则可免除责任。

上述各种解释表明，各国对不可抗力尽管有不同叫法与说明，但其精神原则大体相同。

二、约定不可抗力条款的意义

在国际贸易中，买卖双方洽商交易时，对成交后由于自然力量或社会原因而可能引起的不可抗力事件是无法预见、无法避免、无法控制的，加之，国际上对不可抗力事件及其引起的法律后果并无统一的解释，为避免因发生不可抗力事件而引起不必要的纠纷，防止合同当事人对发生不可抗力事件的性质、范围作任意的解释，或提出不合理的要求，或无正当理由拒绝对方的合理要求，故有必要在买卖合同中订立不可抗力条款，明确规定不可抗力事件的性质、范围、处理原则和处理办法，以利合同的履行。

三、不可抗力条款的规定

不可抗力条款，通常包括下列主要内容：

(一)不可抗力的性质与适用范围

不可抗力事件有其特定的含义，并不是任何一种意外事件都可作为不可抗力事件。

什么样的意外事故构成不可抗力，什么样的意外事故不能构成不可抗力，双方应在磋商交易和签订合同时达成一致意见，并在合同中做出明确规定。各国法律对不可抗力适用范围的规定也不尽相同，我们也应熟悉和掌握。

按照英国的法律和判例，合同落空原则的适用范围如下：

1. 标的物灭失

即如果合同的履行取决于某一特定的人或物的继续存在，但在订立合同之后，并非出于任何一方过错，该特定的人或物已经灭失，在此情况下，履行合同已属不可能，当事人可以免除履约义务。

2. 违法

即合同虽然在签订时合法，但由于政府颁布新的法令，如进出口禁令或行政命令，以及因战争和政治因素实行封锁禁运和进出口许可证制度等，致使合同无法履行，若继续履约将构成违法，在此情况下，合同应予解除。

3. 情况发生根本性的变化

即如果在订立合同之后，情况发生了根本性的变化，致使合同失去了基础，则该合同可作落空处理。但应注意的是，要确定情况发生变化到何种程度才能构成合同落空，往往要比确定标的物灭失或违法困难得多。一般情况下，法院是根据环境和事实来决定是否具有解除合同的情形。

英国法律在确定合同落空原则的适用范围的同时，也规定了其相应的限制。主要有以下几种情况：

第一，处于故意制造的"落空"事实，不得解除合同。

第二，自愿承担风险。即指当事人一方在合同签订时就已存在不能履行合同的事实，但却未向对方当事人表明该情形签订了合同，若其后果不能履约，则不能解除合同所规定的义务。

第三，预知合同将会落空。即指合同一方当事人预知或者应能够预见到合同签订后而会导致不可能履行的情形，但仍签订了合同，而另一方却毫无所知，则该合同不得解除。

总之，对不可抗力条款的表述应明确具体，防止笼统含糊从而造成解释上的分歧和不必要的争议和损失。此外，还要贯彻国家的有关方针政策，不能把政策不允许的内容列入不可抗力范围，防止国外商人通过扩大或缩小不可抗力的解释而推卸责任。

不可抗力事件的范围较广，通常分为下列两种情况：一种是由于自然原因引起的事件，如水灾、旱灾、冰灾、雪灾、雷电、火灾、暴风雨、地震、海啸等；另一种是政治或社会原因引起的事件，如政府颁布禁令、调整政策制度、罢工、暴动、骚乱、战争等。

拓展阅读

我国进出口合同中的不可抗力条款，基本上有以下三种规定方法：

第一，概括式规定。

由于不可抗力的原因，致使卖方不能全部或部分装运或延迟装运合同货物，卖方对于这种不能装运或延迟装运本合同货物不承担责任。但卖方须用电传或电报通知买方并必须在 15 天内以航空挂号信件向买方提交由中国国际贸易促进会出具的证明此类事故的证明书。

上述规定，只笼统地指出"由于不可抗力的原因"，至于不可抗力的具体内容和范围如何，并未予以说明，难以作为解决问题的证据，也容易被对方曲解、利用；同时由于这种规定过分空泛，缺乏确定含义，一旦发生争议而诉诸司法机构时，该机构也仅能凭当事人的意见进行解释，任意性较大，不利于问题的正确解决。

第二，列举式规定。

人力不可抗拒：由于战争、地震、水灾、火灾、暴风雨、雪灾的原因，致使卖方不能全部或部分装运或延迟装运合同货物，卖方对于这种不能装运或延迟装运本合同货物不承担责任。但卖方须用电传或电报通知买方并必须在 15 天内以航空挂号信件向买方提交由中国国际贸易促进会出具的证明此类事故的证明书。

上述规定方法，虽然对于不可抗力事故的范围做出具体规定，但是由于不可抗力事故很多，合同中难以一览无余，一旦遇到未列明的事故时，仍有可能发生争执。

第三，综合式规定。

人力不可抗拒：如因战争、地震、水灾、火灾、暴风雨、雪灾或其他不可抗力的原因，致使卖方不能全部或部分装运或延迟装运合同货物，卖方对于这种不能装运或延迟装运或不能履行合同的情形均不承担责任。但卖方须用电传或电报通知买方并必须在 15 天内以航空挂号信件向买方提交由中国国际贸易促进会出具的证明此类事故的证明书。

想一想

我国进出口合同通常采用的是哪一种规定方法？

上述规定方法中，综合式规定既列明了双方当事人已经取得共识的各种不可抗力事故，又加列上"其他不可抗力原因"这一句，这就为将来如果发生合同未列明的意外事故时，便于双方当事人共同确定是否作为不可抗力事故。因此综合式规定方法既明确具体，又有一定的灵活性，比较科学实用。在我国的业务实践中，多采用这一种。

(二)不可抗力事件的处理

不可抗力事件所引起的后果有两种：一种是解除合同，另一种是延期履行合同。什么情况下解除合同，什么情况下延期履行合同，要看所发生的事故的原因、性质、规模即对履行合同所产生的影响程度而定，并明确地规定在合同中。如果合同中对此没有做出明确的规定，一般的解释是：如不可抗力事件使合同的履行成为不可能，则可以解除合同；如不可抗力事件只是阻碍了合同的按时履行，则只能延迟履行合同。因此，对不可抗力引起的后果应在合同中加以明确规定。

(三)发生事故后通知对方的期限和方式

不可抗力事件发生后，根据《联合国国际货物销售合同公约》规定："不履行义务的一方必须将障碍及其对他履行义务能力的影响通知另一方。如果该项通知在履行义务的一方已知道或理应知道此一障碍后一段合理时间内仍未为另一方收到，则他对由于另一方未收到通知而造成的损害应负赔偿责任。"其中，"障碍"是指意外事故的意思。因此，买卖双方在合同中明确责任的同时，还应对发生不可抗力事件后通知另一方当事人的期限和方式事先加以约定。

(四)出具事故证明的机构和证明文件

在国际贸易中，当一方援引不可抗力条款要求免除责任时，必须向对方当事人提交由权威机构出具的证明文件，以作为发生不可抗力事件的证据。证明文件通常有：当地商会组织或公证机构所出具的证明；新闻机构有关不可抗力事件在报纸期刊上的报道；对方国家不履行义务一方当事人所在地外交机构出具的证明；以及其他具有权威性机构或买卖双方在合同中所规定机构出具的证明等。提交由权威机构出具的证明文件，其作用在于证明不可抗力发生的真实性，以及它是不能预见、无法避免和无法预防的。

(五)不可抗力条款的规定方法

不可抗力条款，按对不可抗力事件范围规定的不同，主要有以下三种方式：

1. 概括式规定

这种规定方式一般在合同中不具体规定哪些事故属于不可抗力事件，只是对不可抗力事件作笼统的提示。例如："如由于不可抗力的原因，致使卖方不能全部或部分装运或迟延装运合同货物，卖方对于这种不能装运或迟延装运本合同货物不承担责任。但卖方须用电报或电传通知对方，并须在 15 日内以航空挂号信件向买方提交由中国国际贸易促进委员会出具的证明此类事故的证明书。"

If the shipment of the contracted goods is prevented or delayed in whole or in part due to Force Majeure, the seller shall not be liable for non-shipment or late shipment of the goods of this contract. However, the seller shall notify the buyer by cable or telex and furnish the letter within 15 days by registered airmail with a certificate issued by the China Council for the Promotion of Inter-national Trade attesting such event or events.

这种规定方式太笼统，很容易被对方当事人曲解和利用，加之其解释的伸缩性太大，因此在实际业务中采用较少。

2. 列举式规定

这种规定方式一般在合同中对于不可抗力事故范围做出具体规定，并注意列举，凡未列举者一般不得引申为不可抗力。例如："如由于战争、地震、水灾、火灾、暴风雨、雪灾的原因，致使卖方不能全部或部分装运或迟延装运本合同货物，卖方对于这种不能装运或迟延装运本合同货物不承担责任。但卖方须用电报或电传通知对方，并须在 15 日内以航空挂号信件向买方提交由中国国际贸易促进委员会出具的证明此类事故的证明书。"

If the shipment of the contracted goods is prevented or delayed in whole or in part by reason of war, earthquake, flood, fire, storm, heavy snow, the seller shall not be liable for non-shipment or late shipment of the goods of this contract. However, the seller shall notify the buyer by cable or tel-ex and furnish the letter within 15 days by registered airmail with a certificate issued by the China Council for the Promotion of International Trade attesting such event or events.

这种方式过于死板，因为不可抗力事件种类很多，合同中很难全数罗列，而一旦发生的意外事故超出合同中规定的范围，则难以援引此项条款为据，可能导致争议和纠纷。所以这种规定方式在实务中也很少采用。

3. 综合式规定

这种规定方式是将概括式和列举式综合并用，即不可抗力条款中既列举了双方认可的不可抗力事故的范围，又加列了"以及双方同意的其他不可抗力事件"的文句。例如："如由于战争、地震、水灾、火灾、暴风雨、雪灾或其他不可抗力的原因，致使卖方不能全部或部分装运或迟延装运本合同货物，卖方对于这种不能装运或迟延装运本合同货物不承担责任。但卖方须用电报或电传通知对方，并须在 15 日内以航空挂号信件向买方提交由中国国际贸易促进委员会出具的证明此类事故的证明书。"

If the shipment of the contracted goods is prevented or delayed in whole or in part by reason of war, earthquake, flood, fire, storm, heavy snow or other causes of Force Majeure, the seller shall not be liable for non-shipment or late shipment of the goods of this contract. However, the seller shall notify the buyer by cable or telex and furnish the letter within 15 days by registered airmail with a certificate issued by the China Council for the Promotion of International Trade attesting such event or events.

这种方式既明确具体，又有一定的灵活性，比较科学实用。在我国进出口合同中，一般都采取这种规定办法。

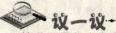

议一议

援引不可抗力条款应注意的事项

当交易双方援引不可抗力条款要求免责时，我们应按照合同规定严格进行审查，以便确定其所援引的内容是否属于不可抗力条款规定的范围。凡不属于该范围又无双方同意的其他人力不可抗拒事件规定时，不能按不可抗力事件处理。即使有此规定，也应由双方协商。一方不同意时，不能算作不可抗力事件。

援引不可抗力条款的后果时，如果合同中无该项条款规定，则应本着实事求是的精神，弄清情况，确定影响履约的程度，以此来决定是解除履约责任还是延期履行合同。

【典型实例】

我某进口企业按 FOB 条件向欧洲某厂商订购一批货物。当我方派船前往西欧指定港口接货时，正值埃及与以色列发生战争，埃及被迫关闭苏伊士运河。我方所派轮船只得绕道南非好望角航行，由于绕道而增加航程，致使船只延迟到达装货港口。欧洲厂商要求我方赔偿因接货船只迟到而造成的仓租和利息，我方拒绝了对方要求，因此引起争议。

【简评】欧洲厂商的要求不合理。因为我方所派船只迟到，是由于战争造成，这属于社会原因引起的不可抗力事件，是法定免责事项，对欧洲厂商提出的赔偿要求，我方可不予理睬。

任务四　仲　裁

任务描述

我某进口公司与英国某公司签订两份进口合同。共订购贵金属 8000 公吨，均采用 FOB 术语成交，交货口岸由卖方选择。成交后我方多次去电要求对方指定装运港及通知货物备妥待运日期，以便我方派船接运货物，但由于市场价格上涨，英镑贬值，对方一方面对我方要求避而不答，致使我方无法派船接货；另一方面又要求我方提高货价、推迟交货期。我方不同意提价，但同意可以推迟交货，并对交货期作了调整。此后对方仍未履行合同，遂双方发生争议。经过两年多的交涉，问题仍未解决，我方根据仲裁条款的规定，向中国国际经济贸易仲裁委员会申请仲裁。仲裁庭裁决对方赔偿我方差价损失 569 600 英镑，并由卖方承担仲裁费人民币 4 万元。由于此争议长达两年多我方才提出仲裁申请，在此期间卖方采取转移财产、与母公司脱离关系等手法，宣告破产清理，并将剩下的几万英镑财产提交破产清单，致使我方虽然胜诉，但已无法取得全部赔偿，而遭受巨大损失。

（资料来源：中国贸易网）

从上例我们可以发现，本案中的突出问题就是争议的解决方法的选择，解决争议的方式有协商、调解、诉讼和仲裁。仲裁是解决商务纠纷的一种重要方式。

本任务中，国际货物买卖双方在掌握仲裁条款基本内容的基础上，要明确规定仲裁条款应注意的事项，保证买卖双方的权利得到最大保证。

概念点击

仲裁（ARBITRATION）：又称公断，是指买卖双方在争议发生之前或发生之后，签订书面协议，自愿将争议提交双方所同意的第三者予以裁决，以解决争议的一种方式。

任务完成

一、仲裁是解决争议的一种重要的方式

在国际贸易中，情况复杂多变，买卖双方签订合同后，由于种种原因，使合同没有履行，从而引起交易双方间的争议。解决争议的途径有下列几种：

（一）友好协商

争议双方通过友好协商，达成和解，这是解决争议的好办法。但这种办法有一定的局限性。

（二）调解

在争议双方自愿的基础上，由第三者出面从中调解，实践表明，这也是解决争议的一种好办法。我国仲裁机构采取调解与仲裁相结合的办法，收到了良好的效果。其具体做法是：结合仲裁的优势和调解的长处，在仲裁程序开始之前或之后，仲裁庭可以在当事人自愿的基础上，对受理的争议进行调解解决，如调解失败，仲裁庭仍按照仲裁规则的规定继续进行仲裁，直到做出终局裁决。因此，这种方法也有一定的使用限度。

（三）诉讼

诉讼具有下列特点：

第一，诉讼带有强制性，只要一方当事人向有管辖权的法院起诉，另一方就必须应诉，争议双方都无权选择法官。

第二，诉讼程序复杂，审理期间比仲裁长。

第三，诉讼处理争议，双方当事人关系紧张对立，有伤和气，不利于今后贸易关系的继续发展。

第四，诉讼费用较高。

（四）仲裁

国际贸易中的争议，如友好协商、调解都未成功而又不愿意诉诸法院解决，则可采用仲裁办法。仲裁已成为解决这种争议被普遍采用的方式。

仲裁同诉讼相比，具有以下特点：

第一，仲裁机构是民间组织，无强制管辖权，仲裁是在争议双方自愿的基础上进行的，如果双方没有达成仲裁协议，一方不能迫使另一方进行仲裁，仲裁机构不得受理没有仲裁协议的申请；法院是国家机关的组成部分，具有法定管辖权，一方起诉不必征得对方同意，可由法院发出传票传唤对方出庭应诉。

第二，仲裁员是由双方当事人指定，而法官是由国家任命或选举产生的，双方当事人没有自主选择法官的权利。

第三，仲裁程序简单，而且仲裁员往往比较熟悉国际贸易业务，因此处理问题比较迅速及时，而且费用较低。

第四，仲裁机构的裁决是终局性的，仲裁裁决后，不得再向法院提起诉讼。仲裁结果对双方当事人均有约束力。如有一方拒绝执行，另一方可提请法院强制执行。

解决商务纠纷采用什么方式最恰当？

上述前两种办法都有一定的限度，第三种办法有一定的缺陷，所以仲裁就成为解决国际贸易争议广泛采用的一种行之有效的重要的方式。

中国一向提倡并鼓励以仲裁的方式解决国际商事争议。早在 1956 年中国的涉外商事仲裁机构便已宣告成立。40 多年来，该机构在审理案件中，坚持根据事实、依照法律和合同规定，参照国际惯例，公平合理地处理争议和做出裁决，其裁决的公正性得到国内外的一致公认，中国已成为当今世界上主要的国际商事仲裁中心之一。在中国进出口合同中一般都订有仲裁条款，以便在发生争议时，通过仲裁方式解决争端。

第五，仲裁对当事人之间的商业关系损害较小。仲裁气氛比较友好平和，同时仲裁一般不公开进行，裁决也不像法院那样公布出来，可以保护商业上的秘密。

二、仲裁协议的形式和作用

（一）仲裁协议的形式

仲裁协议必须采用书面形式。它有两种形式：一种是双方当事人在争议发生之前订立的，表示同意把将来可能发生的争议提交仲裁解决的协议。通常作为合同中的一个条款，称为仲裁条款（Arbitration Clause）。另一种是双方当事人在争议发生后订立的，表示同意把已经发生的争议提交仲裁的协议，称为提交仲裁协议（Submission），这种协议是单独订立的，是独立于合同之外的协议。它既可以用协议书的形式订立，也可以用来往函电或电传等达成协议。

以上两种形式的仲裁协议具有同等的法律效力。

（二）仲裁协议的作用

第一，约束双方当事人只能以仲裁方式解决争议，不得向法院起诉。

第二，排除法院对有关案件的管辖权，如果一方违背仲裁协议，自行向法院起诉，另一方可向法院提交仲裁协议，法院核实后对该起诉应作出不予受理的裁定，并将争议案件提交仲裁庭裁断。

第三，仲裁机构取得对争议案件的管辖权。

上述三项作用的中心是第三条，即排除法院对争议案件的管辖权。因此，双方当事人不愿将争议提交法院审理时，就应在争议发生前在合同中规定出仲裁条款，以免将来发生争议后，由于达不成仲裁协议而不得不诉诸法院。

根据中国法律，有效的仲裁协议必须载有请求仲裁的意思表示、选定的仲裁委员会和约定仲裁事项（该仲裁事项依法应具有可仲裁性）；必须是书面的；当事人具有签订仲裁协议的行为能力；形式和内容合法。否则，依中国法律，该仲裁协议无效。

三、仲裁程序

仲裁程序主要是指进行仲裁的具体手续和做法。各国仲裁机构的仲裁规则对仲裁程序都有明确规定。按我国仲裁规则规定，基本程序如下：

(一)仲裁的申请

这是仲裁程序开始的首要手续。根据我国仲裁规则，申请人应提交以下内容的申请书：

第一，申诉人和被诉人的名称和地址。

第二，申诉人的请求、所依据的事实与证据。

第三，提交申请时应附的有关证件：合同、仲裁协议、往来函件等的原件或副本、抄本。

申请人还应预缴一定数额仲裁费。仲裁机构立案后应向被诉人发出仲裁通知和申请书及附件。被诉人可以提交答辩书或反请求书。

(二)仲裁庭的组成

根据我国仲裁规则规定，仲裁庭可以由三名仲裁员或者一名仲裁员组成。由三名仲裁员组成的，设首席仲裁员。当事人双方均可在仲裁机构所提供的仲裁员名册中指定或委托仲裁机构各指定一名仲裁员，并由仲裁机构主席指定第三名仲裁员作为首席仲裁员，共同组成仲裁庭。如果用独任仲裁员方式，可由双方当事人共同指定或委托仲裁机构指定。

被指定的仲裁员，如果与案件有利害关系，应自行向仲裁委员会请求回避，利害关系人也可以向仲裁委员会申请要求其回避。

(三)仲裁案件的审理

仲裁审理案件有两种形式：一种是书面审理，也称不开庭审理。一般是一方当事人申请，或由仲裁机构征得双方当事人同意，只根据有关书面材料对案件进行审理并做出裁决，海事仲裁常采用书面仲裁形式。另一种是开庭审理，这是普遍采用的一种方式。仲裁庭审原则上是不公开的，以保护当事人的商业机密，当双方当事人均申请公开的除外。

仲裁庭对案件的审理一般包括以下步骤：

1. 开庭

开庭地点一般应在仲裁机构所在地，但经仲裁机构同意，也可在其他地方。开庭的具体日期，由仲裁机构确定，但应在开庭30天前通知双方当事人，如当事人有正当理由，也可以请求延期。仲裁庭开庭时，如一方当事人或其代理人不出席，仲裁庭可以缺席审理和做出缺席判决。

2. 调解

调解并不是仲裁的必要程序。我国仲裁机构非常重视调解，把调解与裁决相结合，在仲裁审理的过程中始终贯彻调解的精神。经仲裁机构调解达成和解协议的案件，仲裁庭应根据和解协议做出判决书。如果双方当事人自行达成和解，申诉人应当及时申请撤销案件。

3. 收集证据

当事人双方应对其申请、答辩或反请求所依据的事实提出证据，并由仲裁庭审定；询问证人也是当事人去询问的，必要时可请证人出庭作证。同时，仲裁庭还可以主动向专家咨询并取得证据。

4. 采取保全措施

又称临时性保护措施。是指仲裁程序开始后至做出裁决前对争议的标的或有关当事人的财产采取一种临时性强制措施。如出售易腐货物、冻结资金、查封和扣押物品等。采用保全措施往往要通过具有管辖权的法院做出决定和执行。

（四）做出裁决

裁决是整个仲裁程序的最后一步。裁决做出后，审理案件即宣告结束，因而这种裁决被认为是最终裁决。根据各国仲裁规则规定，裁决必须以书面形式做出。裁决是终局的，双方当事人都必须依照执行而不得向法院起诉。也不得向其他任何机构提出变更仲裁裁决的请求。

裁决做出后，双方当事人应自动执行。但在实际业务中，败诉方不执行裁决的情况时有发生，这时另一方可以根据有关法律的规定，向法院申请执行仲裁裁决。联合国在1958年6月在纽约召开"国际商事仲裁会议"时签订了《承认与执行外国仲裁裁决公约》，以此来解决一国当事人不执行另一国仲裁机构所做裁决的问题。其中规定"各缔约国必须承认当事人之间订立的书面仲裁协议的法律效力，并根据公约的规定和被申请地的程序，承认和执行外国仲裁裁决"。凡公约的签字国均为缔约国，都应当承认其效力并有义务执行。如有在裁决后拒不执行者，可向有管辖权的外国法院申请执行。我国已于1987年4月22日加入了上述公约。在我国裁决后，我方有不执行者，国外方当事人可以向我国法院提出申请，要求强制执行。如果国外方是败诉方且拒不执行裁决时，我方可以向败诉方所在国法院提出申请，要求强制执行。

四、仲裁条款

仲裁条款，应当明确合理，不能过于简单，其具体内容一般应包括仲裁地点、仲裁机构、仲裁程序规则、仲裁裁决的效力、仲裁费的负担等。

（一）仲裁地点

在何处仲裁，往往是交易双方磋商仲裁条款时都极为关心的一个十分重要的问题。在我国进出口合同中，关于仲裁地点有以下三种规定：

第一，多数合同规定在中国仲裁。

第二，有时规定在被申请人所在国仲裁。

第三，规定在双方同意的第三国仲裁。

选用第三种办法时，应选择允许受理双方当事人都不是本国公民的争议案的仲裁机构，而且该机构应具备相应的业务能力，且态度公正。

想一想

仲裁地点对当事人解决争议有何影响？

仲裁地点与仲裁所适用的程序法，以及合同所适用的实体法关系甚为密切。按照有关国家法律的解释，凡属程序方面的问题，除非仲裁协议另有规定，一般都适用仲裁地法律，即在哪个国家仲裁，就往往适用那个国家的仲裁规则。至于确定合同双方当事人权利、义务的实体法，如合同中未规定，一般是由仲裁庭根据仲裁地点所在国的法律冲突规则予以确定。由此可见，仲裁地点不同，适用的法律可能不同，对买卖双方的权利、义务的解释就会有差别，其结果也会不同。因此，交易双方对于仲裁地点的确定都很关注，都力争在自己比较了解和信任的地方，尤其是力争在本国仲裁。

(二)仲裁机构

国际贸易中的仲裁,可由双方当事人约定在常设的仲裁机构进行,也可以由双方当事人共同指定仲裁员组成临时仲裁庭进行仲裁。

目前,世界上有许多国家和一些国际组织都设有专门从事处理商业纠纷的常设仲裁机构。我国常设的仲裁机构主要是中国国际经济贸易仲裁委员会和海事仲裁委员会。根据业务发展的需要,中国国际经济贸易仲裁委员会又分别在深圳和上海设立了分会。北京总会及其在深圳、上海的分会是一个统一的整体,总会和分会使用相同的仲裁规则和仲裁员名册,在整体上享有一个仲裁管辖权。此外,我国一些省市还相继设立了一些地区性的仲裁机构。中国各外贸公司在订立进出口合同中的仲裁条款时,如双方同意在中国仲裁,一般都订明在中国国际经济贸易仲裁委员会仲裁。

我们在外贸业务中经常遇到的外国仲裁常设机构有:英国伦敦仲裁院、瑞典斯德哥尔摩商会仲裁院、瑞士苏黎世商会仲裁院、日本国际商事仲裁协会、美国仲裁协会、意大利仲裁协会等。俄罗斯和东欧各国商会中均设有对外贸易仲裁委员会。国际组织的仲裁机构有设在巴黎的国际商会仲裁院等。其中有许多仲裁机构与我国已有业务上的联系,并在仲裁业务中进行合作。

鉴于国际上仲裁机构很多,甚至一个国家或地区内就有若干个仲裁机构,因此,当事人双方选用哪个国家或地区的仲裁机构审理争议案件,应在合同仲裁条款中具体说明。

临时仲裁庭是专为审理指定的争议案件而由双方当事人指定的仲裁员组织起来的,案件处理完毕后即自动解散。因此,在采取临时仲裁庭解决争议时,双方当事人需要在仲裁条款中就双方指定仲裁员的办法、人数、组成仲裁庭的成员、是否需要首席仲裁员等问题做出明确约定。

(三)仲裁规则

各国仲裁机构都有自己的仲裁规则,但值得注意的是,所采用的仲裁规则与仲裁地点并非绝对一致。按照国际仲裁的一般做法,原则上采用仲裁所在地仲裁规则,但在法律上也允许根据双方当事人的约定,采用仲裁地点以外的其他国家(地区)仲裁机构的仲裁规则进行仲裁。在中国仲裁,双方当事人通常约定适用《中国国际经济贸易仲裁委员会仲裁规则》。根据中国现行仲裁规则规定:"凡当事人同意将争议提交仲裁委员会仲裁的,均视为同意按照该仲裁规则进行仲裁。"

(四)仲裁裁决的效力

仲裁裁决的效力主要是指由仲裁庭做出的裁决,对双方当事人是否具有约束力,是否为终局性的,能否向法院起诉要求变更裁决。

在中国,凡由中国国际经济贸易仲裁委员会做出的裁决一般是终局性的,对双方当事人都有约束力,必须依照执行,任何一方都不许向法院起诉要求变更。

在其他国家,一般也不允许当事人对仲裁裁决不服而又去法院另行起诉。即使向法院提起诉讼,法院一般也只是审查仲裁协议和仲裁裁决在法律程序上是否完备,而不审查裁决本身是否正确。如果法院查出裁决在程序上有问题,有权裁定裁决为无效。由于仲裁的采用是以双方当事人的自愿为基础,因此,对于仲裁裁决理应承认和执行。目前,从国际仲裁的实践看,当事人不服裁决诉诸法院的只是一种例外,而且仅限于有关程序方面的问题,至于对裁决实体内容本身,是不得去法院另行起诉的。若败诉方不执行裁决,胜诉方有权向有关法院起诉,请求法院强制执行。

为了强调和明确仲裁裁决的效力,以利执行裁决,在订立仲裁条款时,通常都规定仲裁裁决是终局的,对当事人双方都有约束力。

（五）仲裁费用的负担

通常在仲裁条款中明确规定出仲裁费用由谁负担。一般规定由败诉方承担，也有的规定为由仲裁庭酌情决定。

五、我国通常采用的仲裁条款格式

我国根据独立自主、平等互利的原则，并参照国际上的习惯做法，在总结实践经验的基础上，各公司一般采用下列三种仲裁条款格式：

（一）在我国仲裁的条款格式

"凡因执行本合同所发生的或与本合同有关的一切争议，双方应通过友好协商解决。如果协商不能解决时，应提交北京中国国际经济贸易仲裁委员会根据该会仲裁规则进行仲裁。仲裁裁决是终局的，对双方都有约束力。"

"All disputes arising out of the performance of, or relating to this contract, shall be settled amicably through friendly negotiation. In case no settlement can be reached through negotiation the case shall then be submitted to the China International Economic and Trade Arbitration Commission, Beijing, China, for arbitration in accordance with its Rules of Arbitration. The arbitral award is final and binding upon both parties."

（二）在被申请人所在国仲裁的条款格式

"凡因执行本合同所发生的或与本合同有关的一切争议，双方应通过友好协商解决。如果协商不能解决时，应将争议提交仲裁。仲裁在被申请方所在国进行。如果在中国，则由中国国际经济贸易仲裁委员会根据该会的仲裁规则进行仲裁。如果在××（国家或地区），则由××（仲裁机构）根据该仲裁机构的仲裁程序规则进行仲裁。仲裁裁决是终局的，对双方都有约束力。"

"All disputes arising out of the performance of, or relating to this contract, shall be settled amicably through friendly negotiation. In case no settlement can be reached through negotiation, the case shall then be submitted for arbitration. The location of arbitration shall be in the country of the domicile of the defendant. In case in China, the arbitration shall be conducted by the China International Economic and Trade Arbitration Commission, Beijing, in accordance with its Rules of Arbitration. If it is in ... the arbitration shall be conducted by ... in accordance with its arbitral rules of procedure. The arbitral award is final and binding upon both parties."

（三）在第三国仲裁的条款格式

"凡因执行本合同所发生的或与本合同有关的一切争议，双方应通过友好协商解决。如果协商不能解决时，应将案件提交××（某国某地仲裁机构）根据该机构的仲裁程序规则进行仲裁。仲裁裁决是终局的，对双方都有约束力。"

"All disputes arising out of the performance of, or relating to this contract, shall be settled amicably through friendly negotiation. In case no settlement can be reached through negotiation, the case shall then be submitted to ... for arbitration, in accordance with its arbitral rules of procedure. The arbitral award is final and binding upon both parties."

拓展阅读

仲裁裁决的执行

仲裁裁决对双方当事人都具有法律上的约束力，当事人必须执行。如双方当事人都在本国，若一方不执行裁决，另一方可请求法院强制执行。如一方当事人在国外，涉及一个国家的仲裁机构所做出的裁决要由另一个国家的法院去执行的问题。在此情况下，如国外当事人拒不执行裁决，则只有到国外法院去申请执行，或通过外交途径要求对方国家有关主管部门或社会团体（如商会、同业公会）协助执行。为了解决在执行外国仲裁裁决问题上的困难，国际上除通过双边协定就相互承认与执行仲裁裁决问题做出规定外，还订立了多边国际公约，1958 年 6 月 10 日联合国在纽约召开了国际商事仲裁会议，签订了《承认与执行外国仲裁裁决公约》（Convention on the Recognition and Enforcement of Foreign Arbitral Award 简称《1958 年纽约公约》）。该公约强调了两点：一是承认双方当事人所签订的仲裁协议有效；二是根据仲裁协议所做出的仲裁裁决，缔约国应承认其效力并有义务执行。只有在特定的条件下，才根据被诉人的请求拒绝承认与执行仲裁裁决。例如裁决涉及仲裁协议未提到的请求，或不包括在仲裁协议之内的一些争议；仲裁庭的组成或仲裁程序与当事人所签仲裁协议不符等。

1986 年 12 月第 6 届全国人民代表大会常务委员会第 18 次会议决定中华人民共和国加入上述《1958 年纽约公约》，并同时声明：

1. 中华人民共和国只在互惠平等的基础上对在另一缔约国领土内做出的仲裁裁决的承认和执行适用该公约；

2. 中华人民共和国只对根据中华人民共和国法律认定为属于契约性和非契约性商事法律关系所引起的争议适用该公约。

我国政府对上述公约的加入和所作的声明，不仅为我国承认与执行外国仲裁裁决提供了法律依据，而且也有利于我国仲裁机构所作出的裁决在国外公约成员国内的执行。

【典型实例】

某国度假村管委会与中国香港国泰公司签订了合资建设高尔夫球场合同。该合同未事先约定仲裁条款。后双方为履行该合同发生争议，国泰公司董事长董某给当地政府领导致函反映情况。该函最后称："出于对您的信任，我们向您反映纠纷情况，以得到您的帮助。我们也将诉诸法律，向仲裁机构或法院提出仲裁或起诉。"度假村管委会得知信函内容后，立即转告国泰公司，表示同意仲裁解决双方的争议，随即向仲裁机构递交了仲裁申请书。但国泰公司收到管委会的来函后，未向仲裁机构提交仲裁申请书，而直接向法院提起诉讼，要求履行合同。现问，该纠纷应由哪个机构处理？并简述理由。

（资料来源：国际贸易培训网 2007—09—19）

【简评】合同没有仲裁条款，当事人之间又未达成书面仲裁协议，因此不能限制当事人向法院提起诉讼。

综合实训

1. 商品检验条款主要包括哪些内容？检验时间和地点通常有哪几种规定办法？
2. 在国际货物买卖合同中约定索赔期限的方法有哪些？
3. 不可抗力条款包括哪些内容？规定该条款时应注意哪些事项？

4. 为什么说仲裁是解决国际贸易争议的重要方式？仲裁条款应包括哪些主要内容？

5. 某公司与外商订立一份化工产品进口合同，订约后由于该产品的国际市场价格上扬，外商亏本。于是他以不可抗力为由要求撤约。问：进口商应如何对待此问题？

6. 我方以 CIF 条件从意大利进口货物一批，合同规定装运期为 10/11 月份。10 月 20 日，意大利政府公布一项条例，规定从 11 月 1 日起除非有特别许可证，否则禁止该货物出口。出口商因此以不可抗力为由向我方提出解除合同。在此案中，意大利出口商是否可以免除其交货义务？为什么？

7. 我国某省 A 公司某年 8 月向美国某 B 公司以 T/T 付款方式出口医疗设备用微型轴承，累计合同金额达 28 万美元。合同品质条款对微型轴承规格进行了明确规定，但是没有明确检验方法和标准，且买方复验的期限只按照合同格式条款中的一般规定为买方有复验权，并应在合理时间内提出质量异议，否则无权就质量问题向卖方提出索赔。B 公司在收到货物后迟迟没有汇付货款，A 公司经函询 B 公司得知该商品的最终用户声称收到的产品存在质量问题。A 公司向 B 公司交涉并说明产品系根据国际标准 ISO 进行检验证明合格。经几次交涉未果，至第二年 11 月，A 公司在久未能收到货款的情况下，在美国对 B 公司提出起诉，要求对方付款。B 公司在收到起诉书后随即对 A 公司提出反诉，理由是经检验发现其中价值 2 万美元的商品规格与标准的规定误差较大，不符合合同规定。经法院审理做出判决：认定 A 公司提供的价值 2 万美元产品存在质量问题，因而货款中应扣除该金额，同时支持 B 公司的反诉中提出的索赔要求，要求 A 公司支付因质量问题而导致 B 公司蒙受的经济损失 16 万美元。最终判决 A 公司向 B 公司支付 5 万美元。

（资料来源：荆州职业技术学院　工商管理系 2007 年精品课程）

实训目标：

订立检验条款

组织实施：

学生分组，结合案例分别负责合同中检验条款的订立。

操作提示：

检验条款一般包括以下内容：有关检验权的规定、检验或复验的时间和地点、检验机构、检验项目和检验证书、检验标准等。

成果检测：

完成活动项目任务，各组分别展示，学生讨论，教师进行评价。

8. 我国某外贸公司同日本商人签订贸易合同购买一批机器，总值 50 万美元，年底交货。合同签订后，日商认为交货时间的价格一定会远远高于合同约定价格，便宣告合同无效。这是一种"预期违反合同"的行为，我方公司当即提出保留索赔权。时价为 56 万美元，我国某公司未能及时成交补进，至年底才以 66 万美元购进。我国某公司应向日商索赔多少金额才为合理？

实训目标：

计算索赔金额。

组织实施：

学生分组，分别负责索赔金额的计算。

操作提示：

确定损害赔偿金额的基本原则。

成果检测：

完成活动项目任务，各组分别展示，学生讨论，教师进行评价。

9. 我国 A 公司与英国 B 公司成交小麦 100 公吨，每公吨 400 英镑 CFR London，总金额为 40000 英镑，交货期为当年 5～9 月份。签约后，A 公司购货地发生水灾，于是 A 公司以不可抗力为由，要求免除交货责任。但对方回电拒绝。A 公司要求以不可抗力免除交货的理由是否充分？

实训目标：

不可抗力事件的援引。

组织实施：

学生分组，各成员分工，分别负责不同案例的分析。

操作提示：

并非所有的自然原因或社会原因引起的意外事件都是不可抗力，如汇率变化、价格波动等；不可抗力事件的含义。

成果检测：

完成活动项目任务，各组分别展示，学生讨论，教师进行评价。

10. 2004 年 9 月，望龙实业公司与海辰食品研究所签订一份技术合同，商定双方联合开发研制一种老人营养饮料，合同中的仲裁条款规定："因履行本合同发生的争议，由双方协商解决；协商解决不了的，由技术合同仲裁机构进行仲裁。"2005 年 4 月，双方发生争议，海辰食品研究所向本单位所在地的 A 市技术合同仲裁委员会递交了仲裁申请书。望龙实业公司拒绝答辩。双方经过协商，重新签订一份仲裁协议，商定将此合同争议提交望龙实业公司所在地的 B 市技术合同仲裁委员会进行仲裁。事后，海辰食品研究所担心 B 市技术合同仲裁委员会实行地方保护主义，故未申请仲裁，而向合同履行地的人民法院起诉，起诉时未说明此前两次约定仲裁的情况，法院受理了本案，并向望龙实业公司送达了起诉状副本，望龙实业公司向法院提交了答辩状。法院经审理判决被告败诉，被告立即上诉，理由是事先有仲裁协议，法院判决无效。问：

(1)合同中的仲裁条款有效还是无效？为什么？

(2)争议发生后签订的仲裁协议有效还是无效？

(3)海辰食品研究所向法院起诉是否正确？为什么？

(4)法院审理本案是否合法？为什么？

(5)上诉理由是否正确？

（资料来源：国际贸易培训网 2008－06－17）

实训目标：

关于仲裁的案例分析。

组织实施：

学生分组，各成员分工，分别负责争议双方各自主张的处理意见和建议。

操作提示：

未指明具体仲裁机构，内容不明确，仲裁条款无法履行；仲裁条款的法律效力；法院是否有管辖权。

成果检测：

完成活动项目任务，各组分别展示，学生讨论，教师进行评价。

P 项目 10 ROJECT 国际货物买卖的交易程序

项目介绍

国际货物买卖是国际其他交易形式的基础，其间会涉及交易各方的各项权益和义务。认识国际货物买卖的交易程序，了解交易洽商的复杂性和法律性，掌握国际货物买卖合同成立的必要条件以及进出口合同的履行程序，对提高交易成功率，扩大对外贸易，增强国力，具有重大的现实意义。本项目我们将学习国际贸易货物买卖合同洽商的程序、买卖合同的签订及合同的履行。

M 任务一 国际贸易买卖合同的洽商 ISSION 1

任务描述

6 月 5 日，湖南某公司（以下简称 A 公司）向瑞士某公司（以下简称 B 公司）发盘出售 10000 公吨菜子粕，质量标准为：油蛋白在 38％以上；水分在 12.5％以下。单价 FOB 中国张家港 78 美元/吨。

6 月 7 日，B 公司接受 A 公司的发盘，并要求 A 公司将合同和信用证条款传真过来，A 公司于 6 月 9 日将已盖有公章的 SF06610 的《售货合约》传真给了 B 公司。B 公司收到 A 公司传真的《售货合约》后，删除了原合约上"不接受超过 20 年船龄的船舶"的要求，并将"运费已付"修改成"运费按租船合同支付"，委托意大利米兰公司签字盖章后于 6 月 9 日当天传真给 A 公司。后双方对于合同的成立及履行产生争议。

次年 7 月 23 日 B 公司提交书面仲裁申请，后经仲裁庭裁定：B 公司与 A 公司之间的 SF06610 合同已经成立并生效，双方应按照合同的约定履行。

从上例中我们可以发现，B 公司虽对发价载有添加、限制或其他更改的答复，但所载的添加或不同条件并未在实质上变更该项发价的条件，仍构成接受。

（资料来源：http://www.lawyee.net/Case）

本任务中，买卖双方应充分认识交易磋商各环节的确切含义，掌握合同成立的条件，为将来履约打下基础。

概念点击

询盘：也叫询价，是指买方为了购买或卖方为了销售货物，向卖方或买方发出一项有交易条件的询问。

发盘：买方或卖方向对方提出各项交易条件，并愿意按照这些条件达成交易、订立合同的一种肯定的表示，法律上称为要约，业务上叫发盘、发价或报盘、报价。

还盘：又称还价，指受盘人收到发盘，对其中的某个或某些交易条件不完全同意而提出修改或变更的表示，法律上将其视为新的要约。

接受：在法律上称"承诺"，是买方或卖方对对方在发盘中提出的各项交易条件，表示完全的、无保留的和无条件的同意的表示。

 **任务完成**

交易磋商是买卖双方为买卖商品，对交易的各项条件进行协商以达成交易的过程，通常称为谈判，是国际货物买卖的交易程序中一个十分重要的环节，也是签订合同的基础。

一、交易磋商的形式

交易磋商的形式可分为口头磋商和书面磋商两种。

口头磋商是交易双方面对面的磋商，包括委托驻外机构、海外企业代为在当地面对面的洽谈，通过电话洽谈、谈判桌上谈判、派出贸易工作组、参加交易会、博览会、洽谈会、展销会、邀请客户来访等方式。书面磋商是交易双方通过信件、电报、电传、电子邮件等工具进行的函电洽商。

二、交易磋商的内容

国际贸易不同于国内贸易，在洽商交易时，一般都看不到全部商品，这就要求双方必须进行具体洽商，磋商的内容就是交易的条件。通常情况下有 12 项：品质条件，数量条件，包装条件，价格条件，支付条件，装运条件，保险条件，商检条件，索赔条件，仲裁条件，不可抗力条件和法律选择条件，其中前 6 项为主要交易条件，后面 6 项为一般交易条件。

主要交易条件是买卖双方达成交易、订立合同不可缺少的，买卖双方必须就这六项交易条件取得一致意见。至于其他交易条件，特别是索赔、不可抗力和仲裁，虽非成立合同所不可缺少内容，但为提高合同质量，防止和减少争议的发生，买卖双方在交易磋商时也不容忽视。

拓展阅读

为了方便，交易条件大都印在由进口商或出口商自行设计和印制的销售合同或购货合同的背面或正面的下部。有的则将其拟订的交易条件单独印制成文，以供分发给可能与之交易的客户之用。

通过双方的磋商和确认可以使拟订的交易条件适用于日后所订立的所有合同。在磋商具体交易时，也可以对交易条件中的规定作变更或提出与交易条件不同的条件。在此情况下，双方在具体交易中洽商同意的条件，其效力将超越交易条件中所规定的条件。

三、交易磋商的程序

交易磋商的程序可概括为四个环节：询盘、发盘、还盘和接受，其中发盘和接受是必不可少的两个基本环节。

(一)询盘(Inquiry)

询盘的内容可以是只询问价格，也可询问其他一项或几项交易条件，要求对方向自己做出回答。如果发出询盘的一方，只是想探询价格，并希望对方开出估价单，则对方根据询价要求所开出的估价单，只是参考价格，它并不是正式的报价。询盘采用的主要词句："Please advise..."、"Please quote..."或"Please offer..."等。

1. 邀请发盘

买方发出的询盘，习惯上叫"邀请发盘"，如："中国松香 ww 级 100 公吨，8 月份装船，请报

CIF 安特卫普价"（Please offer Chinese rosin ww grade 100 M/T August shipment CIF Antwerp）。

2. 邀请递盘

由卖方发出的询盘，习惯上叫"邀请递盘"，如："可供中国松香 ww 级，8、9 月份装船，请递实盘"（We can supply Chinese rosin ww grade shipment Aug. /sep. please firm bid）。

询盘对于询盘人和被询盘人均无法律上的约束力，而且不是交易磋商的必经步骤。但是它往往是一笔交易的起点，所以作为被询盘的一方，应对接到的询盘给予重视，并作及时和适当的处理。

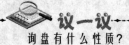

议一议

询盘有什么性质？

询盘是交易洽商的第一步，但在法律上是一种要约邀请，对双方均无约束力。询盘的内容不只限于价格，可以兼询商品的规格、质量、包装和交货期等。买方询盘后，无必须购买的义务，卖方也无必须出售的责任。但在商业习惯上，卖方都会根据询盘尽快答复。不过，如果一笔交易从询盘开始，经过双方洽商，最后达成交易，询盘将是全部成交文件的组成部分。当双方发生贸易纠纷时，询盘的内容可能成为确定双方某项责任的依据。

（二）发盘（Offer）

国际贸易实务中常见由买方询盘后，卖方发盘，但也可以不经过询盘而直接发盘。

1. 发盘的构成条件

一项法律上有效的发盘，须具备以下四个条件：

（1）发盘是向一个（或几个）特定受盘人提出的订立合同的建议。发盘人发盘时必须指明收受该项发盘的公司、企业或个人的名称或姓名。提出此项要求的目的在于把发盘同普通的商业广告、公众散发的商品价目单等行为区别开来。对发盘问题，各国法律规定不一。《联合国国际货物销售合同公约》对此问题持折中的态度。该公约规定："非向一个或一个以上特定的人提出建议，仅应视为为邀请提出发盘，除非提出建议的人明确表示相反的意向。"根据此项规定，商业广告本来并不是一项发盘，通常只能视为邀请对方提出发盘。但是如商业广告的内容符合发盘的条件，则此广告也可作为一项发盘。

（2）发盘的内容必须十分确定。《公约》认为"一个发盘如果明确货物，并且明示或暗示地规定数量和价格或规定如何确定数量和价格，即为十分确定"。在实际业务中，如发盘的交易条件太少或过于简单，会给合同的履行带来困难，甚至容易引起争议。因此，我们在对外发盘时，最好将品名、品质、数量、包装、价格、交货时间、地点和支付办法等主要交易条件一一列明。一旦受盘人接受，合同即告成立。如果内容不确定，即使对方接受，也不能构成合同成立。

（3）必须表明发盘人受其约束。发盘的目的是同对方订立合同，因而，一项发盘必须明示或暗示地表明当受盘人做出接受时发盘人承受发盘内容约束的意旨。即发盘人承担按发盘的条件与受盘人订立合同的责任。如发盘人只是就某些交易条件同对方进行洽商，而根本没有受其建议约束的意思，则此项建议就不能被认为是一项发盘。例如，发盘人在其提出的订约建议中加注诸如，"仅供参考"，"须以发盘人的最后确认为准"或其他保留条件，这样订约的建议就不是发盘而应视为邀请或询盘。

（4）送达受盘人。《公约》规定："发盘与送达受盘人时生效"，因此，发盘后送达受盘人视为有效。如果载有发盘的信件或电传在传递过程中遗失，未能送达受盘人，则该发盘不生效。

一项发盘必须同时具备以上四项条件，才能构成法律上的发盘。如果缺少了一项或多项，不能构成有效发盘，只能是邀请发盘或发盘的邀请，对发盘人没有约束力。

拓展阅读

发盘的种类

发盘分为两种：一种是有约束力的发盘，习惯叫实盘；另一种是无约束力的发盘，习惯叫虚盘，即无约束力的发盘。凡是不具备实盘基本要求的，都是虚盘。在西方各国法律中规定，实盘属于要约性质，故对发盘人具有法律的约束力。而虚盘仅仅是一种"洽商的邀请"，故对发盘人不具约束力。

但在《国际货物销售合同公约》中没有虚盘的概念，也不采用实盘的名称。业务上通常应发实盘，有时灵活运用，也可发虚盘或要求对方递盘。发实盘或虚盘都有利也有弊，不要绝对化，要针对不同的市场和受盘人的特点来灵活掌握，舍其不利一面防止出漏洞。运用时要服从政策需要，要讲究策略，采用虚实结合，或以虚带实，把市场情况摸准摸透，然后再发实盘，争取较有利的条件成交。在我国的外贸实际工作中，规定一项法律上有效的发盘至少应列明六项主要交易条件：货物的品质（质量）、数量、包装、价格、交货和支付条件。

2. 发盘的有效期

在通常的情况下，发盘都具体的规定一个有效期，作为对方表示接受的时间限制，超过发盘规定时限，发盘人即不受约束。当发盘未具体列明有效期时，受盘人应在合理时间内接受才能有效。何谓"合理时间"则需根据具体情况而定。发盘人对发盘的有效期可作明确规定，也可不作明确规定。在实际业务中，发盘有效期的规定方法有下列几种：

（1）规定最迟接受期限，如 THIS OFFER SUBJECT TO REPLY BEFORE MONDAY（发盘限星期一之前复）；OFFER SUBJECT REPLY REACHING HERE FIFTEENTH（发盘限 15 日复到有效）等。

（2）规定一段接受时间，例如 OFFER VALID FIVE DAYS（发盘有效期为 5 天），或 OFFER REPLY IN TEN DAYS（发盘限 10 天内复）。采取此类规定方法关于期限的计算，按《联合国国际货物销售合同公约》规定这个期限应从电报交发时刻或信上载明的发信日期起算，如信上未载明发信日期，则由发盘人送达受盘人时起算。如果由于时限的最后一天在发盘人营业地是正式假日或非营业日，则应顺延至下一个营业日。

（3）发盘中不明确规定有效期。例如，OFFER...REPLY（复）；OFFER...CABLE REPLY（电复）；OFFER...REPLY IMMEDIATELY（速复）；OFFER...REPLY AS SOON AS POSSIBLE（尽快答复）发盘中倘若未规定具体时间，应在合理时间内有效。而合理时间究竟有多长，各国法律并无明确规定，要依据发盘的方式、货物的行情等去掌握。然而究竟理解的多长为宜，是很难掌握的，往往造成双方的争议。在实际业务中，为了避免不必要的麻烦，发盘人应在发盘时对有效期做出明确的规定。

此外当发盘规定有效期时，还应考虑交易双方营业地点不同产生时差问题。

拓展阅读

接受生效的日期

在接受函电生效日期方面，《普通法》又称《英美法》国家规定，受盘人只要在规定期限内，接受函电一经投邮发出，即书信投入邮局信箱，电报交到电报局发出就有效。这叫"投邮主义"。普通法体系以英国和美国为代表，包括如：加拿大、澳大利亚、新西兰、爱尔兰、印度、巴基斯坦、马来西亚、新加坡等国和中国香港地区等。

《大陆法》国家规定，受盘人必须在规定期限内，将接受函电送到发盘人支配范围为有效，一般指送到受盘人的营业地点或经常居住地点，不一定要求送到受盘人之手。这叫"到达主义"。大陆法体系包括法国、德国、瑞士、意大利、奥地利、比利时、卢森堡、荷兰、西班牙、葡萄牙等国。

由于国际上存在上述两种不同的规定，为避免发生纠纷，我国发盘时一般明确规定以收到接受函电的时间为准。另外由于国际时差的原因，对大宗商品，或价格波动较大的商品的发盘，要明确规定以发盘人当地时间计算，即"我方时间"为准。如"我方时间 8 日收到有效"。

3. 发盘的撤回和撤销

发盘人在发盘后，由于市场行情的突变，或由于其他某种原因，使发盘人不愿意承担按发盘条件与受盘人订立合同的责任。这种情况下，发盘人有权在一定条件下撤回发盘和撤销发盘。

发盘的撤回，指发盘人将尚未为受盘人收到的发盘予以取消的行为。这一规定是建立在发盘尚未生效的基础上，对一项尚未被收到还未生效的发盘，原定的受盘人无权向发盘人提出任何主张。撤回的实质是阻止发盘生效，但发盘人只有以更快的方式使撤回的通知赶在发盘到达受盘人之前送达或者与之同时到达，才可将发盘撤回。这一规定是因为发盘到达受盘人之前对发盘人是没有约束力的。一旦发盘生效，发盘人再想改变主意，就不是撤回的问题，而是撤销的问题了。

发盘的撤销是指发盘人将已经为受盘人收到的发盘予以取消的行为。对于一项已送达受盘人的发盘是否可予以撤销，其关键在于，一项已生效的发盘对发盘人是否具有约束力。对此，大陆法和英美法的规定存在较大差异。

📖 **拓展阅读**

发盘的撤销

《联合国国际货物销售合同公约》对大陆法和英美法在此问题上的分歧，进行了协调，并做出折中的规定：受盘人收到的发盘，如果撤销的通知在受盘人发出接受通知前送达受盘人，可予以撤销。但是，在下列情况下不得撤销：①发盘人是以规定有效期或以其他方式表明为不可撤销的。②如受盘人有理由信赖该项发盘是不可撤销的，并已本着对该发盘的信赖采取了准备履约的行动。以上规定，在实质上是倾向于已为受盘人收到的发盘人收到的发盘基本上是不得撤销的。因此，在外贸实践中，对外发盘时，必须认真、审慎，以免造成难以挽回的损失。

4. 发盘的终止

发盘法律效力的消失就是发盘的终止。关于发盘效力终止的原因，一般有下列几个方面：

(1)受盘人未在有效期内接受，或虽未规定有效期，但在合理时间内未被接受，则发盘的效力即告终止。

(2)发盘被发盘人依法撤回或撤销。

(3)被受盘人拒绝或还盘之后，即拒绝或还盘通知送达发盘人时，发盘的效力即告终止。

(4)发盘人发盘之后，发生了不可抗力事故，如战争、自然灾害、政府禁令、发盘人死亡等，在此情况下，按出现不可抗力可免除责任的一般原则，发盘的效力即告终止。

(5)发盘人或受盘人在发盘被接受前丧失行为能力，如得精神病等，则该发盘的效力也可终止。

(三)还盘(Counter Offer)

还盘是对发盘条件进行添加，限制或其他更改的答复。对发盘表示有条件的接受，也是还盘

 **议一议**

如何区别发盘和发盘邀请？

发盘是一项肯定的订约建议，它具备构成发盘的四项条件，特别是"表明订立合同的意旨"和"内容十分确定"这两项条件。而发盘的邀请则是一项不肯定的订约建议。它不具备构成发盘所必需的四项条件，特别是它不具备前述两项条件。

发盘邀请也可向一个或一个以上的特定的人做出，并送达对方，但做出发盘邀请的一方不承担与对方订立合同的确定责任，即使对方立即无条件同意发盘的邀请中所提出的全部条件。发盘邀请的内容也不是"十分确定"的，它所含的交易条件可能是不完整的，或者是不明确的，或者即使是完整和明确的，却不是终局的。此外，对发盘的邀请不应规定有效期，否则，有可能被视作发盘处理。

的一种形式。例如，受盘人在答复发盘人时附加有"以最后确认为准"、"未售有效"等规定或类似的附加条件。受盘人的答复，如果在实质上变更了发盘条件，就构成对发盘的拒绝，其法律后果是否定了原发盘，原发盘即告失效，原发盘人就不再受其约束。根据《联合国国际货物销售合同公约》的规定，受盘人对货物的价格、付款、品质、数量、交货时间、地点、违约赔偿责任的范围或解决争端的办法等条件提出的添加或更改，均作实质性变更发盘条件。

还盘并不是交易洽商的必经环节，也就是说交易的达成可以不经过还盘这一环节，然而在实际业务中，一项交易往往都要经过还盘，甚至需经多次还盘才能最后达成协议，订立合同。

还盘的法律后果是对发盘的拒绝和受盘人向对方做新的发盘。还盘做出后，还盘人由原来的受盘人变成新发盘人，原发盘人就成为新的受盘人，他有对新发盘做接受、拒绝或再还盘的权利。

在通常情况下，还盘的内容，是比较简单的。

例1，"5日电，还盘CFR价212英镑，10日复到有效。"(5th Counter offer CFR GBP212 reply here 10th)

例2，"6日电可接受，但10月份装船，电复。"(6th acceptable but shipment October Cable reply)

原发盘人如果不能完全同意受盘人的还盘，也可以再还盘，如此反复洽商，直至对各项条件完全同意时，再表示接受，一经接受这笔交易即告达成。

 议一议

发盘人接到对方还盘，通常会采用哪些处理方法？

发盘人接到对方还盘，通常采用三种方法处理：①坚持原来的发盘，但可延长发盘的有效期，让对方再考虑。②再还盘，作为一个新的发盘。③接受或停止继续洽商。

(四)接受(Acceptance)

发盘一经接受，合同便告成立，发盘人和受盘人任何一方都不得任意更改或撤销。做出接受的一方，可以是买方，也可以是卖方。

按照《国际货物销售合同公约》的规定，受盘人以做出声明或以其他行为对某一项发盘表示同意，即为接受。接受必须用声明或行为表示出来。声明包括口头和书面两种方式。一般发盘人若以口头发盘，受盘人即以口头表示接受；发盘人如果以书面形式发盘，受盘人也以书面形式表示接受。如果受盘人收到发盘后，对发盘人不做出任何反应，而只是保持缄默，这就不能认为是对发盘表示接受。因为从法律责任来看，受盘人一般并不承担对发盘必须进行答复的义务。但也有例外，假定交易双方有协议或按惯例和习惯做法，受盘人的缄默也可变成接受，如交易双方均为老客户。根据原协定协议、惯例或习惯做法，几年来卖方一直按定期订货单发货，并不需要另行通知对方，表示接受其订货单，若有一次卖方收到买方订货单后，既不发货也不通知买方表示拒绝其订货单，在此情况下卖方的缄默就可视为接受，若卖方不履行合同则买方就可以主张卖方的违约。

1. 构成有效接受应具备的条件

(1)接受必须由合法的受盘人做出。发盘人是向特定的人提出的，因此只有特定的人才能对发盘人做出接受，由第三者做出接受，不能视为有效接受，只能作为一项新的发盘。

(2)接受必须是同意发盘所提出的交易条件。根据《联合国国际货物销售合同公约》的规定，一项有效的接受必须是同意发盘所提出的交易条件，只能接受发盘部分内容，或对发盘条件提出实质性的修改，或提出有条件接受，均不能构成接受，而只视作还盘；但若受盘人表示接受时对发盘内容提出某些非实质性的添加、限制和更改，比如要求增加重量单、装箱单、原产地证明或某些单据的份数等，除非发盘人在不过分迟延的时间内表示反对其中的差异外，仍可构成有效的接受，从而使合同成立。在此情况下，合同的条件就以该发盘条件以及接受中所提出的某些更改为准。

(3)接受必须在发盘规定的时限内做出。当发盘规定了接受的时限时，受盘人必须在发盘规定的时限内做出接受，方能有效。如发盘没有规定接受时限，则受盘人应在合理的时间表示接受，何谓"合理时间"往往有不同的理解。为了避免争议，最好在发盘中明确的规定接受的具体时限。

(4)接受的传递方式应符合发盘的要求，发盘人在发盘时，有的具体规定接受传递的方式，也有未作规定的，如发盘没有规定传递方式，则受盘人可按发盘所采用的或更快的传递的方式将接受通知送达发盘人。

2. 接受生效的时间

接受是一种法律行为，这种法律行为何时生效，各国法律有不同的规定，英美法与大陆法存在着严重的分歧。英美法采用的投邮生效原则，即接受通知一经发出如投出或交给电报局，就立即生效；大陆法则采用送达生效的原则，即接受通知必须送达发盘人时才能生效。《联合国国际货物销售合同公约》对这个问题基本上采取大陆法的立场。该《公约》明确规定，接受送达发盘人时生效。如接受通知未在发盘规定时限内送达发盘人，或者发盘没有规定时限，而在合理的规定时间未曾送达发盘人，则该项接受称作逾期接受，按各国法律规定逾期接受不是有效的接受。由此可见，接受时间对双方当事人都很重要。

此外接受还可以在受盘人采取某种行为时生效。按《公约》规定，如根据发盘或依照当事人业已确定的习惯做法或惯例，受盘人可以做出某种行为来表示接受，而不必向发盘人发出接受通知。例如，发盘人在发盘中要求"立即装运"，则受盘人就可做出立即发运货物的行为对发盘表示同意，而且这种以行为表示的接受在装运货物时立即生效，合同即告成立，发盘人就应受其约束。

3. 逾期接受

逾期接受又称迟到接受，虽然各国法律一般都认为逾期接受无效，它只能视作一个新的发盘，但《联合国国际货物销售合同公约》却对这个问题作了灵活的处理。按该《公约》规定，只要发盘人毫不迟延地用口头或书面通知受盘人，认为该项逾期的接受可以有效，愿意承受逾期接受的约束，合同仍可于接受通知送达发盘人时立即成立。如果发盘人对逾期的接受表示拒绝或不立即向发盘人发出上述通知，则该项逾期接受就无效，合同就不能成立。该《公约》还规定，如果载有逾期接受的信件或其他书面文件显示，依照当地寄发情况，只要传递正常，它本应是能够及时送达发盘人的，则此项逾期的接受应当有效，合同于接受通知送达发盘人时订立，除非发盘人毫不迟延地用口头或书面的通知，通知受盘人认为他的发盘因逾期接受而失败。上述表明，逾期接受是否有效，关键要看发盘人如何表态。

4. 接受撤回或修改

在接受撤回或修改的问题上，《联合国国际货物销售合同公约》采取了大陆法送达生效的原则，该《公约》规定，"接受予以撤回，如果撤回通知于原接受生效之前送达发盘人，"由于接受送达发盘人时始产生法律效力，故撤回或修改通知，只要先于原接受通知或与原接受通知同时送达发盘人，则接受可以撤回或修改，如接受已送达发盘人，即接受一旦生效，合同即告成立，就不得撤回或修改其内容，因这样做，无异于撤销或修改合同。

议一议

在出口业务中，由我们表示接受时和由国外客户表示接受时，分别应注意哪些问题？

在出口业务中，由我们表示接受时应注意：第一，要分析对方的递盘（或订单、或还盘），是实盘还是虚盘。如发现有不清晰或模糊的地方，就不能接受或确认，要进一步订正。

第二，在表示接受之前，应对来往洽商的函电或洽谈记录认真核对，认为各项主要交易条件已明确无误，才能对外表示接受。

第三，我们对外表示接受，必须在对方来盘规定的有效期限以内，并严格遵守有关时间的计算方法。如过期接受，将遭到对方拒绝。

在出口业务中，由国外客户表示接受时应：①要认真分析对方的接受，是正当接受，还是还盘。如是正当接受，交易即达成；如是还盘性质，可以继续洽商或停止洽商。当收到有保留的接受之后完全缄默，在业务上是不妥当的。②在对方表示接受我方实盘时，如市场突然发生价格上涨，我们仍应同客户达成交易，订立合同，遵守"重合同，守信用"的原则。但如对方接受不适当，我们也应坚持原则，据理力争，拒绝成交。③在对方接受时，如对各项主要交易条件完全同意，但在次要事项上提出一些意见，如单据的种类和份数、寄送装船小样、装船唛头等内容。按照国际贸易习惯，一般认为这种表示仍属接受性质，但我们也有权不同意对方的不合理的补充意见，只要对方不坚持，我们仍然有承担订立合同的责任。

以上四个环节是交易洽商的一般程序。实际业务中，有时要还盘，再还盘，反复洽商才达成交易，有的只需发盘和接受两个环节就可达成交易。因此，发盘和接受，是合同成立的两个必不可少的环节。

【典型实例】

我国某公司应荷兰某商人请求，报出某初级产品200公吨，每公吨CIF鹿特丹人民币1950元，即期装运的实盘，对方接到我方报盘后，没有作出承诺，而再三请求我方增加数量，降低价格，并延长期限，我方曾将数量增至300公吨，价格每公吨CIF鹿特丹减至人民币1900元，期限两次延长，最后延至7月25日，荷商于7月22日来电接受该盘，但附加的包装条件为"需提供良好适合海洋运输的袋装"，我方在接到对方承诺电报时复电称："由于世界市场的变化，货物在接到承诺电报前已售出。"但对方不同意这一说法，认为承诺在要约有效期内做出，因而是有效的，坚持要求我方按要约的条件履行合同。最终我方以承认合同已成立而告结束，从而使我方损失23万元。

（资料来源：http://www.148—law.com/trade/typical2.html）

【简评】本案的焦点问题在于荷兰方面对我方公司的实盘附加了包装条件，中方应已外方对承诺附加了实质性修改条件为由，否认承诺的有效性，主张还盘的构成。而中方对该还盘又未予以承诺，合同因此不能成立。中方由此可解除一切责任，合法地解除合同。但在该案中，由于中方人员缺乏外贸业务的法律知识，未能抓住要害和关键点。以市场价格变动为由撤回要约的理由缺乏说服力，自然就显得牵强乏力，以至于坐失良机，在争议中完全处于被动地位，使财产遭受损失。

任务二　进出口合同的签订

任务描述

　　4 月 4 日，香港 C 公司向我 F 公司在港的代理商 S 公司发来出售鱼粉的实盘，并规定于当天下午 5 时前答复有效。当天，S 公司与我在北京的 F 公司联系后，将 F 公司的意见以传真转告 C 公司，要求 C 公司将价格每公吨从 483 美元减至当时国际市场价每公吨 480 美元，同时对索赔条款提出了修改意见，并随附 F 公司提议的中国惯用的索赔条款，并明确指出："以上两点如同意，请速告知，并可签约"。

　　4 月 5 日，香港 C 公司与 F 公司直接通过电话协商，双方各作了让步，F 公司同意接受每公吨 483 美元的价格，但坚持修改索赔条款。结果，C 公司也同意了对这一条款的修改。至此，双方口头上达成了一致意见。

　　4 月 22 日，香港 C 公司副总裁来广交会会见了 F 公司部门经理，并交给他 C 公司已签了字的合同文本。该经理表示要审阅后再签字。4 月 26 日，当 C 公司派人去取该合同时，F 公司的部门经理仍未签字。C 公司副总裁随即指示该被派去的人将 F 公司仍未签字的合同索回。

　　5 月 2 日，C 公司致电传给 F 公司，重申了双方 4 月 7 日来往电传的内容，并谈了在广交会期间双方接触的情况，声称要对 F 公司不执行合同，未按合同条款规定开出信用证所造成 C 公司的损失提出索赔要求，除非 F 公司在 24 小时内保证履行其义务……

　　这是一起关于合同是否成立的纠纷案，从上述概要介绍中，可以看出案情并不是很复杂，双方争论的焦点主要集中在合同是否成立的问题上，也就是合同成立的形式要件上的差异引起的。

　　　　　　　　　　　　　　　　　　　　　　　　　（资料来源：http://www.docin.com）

概念点击

　　合同的变更：是指在合同有效期内，基于一定的法律事实而改变合同的法律行为。

　　合同的解除：是指在合同期限尚未届满前，合同一方当事人按照法律或者约定行使解除权，提前终止合同效力的法律行为。

　　合同的终止：是指在合同的有效期内，由于一定事由的发生，使其失效或效力终止。

任务完成

　　在国际贸易中，买卖双方就交易条件经过多次磋商后，当一方所做的发盘为另一方接受时，合同即告成立。

一、合同成立的时间

　　在国际贸易中，合同何时成立是一个十分重要的问题。根据《联合国国际货物销售合同公约》

的规定，接受送达发盘人时生效。接受生效的时间，实际上就是合同成立的时间，合同一经成立买卖双方即存在合同关系，彼此就应受合同的约束。

在实际业务中，有时双方当事人在洽商交易时约定合同成立的时间，以签约时合同上所写明的日期为准，或以收到对方确认合同的日期为准。在这两种情况下，双方的合同关系即在签订正式书面合同时成立。

此外，根据我国法律和行政法规规定，应当办理批准、登记的合同，在办理批准、登记后，方为合同成立。

二、合同成立的有效条件

买卖双方就各项交易条件达成协议后，并不意味着此项合同一定有效。根据各国合同法规定，一项合同，除买卖双方就交易条件通过发盘和接受达成协议外，还需具备下列有效条件，才是一项有法律约束力的合同。

(一)当事人必须具有签订合同的行为能力

签订买卖合同的当事人主要有自然人或法人。按各国法律的一般规定，自然人签订合同的行为能力，是指精神正常的成年人才能订立合同，未成年人或精神病人订立合同必须受到限制。关于法人签订合同的行为能力，各国法律一般认为，法人必须通过其代理人，在法人的经营范围内签订合同，也就是说，越权的合同不能发生法律效力，根据我国法律规定，除对未成年人、精神病人签订合同的能力加以限制外，对某些合同的签约主体还作了一定的限定。例如，规定只有取得对外贸易经营权的企业或其他经济组织，才能签订对外贸易合同；没有取得对外贸易经营权的企业或组织，如签订对外贸易合同，必须委托有对外贸易经营权的企业代理进行。

(二)合同必须有对价或约因

所谓对价，即指当事人为了取得合同利益所付出的代价，这是英美法中的概念。对价也即合同当事人之间所提供的相互给付，买方支付和卖方交货就是买卖双方的"相互给付"，这就是买卖合同的"对价"。所谓约因，即指当事人签订合同所追求的直接目的，这是法国法的概念。按照英美法和法国法的规定，合同只有在有对价或约因时，才是法律上有效的合同，无对价或无约因的合同是得不到法律保障的。

(三)合同的标的和内容必须合法

许多国家对合同内容必须合法，往往从广义上解释，其中包括不得违反法律，不得违反公共秩序或公共政策以及不得违反善良风俗或道德等方面。我国《中华人民共和国合同法》规定，违反中华人民共和国法律或社会公共利益的合同无效。但是，合同中违反我国的法律或社会公共利益的条款，如经当事人协商同意予以取消或改正后，则不影响合同的效力。

(四)合同必须符合法律规定的形式

世界大多数国家，只对少数合同才要求必须按法律规定的特定形式订立，而对大多数合同，一般不在法律上规定应当采取的形式。《联合国国际货物销售合同公约》规定："销售合同无须以书面订立或书面证明，在形式上也不受其他条件的限制。销售合同可以用包括人证在内的人和方法证明。"但我国则不同，我国签订的涉外经济合同必须以书面方式订立，否则无效。我国在参加《联合国国际货物销售合同公约》时，对《公约》中关于销售合同可以采用任何形式订立的规定提出了保留条件，我国坚持国际买卖货物的订立、修改或终止必须采取书面形式，其中包括电报、电传。

(五)合同当事人在自愿和真实的基础上达成协议

各国法律都认为，合同当事人意思必须是真实的意思，才能成为一项有约束力的合同，否则这种合同无效或可以撤销。我国《中华人民共和国合同法》也明确规定："采取欺诈或者胁迫手段订立的合同，损害国家利益的无效。"

三、签订合同应注意的问题

(一)合同签约人的资格

国际货物买卖合同，一般是法人同法人之间的买卖合同，而且只有法人代表或法人的代理人才有权签订贸易合同。因此，如果签约人不具备签约资格，则所签的合同是不具备法律效力的。

(二)合同是否合法有效

合同应遵守有关法律或法令的规定，符合国际准则和国际惯例的要求。特别应注意合同标的物、合同内容等方面的准确无误和合同是否受到了来自胁迫与不正当的影响，这些都有可能造成合同无效。此外，合同中的各条款应衔接一致，如果自相矛盾也会造成合同无效。

议一议

我国进、出口商在签订贸易合同时应遵循怎样的指导思想？

答：买卖合同既是一个业务性文件，又是一个法律性文件；同时它又是签订运输、保险、支付等合同关系时考虑的基础。所以买卖合同不仅涉及合同当事人的关系，也必然涉及国家间的关系和利益。因此，对签订合同的要求是严格的。

1. 合同内容要体现政策精神。合同内容必须贯彻我国对外贸易的各项方针政策，特别是平等互利原则和国别地区政策。具体说来，有三点：

(1)在订合同条款时，要从实际出发，体现平等互利，公平合理的原则精神，既反对把一些片面维护对方利益的条款订入合同，同时，也决不把某些对方不愿意接受的条款强加于人，一定要坚持双方自愿的原则。

(2)对与我国签有贸易协定或支付协定的国家，合同条款必须符合贸易协定或支付协定的精神和具体办法。例如，对第三世界发展中国家，有的结算要通过银行双边结算，就不能要求以自由外汇支付。

(3)对于"国际贸易惯例"，应区别对待，灵活运用，只要不违背国家的政策和利益，就可以考虑使用。

2. 合同条款要明确、完备，并有一致性。

(1)"明确"是指权利、义务和责任要分明，合同的文字要简练、严谨、确切，切忌模棱两可，含糊不清的条文和语句，这是顺利执行合同和防止贸易纠纷的重要条件之一。

(2)"完备"是指对于主要的条款和规定，要做到无漏列错列。

(3)"一致性"是指合同是一个有机整体，各个条款之间应首尾呼应，前后衔接，保持一致，不要互相矛盾。

(三)合同内容必须具体明确、条款完善

合同中不能出现含糊不清、似是而非的词句，不能遗漏或忽略必要的条款内容，以免给履行合同造成困难，甚至导致合同无效而引起纠纷。因此合同内容要具体明确，还要措辞严谨。

(四)对方签退的合同要及时审核

通过函电成交时，如果由我方首先在合同上签字并将签字后的合同寄给对方，由对方签字后退给我方，对方在签字时有可能对合同的内容做出某些更改。因此对于对方签退的合同要及时审核，对于我方不能接受的内容要及时向对方表示拒绝。

四、合同的变更、解除和终止

(一)合同的变更

合同的变更不会影响当事人要求赔偿损失的权利，无论是在合同变更之前发生的损失，还是合同变更本身给当事人带来的损失。通常情况下，合同当事人对于变更的合同中对于上述损失的补救办法作出约定。另外，由于合同的变更同样是法律行为，所以要求与订立合同的时候一样，双方当事人也应当在法律地位平等的前提下，本着平等、自愿、互利、协商一致的原则对合同进行变更。

(二)合同的解除

当事人既然有订立合同的自由，当然也就有解除合同的自由。在英美法系中，广义上的合同解除是指合同终止的所有事项，包括合同的协议解除和因法定原因解除。合同的协议解除是指当事人双方协商一致，同意终止原合同项下的义务或以新的合同代替原来的合同。合同的协议解除主要包括：废除、更新、和解与清偿和弃权。合同因法律原因解除主要有债务人破产、诉讼时效的经过和修改等几种法律原因。而大陆法，尤其是法国法认为：合同的解除应该经过法院的判决，但是如果双方当事人在合同中订有明确的解除条款，就不需要向法院提出。在我国，《中华人民共和国合同法》明确规定："当事人协商一致可以解除合同。当事人一方要求解除的原因主要有：因不可抗力致使不能实现合同目的；在履行期限届满之前，当事人一方明确表示或者以自己的行为表明不履行主要债务；当事人一方迟延履行主要债务，经过催告后在合理期限内仍未履行；当事人一方迟延履行债务或者有其他违约行为致使不能实现合同目的以及法律规定的其他情形。一方主张解除合同，应当通知对方，合同自通知到达对方时解除。"

(三)合同的终止

合同终止的情况主要有：自然终止、判决终止、协议终止。自然终止是指已生效的合同因未发生法定或约定事由导致合同的法律效力当然地终止。判决终止是指因法院判决或仲裁机构裁决所导致的合同效力的终止。协议终止是指合同当事人双方协商一致同意的终止。总之，不论在上述哪种情况下合同的失效或者终止都意味着双方当事人所有相关关系从法律上归于消灭。

拓展阅读

我国《中华人民共和国合同法》第 44 条规定："合同依法成立，即具有法律约束力，当事人应当履行合同约定的义务，任何一方不得擅自变更或者解除合同。"但第 77 条又规定："当事人协商

一致，可以变更合同。"第 91 条还规定："双方协商同意终止合同"时，"合同即可终止。"第 96 条还规定："变更或者解除合同应当通知对方，通知自到达对方时失效。"

按照《联合国国际货物销售合同公约》第 29 条第一款规定："合同只需双方当事人协议、就可更改或终止。"同条第 2 款还规定"任何更改或根据协议终止必须以书面做出的书面合同，不得以任何其他方式更改或根据协议终止。但是，一方当事人的行为，如经另一方当事人寄以依赖，就不得坚持此项规定。"很明显，《联合国国际货物销售合同公约》的规定同《中华人民共和国合同法》的规定，在合同可否修改问题上的意见是完全一致的。

【典型实例】

2007 年 1 月，我国江苏省某五金化工进出口公司（以下简称"五金化公司"）与日本某综合商社（以下简称"综合商社"）在北京订了进口日本某产品 3000 公吨的合同，每公吨 CIF 连云港 2000 美元，2007 年 10 月交货。2007 年 6 月，因生产计划变化，五金化公司拟减少进口数量，遂与综合商社在北京的全权代理人协商，达成口头协议，将原合同进口数量减少至 2000 公吨，其他条款不变。综合商社在北京的全权代理人未将合同修改情况及时通知综合商社。2007 年 10 月，综合商社按原合同规定的数量发货，向五金化公司提供 3000 公吨的货物。五金化公司发现供货量与修改的口头协议不符，于是对多出部分的 1000 公吨拒收。因此发生纠纷。综合商社以五金化公司违反合同为由向中国江苏省高级人民法院起诉，请求法院判决五金化公司继续履行合同并赔偿损失。

【简评】这是一起关于合同是否成立的纠纷案。在国际贸易实践中，合同的成立，是在一方发出肯定的实盘，被另一方有效或正当接受之时，接受可以是口头的也可以是书面的。而双方签订书面合同与否并不影响到合同关系是否成立。

任务三　合同的履行

任务描述

美国哈迪公司以"FOB 里斯本"条件向英国庞德公司购买 300 吨葡萄牙松节油，而实际上该批货物由葡萄牙供货人供货，并规定由该供货人取得出口许可证。但当作为买方的美国船只到达里斯本港口时，葡萄牙政府拒绝签发货物发往东德的出口许可证，卖方船只由此未能装船。美方向英国上议院提起上诉。英国上议院判决，根据 FOB 合同规则，英国公司需承担未能装船的全部责任。英国庞德公司败诉。

（资料来源：http：//www.148—law.com/trade/typical2.html）

本案中，卖方英国公司与供货方葡萄牙商虽不在同一国家，但并不影响其承担在葡萄牙取得出口许可证的义务。卖方因未申请到出口许可证致使货物无法装船，已构成违约，应承担违约责任。本任务主要学习国际货物进出口合同履行的程序步骤。

任务完成

国际商品贸易合同经双方当事人的洽商签订以后，就应严格按照合同的规定履行。一份合同能否有效地履行，关键就在于买卖双方对该项合同的维护和遵守。

一、出口合同的履行

在出口业务中，大多数交易是按 CIF 条件和信用证支付方式成交，履行出口合同的环节，一般要经过：准备货物、落实信用证、安排装运和制单结汇等环节。即货、证、运、款四个基本环节。

(一)准备货物

交付货物是卖方最主要的义务，只有交付了货物，才谈得上移交单据和转移货物所有权，而做好备货工作就是为履行交货义务准备物质基础。在备货工作中，对应该重视以下几点。

1. 货物的品质必须与出口合同的规定相一致

卖方所交货物的实际品质低于合同规定 就是违约行为，高于合同规定，有时也会构成违约，关键在于是否对买方合同利益构成损害。

2. 货物的包装必须符合出口合同的规定

有的国家的法律把合同中的包装条款视为对货物说明的组成部分。卖方必须按照合同规定的包装方式交付货物。

3. 货物要适合通常的用途和特定的使用目的

按照国际贸易法律的一般规则，卖方所交货物还应按情况承担默示的合同责任，即适用通常的用途和适合特定的使用目的。

4. 货物的数量必须符合出口合同的规定

卖方按合同规定的数量交付货物是衡量买卖合同是否得到充分履行的标志，直接关系到买方预期利益的实现。

5. 货物备妥时间应与合同和信用证装运期限相适应

货物备妥的时间，必须适应出口合同与信用证规定的交货时间和装运期限，并结合运输条件进行妥善安排。为防止意外，一般还应留有余地。

6. 卖方对货物要有完全的所有权并不得侵犯他人权利

卖方对出售的货物应当拥有完全的所有权，并保证不侵犯他人的权利是卖方必须承担的又一项默示的合同义务。所谓不得侵犯他人的权利，主要是指不得侵犯他人的工业产权、其他的知识产权。

(二)落实信用证

落实信用证通常包括催证、审证和改证三项内容。

1. 催开信用证

在凭信用证支付的交易中，按时开立信用证本是买方必须履行的最重要的义务，但在实际业务中，由于种种原因，买方不按合同规定开证的情况时有发生，对此，为保证按时履行合同，提高履约率，我方有必要在适当的时候提醒和催促买方按合同规定开立信用证。

2. 审核信用证

开证银行的资信、信用证的各项内容，关系着收汇的安全。为了确保收汇安全，应立即对信用证进行认真的核对和审查。核对和审查信用证是否符合买卖合同的规定。

审证的主要内容一般有：支付货币；信用证金额；到期日、到期地点、交单期和最迟装运日期；转运和分批装运是否与合同规定相符；开证申请人和受益人；付款期限；保险条款是否与买卖合同的规定相符。信用证是否已经生效、有无保留或限制性条款；信用证的性质。

3. 修改信用证

修改信用证可由开证申请人主动提出，也可由受益人主动提出。经各方协商一致全部接受修改书后，修改方为有效。如由受益人提出要求修改，则应首先征得开证申请人同意，再由开证申请人按上述程序办理修改。改证的程序是：应由卖方直接向买方提出；即卖方→买方→开证行→通知行。

（三）安排装运

安排装运货物涉及托运、投保、报关、装运和发装运通知等工作。

1. 托运

出口企业委托外运机构向实际履行运输的企业办理出口货物的运输业务。

2. 投保

在履行需我方投保的出口合同时，按照买卖合同和信用证的规定向保险公司办理投保手续，以取得约定的保险单据。

3. 报关

进出口货物的收、发货人向海关申报，请求海关查验放行进出口货物的行为称为报关。出口报关是指出口人向海关申报出口，交验有关单据和证件，接受海关对货物的查验。在发货人缴清税款或提供担保后，经海关签印放行称为清关或称通关，它通常要经过申报、征税、查验、放行四个环节。

4. 装运

将出口清关的货物装上承运船舶。

5. 发装运通知

货物装船后，应及时向国外买方发出"装运通知"以便对方在某些贸易术语下及时办理保险、准备付款、赎单或办理保险，办理进口报关和接货手续。

出口合同履行应力求做到"货、证、船"三方面的有效衔接，保证按时交付和装运货物，保证出口合同得以顺利履行。

（四）制单结汇

货物装运后，出口企业应立即按照信用证的规定，正确缮制各种单据，并在信用证规定的交单到期日或以前，将各种单据和必要的凭证送交指定的银行办理要求付款、承兑或议付手续，并向银行进行结汇。对于出口单据，必须符合"正确、完整、及时、简明、整洁"的要求。

在以信用主方式结算货款的交易中，常用的出口单据有：汇票；商业发票；运输单据；保险单据；包装单据；产地证明书；检验证书；海关发票；其他单证。

二、进口合同的履行

目前，各国进口合同大多以 FOB 价格条件成交，以信用证方式结算货款。履行此类进口合同一般要经过：开立信用证、安排运输和保险、审单和付款、报关、检验、索赔等环节。

（一）信用证的开立和修改

订购合同中规定采用信用证支付方式，买方就要承担按时开出信用证的义务。

在合同规定的期限内向银行及时办理开证申请手续，申请开立信用证。信用证内容必须完整明确，不应罗列过多的细节。信用证开出后，如发现内容与开证申请书不符，或因情况发生变化或其他原因。需对信用证进行修改，应立即向开证行提出修改申请。

拓展阅读

我国外贸企业申请开证的一般做法

目前，我国外贸企业向银行申请开证的一般做法是：外贸企业作为开证申请人，要填写《开立不可撤销跟单信用证申请书》连同订购合同副本送交当地中国银行分行，要求中国银行按照合同和开证申请书的内容和要求开证。中国银行应对申请书的内容、申请人的资信、经营能力和有无外汇等情况进行审核，并以取得人民币保证或收取人民币保证金后，才可缮制信用证，对外寄发。

在我国进口业务中，作为开证行的中国银行对国外议付行转交来的卖方全套货运单据进行审核后，便将其送交外贸企业签收。外贸企业则要根据单证相符、单单相符的原则，在单证表面相符的条件下，于接到信用证规定的全套单据日起三个工作日内，通知银行办理对外付款或承兑。如因单证不符拒绝付款或承兑也应在三个工作日内，将全套单据退回银行，并注明拒付理由或原因。但是，在实际业务中，有时也可视不同情况，采用变通的解决办法。例如：同意改为货到检验后付款；凭受益人或议付行出具的担保书付款；由国外议付行通告发货人更正单据后再付款；等等。

（二）安排运输和保险

1. 租船、订舱及催装

买方应按照合同规定，保证及时配船。并将船名及预计到港日期通知卖方，以便卖方准备装货并督促对方按期装运。

2. 保险

进口企业负责向保险公司办理货物的运输保险。进口货物运输保险可以预约保险也可以逐笔投保。

（三）审单和付款

信用证方式结算货款，要求对方提交的单据完全符合信用证的条款。为此，必须认真做好审单工作。银行必须合理审慎地审核信用证规定的一切单据，以确定其表面上是否符合信用证条款。单据之间出现的表面上的彼此不一致不符点时，将被视为单据表面上与信用证条款不符。

收到单据后，开证行或保兑行必须仅以单据为依据来确定其是否表面上与信用证条款相符。如单据表面上与信用证不符，银行可以拒受单据。

（四）进口报关

进口货物的收货人或其代理人向海关交验有关单证，办理进口货物申报手续。除另有规定外，进口报关必须由海关准予注册登记的报关企业或者有权经营进口业务的企业负责办理，报关单位指派的报关员应是经海关培训并考核认可的人员。

进口货物报关需经过申报、查验、结关几个环节。进口货物的申报需填写"进口货物报关单"向海关申报，并向海关提供齐全、正确、有效的各种单据。

查验进口货物应在海关规定的时间和场所进行，即在海关监管区域内的仓库、场地进行。进口商在办完向海关申报，货物接受查验，缴纳关税后，由海关在货运单据上签字或盖章放行即结关。

(五)进口货物检验

在国际货物买卖中,买方应有合理机会对货物进行检验,以确定货物是否符合合同规定。在这个合理的机会对货物加以检验以前,不能认为买方已接受了货物。通过检验如发现货物与合同不符,买方有权要求损害赔直至拒收货物并要求损害赔偿,还可以要求以其他方式进行补救。因此,对货物进行检验是十分重要的。

(六)进口索赔

在进口业务中,如果出现卖方不履行或不完全履行合同规定的义务的情况,而使买方遭受损失而引起索赔,或货物由于在装卸、搬运和运输过程中使品质、数量、包装受到损害或由于自然原因致使货物受损,而需向有关责任方提出索赔。

拓展阅读

如何做好索赔工作?

做好进出口索赔工作,首先要分清责任,并且提供证据,实事求是地、合理地确定索赔金额,并在索赔有效期内提出,还要防止责任者推卸责任,导致索赔落空,或者借口少赔,使进口货物的损失得到相应的补偿。这不仅要求运输公司、进出口公司、保险公司、商检部门等各有关单位密切协作和配合,还要求做到检验结果正确,证据确凿,理由充分,责任明确,提出赔偿及时。这样才能使所受损失得到补偿。

【典型实例】

我国华东某公司以 CIF 术语于 2008 年 5 月从澳大利亚进口巧克力食品 2000 箱,以即期不可撤销信用证为支付方式,目的港为上海。货物从澳大利亚某港口装运后,出口商凭已装船清洁提单和投保一切险及战争险的保险单,向银行议付货款。货到上海港后,经我方公司复验后发现下列情况:①该批货物共有 8 个批号,抽查 16 箱,发现其中 2 个批号涉及 300 箱内含沙门氏细菌超过进口国的标准。②收货人是实收 1992 箱,短少 8 箱。③有 21 箱货物外表情况良好,但箱内货物共短少 85 公斤。试分析,进口商就以上损失情况应分别向谁索赔?并说明理由。

(资料来源:http://wlzy.aynu.edu.cn/jj/wlkc/gjmy/aljx/aljx11.html)

【简评】进口商常常因为货物的品质、数量、包装等不符合合同的规定,而需向有关方面提出索赔。根据造成损失原因的不同,进口索赔的对象主要有三个:即向卖方索赔、向轮船公司索赔和向保险公司索赔。进口索赔时,需要提供充足的证据。如证据不足、责任不明或与合同索赔条款不符,都有可能遭到理赔方的拒绝。在本案中,如果合同中已明确注明货物必须符合进口国的衡量标准,则货物由于不符合规定而导致的损失应由出口方赔偿,反之则应由进口方自行承担;对于收货时出现的数量短少问题,鉴于该案例中装船承运公司签发的是已装船清洁提单,因此短少的数量应由船公司负责,但如果已经投保了一般附加险,则可以以"偷窃提货不着险"向保险公司索赔;另外至于箱内货物的短少,由于船公司只负责审查货物外表情况是否良好,货物件数是否符合合同规定,其没有义务核实货物实质情况,所以货物内在瑕疵问题所导致的损失应向出口方索赔。

综合实训

1. 贸易磋商的内容和基本环节是什么？构成有效接受有哪些条件？

2. 什么是合同的终止？合同的终止有哪些形式？

3. 审核单证时，对不符点应如何处理？

4. 英国一家公司，卖给加拿大某公司一架飞机。卖方发电："确认售予你方××型飞机一架……请汇5000英镑"。买方复电："确认你方电报和我方购买××型飞机一架，条件按你方电报规定，……已汇交你方银行5000英镑，该款在交货前，由银行代你方保管……请确认在本电日期30天内交货"。可是卖方没有回电给买方，却以较高价格把飞机卖给了第三者，买方到法院告状，但法院认为，买卖双方不存在合同关系。

实训目标：

买卖合同的洽商。

组织实施：

学生选择不同公司分两组讨论。

操作提示：

询盘、发盘、还盘和接受的要点。

成果检测：

完成活动项目任务，两组分别展示，学生讨论，教师进行评价。

5. 我国某公司与某外商洽谈进口交易一宗，经往来电传磋商，就合同的主要条件全部达成协议，但在最后一次我方所发的表示接受的电传中列有"以签订确认书为准"。事后对方拟就合同草稿，要我方确认，但由于某些条款的措辞尚待进一步研究，故未及时给予答复。不久，该商品的国际市场价格下跌，外商催促我方开立信用，我方以合同尚未有效成立为由，拒绝开证。

实训目标：

合同的成立。

组织实施：

学生分组，讨论合同是否成立。

操作提示：

签订书面合同的意义。

成果检测：

完成活动项目任务，各组分别展示，学生讨论，教师进行评价。

6. 我国某出口公司与香港商人签订一份食品出口合同，价格条件为FOB上海。我国出口公司按香港商人要求将该批食品直运美国某港口，并通知美国某公司收货。香港公司按时开来信用证。我公司根据该信用证制单时，注意到了在发票上对食品的描述与信用证条款一致，但是否达到美国标准，由于没有检验手段，实际情况并不了解。货到美国后，经美国官方检查，抽样化验发现农药含量超标，被就地销毁。该美国公司随即凭官方文件向香港商人索赔；香港商人理赔后，要求银行向我方追索已付的信用证货款。

实训目标：

出口合同的履行。

组织实施：

学生分组讨论出口合同履行应注意的问题。

操作提示：

出口合同履行应遵循的基本原则。

成果检测：

完成活动项目任务，各组分别展示，学生讨论，教师进行评价。

附录一　国际贸易公约、惯例

国际贸易术语解释通则

(1999 年 7 月国际商会第六次修订，2000 年 1 月 1 日生效)

(节选)

《国际贸易术语解释通则》的宗旨和范围：

《国际贸易术语解释通则》(以下称 Incoterms)的宗旨是为国际贸易中最普遍使用的贸易术语提供一套解释的国际规则，以避免因各国不同解释而出现的不确定性，或至少在相当程度上减少这种不确定性。

合同双方当事人之间互不了解对方国家的贸易习惯的情况时常出现。这就会引起误解、争议和诉讼，从而浪费时间和费用。为了解决这些问题，国际商会(ICC)于 1936 年首次公布了一套解释贸易术语的国际规则，名为 Incoterms 1936，以后又于 1953 年、1967 年、1976 年、1980 年和 1990 年，现在则是在 2000 年版本中做出补充和修订，以便使这些规则适应当前国际贸易实践的发展。

2000 年国际贸易术语解释通则

EXW　工厂交货(……指定地点)

"工厂交货(……指定地点)"是指当卖方在其所在地或其他指定的地点(如工场、工厂或仓库)将货物交给买方处置时，即完成交货，卖方不办理出口清关手续或将货物装上任何运输工具。

该术语是卖方承当责任最小的术语。买方必须承当在卖方所在地受领货物的全部费用和风险。但是，若双方希望在起运时卖方负责装载货物并承当装载货物的全部费用和风险时，则须在销售合同中明确写明。在买方不能直接或间接的办理出口手续时，不应使用该术语，而应使用FCA，如果卖方同意装载货物并承当费用和风险的话。

A　卖方义务

B　买方义务

A1　提供符合合同规定的货物

卖方必须提供符合销售合同规定的货物和商业发票或有同等作用的电子讯息，以及合同可能要求的、证明货物符合合同规定的其他任何凭证。

B1　支付价款

买方必须按照销售合同规定支付价款。

A2　许可证、其他许可和手续

应买方要求并由其承当风险和费用，在需要办理海关手续时，卖方必须给予买方一切协助，以帮助买方取得为货物出口所需的出口许可证或其他官方许可。

B2　许可证、其他许可和手续

买方必须自担风险和费用，取得任何出口和进口许可证或其他官方许可，在需要办理海关手续时，并办理货物出口的一切海关手续。

A3　运输合同与保险合同

a)运输合同

无义务。

b)保险合同

无义务。

B3　运输合同与保险合同

a)运输合同

无义务。

b)保险合同

无义务。

A4　交货

卖方必须按照合同约定的日期或期限，或如果未约定日期或期限，按照交付此类货物的惯常时间，在指定的地点将未置于任何运输车辆上的货物交给买方处置。若在指定的地点内未约定具体交货点，或有若干个交货点可使用，则卖方可在交货地点中选择最适合其目的的交货点。

B4　受领货物

买方必须在卖方按照 A4 和 A7/B7 规定交货时受领货物。

A5　风险转移

除 B5 规定者外，卖方必须承担货物灭失或损坏的一切风险，直至已经按照 A4 规定交货为止。

B5　风险转移

买方必须按照下述规定承当货物灭失或损坏的一切风险：自按照 A4 规定交货之时起，且由于买方未能按照 B7 规定通知卖方，则自约定的交货日期或交货期限届满之日起，但以该项货物已正式划归合同项下，即清楚地划出或以其他方式确定为合同项下之货物为限。

A6　费用划分

除 B6 规定者外，卖方必须负担与货物有关的一切费用，直到已经按照 A4 规定交货为止。

B6　费用划分

买方必须支付：

＊ 自按照 A4 规定交货之时起与货物有关的一切费用；及

＊ 在货物交给买方处置而买方未受领货物或未按照 B7 规定给予卖方相应通知而发生的任何额外费用，但以该项货物已正式划归合同项下，即清楚地划出或以其他方式确定为合同项下之货物为限；

＊ 在需要办理海关手续时，货物出口应缴纳的一切关税、税款和其他费用，以及办理海关手续的费用。

买方必须偿付卖方按照 A2 规定给予协助时所发生的一切费用。

A7　通知买方

卖方必须给予买方有关货物将于何时何地交给买方处置的充分通知。

B7　通知卖方

一旦买方有权确定在约定的期限内受领货物的具体时间和/或地点时,买方必须就此给予卖方充分通知。

A8 交货凭证、运输单据或有同等作用的电子讯息

无义务。

B8 交货凭证、运输单据或有同等作用的电子讯息

买方必须向卖方提供已受领货物的适当凭证。

A9 查对、包装、标记

卖方必须支付为了将货物交给买方处置所需进行的查对费用(如查对货物品质、丈量、过磅、点数的费用)。

卖方必须自付费用提供按照卖方在订立合同前已知的有关该货物运输(如运输方式、目的地)所要求的包装(除非按照相关行业惯例,合同所指货物通常无须包装)。包装应作适当标记。

B9 货物检验

买方必须支付任何装运前检验的费用,包括出口国有关当局强制进行的检验。

A10 其他义务

应买方要求并由其承当风险和费用,卖方必须给予买方一切协助,以帮助其取得由交货地国和/或原产地国所签发或传送的为买方出口和/或进口货物可能要求的和必要时从他国过境所需要的任何单据或有同等作用的电子讯息。

应买方要求,卖方必须向买方提供投保所需的信息。

B10 其他义务

买方必须支付因取得 A10 所述单据或有同等作用的电子讯息而发生的一切费用,并偿付卖方给予协助时所发生的费用。

FCA 货交承运人(……指定地点)

"货交承运人(……指定地点)"是指卖方只要将货物在指定的地点交给买方指定的承运人,并办理了出口清关手续,即完成交货。需要说明的是,交货地点的选择对于在该地点装货和卸货的义务会产生影响。若卖方在其所在地交货,则卖方应负责装货,若卖方在任何其他地点交货,卖方不负责卸货。

该术语可用于各种运输方式,包括多式联运。

"承运人"指任何人在运输合同中,承诺通过铁路、公路、空运、海运、内河运输或上述运输的联合方式履行运输或委托他人履行运输。

若买方指定承运人以外的人领取货物,则当卖方将货物交给此人时,即视为已履行了交货义务。

A 卖方义务

B 买方义务

A1 提供符合合同规定的货物

卖方必须提供符合销售合同规定的货物和商业发票或有同等作用的电子讯息,以及合同可能要求的、证明货物符合合同规定的其他任何单据或凭证。

B1 支付价款

买方必须按照销售合同规定支付价款。

A2 许可证、其他许可和手续

卖方必须自担风险和费用,取得任何出口许可证或其他官方许可,并在需要办理海关手续时,

办理货物出口所需要的一切海关手续。

B2　许可证、其他许可和手续

买方必须自担风险和费用，取得任何进口许可证或其他官方许可，并在需要办理海关手续时，办理货物进口和从他国过境的一切海关手续。

A3　运输合同与保险合同

a)运输合同

无义务。但若买方要求，或者如果是商业惯例而买方未适时给予卖方相反指示，则卖方可按照通常条件订立运输合同，费用和风险由买方承当。在任何一种情况下，卖方都可以拒绝订立此合同；如果拒绝，则应立即通知买方。

b)保险合同

无义务。

B3　运输合同与保险合同

a)运输合同

买方必须自付费用订立自指定的地点运输货物的合同，卖方按照 A3a)订立了运输合同时除外。

b)保险合同

无义务。

A4　交货

卖方必须在指定的交货地点，在约定的交货日期或期限内，将货物交付给买方指定的承运人或其他收货人，或由卖方按照 A3a)选定的承运人或其他收货人。

交货在以下时候完成：

a)若指定的地点是卖方所在地，则当货物被装上买方指定的承运人或代表买方的其他人提供的运输工具时；

b)若指定的地点不是 a)而是其他任何地点，则当货物在卖方的运输工具上，尚未卸货而交给买方指定的承运人或其他人或由卖方按照 A3a)选定的承运人或其他人处置时。

若在指定的地点没有决定具体交货地点，且有几个具体交货点可供选择时，卖方可以在指定的地点选择最适合其目的的交货地点。

若买方没有明确指示，则卖方可以根据运输方式和/或货物的数量和/或性质将货物交付运输。

B4　受领货物

买方必须在卖方按照 A4 规定交货时，受领货物。

A5　风险转移

除 B5 规定者外，卖方必须承当货物毁损或灭失的一切风险，直至已经按照 A4 规定交货为止。

B5　风险转移

买方必须按照下述规定承当货物毁损或灭失的一切风险：

＊自按照 A4 规定交货之时起；及

＊由于买方未能按照 A4 规定指定承运人或其他人，或其指定的承运人或其他人未在约定时间接管货物，或买方未按照 B7 规定给予卖方相应通知，则自约定的交货日期或交货期限届满之日起，但以该项货物已正式划归合同项下，即清楚地划出或以其他方式确定为合同项下之货物为限。

A6　费用划分

除 B6 规定者外，卖方必须支付：

* 与货物有关的一切费用，直至已按照 A4 规定交货为止；及

* 在需要办理海关手续时，货物出口应办理的海关手续费用及出口应缴纳的一切关税、税款和其他费用。

B6　费用划分

买方必须支付：

* 自按照 A4 规定交货之时起与货物有关的一切费用；及

* 由于买方未能按照 A4 规定指定承运人或其他人或由于买方指定的人未在约定的时间内接管货物，或由于买方未按照 B7 规定给予卖方相应通知而发生的任何额外费用，但以该项货物已正式划归合同项下，即清楚地划出或以其他方式确定为合同项下之货物为限。

* 在需要办理海关手续时，货物进口应缴纳的一切关税、税款和其他费用，以及办理海关手续的费用及从他国过境的费用。

A7　通知买方

卖方必须给予买方说明货物已按照 A4 规定交付给承运人的充分通知。若在约定时间承运人未按照规定接收货物，则卖方必须相应地通知买方。

B7　通知卖方

买方必须就按照 A4 规定指定的人的名称给予卖方充分通知，并根据需要指明运输方式和向该指定的人交货的日期或期限，以及依情况在指定的地点内的具体交货地点。

A8　交货凭证、运输单据或有同等作用的电子讯息

卖方必须自担费用向买方提供证明按照 A4 规定交货的通常单据。

除非前项所述单据是运输单据；否则，应买方要求并由其承担风险和费用，卖方必须给予买方一切协助，以取得有关运输合同的运输单据（如可转让提单、不可转让海运单、内河运输单、空运单、铁路托运单、公路托运单或多式联运单据）。

如买卖双方约定使用电子方式通信，则前项所述单据可以使用具有同等作用的电子数据交换（EDI）讯息所替代。

B8　交货凭证、运输单据或有同等作用的电子讯息

买方必须接受按照 A8 规定提供的交货凭证。

A9　查对、包装、标记

卖方必须支付为了按照 A4 交货所需进行的查对费用（如核对货物品质、丈量、过磅、点数的费用）。

卖方必须自付费用提供按照卖方在订立销售合同前已知的有关该货物运输（如运输方式、目的地）所要求的包装（除非按照相关行业惯例，合同所述货物通常无须包装发运）。包装应作适当标记。

B9　货物检验

买方必须支付任何装运前检验的费用，但出口国有关当局强制进行的检验支付的费用除外。

A10　其他义务

应买方要求并由其承担风险和费用，卖方必须给予买方一切协助，以帮助买方取得由装运地国和/或原产地国所签发或传送的、为买方进口货物可能要求的和必要时从他国过境所需要的任何单据或具有同等作用的电子讯息（A8 所列的除外）。应买方要求，卖方必须向买方提供投保所需的信息。

B10　其他义务

买方必须支付因取得 A10 所述单据或电子讯息而发生的一切费用，并偿付卖方按照该价款给

予协助以及按照 A3a)订立运输合同所发生的费用。

当买方按照 A3a)规定要求卖方协助订立运输合同时，买方必须给予卖方相应的指示。

FAS 船边交货(……指定装运港)

"船边交货(……指定装运港)"是指卖方在指定的装运港将货物运交到船边，即完成交货。买方必须承担自那时起货物毁损或灭失的一切风险。

FAS 术语要求卖方办理出口清关手续。

这一点与以前版本的内容相反，以前版本要求买方安排办理出口手续。

但是，如当事方希望买方办理出口手续，需要在销售合同中明确写明。

该术语仅适用于海运或内河运输。

A 卖方义务

B 买方义务

A1 提供符合合同规定的货物

卖方必须提供符合销售合同规定的货物和商业发票或有同等作用的电子讯息，以及合同可能要求的、证明货物符合合同规定的其他任何凭证。

B1 支付价款

买方必须按照销售合同规定支付价款。

A2 许可证、其他许可和手续

卖方必须自担风险和费用，取得任何出口许可证或其他官方许可，并在需要办理海关手续时，办理货物出口所需的一切海关手续。

B2 许可证、其他许可和手续

买方必须自担风险和费用，取得任何进口许可证或其他官方许可，并在需要办理海关手续时，办理货物进口和从他国过境所需的一切海关手续。

A3 运输合同和保险合同

a)运输合同

无义务。

b)保险合同

无义务。

B3 运输合同和保险合同

a)运输合同

买方必须自付费用订立自指定的装运港运输货物的合同。

b)保险合同

无义务。

A4 交货

卖方必须在买方指定的装运港，在买方指定的装货地点，在约定的日期或期限内，按照该港习惯方式将货物交至买方指定的船边。

B4 受领货物

买方必须在卖方按照 A4 规定交货时受领货物。

A5 风险转移

除 B5 规定者外，卖方必须承担货物毁损或灭失的一切风险，直至已按照 A4 规定交货为止。

B5 风险转移

买方必须按照下述规定承担货物毁损或灭失的一切风险：

* 自按照 A4 规定交货时起；及

* 由于买方未按照 B7 规定通知卖方，或其指定的船只未按时到达，或未接收货物，或较按照 B7 通知的时间提早停止装货，则自约定的交货日期或期限届满时起，但以该项货物已划归合同项下，即明确保留或以其他方式确定为合同项下之货物为限。

A6　费用划分

除 B6 规定者外，卖方必须支付：

* 与货物有关的一切费用，直至已按照 A4 规定交货为止；及

* 在需要办理海关手续时，货物出口应办理的海关手续费用及应缴纳的关税、税款和其他费用。

B6　费用划分

买方必须支付：

* 按照 A4 规定交货时与货物有关的一切费用；及

* 由于买方指定的船只未按时到达，或未装载上述货物，或未按照 B7 通知的时间提早停止装货，或由于买方未按照 B7 规定给予卖方相应的通知而发生的任何额外费用，但以该项货物已正式划归合同项下，即清楚地划出或以其他方式确定为合同项下之货物为限；及

* 在需要办理海关手续时，货物进口应缴纳的一切关税、税款和其他费用，及办理海关手续的费用，以及从他国过境的费用。

A7　通知买方

卖方必须给予买方说明货物已交至指定的船边的充分通知。

B7　通知卖方

买方必须给予卖方有关船名、装船点和要求交货时间的充分通知。

A8　交货凭证、运输单据或有同等作用的电子讯息

卖方必须自付费用向买方提供证明按照 A4 规定交货的通常单据。

除非前项所述单据是运输单据，否则，应买方要求并由其承担风险和费用，卖方必须给予买方一切协助，以取得运输单据（如可转让提单、不可转让海运单、内河运输单据）。

如买卖双方约定使用电子方式通信，则前项所述单据可以使用有同等作用的电子数据交换（EDI）讯息替代。

B8　交货凭证、运输单据或有同等作用的电子讯息

买方必须接受按照 A8 规定提供的交货凭证。

A9　查对、包装、标记

卖方必须支付为按照 A4 交货所需进行的查对费用（如核对货物品质、丈量、过磅、点数的费用）。

卖方必须自付费用，提供按照卖方订立销售合同前已知的有关该货物运输（如运输方式、目的港）所要求的包装（除非按照相关行业惯例，合同所述货物无须包装发运）。包装应作适当标记。

B9　货物检验

买方必须支付任何装运前检验的费用，但出口国有关当局强制进行的检验支付的费用除外。

A10　其他义务

应买方要求并由其承当风险和费用，卖方必须给予买方一切协助，以帮助买方取得由装运地国和/或原产地国所签发或传送的、为买方进口货物可能要求的或从他国过境所需的任何单据或有同等作用的电子讯息（A8 所列的除外）。

应买方要求，卖方必须向买方提供投保所需的信息。

B10　其他义务

买方必须支付因获取 A10 所述单据或有同等作用的电子讯息所发生的一切费用，并偿付卖方因给予协助买方获得所述单据和电子讯息而发生的费用。

FOB　船上交货(……指定装运港)

"船上交货(……指定装运港)"是当货物在指定的装运港越过船舷，卖方即完成交货。这意味着买方必须从该点起承担货物灭失或损坏的一切风险。FOB 术语要求卖方办理货物出口清关手续。

该术语仅适用于海运或内河运输。如当事各方无意越过船舷交货，则应使用 FCA 术语。

A　卖方义务

B　买方义务

A1　提供符合合同规定的货物

卖方必须提供符合销售合同规定的货物和商业发票或有同等作用的电子讯息，以及合同可能要求的、证明货物符合合同规定的其他任何凭证。

B1　支付价款

买方必须按照销售合同规定支付价款。

A2　许可证、其他许可和手续

卖方必须自担风险和费用，取得任何出口许可证或其他官方许可，并在需要办理海关手续时，办理货物出口所需的一切海关手续。

B2　许可证、其他许可和手续

买方必须自担风险和费用，取得任何进口许可证或其他官方许可，并在需要办理海关手续时，办理货物进口和在必要时从他国过境所需的一切海关手续。

A3　运输合同和保险合同

a)运输合同

无义务。

b)保险合同

无义务。

B3　运输合同和保险合同

a)运输合同

买方必须自付费用订立从指定的装运港运输货物的合同。

b)保险合同

无义务。

A4　交货

卖方必须在约定的日期或期限内，在指定的装运港，按照该港习惯方式，将货物交至买方指定的船只上。

B4　受领货物

买方必须在卖方按照 A4 规定交货时受领货物。

A5　风险转移

除 B5 规定者外，卖方必须承担货物毁损或灭失的一切风险，直至货物在指定的装运港越过船舷为止。

B5　风险转移

买方必须按照下述规定承担货物毁损或灭失的一切风险：

＊货物在指定的装运港越过船舷时起；及

＊由于买方未按照 B7 规定通知卖方，或其指定的船只未按时到达，或未接收货物，或未按照 B7 通知的时间提早停止装货，则自约定的交货日期或交货期限届满之日起，但以该项货物已正式划归合同项下，即清楚地划出或以其他方式确定为合同项下之货物为限。

A6　费用划分

除 B6 规定者外，卖方必须支付：

＊货物有关的一切费用，直至货物在指定的装运港越过船舷时为止；及

＊需要办理海关手续时，货物出口需要办理的海关手续费用及出口时应缴纳的一切关税、税款和其他费用。

B6　费用划分

买方必须支付：

＊货物在指定的装运港越过船舷之时起与货物有关的一切费用；及

＊由于买方指定的船只未按时到达，或未接收上述货物，或未按照 B7 通知的时间提早停止装货，或买方未能按照 B7 规定给予卖方相应的通知而发生的一切额外费用，但以该项货物已正式划归合同项下，即清楚地划出或以其他方式确定为合同项下之货物为限；及

＊需要办理海关手续时，货物进口应缴纳的一切关税、税款和其他费用，及办理海关手续的费用，以及货物从他国过境的费用。

A7　通知买方

卖方必须给予买方说明货物已按照 A4 规定交货的充分通知。

B7　通知卖方

买方必须给予卖方有关船名、装船点和要求交货时间的充分通知。

A8　交货凭证、运输单据或有同等作用的电子讯息

卖方必须自付费用向买方提供证明货物已按照 A4 规定交货的通常单据。

除非前项所述单据是运输单据；否则应买方要求并由其承担风险和费用，卖方必须给予买方一切协助，以取得有关运输合同的运输单据（如可转让提单、不可转让海运单、内河运输单据或多式联运单据）。如买卖双方约定使用电子方式通信，则前项所述单据可以由具有同等作用的电子数据交换（EDI）讯息替代。

B8　交货凭证、运输单据或有同等作用的电子讯息

买方必须接受按照 A8 规定提供的交货凭证。

A9　查对、包装、标记

卖方必须支付为按照 A4 规定交货所需进行的查对费用（如核对货物品质、丈量、过磅、点数的费用）。

卖方必须自付费用，提供按照订立销售合同前卖方已知或应知的该货物运输（如运输方式、目的港）所要求的包装（除非按照相关行业惯例，合同所述货物无须包装发运）。包装应作适当标记。

B9　货物检验

买方必须支付任何装运前检验的费用，但出口国有关当局强制进行的检验支付的费用除外。

A10　其他义务

应买方要求并由其承当风险和费用，卖方必须给予买方一切协助，以帮助其取得由装运地国和/或原产地国所签发或传送的、为买方进口货物可能要求的和必要时从他国过境所需的任何单据

或有同等作用的电子讯息（A8 所列的除外）。

应买方要求，卖方必须向买方提供投保所需的信息。

B10　其他义务

买方必须支付因获取 A10 所述单据或有同等作用的电子讯息所发生的一切费用，并偿付卖方因给予协助而发生的费用。

CFR　成本加运费（……指定目的港）

"成本加运费（……指定目的港）"，是指在装运港货物越过船舷而视为卖方即完成交货，卖方必须支付将货物运至指定的目的港所需的各项费用。但交货后货物毁损或灭失的风险，以及由于各种事件造成的任何额外费用，即由卖方转移到买方。

CFR 术语要求卖方办理出口清关手续。

该术语仅适用于海运或内河运输。如当事各方无意越过船舷交货，则应使用 CPT 术语。

A　卖方义务

B　买方义务

A1　提供符合合同规定的货物

卖方必须提供符合销售合同规定的货物和商业发票或有同等作用的电子讯息，以及合同可能要求的、证明货物符合合同规定的其他任何凭证。

B1　支付价款

买方必须按照销售合同规定支付价款。

A2　许可证、其他许可和手续

卖方必须自担风险和费用，取得任何出口许可证或其他官方许可，并在需要办理海关手续时，办理货物出口所需的一切海关手续。

B2　许可证、其他许可和手续

买方必须自担风险和费用，取得任何进口许可证或其他官方许可，并在需要办理海关手续时，办理货物进口及从他国过境的一切海关手续。

A3　运输合同和保险合同

a）运输合同

卖方必须自付费用，按照通常条件订立运输合同，经由惯常航线，将货物用通常可供运输合同所指货物类型的海轮（或依情况适合内河运输的船只）运输至指定的目的港。

b）保险合同

无义务。

B3　运输合同与保险合同

a）运输合同

无义务。

b）保险合同

无义务。

A4　交货

卖方必须在装运港，在约定的日期或期限内，将货物交至装运港买方指定船上。

B4　受领货物

买方必须在卖方按照 A4 规定交货时受领货物，并在指定的目的港从承运人收受货物。

A5　风险转移

除 B5 规定者外，卖方必须承担货物毁损或灭失的一切风险，直至货物在装运港越过船舷为止。

B5　风险转移

买方必须承担货物在装运港越过船舷之后毁损或灭失的一切风险。

如买方未按照 B7 规定给予卖方通知，买方必须从约定的装运日期或装运期限届满之日起，承担货物毁损或灭失的一切风险，但以该项货物已正式划归合同项下，即清楚地划出或以其他方式确定为合同项下之货物为限。

A6　费用划分

除 B6 规定者外，卖方必须支付：

* 与货物有关的一切费用，直至已经按照 A4 规定交货为止；及

* 按照 A3a)规定所发生的运费和其他一切费用，包括货物的装船费和根据运输合同由卖方支付的、在约定卸货港的任何卸货费；及

* 在需要办理海关手续时，货物出口需要办理的海关手续费用及出口时应缴纳的一切关税、税款和其他费用，以及如果根据运输合同规定，由卖方支付的货物从他国过境的费用。

B6　费用划分

除 A3a)规定者外，买方必须支付：

* 自按照 A4 规定交货时起的一切费用；及

* 货物在运输途中直至到达目的港为止的一切费用，除非这些费用根据运输合同应由卖方支付；及

* 包括驳运费和码头费在内的卸货费，除非这些费用根据运输合同应由卖方支付；及

* 如买方未按照 B7 规定给予卖方通知，则自约定的装运日期或装运期限届满之日起，合同履行所发生的一切额外费用，但以该项货物已正式划归合同项下，即清楚地划出或以其他方式确定为合同项下之货物为限；及

* 在需要办理海关手续时，货物进口应缴纳的一切关税、税款和其他费用，及办理海关手续的费用，以及需要时从他国过境的费用，除非这些费用已包括在运输合同价款中。

A7　通知买方

卖方必须给予买方说明货物已按照 A4 规定交货的充分通知，以及要求的任何其他通知，以便买方能够为受领货物采取通常必要的措施。

B7　通知卖方

一旦买方有权决定装运货物的时间和/或目的港，买方必须就此在合理期间内提前给予卖方充分通知。

A8　交货凭证、运输单据或有同等作用的电子讯息

卖方必须自付费用，毫不迟延地向买方提供表明载往约定目的港的通常运输单据。

此单据(如可转让提单、不可转让海运单或内河运输单据)必须载明合同货物，其日期应在约定的装运期内，使买方得以在目的港向承运人提取货物，并除非另有约定，应使买方得以通过转让单据(可转让提单)或通过通知承运人，向其后手买方出售在途货物。

如此运输单据有数份正本，则应向买方提供全套正本。

如买卖双方约定使用电子方式通信，则前项所述单据可以由具有同等作用的电子数据交换(EDI)讯息替代。

B8　交货凭证、运输单据或有同等作用的电子讯息

买方必须接受按照 A8 规定提供的运输单据，如果该单据符合合同规定的话。

A9　查对、包装、标记

卖方必须支付为按照 A4 规定交货所需进行的查对费用(如核对货物品质、丈量、过磅、点数的费用)。

卖方必须自付费用提供符合其安排的运输所要求的包装(除非按照相关行业惯例该合同所描述货物无须包装发运)。包装应作适当标记。

B9　货物检验

买方必须支付任何装运前检验的费用,但出口国有关当局强制进行的检验支付的费用除外。

A10　其他义务

应买方要求并由其承当风险和费用,卖方必须给予买方一切协助,以帮助买方取得由装运地国和/或原产地国所签发或传送的、为买方进口货物可能要求的和必要时从他国过境所需的任何单据或有同等作用的电子讯息(A8 所列的除外)。

应买方要求,卖方必须向买方提供投保所需的信息。

B10　其他义务

买方必须支付因获取 A10 所述单据或有同等作用的电子讯息所发生的一切费用,并偿付卖方因给予协助获得所述单据或电子讯息而发生的费用。

CIF　成本、保险费加运费(……指定目的港)

"成本、保险费加运费(……指定目的港)"是指在装运港当货物越过船舷时卖方即完成交货。

卖方必须支付将货物运至指定的目的港所需的运费和费用,但交货后货物毁损或灭失的风险及由于各种事件造成的任何额外费用即由卖方转移到买方。但是,在 CIF 条件下,卖方还必须办理买方货物在运输途中毁损或灭失风险的海运保险。

因此,由卖方订立保险合同并支付保险费。买方应注意到,CIF 术语只要求卖方投保最低限度的保险险别。如买方需要更高的保险险别,则需要与卖方明确地达成协议,或者自行做出额外的保险安排。

CIF 术语要求卖方办理货物出口清关手续。

该术语仅适用于海运和内河运输。若当事方无意越过船舷交货则应使用 CIP 术语。

A　卖方义务

B　买方义务

A1　提供符合合同规定的货物

卖方必须提供符合销售合同规定的货物和商业发票或有同等作用的电子讯息,以及合同可能要求的、证明货物符合合同规定的其他任何凭证。

B1　支付价款

买方必须按照销售合同规定支付价款。

A2　许可证、其他许可和手续

卖方必须自担风险和费用,取得任何出口许可证或其他官方许可,并在需要办理海关手续时,办理货物出口所需的一切海关手续。

B2　许可证、其他许可和手续

买方必须自担风险和费用,取得任何进口许可证或其他官方许可,并在需要办理海关手续时,办理货物进口及从他国过境的一切海关手续。

A3　运输合同和保险合同

a)运输合同

卖方必须自付费用，按照通常条件订立运输合同，经由惯常航线，将货物用通常可供运输合同所指货物类型的海轮（或依情况适合内河运输的船只）装运至指定的目的港。

b）保险合同

卖方必须按照合同规定，自付费用取得货物保险，并向买方提供保险单据或其他保险证明，以使买方或任何其他对货物具有保险利益的人有权直接向保险人索赔。保险合同应与信誉良好的保险人或保险公司订立，在无相关明确协议时，应按照《协会货物保险条款》（伦敦保险人协会）或其他类似条款中的最低保险险别投保。保险期限应按照 B5 和 B4 规定。应买方要求，并由买方自担风险和费用，卖方应加投战争、罢工、暴乱和民变险，如果能投保的话。最低保险金额应包括合同规定价款另加 10％（即 110％），并应采用合同货币币种。

B3　运输合同与保险合同

a）运输合同

无义务。

b）保险合同

无义务。

A4　交货

卖方必须在装运港，在约定的日期或期限内，将货物交至船上。

B4　受领货物

买方必须在卖方已按照 A4 规定交货时受领货物，并在指定的目的港从承运人处收受货物。

A5　风险转移

除 B5 规定者外，卖方必须承担货物毁损或灭失的一切风险，直至货物在装运港越过船舷为止。

B5　风险转移

买方必须承担货物在装运港越过船舷之后毁损或灭失的一切风险。

如买方未按照 B7 规定给予卖方通知，买方必须从约定的装运日期或装运期限届满之日起，承担货物灭失或损坏的一切风险，但以该项货物已正式划归合同项下，即清楚地划出或以其他方式确定为合同项下之货物为限。

A6　费用划分

除 B6 规定者外，卖方必须支付：

* 与货物有关的一切费用，直至已经按照 A4 规定交货为止；及

* 按照 A3a）规定所发生的运费和其他一切费用，包括货物的装船费；及

* 按照 A3b）规定所发生的保险费用；及

* 根据运输合同由卖方支付的、在约定卸货港的任何卸货费用；及

* 在需要办理海关手续时，货物出口需要办理的海关手续费用及出口时应缴纳的一切关税、税款和其他费用，以及根据运输合同规定由卖方支付的货物从他国过境的费用。

B6　费用划分

除 A3a）规定外，买方必须支付：

* 自按照 A4 规定交货时起的一切费用；及

* 货物在运输途中直至到达目的港为止的一切费用，除非这些费用根据运输合同应由卖方支付；及

* 包括驳运费和码头费在内的卸货费，除非这些费用根据运输合同应由卖方支付；及

* 如买方未按照 B7 规定给予卖方通知，则自约定的装运日期或装运期限届满之日起，货物

所发生的一切额外费用，但以该项货物已正式划归合同项下，即清楚地划出或以其他方式确定为合同项下之货物为限；及

　　＊ 在需要办理海关手续时，货物进口应缴纳的一切关税、税款和其他费用，及办理海关手续的费用，以及需要时从他国过境的费用，除非这些费用已包括在运输合同价款中。

　　A7　通知买方

　　卖方必须给予买方说明货物已按照 A4 规定交货的充分通知，以及要求的任何其他通知，以便买方能够为受领货物采取通常必要的措施。

　　B7　通知卖方

　　一旦买方有权决定装运货物的时间和/或目的港，买方必须就此给予卖方充分通知。

　　A8　交货凭证、运输单据或有同等作用的电子讯息

　　卖方必须自付费用，毫不迟延地向买方提供表明载往约定目的港的通常运输单据。

　　此单据(如可转让提单、不可转让海运单或内河运输单据)必须载明合同货物，其日期应在约定的装运期限内，使买方得以在目的港向承运人提取货物，并且，除非另有约定，应使买方得以通过转让单据(可转让提单)或通过通知承运人，向其后手买方出售在途货物。

　　如果运输单据有数份正本，则应向买方提供全套正本。

　　如买卖双方约定使用电子方式通信，则前项所述单据可以由具有同等作用的电子数据交换(EDI)讯息替代。

　　B8　交货凭证、运输单据或有同等作用的电子讯息

　　买方必须接受按照 A8 规定提供的运输单据，如果该单据符合合同规定的话。

　　A9　查对、包装、标记

　　卖方必须支付为按照 A4 规定交货所需进行的查对费用(如核对货物品质、丈量、过磅、点数的费用)。

　　卖方必须自付费用，提供符合其安排的运输所要求的包装(除非双方另有约定，按照相关行业惯例该合同所描述货物无须包装发运)。包装应作适当标记。

　　B9　货物检验

　　买方必须支付任何装运前检验的费用，但出口国有关当局强制进行的检验支付的费用除外。

　　A10　其他义务

　　应买方要求并由其承当风险和费用，卖方必须给予买方一切协助，以帮助买方取得由装运地国和/或原产地国所签发或传送的、为买方进口货物可能要求的和必要时从他国过境所需的任何单据或有同等作用的电子讯息(A8 所列的除外)。

　　应买方要求，卖方必须向买方提供额外投保所需的信息。

　　B10　其他义务

　　买方必须支付因获取 A10 所述单据或有同等作用的电子讯息所发生的一切费用，并偿付卖方因给予协助获得所述单据或电子讯息而发生的费用。

　　应卖方要求，买方必须向其提供投保所需的信息。

　　CPT　运费付至(……指定目的地)

　　"运费付至(……指定目的地)"是指卖方向其指定的承运人交货，但卖方还必须支付将货物运至目的地的运费。亦即买方承担交货之后一切风险和其他费用。

　　"承运人"是指任何人，在运输合同中，承诺通过铁路、公路、空运、海运、内河运输或上述运输的联合方式履行运输或由他人履行运输。如果还使用接运的承运人将货物运至约定目的地，

则风险界限自货物交给第一承运人时转移。

CPT 术语要求卖方办理出口清关手续。

该术语可适用于各种运输方式，包括多式联运。

A　卖方义务

B　买方义务

A1　提供符合合同规定的货物

卖方必须提供符合销售合同规定的货物和商业发票或有同等作用的电子讯息。以及合同可能要求的、证明货物符合合同规定的其他任何凭证。

B1　支付价款

买方必须按照销售合同规定支付价款。

A2　许可证、其他许可和手续

卖方必须自担风险和费用，取得任何出口许可证或其他官方许可，并在需要办理海关手续时，办理货物出口货物所需的一切海关手续。

B2　许可证、其他许可和手续

买方必须自担风险和费用，取得任何进口许可证或其他官方许可，并在需要办理海关手续时，办理货物进口及从他国过境的一切海关手续。

A3　运输合同和保险合同

a) 运输合同

卖方必须自付费用，按照通常条件订立运输合同，依通常路线及习惯方式，将货物运至指定的目的地的约定地点。如未约定或按照惯例也无法确定具体交货地点，则卖方可在指定的目的地选择最适合其目的的交货地点。

b) 保险合同

无义务。

B3　运输合同与保险合同

a) 运输合同

无义务。

b) 保险合同

无义务。

A4　交货

卖方必须向按照 A3 规定订立合同的承运人交货，或如还有接运的承运人时，则向第一承运人交货，以使货物在约定的日期或期限内运至指定的目的地的约定地点。

B4　受领货物

买方必须在卖方已按照 A4 规定交货时受领货物，并在指定的目的地从承运人处收受货物。

A5　风险转移

除 B5 规定者外，卖方必须承担货物毁损或灭失的一切风险，直至已按照 A4 规定交货为止。

B5　风险转移

买方必须承当按照 A4 规定交货时起货物毁损或灭失的一切风险。

如买方未能按照 B7 规定给予卖方通知，则买方必须从约定的交货日期或交货期限届满之日起，承担货物毁损或灭失的一切风险，但以该项货物已正式划归合同项下，即清楚地划出或以其他方式确定为合同项下之货物为限。

A6　费用划分

除 B6 规定者外，卖方必须支付：

* 直至按照 A4 规定交货之时与货物有关的一切费用，以及按照 A3a)规定所发生的运费和其他一切费用，包括根据运输合同规定由卖方支付的装货费和在目的地的卸货费；及

* 在需要办理海关手续时，货物出口需要办理的海关手续费用及出口时应缴纳的一切关税、税款和其他费用，以及根据运输合同规定，由卖方支付的货物从他国过境的费用。

B6　费用划分

除 A3a)规定外，买方必须支付：

* 自按照 A4 规定交货时起的一切费用；

* 货物在运输途中直至到达目的地为止的一切费用，除非这些费用根据运输合同应由卖方支付；

* 卸货费，除非根据运输合同应由卖方支付；

* 如买方未按照 B7 规定给予卖方通知，则自约定的装运日期或装运期限届满之日起，货物所发生的一切额外费用，但以该项货物已正式划归合同项下，即清楚地划出或以其他方式确定为合同项下之货物为限；

* 在需要办理海关手续时，货物进口应缴纳的一切关税、税款和其他费用，及办理海关手续的费用，以及从他国过境的费用，除非这些费用已包括在运输合同价款中。

A7　通知买方

卖方必须给予买方说明货物已按照 A4 规定交货的充分通知，以及要求的任何其他通知，以便买方能够为受领货物采取通常必要的措施。

B7　通知卖方

一旦买方有权决定发送货物的时间和/或目的地，买方必须就此在合理期限内事先给予卖方充分通知。

A8　交货凭证、运输单据或有同等作用的电子讯息

卖方必须自付费用(如果习惯如此的话)向买方提供按照 A3 订立的运输合同所涉及的通常运输单据(如可转让提单、不可转让海运单、内河运输单据、空运货运单、铁路运单、公路运单或多式联运单据)。

如买卖双方约定使用电子方式通信，则前项所述单据可以由具有同等作用的电子数据交换(EDI)讯息替代。

B8　交货凭证、运输单据或有同等作用的电子讯息

买方必须接受按照 A8 规定提供的运输单据，如果该单据符合合同规定的话。

A9　查对、包装、标记

卖方必须支付为按照 A4 规定交货所需进行的查对费用(如核对货物品质、丈量、过磅、点数的费用)。

卖方必须自付费用，提供符合其安排的运输所要求的包装(除非双方另有约定或按照相关行业惯例该合同所描述货物无须包装发运)。包装应作适当标记。

B9　货物检验

买方必须支付任何装运前检验的费用，但出口国有关当局强制进行的检验支付的费用除外。

A10　其他义务

应买方要求并由其承当风险和费用，卖方必须给予买方一切协助，以帮助买方取得由装运地国和/或原产地国所签发或传送的、为买方进口货物可能要求的和必要时从他国过境所需的任何单据或有同等作用的电子讯息(A8 所列的除外)。

应买方要求，卖方必须向买方提供投保所需的信息。

B10　其他义务

买方必须支付因获取 A10 所述单据或有同等作用的电子讯息所发生的一切费用，并偿付卖方因给予协助而发生的费用。

CIP　运费和保险费付至(……指定目的地)

"运费和保险费付至(……指定目的地)"是指卖方向其指定的承运人交货，但卖方还必须支付将货物运至目的地的运费，亦即买方承担卖方交货之后的一切风险和额外费用。但是，按照 CIP 术语，卖方还必须办理买方货物在运输途中毁损或灭失风险的保险。

因此，由卖方订立保险合同并支付保险费。

买方应注意到，CIP 术语只要求卖方投保最低限度的保险险别。如买方需要更高的保险险别，则需要与卖方明确地达成协议，或者自行作出额外的保险安排。

"承运人"指任何人在运输合同中，承诺通过铁路、公路、空运、海运、内河运输或上述运输的联合方式履行运输或由他人履行运输。

如果采用多式联运将货物运至约定目的地，则风险自货物交给第一承运人时转移。

CIP 术语要求卖方办理出口清关手续。

该术语可适用于各种运输方式，包括多式联运。

A　卖方义务

B　买方义务

A1　提供符合合同规定的货物

卖方必须提供符合销售合同规定的货物和商业发票或有同等作用的电子讯息，以及合同可能要求的、证明货物符合合同规定的其他任何凭证。

B1　支付价款

买方必须按照销售合同规定支付价款。

A2　许可证、其他许可和手续

卖方必须自担风险和费用，取得任何出口许可证或其他官方许可，并在需要办理海关手续时办理货物出口所需的一切海关手续。

B2　许可证、其他许可和手续

买方必须自担风险和费用，取得任何进口许可证或其他官方许可，并在需要办理海关手续时办理货物进口和从他国过境所需的一切海关手续。

A3　运输合同和保险合同

a)运输合同

卖方必须自付费用，按照通常条件订立运输合同，依通常路线及习惯方式，将货物运至指定的目的地的约定地点。若未约定或按照惯例也不能确定具体交货地点，则卖方可在指定的目的地选择最适合实现合同目的的交货地点。

b)保险合同

卖方必须按照合同规定，自付费用取得货物保险，并向买方提供保险单或其他保险证据，以使买方或任何其他对货物具有保险利益的人有权直接向保险人索赔。保险合同应与信誉良好的保险人或保险公司订立，在无相关明示协议时，应按照《协会货物保险条款》(伦敦保险人协会)或其他类似条款中的最佳限度保险险别投保。保险期限应按照 B5 和 B4 规定。应买方要求，并由买方负担费用，卖方应加投战争、罢工、暴乱和民变险，如果能投保的话。最低保险金额应包括合同规定价款另加 10％(即 110％)，并应采用合同货币。

B3 运输合同和保险合同

a)运输合同

无义务。

b)保险合同

无义务。

A4 交货

卖方必须在约定日期或期限内向按照 A3 规定订立合同的承运人交货，或采用多式联运时，向第一承运人交货，以使货物运至指定的目的地的约定地点。

B4 受领货物

买方必须在卖方按照 A4 规定交货时受领货物，并在指定的目的地从承运人处收受货物。

A5 风险转移

除 B5 规定者外，卖方必须承担货物毁损或灭失的一切风险，直至已经按照 A4 规定交货为止。

B5 风险转移

买方必须承担按照 A4 规定交货后货物灭失或损坏的一切风险。买方如未按照 B7 规定通知卖方，则必须从约定的交货日期或交货期限届满之日起，承担货物灭失或损坏的一切风险，但以该项货物已正式划归合同项下，即清楚地划出或以其他方式确定为合同项下之货物为限。

A6 费用划分

除 B6 规定者外，卖方必须支付

* 与货物有关的工切费用，直至已经按照 A4 规定交货为止，以及按照 A3a)规定所发生的运费和其他一切费用，包括装船费和根据运输合同应由卖方支付的在目的地的卸货费；

* 按照 A3b)发生的保险费用；

* 在需要办理海关手续时，货物出口需要办理的海关手续费用，以及货物出口时应缴纳的一切关税、税款和其他费用，以及根据运输合同由卖方支付的货物从他国过境的费用。

B6 费用划分

除 A3 规定者外，买方必须支付：

* 自按照 A4 规定交货之时起与货物有关的一切费用；

* 货物在运输途中直至到达约定目的地为止的一切费用，除非这些费用根据运输合同应由卖方支付；

* 卸货费，除非这些费用根据运输合同应由卖方支付；

* 如买方未按照 B7 规定给予卖方通知，则自约定的装运日期或装运期限届满之日起，货物所发生的一切额外费用，但以该项货物已正式划归合同项下，即清楚地划出或以其他方式确定为合同项下之货物为限；

* 在需要办理海关手续时，货物进口应缴纳的一切关税、税款和其他费用，及办理海关手续的费用，以及从他国过境的费用，除非这些费用已包括在运输合同价款中。

A7 通知买方

卖方必须给予买方说明货物已按照 A4 规定交货的充分通知，以及要求的任何其他通知，以便买方能够为受领货物而采取通常必要的措施。

B7 通知卖方

一旦买方有权决定发运货物的时间和/或目的地，买方必须就此在合理期限内事先给予卖方充分通知。

A8　交货凭证、运输单据或有同等作用的电子讯息

卖方必须自付费用(如果习惯如此的话)向买方提供按照 A3 订立的运输合同所涉及的通常运输单据(如可转让提单、不可转让海运单、内河运输单据、空运货运单、铁路运单、公路运单或多式联运单据)。

如买卖双方约定使用电子方式通信，则前项所述单据可以由具有同等作用的电子数据交换(EDI)讯息替代。

B8　交货凭证、运输单据或有同等作用的电子讯息

买方必须接受按照 A8 规定提供的运输单据，如果该单据符合合同规定的话。

A9　查对、包装、标记

卖方必须支付为按照 A4 规定交货所需进行的查对费用(如核对货物品质、丈量、过磅、点数的费用)。

卖方必须自付费用，提供符合其安排的运输所要求的包装(除非按照相关行业惯例该合同所描述的货物无须包装发运)。包装应作适当标记。

B9　货物检验

买方必须支付任何装运前检验费用，但出口国有关当局强制进行的检验支付的费用除外。

A10　其他义务

应买方要求并由其承担风险和费用，卖方必须给予买方一切协助，以帮助买方取得由装运地国和/或原产地国所签发或传送的、为买方进口货物以能要求的和从他国过境所需的任何单据或有同等作用的电子讯息(A8 所列的除外)。

B10　其他义务

买方必须支付因获取 A10 所述单据或有同等作用的电子讯息所发生的一切费用，并偿付卖方因给予协助获得所述单据或电子讯息而发生的费用。

应卖方要求，买方必须向卖方提供办理投保所需用的信息。

DAF　边境交货(……指定地点)

"边境交货(……指定地点)"是指当卖方在边境的指定的地点和具体交货地点，在毗邻国家海关边界前，将仍处于交货的运输工具上尚未卸下的货物交给买方处置，办妥货物出口清关手续但尚未办理进口清关手续时，即完成交货。"边境"一词可用于任何边境，包括出口国边境。因而，用指定地点和具体交货地点准确界定所指边境，这是极为重要的。

但是，如当事各方面希望卖方负责从交货运输工具上卸货并承担卸货的风险和费用，则应在销售合同中明确写明。

该术语可用于陆地边界交货的各种运输方式，当在目的港船上或码头交货时，应使用 DES 或 DEQ 术语。

A　卖方义务

B　买方义务

A1　提供符合合同规定的货物

卖方必须提供符合销售合同规定的货物和商业发票或有同等作用的电子信息，以及合同可能要求的、证明货物符合合同规定的其他任何凭证。

B1　支付价款

买方必须按照销售合同规定支付价款。

A2 许可证、其他许可和手续

卖方必须自担风险和费用，取得任何出口许可证或其他官方许可或其他必要文件，以便将货物交经买方处置，并在需要办理海关手续时办理货物出口并运至指定的边境交货地点以及从他国过境所需的一切海关手续。

B2 许可证、其他许可和手续

买方必须自担风险和费用，取得任何进口许可证或其他官方许可或其他必要文件，并在需要办理海关手续时办理货物进口所需的一切海关手续，及后继运输所需的一切海关手续。

A3 运输合同与保险合同

a)运输合同

i)卖方必须自付费用订立运输合同，将货物运至边境指定的交货地点和具体交货地点。如未约定或按照惯例也无法确定边境指定的交货地点的具体交货地点，则卖方可在指定的交货地点选择最适合实现合同目的的交货地点。

ii)然而，若买方要求，卖方要以同意按照通常条件订立合同，由买方负担风险和费用，将货物从边境指定的地点继续运至由买方指定的进口国的最终目的地。卖方可以拒绝订立此合同，但应迅速通知买方。

b)保险合同

无义务。

B3 运输合同和保险合同

a)运输合同

无义务。

b)保险合同

无义务。

A4 交货

卖方必须在约定日期或期限内，在边境指定的交货地点，将仍处于交货运输工具上尚未卸下的货物交给买方处置。

B4 受领货物

买方必须在卖方按照 A4 规定交货时受领货物。

A5 风险转移

除 B5 规定者外，卖方必须承担货物毁损或灭失的一切风险，直至已经按照 A4 规定交货为止。

B5 风险转移

买方必须承担按照 A4 规定交货之时起货物毁损或灭失的一切风险。

如买方未按照 B7 规定通知卖方，则必须从约定的交货日期或交货期限届满之日起，承担货物毁损或灭失的一切风险，但以该项货物已正式划归合同项下，即清楚地划出或以其他方式确定为合同项下之货物为限。

A6 费用划分

除 B6 规定者外，卖方必须支付：

* 按照 A3a)规定发生的费用，及除此之外与货物有关的一切费用，直至已经按照 A4 规定交货为止；及

* 在需要办理海关手续时，货物出口需要办理的海关手续费用，及货物出口时应缴纳的一切关税、税款和其他费用，以及按照 A4 规定交货之前从他国过境的费用。

B6　费用划分

买方必须支付

＊ 自按照 A4 规定交货时起与货物有关的一切费用，包括在边境的指定的交货地点将货物从交货运输工具上卸下以受领货物的卸货费；

＊ 如按照 A4 规定交货而买方未受领货物或未按照 B7 规定给予卖方通知，因此发生的一切额外费用，但以该项货物已正式划归合同项下，即清楚地划出或以其他方式确定为合同项下之货物为限；

＊ 在需要办理海关手续时，办理海关手续的费用及货物进口时应缴纳的一切关税、税款和其他费用，以及办理后继运输的费用。

A7　通知买方

卖方必须给予买方有关货物发往边境指定的交货地点的充分通知，以及要求的任何其他通知，以便买方能够为受领货物而采取通常必要的措施。

B7　通知卖方

一旦买方有权决定在约定期限内的时间和/或在指定的地点受领货物的地点，买方必须就此给予卖方充分通知。

A8　交货凭证、运输单据或有同等作用的电子讯息

a)卖方必须自付费用向买方提供说明货物已按照 A3a)i)规定交付至边境指定的地点的通常单据或其他凭证。

b)当事各方面同意按照 A3a)ii)规定越过边境后继续运输，卖方必须根据买方要求，并由买方负担风险和费用，向其提供通常在发运国取得的联运单据，订明按照惯常条件从该国的发运地将货物运输至买方指定的进口国最终目的地。

如买卖双方约定以电子方式通信，则前项所述单据可以由具有同等作用的电子数据交换(EDI)讯息替代。

B8　交货凭证、运输单据或有同等作用的电子讯息

买方必须接受按照 A8 规定提供的运输单据和/或其他交货凭证。

A9　查对、包装、标记

卖方必须支付为按照 A4 规定交货所需进行的查对费用(如核对货物品质、丈量、过磅、点数的费用)。

卖方必须自付费用提供包装(除非约定或按照相关行业惯例，合同所指货物通常无须包装即可交货)，此项包装应按照卖方订立销售合同前已知的有关运输(如运输方式、目的地)所要求的，适合在边境交货及接运运输。包装应作适当标记。

B9　货物检验

买方必须支付任何装运前检验的费用，但出口国有关当局强制进行的检验支付的费用除外。

A10　其他义务

应买方要求并由其承担风险和费用，卖方必须给予买方一切协助，以帮助买方取得由装运地国和/或原产地国所签发或传送的、为买方进口货物可能要求的和必要时从他国过境所需的任何单据或有同等作用的电子讯息(A8 所列的除外)。

应买方要求，卖方必须向买方提供投保所需的信息。

B10　其他义务

买方必须支付因获取 A10 所述单据或有同等作用的电子讯息所发生的一切费用，并偿付卖方因给予协助获得所述单据或电子讯息而发生的费用。

必要时，按照 A3a)ii)规定，应卖方要求，买方必须负担风险和费用，向卖方提供外汇管制许可、许可证件、其他单据或经认证的副本，或提供取得联运单所需的进口国最终目的地地址或 A8b)中所指的任何其他单据。

DES　目的港船上交货(……指定目的港)

"目的港船上交货(……指定目的港)"是指在指定的目的港，货物在船上交给买方处置，但不办理货物进口清关手续，卖方即完成交货。卖方必须承担货物运至指定的目的港卸货前的一切风险和费用。如果当事各方希望卖方负担卸货的风险和费用，则应使用 DEQ 术语。

除非货物经由海运或内河运输或多式联运在目的港船上货时，不得使用该术语。

A　卖方义务

B　买方义务

A1　提供符合合同规定的货物

卖方必须提供符合销售合同规定的货物和商业发票或有同等作用的电子信息，以及合同可能要求的、证明货物符合合同规定的其他凭证。

B1　支付价款

买方必须按照销售合同规定支付价款。

A2　许可证、其他许可和手续

卖方必须自担风险和费用，取得任何出口许可证或其他官方许可或其他必要文件，并在需要办理海关手续时办理货物出口和从他国过境所需的一切海关手续。

B2　许可证、其他许可和手续

买方必须自担风险和费用，取得任何进口许可证或其他官方许可，并在需要办理海关手续时办理货物进口所需的一切海关手续。

A3　运输合同与保险合同

a)运输合同

卖方必须自付费用订立运输合同，将货物运至指定目的港的指定地点。如未约定或按照惯例也无法确定具体交货地点，则卖方可在指定的目的港选择最适合实现合同目的的交货地点。

b)保险合同

无义务。

B3　运输合同和保险合同

a)运输合同

无义务。

b)保险合同

无义务。

A4　交货

卖方必须在约定的日期或期限内，在指定的目的港按照 A3a)指定的卸货地点，将货物于船上交给买方处置，以便货物能够由适合该项货物特点的卸货设备从船上卸下。

B4　受领货物

买方必须在卖方按照 A4 规定交货时受领货物。

A5　风险转移

除 B5 规定者外，卖方必须承担货物毁损或灭失的一切风险，直至已经按照 A4 规定交货为止。

B5　风险转移

买方必须承担按照 A4 规定交货之时起货物毁损或灭失的一切风险。

如买方未按照 B7 规定通知卖方，则必须自约定的交货日期或交货期限届满之日起，承担货物毁损或灭失的一切风险，但以该项货物已正式划归合同项下，即清楚地划出或以其他方式确定为合同项下之货物为限。

A6　费用划分

除 B6 规定者外，卖方必须支付：

＊按照 A3a)规定发生的费用，以及按照 A4 规定交货前与货物有关的一切费用；及

＊在需要办理海关手续时，货物出口需要办理的海关手续费用及货物出口时应缴纳的一切关税、税款和其他费用，以及按照 A4 规定交货前从他国过境的费用。

B6　费用划分

买方必须支付：

＊自按照 A4 规定交货之时起与货物有关的一切费用，包括为受领货物所需要的货物从船上卸下的卸货费；

＊如货物按照 A4 规定交给买方处置而未受领货物，或未按照 B7 规定通知卖方，由此而发生的一切额外费用，但以该项货物已正式划归合同项下，即清楚地划出或以其他方式确定为合同项下之货物为限；

＊在需要办理海关手续时，货物进口所需办理的海关手续费用及应缴纳的一切关税、税款和其他费用。

A7　通知买方

卖方必须给予买方有关按照 A4 规定指定的船只预期到达时间的充分通知，以及要求的任何其他通知，以便买方能够为受领货物而采取通常必要的措施。

B7　通知卖方

一旦买方有权决定在约定期限内的时间和/或在指定的目的港受领货物的地点，买方必须就此给予卖方充分通知。

A8　交货凭证、运输单据或有同等作用的电子讯息

卖方必须自付费用向买方提供提货单和/或通常运输单据(如可转让提单、不可转让海运单、内河运输单据或多式联运单据)以使买方得以在目的港从承运人处受领货物。如买卖双方约定以电子方式通信，则前项所述单据可以由具有同等作用的电子数据交换(EDI)讯息替代。

B8　交货凭证、运输单据或有同等作用的电子讯息

买方必须接受按照 A8 规定提供的提货单或运输单据。

A9　查对、包装、标记

卖方必须支付为按照 A4 规定交货所需进行的查对费用(如核对货物品质、丈量、过磅、点数的费用)。

卖方必须自付费用提供为交付货物所要求的包装(除非双方另有约定或按照相关行业惯例，合同所指货物无须包装即可交货)。包装应作适当标记。

B9　货物检验

买方必须支付任何装运前检验的费用，但出口国有关当局强制进行的检验支付的费用除外。

A10　其他义务

应买方要求并由其承担风险和费用，卖方必须给予买方一切协助，以帮助买方取得由装运地国和/或原产地国所签发或传送的、为买方进口货物可能要求的任何单据或有同等作用的电子讯息

（A8 所列的除外）。

应买方要求，卖方必须向买方提供投保所需的信息。

B10　其他义务

买方必须支付因获取 A10 所述单据或有同等作用的电子讯息所发生的一切费用，并偿付卖方因给予协助而发生的费用。

DEQ　目的港码头交货(……指定目的港)

"目的港码头交货(……指定目的港)"是指卖方在指定的目的港码头将货物交给买方处置，不办理进口清关手续，即完成交货。卖方应承担将货物运至指定的目的港并卸至码头的一切风险和费用。

DEQ 术语要求买方办理进口清关手续并在进口时支付一切办理海关手续的费用、关税、税款和其他费用。

这和以前版本相反，以前版本要求卖方办理进口清关手续。

如果当事方希望卖方负担全部或部分进口时缴纳的费用，则应在销售合同中明确写明。

只有当货物经由海运、内河运输或多式联运且在目的港码头卸货时，才能使用该术语。但是，如果当事方希望卖方负担将货物从码头运至港口以内或以外的其他地点(仓库、终点站、运输站等)的义务时，则应使用 DDU 或 DDP 术语。

A　卖方义务

B　买方义务

A1　提供符合合同规定的货物

卖方必须提供符合销售合同规定的货物和商业发票或有同等作用的电子信息，以及合同可能要求的、证明货物符合合同规定的其他任何凭证。

B1　支付价款

买方必须按照销售合同规定支付价款。

A2　许可证、其他许可和手续

卖方必须自担风险和费用，取得任何出口许可证或其他官方许可或其他文件，并在需要办理海关手续时办理货物出口和从他国过境所需的一切海关手续。

B2　许可证、其他许可和手续

买方必须自担风险和费用，取得任何进口许可证或其他官方许可，并在需要办理海关手续时办理货物进口所需的一切海关手续。

A3　运输合同与保险合同

a)运输合同

卖方必须自付费用订立运输合同，将货物运至指定目的港的指定码头。如未约定或按照惯例也无法确定具体码头，则卖方可在指定的目的港选择最适合实现合同目的的码头交货。

b)保险合同

无义务。

B3　运输合同和保险合同

a)运输合同

无义务。

b)保险合同

无义务。

A4　交货

卖方必须在约定的日期或期限内，在按照 A3 规定指定的目的港码头上将货物交给买方处置。

B4　受领货物

买方必须在卖方按照 A4 规定交货时受领货物。

A5　风险转移

除 B5 规定者外，卖方必须承担货物毁损或灭失的一切风险，直至已经按照 A4 规定交货为止。

B5　风险转移

买方必须承担按照 A4 规定交货时起货物毁损或灭失的一切风险。

如买方未按照 B7 规定通知卖方，则必须自约定的交货日期或交货期限届满之日起，承担货物毁损或灭失的一切风险，但以该项货物已正式划归合同项下，即清楚地划出或以其他方式确定为合同项下之货物为限。

A6　费用划分

除 B6 规定者外，卖方必须支付：

＊ 按照 A3a)规定发生的费用，以及按照 A4 规定在目的港码头交货之前与货物有关的一切费用；

＊ 在需要办理海关手续时，货物出口需要办理的海关手续费用，及货物出口时应缴纳的一切关税、税款和其他费用，以及交货前货物从他国过境的费用。

B6　费用划分

买方必须支付：

＊ 自按照 A4 规定交货时起与货物有关的一切费用，包括在港口搬运货物以便继续运输或存入仓库或中转站的一切费用；及

＊ 如货物按照 A4 规定交给买方处置而未受领货物，或未按照 B7 规定通知卖方，由此而发生的一切额外费用，但以该项货物已正式划归合同项下，即清楚地划出或以其他方式确定为合同项下之货物为限；及

＊ 在需要办理海关手续时，货物进口所需办理的海关手续费用以及应缴纳的一切关税、税款和其他费用以及继续运输的费用。

A7　通知买方

卖方必须给予买方说明按照 A4 规定的指定的船只预期到达时间的充分通知，以及要求的任何其他通知，以便买方能够为受领货物而采取通常必要的措施。

B7　通知卖方

一旦买方有权决定在约定期限内的时间和/或在指定的目的港受领货物的地点，买方必须就此给予卖方充分通知。

A8　运输单据或有同等作用的电子讯息

卖方必须自付费用向买方提供提货单和/或通常运输单据(如可转让提单、不可转让海运单、内河运输单据或多式联运单据)以使买方得以提货，从码头上搬走。

如买卖双方约定以电子方式通信，则前项所述单据可以由具有同等作用的电子数据交换(EDI)讯息替代。

B8　交货凭证、运输单据或有同等作用的电子讯息

买方必须接受按照 A8 规定提供的提货单或运输单据。

A9　查对、包装、标记

卖方必须支付为按照 A4 规定交货所需进行的查对费用（如核对货物品质、丈量、过磅、点数的费用）。

卖方必须自付费用提供交货所需要的包装（除非双方另有约定或按照相关行业惯例，合同所指货物无须包装即可交货）。包装应作适当标记。

B9 货物检验

买方必须支付任何装运前检验的费用，但出口国有关当局强制进行的检验支付的费用除外。

A10 其他义务

应买方要求并由其承担风险和费用，卖方必须给予买方一切协助，以帮助买方取得由装运地国和/或原产地国所签发或传送的、为买方进口货物所需的任何单据或有同等作用的电子讯息（A8 所列的除外）。

应买方要求，卖方必须向买方提供投保所需的信息。

B10 其他义务

买方必须支付因获取 A10 所述单据或有同等作用的电子讯息所发生的一切费用，并偿付卖方因给予协助而发生的费用。

DDU 未完税交货（……指定目的港）

"未完税交货（……指定目的港）"是指卖方在指定的目的地将货物交给买方处置，不办理进口手续，也不从交货的运输工具上将货物卸下，即完成交货。卖方应承担将货物运至指定的目的地的一切风险和费用，不包括在需要办理海关手续时在目的地国进口应缴纳的任何"税费"（包括办理海关手续的责任和风险，以及缴纳手续费、关税、税款和其他费用）。买方必须承担此项"税费"和因其未能及时运输货物进口清关手续而引起的费用和风险。

但是，如果双方希望卖方办理海关手续并承担由此发生的费用和风险，以及在货物进口时应支付的一切费用，则应在销售合同中明确写明。

该术语适用于各种运输方式，但当货物在目的港船上或码头交货时，应使用 DES 或 DEQ 术语。

A 卖方义务

B 买方义务

A1 提供符合合同规定的货物

卖方必须提供符合销售合同规定的货物和商业发票或有同等作用的电子讯息，以及合同可能要求的、证明货物符合合同规定的其他凭证。

B1 支付价款

买方必须按照销售合同规定支付价款。

A2 许可证、其他许可和手续

卖方必须自担风险和费用，取得任何出口许可证或其他官方许可或其他文件，并在需要办理海关手续时办理货物出口和从他国过境所需的一切海关手续。

B2 许可证、其他许可和手续

买方必须自担风险和费用，取得任何进口许可证或其他官方许可或其他文件，并在需要办理海关手续时办理货物进口所需的一切海关手续。

A3 运输合同与保险合同

a)运输合同

卖方必须自付费用订立运输合同，将货物运至指定目的地。如未约定或约定不明确或按照惯例也无法确定具体交货地点，则卖方可在的目的地选择最适合实现合同目的的交货地点。

b）保险合同

无义务。

B3　运输合同和保险合同

a）运输合同

无义务。

b）保险合同

无义务。

A4　交货

卖方必须在约定的日期或交货期限内，在指定的目的地将在交货的运输工具上尚未卸下的货物交给买方或买方指定的其他人处置。

B4　受领货物

买方必须在卖方按照 A4 规定交货时受领货物。

A5　风险转移

除 B5 规定者外，卖方必须承担货物毁损或灭失的一切风险，直至已经按照 A4 规定交货为止。

B5　风险转移

买方必须承担按照 A4 规定交货时起货物毁损或灭失的一切风险。

如买方没有履行 B2 规定的义务，则必须承担由此而发生的货物毁损或灭失的一切额外风险。

如买方未按照 B7 规定通知卖方，则必须自约定的交货日期或交货期限届满之日起，承担货物灭失或损坏的一切风险，但以该项货物已正式划归合同项下，即清楚地划出或以其他方式确定为合同项下之货物为限。

A6　费用划分

除 B6 规定者外，卖方必须支付

＊ 按照 A3a）规定发生的费用，以及按照 A4 规定交货之前与货物有关的一切费用；及

＊ 在需要办理海关手续时，货物出口需要办理的海关手续费用，及货物出口时应缴纳的一切关税、税款和其他费用，以及交货前货物从他国过境的费用。

B6　费用划分

买方必须支付

＊ 自按照 A4 规定交货时起与货物有关的一切费用；

＊ 如买方未履行 B2 规定的义务，或未按照 B7 规定作出通知，由此而发生的一切额外费用，但以该项货物已正式划归合同项下，即清楚地划出或以其他方式确定为合同项下之货物为限；

＊ 在需要办理海关手续时，货物进口所需要办理的海关手续费用以及应缴纳的一切关税、税款和其他费用以及继续运输的费用。

A7　通知买方

卖方必须给予买方有关发运货物的充分通知，以及要求的任何其他通知，以便买方能够为受领货物而采取通常必要的措施。

B7　通知卖方

一旦买方有权决定在约定期限内的时间和/或在指定的目的港受领货物的地点，买方必须就此给予卖方充分通知。

A8　交货凭证、运输单据或有同等作用的电子讯息

卖方必须自付费用向买方提供按照 A4/B4 规定受领货物可能需要的提货单和/或通常运输单据(如可转让提单、不可转让海运单、内河运输单据、空运单、铁路运单、公路单或多式联运单据)。

如买卖双方约定以电子方式通信,则前项所述单据可以由具有同等作用的电子数据交换(EDI)讯息替代。

B8　交货凭证、运输单据或有同等作用的电子讯息

买方必须接受按照 A8 规定提供的适当的提货单或运输单据。

A9　查对、包装、标记

卖方必须支付为按照 A4 规定交货所需进行的查对费用(如核对货物品质、丈量、过磅、点数的费用)。

卖方必须自付费用提供交货所需要的包装(除非双方另有约定按照相关行业惯例,合同所指货物无须包装即可交货)。包装应作适当标记。

B9　货物检验

买方必须支付任何装运前检验的费用,但出口国有关当局强制进行的检验支付的费用除外。

A10　其他义务

应买方要求并由其承担风险和费用,卖方必须给予买方一切协助,以帮助买方取得由装运地国和/或原产地国所签发或传送的、为买方进口货物可能要求的任何单据或有同等作用的电子讯息(A8 所列的除外)。

应买方要求,卖方必须向买方提供投保所需的信息。

B10　其他义务

买方必须支付因获取 A10 所述单据或有同等作用的电子讯息所发生的一切费用,并偿付卖方因给予协助而发生的费用。

DDP　完税后交货(……指定目的港)

"完税后交货(……指定目的港)"是指卖方在指定的目的地,办理完进口清关手续,将在交货运输工具上尚未卸下的货物交与买方,完成交货。卖方必须承担将货物运至指定的目的地的一切风险和费用,包括在需要办理海关手续时在目的地应缴纳的任何"税费"(包括办理海关手续的责任和风险,以及缴纳手续费、关税、税款和其他费用)。

EXW 术语下卖方承担责任最小,而 DDP 术语下卖方承担责任最大。

若卖方不能直接或间接地取得进口许可证,则不应使用此术语。

但是,如当事方希望将任何进口时所要支付的一切费用(如增值税)从卖方的义务中排除,则应在销售合同中明确写明。

若当事方希望买方承担进口的风险和费用,则应使用 DDU 术语。

该术语适用于各种运输方式,但当货物在目的港船上或码头交货时,应使用 DES 或 DEQ 术语。

A　卖方义务

B　买方义务

A1　提供符合合同规定的货物

卖方必须提供符合销售合同规定的货物和商业发票或有同等作用的电子讯息,以及合同可能要求的、证明货物符合合同规定的其他凭证。

B1　支付价款

买方必须按照销售合同规定支付价款。

A2　许可证、其他许可和手续

卖方必须自担风险和费用，取得任何出口许可证和进口许可证或其他官方许可或其他文件，并在需要办理海关手续时办理货物出口和进口以及从他国过境所需的一切海关手续。

B2　许可证、其他许可和手续

应卖方要求，并由其负担风险和费用，买方必须给予卖方一切协助，帮助卖方在需要办理海关手续时取得货物进口所需的进口许可证或其他官方许可。

A3　运输合同与保险合同

a)运输合同

卖方必须自付费用订立运输合同，将货物运至指定目的地。如未约定或约定不明确或按照惯例也无法确定具体交货地点，则卖方可在目的地选择最适合实现合同目的的交货地点。

b)保险合同

无义务。

B3　运输合同和保险合同

a)运输合同

无义务。

b)保险合同

无义务。

A4　交货

卖方必须在约定的日期或交货期限内，在指定的目的地将在交货运输工具上尚未卸下的货物交给买方或买方指定的其他人处置。

B4　受领货物

买方必须在卖方按照 A4 规定交货时受领货物。

A5　风险转移

除 B5 规定者外，卖方必须承担货物毁损或灭失的一切风险，直至已经按照 A4 规定交货为止。

B5　风险转移

买方必须承担按照 A4 规定交货时起货物毁损或灭失的一切风险。

如买方没有履行 B2 规定的义务，则必须承担由此而发生的货物毁损或灭失的一切额外风险。

如买方未按照 B7 规定通知卖方，则必须自约定的交货日期或交货期限届满之日起，承担货物毁损或灭失的一切风险，但以该项货物已正式划归合同项下，即清楚地划出或以其他方式确定为合同项下之货物为限。

A6　费用划分

除 B6 规定者外，卖方必须支付

＊ 按照 A3a)规定发生的费用，以及按照 A4 规定交货之前与货物有关的一切费用；及

＊ 在需要办理海关手续时，货物出口和进口所需要办理的海关手续费用，及货物出口和进口时应缴纳的一切关税、税款和其他费用，以及按照 A4 交货前货物从他国过境的费用。

B6　费用划分

买方必须支付

＊ 自按照 A4 规定交货时起与货物有关的一切费用；

＊ 如买方未履行 B2 规定的义务，或未按照 B7 规定作出通知，由此而发生的一切额外费用，

但以该项货物已正式划归合同项下，即清楚地划出或以其他方式确定为合同项下之货物为限。

　　A7　通知买方

　　卖方必须给予买方有关货物发运的充分通知，以及要求的任何其他通知，以便买方能够为受领货物采取通常必要的措施。

　　B7　通知卖方

　　一旦买方有权决定在约定期限内的时间和/或在指定的目的港受领货物的地点，买方必须就此给予卖方充分通知。

　　A8　交货凭证、运输单据或有同等作用的电子讯息

　　卖方必须自付费用向买方提供按照 A4/B4 规定受领货物可能需要的提货单和/或通常运输单据（如可转让提单、不可转让海运单、内河运输单据、空运单、铁路运单、公路单或多式联运单据），以使买方按照 A4/B4 规定受领货物。

　　如买卖双方约定以电子方式通信，则前项所述单据可以由具有同等作用的电子数据交换（EDI）讯息替代。

　　B8　交货凭证、运输单据或有同等作用的电子讯息

　　买方必须接受按照 A8 规定提供的提货单或运输单据。

　　A9　查对、包装、标记

　　卖方必须支付为按照 A4 规定交货所需进行的查对费用（如核对货物品质、丈量、过磅、点数的费用）。

　　卖方必须自付费用提供交货所需要的包装（除非双方另有约定或按照相关行业惯例，合同所指货物无须包装即可交货）。包装应作适当标记。

　　B9　货物检验

　　买方必须支付任何装运前检验的费用，但出口国有关当局强制进行的检验支付的费用除外。

　　A10　其他义务

　　卖方必须支付为获取 B10 所述单据或有同等作用的电子讯息（A8 所列的除外）所发生的一切费用，并偿付买方因给予协助发生的费用。

　　应买方要求，卖方必须向买方提供投保所需的信息。

　　B10　其他义务

　　应卖方要求并由其承担风险和费用，买方必须给予卖方一切协助，以帮助卖方取得为按照本规则将货物交付买方需要的、由进口国签发或传递的任何单证或有同等作用的电子讯息。

联合国国际货物销售合同公约

(1980 年 4 月 11 日订于维也纳)

本公约各缔约国，铭记联合国大会第六届特别会议通过的关于建立新的国际经济秩序的各项决议的广泛目标，考虑到在平等互利基础上发展国际贸易是促进各国间友好关系的一个重要因素，认为采用照顾到不同的社会、经济和法律制度的国际货物销售合同统一规则，将有助于减少国际贸易的法律障碍，促进国际贸易的发展。

兹协议如下：

第一部分　适用范围和总则

第一章　适用范围

第一条

(1)本公约适用于营业地在不同国家的当事人之间所订立的货物销售合同：

(a)如果这些国家是缔约国；或

(b)如果国际私法规则导致适用某一缔约国的法律。

(2)当事人营业地在不同国家的事实，如果从合同或从订立合同前任何时候或订立合同时，当事人之间的任何交易或当事人透露的情报均看不出，应不予考虑。

(3)在确定本公约的适用时，当事人的国籍和当事人或合同的民事或商业性质，应不予考虑。

第二条　本公约不适用于以下的销售：

(a)购供私人、家人或家庭使用的货物的销售，除非卖方在订立合同前任何时候或订立合同时不知道而且没有理由知道这些货物是购供任何这种使用；

(b)经由拍卖的销售；

(c)根据法律执行令状或其他令状的销售；

(d)公债、股票、投资证券、流通票据或货币的销售；

(e)船舶、船只、气垫船或飞机的销售；

(f)电力的销售。

第三条

(1)供应尚待制造或生产的货物的合同应视为销售合同，除非订购货物的当事人保证供应这种制造或生产所需的大部分重要材料。

(2)本公约不适用于供应货物一方的绝大部分义务在于供应劳务或其他服务的合同。

第四条　本公约只适用于销售合同的订立和卖方和买方因此种合同而产生的权利和义务。特别是，本公约除非另有明文规定，与以下事项无关：

(a)合同的效力，或其任何条款的效力，或任何惯例的效力；

(b)合同对所售货物所有权可能产生的影响。

第五条　本公约不适用于卖方对于货物对任何人所造成的死亡或伤害产生的责任。

第六条　双方当事人可以不适用本公约，或在第十二条的条件下，减损本公约的任何规定 或改变其效力。

第二章　总　则

第七条

(1)在解释本公约时，应考虑到本公约的国际性质和促进其适用的统一以及在国际贸易上遵守诚信的需要。

(2)凡本公约未明确解决的属于本公约范围的问题，应按照本公约所依据的一般原则来解决，在没有一般原则的情况下，则应按照国际私法规定适用的法律来解决。

第八条

(1)为本公约的目的，一方当事人所作的声明和其他行为，应依照他的意旨解释，如果另一方当事人已知道或者不可能不知道此一意旨。

(2)如果上一款的规定不适用，当事人所作的声明和其他行为，应按照一个与另一方当事人同等资格、通情达理的人处于相同情况中时，应有的理解来解释。

(3)在确定一方当事人的意旨或一个通情达理的人应有的理解时，应适当地考虑到与事实有关的一切情况，包括谈判情形、当事人之间确立的任何习惯做法、惯例和当事人其后的任何行为。

第九条

(1)双方当事人业已同意的任何惯例和他们之间确立的任何习惯做法，对双方当事人均有约束力。

(2)除非另有协议，双方当事人应视为已默示地同意对他们的合同或合同的订立适用双方当事人已知道或理应知道的惯例，而这种惯例，在国际贸易上，已为有关特定贸易所涉同类合同的当事人所广泛知道并为他们所经常遵守。

第十条　为本公约的目的：

(a)如果当事人有一个以上的营业地，则以与合同及合同的履行关系最密切的营业地为其营业地，但要考虑到双方当事人在订立合同前任何时候或订立合同时所知道或所设想的情况；

(b)如果当事人没有营业地，则以其惯常居住地为准。

第十一条　销售合同无须以书面订立或书面证明，在形式方面也不受任何其他条件的限制。销售合同可以用包括人证在内的任何方法证明。

第十二条　本公约第十一条、第二十九条或第二部分准许销售合同或其更改或根据协议终止，或者任何发价、接受或其他意旨表示得以书面以外任何形式作出的任何规定不适用，如果任何一方当事人的营业地是在已按照本公约第九十六条作出了声明的一个缔约国内，各当事人不得减损本条或改变其效力。

第十三条　为本公约的目的，"书面"包括电报和电传。

第二部分　合同的订立

第十四条

(1)向一个或一个以上特定的人提出的订立合同的建议，如果十分确定并且表明发价人在得到接受时承受约束的意旨，即构成发价。一个建议如果写明货物并且明示或暗示地规定数量和价格或规定如何确定数量和价格，即为十分确定。

(2)非向一个或一个以上特定的人提出的订立合同的建议，仅应视为要约邀请做出发价，除非提出建议的人明确地表示相反的意向。

第十五条

(1)发价于送达被发价人时生效。

(2)一项发价，即使是不可撤销的，得予撤回，如果撤回通知应于发价送达被发价人之前或同时，送达被发价人。

第十六条

(1)在未订立合同之前，发价得予撤销，如果撤销通知应于被发价人发出接受通知之前送达被发价人。

(2)但在下列情况下，发价不得撤销：

(a)发价写明接受发价的期限或以其他方式表示发价是不可撤销的；或

(b)被发价人有理由信赖该项发价是不可撤销的，而且被发价人已本着对该项发价的信赖行事。

第十七条 一项发价，即使是不可撤销的，于拒绝通知送达发价人时终止。

第十八条

(1)被发价人声明或做出其他行为表示同意一项发价，即是接受，缄默或不行动本身不等于接受。

(2)接受发价于表示同意的通知送达发价人时生效。如果表示同意的通知在发价人所规定的时间内，如未规定时间，在一段合理的时间内，未曾送达发价人，接受发价就成为无效，但须适当地考虑到交易的情况，包括发价人所使用的通信方法的迅速程序。对口头发价必须立即接受，但情况有别者不在此限。

(3)但是，如果根据该项发价或依照当事人之间确立的习惯做法和惯例，被发价人可以做出某种行为，例如与发运货物或支付价款有关的行为，来表示同意，而无须向发价人发出通知，则接受于该项行为做出时生效，但该项行为必须在上一款所规定的期间内做出。

第十九条

(1)对发价表示接受但载有添加、限制或其他更改的答复，即为拒绝该项发价，并构成还价。

(2)但是，对发价表示接受但载有添加或不同条件的答复，如所载的添加或不同条件在实质上并不变更该项发价的条件，除发价人在不过分迟延的期间内以口头或书面通知反对其间的差异外，仍构成接受。如果发价人不明确做出这种反对，合同的条件就以该项发价的条件以及接受通知内所载的更改为准。

(3)有关货物价格、付款、货物质量和数量、交货地点和时间、一方当事人对另一方当事人的赔偿责任范围或解决争端等的添加或不同条件，均视为在实质上变更发价的条件。

第二十条

(1)发价人在电报或信件内规定的接受期间，从电报交发时刻或信件上载明的发信日期起算，如信件上未载明发信日期，则从信封上所载日期起算。发价人以电话、电传或其他快速通信方法规定的接受期间，从发价送达被发价人时起算。

(2)在计算接受期间时，接受期间内的正式假日或非营业日应计算在内。但是，如果接受通知在接受期间的最后1天未能送到发价人地址，因为那天在发价人营业地是正式假日或非营业日，则接受期间应顺延至下一个营业日。

第二十一条

(1)逾期接受仍有接受的效力，如果发价人毫不迟延地用口头或书面形式将此种意见通知被发价人。

(2)如果载有逾期接受的信件或其他书面文件表明，它是在传递正常、能及时送达发价人的情况下寄发的，则该项逾期接受具有接受的效力，除非发价人毫不迟延地用口头或书面形式通知被发价人：他认为他的发价已经失效。

第二十二条 接受得予撤回，撤回通知应于接受原应生效日期之前或同时，送达发价人。

第二十三条 合同于按照本公约规定对发价的接受生效时订立。

第二十四条 为公约本部分的目的，发价、接受声明或任何其他意旨表示"送达"对方，系指用口头通知对方或通过任何其他方法送交对方本人，或其营业地或通信地址，如无营业地或通信地址，则送交对方惯常居住地。

第三部分　货物销售

第一章　总　则

第二十五条 一方当事人违反合同的结果，如使另一方当事人蒙受损害，以至于实际上剥夺了他根据合同规定有权期待得到的东西，即为根本违反合同，除非违反合同一方并不预知而且一个同等资格、通情达理的人处于相同情况中也没有理由预知会发生这种结果。

第二十六条 宣告合同无效的声明，必须向另一方当事人以通知形式发出，方始有效。

第二十七条 除非公约本部分另有明文规定，当事人按照本部分的规定，以适合情况的方法发出任何通知、要求或其他通知后，这种通知如在传递上发生耽搁或错误，或者未能到达，并不使该当事人丧失依靠该项通知取得的权利。

第二十八条 如果按照本公约的规定，一方当事人有权要求另一方当事人履行某一义务，法院 没有义务做出判决，要求具体履行此一义务，除非法院依照其本身的法律对不属本公约范围的类似销售合同愿意这样做。

第二十九条

(1)合同只需双方当事人协议，就可更改或终止。

(2)规定任何更改或根据协议终止必须以书面做出的书面合同，不得以任何其他方式更改或根据协议终止。但是，一方当事人的行为，如经另一方当事人寄以信赖，就不得坚持此项规定。

第二章　卖方的义务

第三十条 卖方必须按照合同和本公约的规定，交付货物，移交一切与货物有关的单据并转移货物所有权。

第一节　交付货物和移交单据

第三十一条 如果卖方没有义务要在任何其他特定地点交付货物，他的交货义务如下：

(a)如果销售合同涉及货物的运输，卖方应把货物移交给第一承运人，以运交给买方；

(b)在不属于上款规定的情况下，如果合同指的是特定货物或从特定存货中提取的或尚待制造或生产的未经特定化的货物，而双方当事人在订立合同时已知道这些货物是在某一特定地点，或将在某一特定地点制造或生产，卖方应在该地点把货物交给买方处置；

(c)在其他情况下，卖方应在他于订立合同时的营业地把货物交给买方处置。

第三十二条

(1)如果卖方按照合同或本公约的规定将货物交付给承运人，但货物没有以货物上加标记，或以装运单据或其他方式清楚地注明有关合同，卖方必须向买方发出列明货物的发货通知。

(2)如果卖方有义务安排货物的运输，他必须订立必要的合同，以按照通常运输条件，用适合合同目的的运输工具，把货物运到指定地点。

(3)如果卖方没有义务对货物的运输办理保险，他必须在买方提出要求时，向买方提供一切现有的必要资料，使他能够办理这种保险。

第三十三条 卖方必须按以下规定的日期交付货物：

(a)如果合同规定有日期，或从合同可以确定日期，应在该日期交货；

(b)如果合同规定有一段时间，或从合同可以确定一段时间，除非情况表明应由买方选定一个日期外，应在该段时间内任何时候交货；或者

(c)在其他情况下，应在订立合同后一段合理期限内交货。

第三十四条 如果卖方有义务移交与货物有关的单据，他必须按照合同所规定的时间、地点和方式移交这些单据。如果卖方在那个时间以前已移交这些单据，他可以在那个期限届至前纠正单据中任何不符合合同规定的情形，但是，此一权利的行使不得使买方遭受不合理的不便或承担不合理的开支。但是，买方保留本公约所规定的要求损害赔偿的任何权利。

第二节 货物相符与第三方要求

第三十五条

(1)卖方交付的货物必须与合同所规定的数量、质量和规格相符，并须按照合同所规定的方式装箱或包装。

(2)除双方当事人业已另有协议外，货物除非符合以下规定，否则即为与合同不符：

(a)货物适用于同一规格货物通常使用的目的；

(b)货物适用于订立合同时曾明示或默示地通知卖方的任何特定目的，除非情况表明买方并不依赖卖方特有的技能和判断力，或者这种依赖对他是不合理的；

(c)货物的质量与卖方向买方提供的货物样品或样式相同；

(d)货物按照同类货物通用的方式装箱或包装，如果没有此种通用方式，则按照足以保全和保护货物的方式装箱或包装。

(3)如果买方在订立合同时知道或者不可能不知道货物不符合合同，卖方就无须按上一款(a)项至(d)项负有此种不符合合同的责任。

第三十六条

(1)卖方应按照合同和本公约的规定，对风险移转到买方时所存在的任何不符合合同情形，负有责任，即使这种不符合合同情形在该时间后方始明显。

(2)卖方对在上一款所述时间后发生的任何不符合合同的情形，也应负有责任，如果这种不符合合同情形是由于卖方违反他的某项义务所致，包括违反关于在一段时间内保持货物将继续适用于其通常使用的目的或某种特定目的，或将保持某种特定质量或性质的任何保证。

第三十七条 如果卖方在交货日期前交付货物，他可以在那个日期到达前，交付任何缺漏部分或补足所交付货物的不足数量，或交付用以替换所交付不符合合同规定的货物，或对所交付货物中任何不符合合同规定的情形做出补救，但是，此一权利的行使不得使买方遭受不合理的不便

或承担不合理的开支。但是，买方保留本公约所规定的要求损害赔偿的任何权利。

第三十八条

（1）买方必须在按情况实际可行的最短时间内检验货物或由他人检验货物。

（2）如果合同涉及货物的运输，检验可推迟到货物到达目的地后进行。

（3）如果货物在运输途中改运或买方须再发运货物，没有合理机会加以检验，而卖方在订立合同时已知道或理应知道这种改运或再发运的可能性，检验可推迟到货物到达新目的地后进行。

第三十九条

（1）买方对货物不符合合同的规定，必须在发现或理应发现不符情形后一段合理期限内通知卖方，说明不符情形的性质，否则就丧失声称货物不符合合同并追索的权利。

（2）无论如何，如果买方不在实际收到货物之日起两年内将货物不符合合同情形 通知卖方，他就丧失声称货物不符合合同的权利，除非这一时限与合同规定的保证期限不符。

第四十条　如果货物不符合合同规定指的是卖方已知道或不可能不知道而又没有告知买方的一些事实，则卖方无权援引第三十八条和第三十九条的规定。

第四十一条　卖方所交付的货物，必须是第三方不能提出任何权利或要求的货物，除非买方同意在这种权利或要求的条件下，收取货物。但是，如果这种权利或要求是以工业产权或其他知识产权为基础的，卖方的义务应依照第四十二条的规定。

第四十二条

（1）卖方所交付的货物，必须是第三方不能根据工业产权或其他知识产权主张任何权利或要求的货物，但以卖方在订立合同时已知道或应当知道的权利或要求为限，而且这种权利或要求根据以下国家的法律规定是以工业产权或其他知识产权为基础的：

（a）如果双方当事人在订立合同时预期货物将在某一国境内转售或做其他使用，则根据货物将在其境内转售或做其他使用的国家的法律；或者

（b）在任何其他情况下，根据买方营业地所在国家的法律。

（2）卖方在上一款中的义务不适用于以下情况：

（a）买方在订立合同时已知道或不可能不知道此项权利或要求；或者

（b）此项权利或要求的发生，是由于卖方要遵照买方所提供的技术图样、图案、程式或其他规格。

第四十三条

（1）买方如果不在已知道或理应知道第三方的权利或要求后一段合理时间内，将此一权利或要求的性质通知卖方，就丧失援引第四十一条或第四十二条规定的权利。

（2）卖方如果知道第三方的权利或要求以及此一权利或要求的性质，就无权援引上一款的规定。

第四十四条　尽管有第三十九条第（1）款和第四十三条第（1）款的规定，买方如果对他未发出所需的通知具备合理的理由，仍可按照第五十条规定减低价格，或要求利润损失以外的损害赔偿。

第三节　卖方违反合同的补救办法

第四十五条

（1）如果卖方不履行他在合同和本公约中的任何义务，买方可以：

（a）行使第四十六条至第五十二条所规定的权利；

（b）按照第七十四条至第七十七条的规定，要求损害赔偿。

（2）买方可能享有的要求损害赔偿的任何权利，不因他行使请求卖方采取其他补救办法的权利

而丧失。

(3)如果买方对卖方违反合同采取某种补救办法，法院或仲裁庭不得给予卖方宽限期。

第四十六条

(1)买方可以要求卖方履行义务，除非买方已采取与此一要求相抵触的某种补救办法。

(2)如果货物不符合合同，买方只有在此种不符合合同情形构成根本违反合同时，才可以要求交付替代货物，而且关于替代货物的要求，必须与依照第三十九条发出的通知同时提出，或者在该项通知发出后一段合理时间内提出。

(3)如果货物不符合合同，买方可以要求卖方通过修理对不符合合同之处做出补救，除非他考虑了所有情况之后，认为这样做是不合理或是实际上所不能的。修理的要求必须与依照第三十九条发出的通知同时提出，或者在该项通知发出后一段合理时间内提出。

第四十七条

(1)买方可以规定一段合理时限的额外时间，让卖方履行其义务。

(2)除非买方收到卖方的通知，声称他将不在所规定的时间内履行义务，买方在这段时间内不得对违反合同采取任何补救办法。但是，买方并不因此丧失他对迟延履行义务可能享有的要求损害赔偿的任何权利。

第四十八条

(1)在第四十九条的条件下，卖方即使在交货日期之后，仍可自付费用，对任何不履行义务做出补救，但这种补救不得造成不合理的履行迟延，也不得使买方遭受不合理的不便，或无法确定卖方是否将偿付买方预付的费用。但是，买方保留本公约所规定的要求损害赔偿的任何权利。

(2)如果卖方要求买方表明他是否接受卖方履行义务，而买方不在一段合理时间内对此一要求做出答复，则卖方可以按其要求中所指明的时间履行义务。买方不得在该段时间内采取与卖方履行义务相抵触的任何补救办法。

(3)卖方表明他将在某一特定时间内履行义务的通知，应视为包括根据上一款规定要买方表明决定的要求在内。

(4)卖方按照本条第(2)款和第(3)款做出的要求或通知，必须在到达买方后，始生效力。

第四十九条

(1)买方在以下情况下可以宣告合同无效：

(a)卖方不履行其在合同或本公约中的任何义务，等于根本违反合同；或

(b)如果发生不交货的情况，卖方不在买方按照第四十七条第(1)款规定的额外时间内交付货物，或卖方声明他将不在所规定的时间内交付货物。

(2)但是，如果卖方已交付货物，买方就丧失宣告合同无效的权利，除非：

(a)对于迟延交货，他在知道交货后一段合理时间内这样做；

(b)对于迟延交货以外的任何违反合同情形：

(一)他在已知道或理应知道这种违反合同后一段合理时间内这样做；或

(二)他在买方按照第四十七条第(1)款规定的任何额外时间满期后，或在卖方声明他将不在这一额外时间履行义务后一段合理时间内这样做；或

(三)他在卖方按照第四十八条第(2)款指明的任何额外时间满期后，或在买方声明他将不接受卖方履行义务后一段合理时间内这样做。

第五十条

如果货物不符合合同，不论价款是否已付，买方都可以减低价格，减价按实际交付的货物在交货时的价值与符合合同的货物在当时的价值两者之间的比例计算。但是，如果卖方按照第三十

七条或第四十八条的规定对任何不履行义务做出补救，或者买方拒绝接受卖方按照该两条规定履行义务，则买方不得减低价格。

第五十一条

(1)如果卖方只交付一部分货物，或者交付的货物中只有一部分符合合同规定，则第四十六条至第五十条的规定适用于缺漏部分及不符合合同规定部分的货物。

(2)买方只有在完全不交付货物或不按照合同规定交付货物致使根本违反合同时，才可以宣告整个合同无效。

第五十二条

(1)如果卖方在规定的履行日期前交付货物，买方可以接收货物，也可以拒绝接收货物。

(2)如果卖方交付的货物数量大于合同规定的数量，买方可以接收也可以拒绝接收多交部分的货物。如果买方接收多交部分货物的全部或一部分，他必须按原合同价格付款。

第三章　买方的义务

第五十三条

买方必须按照合同和本公约规定支付货物价款和收取货物。

第一节　支付价款

第五十四条

买方支付价款的义务包括根据合同或任何有关法律和规章规定的步骤和手续，以便支付价款。

第五十五条

如果合同已有效订立，但没有明示或暗示地规定价格或规定价格的确定方法，在没有任何相反表示的情况下，双方当事人应视为已默示地引用订立合同时此种货物在有关贸易的类似情况下销售的通常价格。

第五十六条

如果价格是按货物的重量规定的，如有疑问，应按净重确定。

第五十七条

(1)如果买方没有义务在任何其他特定地点支付价款，他必须在以下地点向卖方支付价款：

(a)卖方的营业地；或者

(b)如凭移交货物或单据支付价款，则为移交货物或单据的地点。

(2)卖方必须承担因其营业地在订立合同后发生变动而增加的支付方面的有关费用。

第五十八条

(1)如果买方没有义务在任何其他特定时间内支付价款，他必须于卖方按照合同和本公约规定将货物或表明货物处置权的单据交给买方处置时支付价款。卖方可以支付价款作为移交货物或单据的条件。

(2)如果合同涉及货物的运输，卖方在支付价款后方可把货物或表明货物处置权的单据移交给买方作为发运货物的条件。

(3)买方在未有机会检验货物前，无义务支付价款，除非这种机会与双方当事人议定的交货或支付程序相抵触。

第五十九条

买方必须按合同和本公约规定的日期或从合同和本公约可以确定的日期支付价款，而无须卖方提出任何要求或办理任何手续。

第二节　收取货物

第六十条

买方收取货物的义务如下：

采取一切理应采取的行动，以期卖方能交付货物和接收货物。

第三节　买方违反合同的补救办法

第六十一条

(1)如果买方不履行他在合同和本公约中的任何义务，卖方可以：

(a)行使第六十二条至第六十五条所规定的权利；

(b)按照第七十四条至第七十七条的规定，要求损害赔偿。

(2)卖方可能享有的要求损害赔偿的任何权利，不因他行使采取其他补救办法的权利而丧失。

(3)如果卖方对违反合同采取某种补救办法，法院或仲裁庭不得给予买方宽限期。

第六十二条

卖方可以要求买方支付价款、收取货物或履行他的其他义务，除非卖方已采取与此要求相抵触的某种补救办法。

第六十三条

(1)卖方可以规定一段合理时限的额外时间，让买方履行义务。

(2)除非卖方收到买方的通知，声称他将不在所规定的时间内履行义务，卖方不得在这段时间内对买方违反合同采取任何补救办法。但是，卖方并不因此丧失他对买方迟延履行义务可能享有的要求损害赔偿的任何权利。

第六十四条

(1)卖方在以下情况下可以宣告合同无效：

(a)买方不履行其在合同或本公约中的任何义务，等于根本违反合同；或

(b)买方不在卖方按照第六十三条第(1)款规定的额外时间内履行支付价款的义务或收取货物，或买方声明他将不在所规定的时间内这样做。

(2)但是，如果买方已支付价款，卖方就丧失宣告合同无效的权利，除非：

(a)对于买方迟延履行义务，他在知道买方履行义务前这样做；或者

(b)对于买方迟延履行义务以外的任何违反合同情形：

(一)他在已知道或理应知道这种违反合同后一段合理时间内这样做；或

(二)他在卖方按照第六十三条第(1)款规定的任何额外时间届满后或在买方声明他将不在这一额外时间内履行义务后一段合理时间内这样做。

第六十五条

(1)如果买方应根据合同规定订明货物的形状、大小或其他特征，而他在议定的日期或在收到卖方的要求后一段合理时间内没有订明这些规格，则卖方在不损害其可能享有的任何其他权利的情况下，可以依照他所知的买方的要求，自己订明规格。

(2)如果卖方自己订明规格，他必须把订明规格的细节通知买方，而且必须规定一段合理时间，让买方可以在该段时间内订出不同的规格。如果这种通知在送达买方后没有在该段时间内这样做，卖方所订的规格就具有约束力。

第四章　风险移转

第六十六条

货物在风险移转到买方承担后遗失或损坏，买方支付价款的义务并不因此解除，除非这种遗失或损坏是由于卖方的作为或不作为所造成。

第六十七条

(1)如果销售合同涉及货物的运输，但卖方没有义务在某一特定地点交付货物，自货物按照销售合同交付给第一承运人以转交给买方时起，风险就移转到买方承担。如果卖方有义务在某一特定地点把货物交付给承运人，在货物于该地点交付给承运人以前，风险不移转到买方承担。卖方受权保留控制货物处置权的单据，并不影响风险的移转。

(2)但是，在货物以货物上加标记、或以装运单据、或向买方发出通知或其他方式清楚地注明有关合同以前，风险不移转到买方承担。

第六十八条

对于在运输途中销售的货物，从订立合同时起，风险就移转到买方承担。但是，如果情况表明有此需要，从货物交付给签发载有运输合同单据的承运人时起，风险就由买方承担。尽管如此，如果卖方在订立合同时已知道或理应知道货物已经遗失或损坏，而他又不将这一事实告知买方，则这种遗失或损坏应由卖方负责。

第六十九条

(1)在不属于第六十七条和第六十八条规定的情况下，从买方接收货物时起，或如果买方不在适当时间内这样做，则从货物交给他处置但他不收取货物从而违反合同时起，风险移转到买方承担。

(2)但是，如果买方有义务在卖方营业地以外的某一地点接收货物，当交货期限已届至而买方知道货物已在该地点交给他处置时，风险方始移转。

(3)如果合同指的是当时未加识别的货物，则这些货物在未清楚注明有关合同以前，不得视为已交给买方处置。

第七十条

如果卖方已根本违反合同第六十七条、第六十八条和第六十九条的规定，不损害买方因此种违反合同而可以采取的各种补救办法。

第五章　卖方和买方义务的一般规定

第一节　预期违反合同和分批交货合同

第七十一条

(1)如果订立合同后，另一方当事人由于下列原因显然将不履行其大部分重要义务，一方当事人可以中止相应的履行义务：

(a)他履行义务的能力或他的信用有严重缺陷；或

(b)他在准备履行合同或履行合同中的行为。

(2)如果卖方在上一款所述的理由明显化以前已将货物发运，他可以阻止将货物交给买方，即使买方持有其有权获得货物的单据。本款规定只与买方和卖方间对货物的权利有关。

(3)中止履行义务的一方当事人不论是在货物发运前还是发运后，都必须立即通知另一方当事人，如经另一方当事人对履行义务提供充分保证，则他必须继续履行义务。

第七十二条

(1)如果在履行合同日期之前，明显看出一方当事人将根本违反合同，另一方当事人可以宣告合同无效。

(2)如果时间许可，打算宣告合同无效的一方当事人必须向另一方当事人发出合理的通知，使他可以对履行义务提供充分保证。

(3)如果另一方当事人已声明他将不履行其义务，则上一款的规定不适用。

第七十三条

(1)对于分批交付货物的合同，如果一方当事人不履行对任何一批货物的义务，便对该批货物构成根本违反合同，则另一方当事人可以宣告合同对该批货物无效。

(2)如果一方当事人不履行对任何一批货物的义务，使另一方当事人有充分理由断定对今后各批货物将会发生根本违反合同，该另一方当事人可以在一段合理时间内宣告合同今后无效。

(3)买方宣告合同对任何一批货物的交付为无效时，可以同时宣告合同对已交付的或今后交付的各批货物均为无效，如果各批货物是互相依存的，不能单独满足双方当事人在订立合同时所设想的目的。

第二节 损害赔偿

第七十四条

一方当事人违反合同应支付的损害赔偿额，应与另一方当事人因他违反合同而遭受的包括利润损失在内的损失额相等。这种损害赔偿不得超过违反合同一方在订立合同时，依照他当时已知道或理应知道的事实和情况，对违反合同预料到或理应预料到的可能损失。

第七十五条

如果合同被宣告无效，而在宣告无效后一段合理时间内，买方已以合理方式购买替代货物，或者卖方已以合理方式把货物转卖，则要求损害赔偿的一方可以取得合同价格和替代货物交易价格之间的差额以及按照第七十四条规定可以取得的任何其他损害赔偿额。

第七十六条

(1)如果合同被宣告无效，而货物又有时价，要求损害赔偿的一方，如果没有根据第七十五条规定进行购买或转卖，则可以取得合同规定的价格和宣告合同无效时的时价之间的差额以及按照第七十四条规定可以取得的任何其他损害赔偿额。但是，如果要求损害赔偿的一方在接收货物之后宣告合同无效，则应适用接收货物时的时价，而不适用宣告合同无效时的时价。

(2)为上一款的目的，时价指原应交付货物地点的现行价格，如果该地点没有时价，则指另一合理替代地点的价格，但应适当地考虑货物运费的差额。

第七十七条

声称另一方违反合同的一方，必须按情况采取合理措施，减轻由于该另一方违反合同而引起的损失，包括利润方面的损失。如果他不积极采取这种措施致使损失扩大或理应减少而未减少的，违反合同一方可以要求从损害赔偿中扣除原可以减轻的损失数额。

第三节 利 息

第七十八条

如果一方当事人没有支付价款或任何其他迟延支付价款，另一方当事人有权对这些款额收取利息，但不妨碍要求按照第七十四条规定可以取得的损害赔偿。

第四节 免 责

第七十九条

(1)当事人不履行义务的，应负责任，除非他能证明此种不履行义务，是由于某种非他所能控制的障碍，而且对于这种障碍，没有理由预期他在订立合同时能考虑到或能避免或克服它或它的后果。

（2）如果当事人不履行义务是由于他所雇用履行合同的全部或一部分规定的第三方不履行义务所致，该当事人只在以下情况下才能免除责任：

（a）他按照上一款的规定应免除责任；或

（b）假如该项的规定也适用于他所雇用的人，这个人也同样会免除责任。

（3）本条所规定的免责对障碍存在的期间有效。

（4）不履行义务的一方必须将障碍及其对他履行义务能力的影响通知另一方。如果该项通知在不履行义务的一方已知道或理应知道此一障碍后一段合理时间内仍未到达另一方，则他对由于另一方未收到通知而造成的损害应负赔偿责任。

（5）本条规定不妨碍任何一方行使本公约规定的要求损害赔偿以外的任何权利。

第八十条

一方当事人因其行为或不行为而使得另一方当事人不履行义务时，不得声称该另一方当事人不履行义务。

第五节　宣告合同无效的效果

第八十一条

（1）宣告合同无效解除了双方在合同中的义务，但过错方仍应承担损害赔偿责任。宣告合同无效不影响合同关于解决争端的任何规定，也不影响合同中关于双方在宣告合同无效后权利和义务的任何其他规定。

（2）已全部或局部履行合同的一方，可以要求另一方归还他按照合同供应的货物或支付的价款，如果双方都须归还，他们必须同时这样做。

第八十二条

（1）买方如果不可能按实际收到货物的原状归还货物，他就丧失宣告合同无效或要求卖方交付替代货物的权利。

（2）上一款的规定不适用于以下情况：

（a）如果不可能归还货物或不可能按实际收到货物的原状归还货物，并非由于买方的行为或不行为所造成；或者

（b）如果货物或其中一部分的毁灭或变坏，是由于按照第三十八条规定进行检验所致；或者

（c）如果货物或其中一部分，在买方发现或理应发现与合同不符以前，已为买方在正常营业过程中售出，或在正常使用过程中消费或改变。

第八十三条

买方虽然依第八十二条规定丧失宣告合同无效或要求卖方交付替代货物的权利，但是根据合同和本公约规定，他仍保留采取一切其他补救办法的权利。

第八十四条

（1）如果卖方有义务归还价款，他必须同时从支付价款之日起支付价款利息。

（2）在以下情况下，买方必须向卖方说明他从货物或其中一部分得到的一切利益：

（a）如果他必须归还货物或其中一部分；或者

（b）如果他不可能归还全部或一部分货物，或不可能按实际收到货物的原状归还全部或一部分货物，但他已宣告合同无效或已要求卖方支付替代货物。

第六节　保全货物

第八十五条

如果买方迟延收取货物，或在支付价款和交付货物应同时履行时，买方没有支付价款，而卖

方仍拥有这些货物或仍能控制这些货物的处置权，卖方必须按情况采取合理措施，以保全货物。他有权保有这些货物，直至买方把他所付的合理费用偿还给他为止。

第八十六条

(1)如果买方已收到货物，但打算行使合同或本公约规定的任何权利，把货物退回，他必须按情况采取合理措施，以保全货物。他有权保有这些货物，直至卖方把他所应付的合理费用偿还给他为止。

(2)如果发运给买方的货物已到达目的地，并交给买方处置，而买方行使退货权利，则买方必须代表卖方收取货物，除非他这样做需要支付价款而且会使他遭受不合理的不便或须承担不合理的费用。如果卖方或受权代表他掌管货物的人也在目的地，则此一规定不适用。如果买方根据本款规定收取货物，他的权利和义务与上一款所规定的相同。

第八十七条

有义务采取措施以保全货物的一方当事人，可以把货物寄存在第三方的仓库，由另一方当事人担负费用，但该项费用必须合理。

第八十八条

(1)如果另一方当事人在收取货物或收回货物或支付价款或保全货物费用方面有不合理的迟延，按照第八十五条或第八十六条规定有义务保全货物的一方当事人，可以采取任何适当办法，把货物出售，但必须事前在合理期限内向另一方当事人发出合理的意向通知。

(2)如果货物易于迅速变坏，或者货物的保全牵涉到不合理的费用，则按照第八十五条或第八十六条规定有义务保全货物的一方当事人，必须采取合理措施，把货物出售，在可能的范围内，他必须把出售货物的打算事前在合理期限内通知另一方当事人。

(3)出售货物的一方当事人，有权从销售所得收入中扣回为保全货物和销售货物而付的合理费用。他必须向另一方当事人说明所余款项。

第四部分　最后条款

第八十九条

兹指定联合国秘书长为本公约保管人。

第九十条

本公约不优于业已缔结或可以缔结并载有与属于本公约范围内事项有关的条款的任何国际协定，但以双方当事人的营业地均在这种协定的缔约国内为限。

第九十一条

(1)本公约在联合国国际货物销售合同会议闭幕会议上开放签字，并在纽约联合国总部继续开放签字，直至 1981 年 9 月 30 日为止。

(2)本公约须经签字国批准、接受或核准。

(3)本公约从开放签字之日起开放给所有非签字国加入。

(4)批准书、接受书、核准书和加入书应送交联合国秘书长存放。

第九十二条

(1)缔约国可在签字、批准、接受、核准或加入时声明他不受本公约第二部分的约束或不受本公约第三部分的约束。

(2)按照上一款规定就本公约第二部分或第三部分做出声明的缔约国，在该声明适用的部分所规定事项上，不得视为本公约第一条第(1)款范围内的缔约国。

第九十三条

(1)如果缔约国具有两个或两个以上的领土单位，而依照该国宪法规定，各领土单位对本公约所规定的事项适用不同的法律制度，则该国得在签字、批准、接受、核准或加入时声明本公约适用于该国全部领土单位或仅适用于其中的一个或数个领土单位，并且可以随时提出另一声明来修改其所做的声明。

(2)此种声明应通知保管人，并且明确地说明适用本公约的领土单位。

(3)如果根据按本条做出的声明，本公约适用于缔约国的一个或数个但不是全部领土单位，而且一方当事人的营业地位于该缔约国内，则为本公约的目的，该营业地除非位于本公约适用的领土单位内，否则视为不在缔约国内。

(4)如果缔约国没有按照本条第(1)款做出的声明，则本公约适用于该国所有领土单位。

第九十四条

(1)对属于本公约范围的事项具有相同或非常近似的法律规则的两个或两个以上的缔约国，可随时声明本公约不适用于营业地在这些缔约国内的当事人之间的销售合同，也不适用于这些合同的订立。此种声明可联合做出，也可以相互单方面声明的方式做出。

(2)对属于本公约范围的事项具有与一个或一个以上非缔约国相同或非常近似的法律规则的缔约国，可随时声明本公约不适用于营业地在这些非缔约国内的当事人之间的销售合同，也不适用于这些合同的订立。

(3)作为根据上一款所做声明对象的国家，如果后来成为缔约国，这项声明从本公约对该新缔约国生效之日起，具有根据第(1)款所做声明的效力，但以该新缔约国加入这项声明，或相互做出单方面声明为限。

第九十五条

任何国家在交存其批准书、接受书、核准书或加入书时，可声明它不受本公约第一条第(1)款(b)项的约束。

第九十六条

本国法律规定销售合同必须以书面订立或书面证明的缔约国，可以随时按照第十二条的规定，声明本公约第十一条、第二十九条或第二部分准许销售合同或其更改或根据协议终止，或者任何发价、接受或其他意旨表示得以书面以外任何形式做出的任何规定不适用，如果任何一方当事人的营业地是在该缔约国内。

第九十七条

(1)根据本公约规定在签字时做出的声明，须在批准、接受或核准时加以确认。

(2)声明和声明的确认，应以书面形式提出，并应正式通知保管人。

(3)声明在本公约对有关国家开始生效时同时生效。但是，保管人于此种生效后收到正式通知的声明，应于保管人收到声明之日起6个月后的第1个月第1天生效。根据第九十四条规定做出的相互单方面声明，应于保管人收到最后一份声明之日起6个月后的第1个月第1天生效。

(4)根据本公约规定做出声明的任何国家可以随时用书面正式通知保管人撤回该项声明。此种撤回于保管人收到通知之日起6个月后的第1个月第1天生效。

(5)撤回根据第九十四条做出的声明，自撤回生效之日起，就会使另一国家根据该条所做的任何相互声明失效。

第九十八条

除本公约明文许可的保留外，不得作任何保留。

第九十九条

(1)在本条第(6)款规定的条件下，本公约在第十件批准书、接受书、核准书或加入书，包括载有根据第九十二条规定做出的声明的文书交存之日起12月后的第1个月第1天生效。

(2)在本条第(6)款规定的条件下，对于在第10件批准书、接受书、核准书或加入书交存后才批准、接受、核准或加入本公约的国家，本公约在该国交存其批准书、接受书、核准书或加入书之日起12个月后的第1个月第1天对该国生效，但不适用的部分除外。

(3)批准、接受、核准或加入本公约的国家，如果是1964年7月1日海牙签订的《关于国际货物销售合同的订立统一法公约》(《1964年海牙订立合同公约》)和1964年7月1日在海牙签订的《关于国际货物销售统一法的公约》(《1964年海牙货物销售公约》)中一项或两项公约的缔约国。应按情况同时通知荷兰政府声明退出《1964年海牙货物销售公约》或《1964年海牙订立合同公约》或退出该两公约。

(4)凡为《1964年海牙货物销售公约》缔约国并批准、接受、核准或加入本公约和根据第九十二条规定声明或业已声明不受本公约第二部分约束的国家，应于批准、接受、核准或加入时通知荷兰政府声明退出《1964年海牙货物销售公约》。

(5)凡为《1964年海牙订立合同公约》缔约国并批准、接受、核准或加入本公约和根据第九十二条规定声明或业已声明不受本公约第三部分约束的国家，应于批准、接受、核准或加入时通知荷兰政府声明退出《1964年海牙订立合同公约》。

(6)为本条的目的，《1964年海牙订立合同公约》或《1964年海牙货物销售公约》的缔约国的批准、接受、核准或加入本公约，应在这些国家按照规定退出该两公约生效后方始生效。本公约保管人应与1964年两公约的保管人荷兰政府进行协商，以确保在这方面进行必要的协调。

第一百条

(1)本公约适用于合同的订立，只要订立该合同的建议是在本公约对第一条第(1)款(a)项所指缔约国或第一条第(1)款(b)项所指缔约国生效之日或其后作出的。

(2)本公约只适用于在它对第一条第(1)款(a)项所指缔约国或第一条第(1)款(b)项所指缔约国生效之日或其后订立的合同。

第一百零一条

(1)缔约国可以用书面形式正式通知保管人声明退出本公约，或本公约第二部分或第三部分。

(2)退出于保管人收到通知12个月后的第1个月第1天起生效。凡通知内订明一段退出生效的更长期限，则退出于保管人收到通知后该段更长期限届满时起生效。

1980年4月11日订于维也纳，正本1份，其阿拉伯文本、中文文本、英文文本、法文文本、俄文文本和西班牙文文本都具有同等效力。

下列全权代表，经各自政府正式授权，在本公约上签字，以资证明。

＊本公约于1988年1月1日起生效。

1981年9月30日中华人民共和国政府代表签署本公约，1986年12月11日交存核准书。核准书中载明，中国不受公约第一条第(1)款(b)项、第十一条及与第十一条内容有关的规定的约束。

跟单信用证统一惯例

（国际商会第 600 号出版物 UCP600）

第一条　UCP 的适用范围

《跟单信用证统一惯例——2007 年修订本．国际商会第 600 号出版物》(简称"UCP")乃一套规则，适用于所有在其文本中明确表明受本惯例约束的跟单信用证(下称信用证)(在其可适用的范围内，包括备用信用证)。除非信用证明确修改或排除，本惯例各条文对信用证所有当事人均具有约束力。

第二条　定义

就本惯例而言：

通知行　指应开证行的要求通知信用证的银行。

申请人　指要求开立信用证的一方。

银行工作日　指银行在其履行受本惯例约束的行为的地点通常开业的一天。

受益人　指接受信用证并享受其利益的一方。

相符交单　指与信用证条款、本惯例的相关适用条款以及国际标准银行实务一致的交单。

保兑行　指根据开证行的授权或要求对信用证加具保兑的银行。

信用证　指一项不可撤销的安排，无论其名称或描述如何，该项安排构成开证行对相符交单予以承付的确定承诺。

承付指：

a. 如果信用证为即期付款信用证，则即期付款。

b. 如果信用证为延期付款信用证，则承诺延期付款并在承诺到期日付款。

c. 如果信用证为承兑信用证，则承兑受益人开出的汇票并在汇票到期日付款。

开证行　指应申请人要求或者代表自己开出信用证的银行。

议付　指指定银行在相符交单下，在其应获偿付的银行工作日当天或之前向受益人预付或者同意预付款项，从而购买汇票(其付款人为指定银行以外的其他银行)及/或单据的行为。

指定银行　指信用证可在其处兑用的银行，如信用证可在任一银行兑用，则任一银行均为指定银行。

交单指向开证行或指定银行提交信用证项下单据的行为，或指按此方式提交的单据。

交单人指实施交单行为的受益人、银行或其他人。

第三条　解释

就本惯例而言：

如情形适用，单数词形包含复数含义，复数词形包含单数含义。

信用证是不可撤销的，即使未如此表明。

单据签字可用手签、摹样签字、穿孔签字、印戳、符号或任何其他机械或电子的证实方法为之。

诸如单据须履行法定手续、签证、证明等类似要求，可由单据上任何看似满足该要求的签字、标记、印戳或标签来满足。

一家银行在不同国家的分支机构被视为不同的银行。

用诸如"第一流的"、"著名的"、"合格的"、"独立的"、"正式的"、"有资格的"或"本地的"等词语描述单据的出单人时，允许除受益人之外的任何人出具该单据。

除非要求在单据中使用，否则诸如"迅速地"、"立刻地"或"尽快地"等词语，将被不予理会。

"在或大概在(on or about)"或类似用语将被视为规定事件发生在指定日期的前后五个日历日之间，起讫日期计算在内。

"至(to)"、"直至(until，till)"、"从⋯⋯开始(from)"及"在⋯⋯之间(between)"等词用于确定发运日期时包含提及的日期。使用"在⋯⋯之前(before)"及"在⋯⋯之后(after)"时则不包含提及的日期。"从⋯⋯开始(from)"及"在⋯⋯之后(after)"等词用于确定到期日时不包含提及的日期。

"前半月"及"后半月"分别指一个月的第一日到第十五日及第十六日到该月的最后一日，起讫日期计算在内。

一个月的"开始(beginning)"、"中间(middle)"及"末尾(end)"分别指第一日到第十日、第十一日到第二十日及第二十一日到该月的最后一日，起讫日期计算在内。

第四条　信用证与合同

a. 就其性质而言，信用证与可能作为其开立基础的销售合同或其他合同是相互独立的交易，即使信用证中含有对此类合同的任何援引，银行也与该合同无关，且不受其约束。因此，银行关于承付、议付或履行信用证项下其他义务的承诺，不受申请人基于其与开证行或与受益人之间的关系而产生的任何请求或抗辩的影响。

受益人在任何情况下不得利用银行之间或申请人与开证行之间的合同关系。

b. 开证行应劝阻申请人试图将基础合同、形式发票等文件作为信用证组成部分的做法。

第五条　单据与货物、服务或履约行为

银行处理的是单据，而不是单据可能涉及的货物、服务或履约行为。

第六条　兑用方式、截止日和交单地点

a. 信用证必须规定可在其处兑用的银行，或是否可在任一银行兑用。规定在指定银行兑用的信用证同时也可以在开证行兑用。

b. 信用证必须规定其是以即期付款、延期付款、承兑还是议付的方式兑用。

c. 信用证不得开成凭以申请人为付款人的汇票兑用。

d. i. 信用证必须规定一个交单的截止日。规定的承付或议付的截止日将被视为交单的截止日。

ii. 可在其处兑用信用证的银行所在地即为交单地点。可在任一银行兑用的信用证其交单地点为任一银行所在地。

除规定的交单地点外，开证行所在地也是交单地点。

e. 除非如第二十九条 a 款规定的情形，否则受益人或者代表受益人的交单应在截止日当天或之前完成。

第七条　开证行责任

a. 只要规定的单据提交给指定银行或开证行，并且构成相符交单，则开证行必须承付。如果信用证为以下情形之一：

i. 信用证规定由开证行即期付款、延期付款或承兑；

ii. 信用证规定由指定银行即期付款，但其未付款；

iii. 信用证规定由指定银行延期付款但其未承诺延期付款，或虽已承诺延期付款，但未在到期日付款；

iv. 信用证规定由指定银行承兑，但其未承兑以其为付款人的汇票，或虽承兑了汇票，但未在到期日付款；

v. 信用证规定由指定银行议付但其未议付。

b. 开证行自开立信用证之时起，即不可撤销地承担承付责任。

c. 指定银行承付或议付相符交单并将单据转给开证行之后，开证行即承担偿付该指定银行的责任。对承兑或延期付款信用证下相符交单金额的偿付应在到期日办理。无论指定银行是否在到期日之前预付或购买了单据。开证行偿付指定银行的责任独立于开证行对受益人的责任。

第八条　保兑行责任

a. 只要规定的单据提交给保兑行或提交给其他任何指定银行，并且构成相符交单，保兑行必须：

i. 承付，如果信用证为以下情形之一：

a)信用证规定由保兑行即期付款、延期付款或承兑；

b)信用证规定由另一指定银行即期付款，但其未付款；

c)信用证规定由另一指定银行延期付款，但其未承诺延期付款，或虽已承诺延期付款，但未在到期日付款；

d)信用证规定由另一指定银行承兑，但其未承兑以其为付款人的汇票，或虽已承兑汇票，但未在到期日付款；

e)信用证规定由另一指定银行议付，但其未议付。

ii. 无追索权地议付，如果信用证规定由保兑行议付。

b. 保兑行自对信用证加具保兑之时起，即不可撤销地承担承付或议付的责任。

c. 其他指定银行承付或议付相符交单并将单据转往保兑行之后，保兑行即承担偿付该指定银行的责任。对承兑或延期付款信用证下相符交单金额的偿付应在到期日办理。无论指定银行是否在到期日之前预付或购买了单据。保兑行偿付指定银行的责任独立于保兑行对受益人的责任。

d. 如果开证行授权或要求一银行对信用证加具保兑，而其并不准备照办，则其必须毫不延误地通知开证行，并可通知此信用证而不加保兑。

第九条　信用证及其修改的通知

a. 信用证及其任何修改可以经由通知行通知给受益人。非保兑行的通知行通知信用证及修改时不承担承付或议付的责任。

b. 通知行通知信用证或修改的行为表示其已确信信用证或修改的表面真实性，而且其通知准确地反映了其收到的信用证或修改的条款。

c. 通知行可以通过另一银行（第二通知行）向受益人通知信用证或修改。第二通知行通知信用证或修改的行为表明其已确信收到的通知的表面真实性，并且其通知准确地反映了收到的信用证或修改的条款。

d. 经由通知行或第二通知行通知信用证的银行必须经由同一银行通知其后的任何修改。

e. 如一银行被要求通知信用证或修改，但其决定不予通知，则应毫不延误地告知自其处收到信用证、修改或通知的银行。

f. 如一银行被要求通知信用证或修改，但其不能确信信用证、修改或通知的表面真实性，则应毫不延误地通知看似从其处收到指示的银行。如果通知行或第二通知行决定仍然通知信用证或修改，则应告知受益人或第二通知行其不能确信信用证、修改或通知的表面真实性。

第十条　修改

a. 除第三十八条另有规定者外，未经开证行、保兑行（如有的话）及受益人同意，信用证既不得修改，也不得撤销。

b. 开证行自发出修改之时起，即不可撤销地受其约束。保兑行可将其保兑扩展至修改，并且通知该修改之时，即不可撤销地受其约束。但是，保兑行可以选择将修改通知受益人而不对其加具保兑。若然如此，其必须毫不延误地将此告知开证行，并在其给受益人的通知中告知受益人。

c. 在受益人告知通知修改的银行其接受该修改之前，原信用证（或含有先前被接受的修改的信用证）的条款对受益人仍然有效。受益人应提供接受或拒绝修改的通知。如果受益人未能给予通知，当交单与信用证以及尚未表示接受的修改的要求一致时，即视为受益人已作出接受修改的通知，并且从此时起，该信用证被修改。

d. 通知修改的银行应将任何接受或拒绝的通知转告发出修改的银行。

e. 对同一修改的内容不允许部分接受，部分接受将被视为拒绝修改的通知。

f. 修改中关于除非受益人在某一时间内拒绝修改否则修改生效的规定应被不予理会。

第十一条　电讯传输的和预先通知的信用证和修改

a. 以经证实的电讯方式发出的信用证或信用证修改即被视为有效的信用证或修改文据，任何后续的邮寄确认书应被不予理会。

如电讯声明"详情后告"（或类似用语）或声明以邮寄确认书为有效信用证或修改，则该电讯不被视为有效信用证或修改。开证行必须随即不迟延地开立有效信用证或修改，其条款不得与该电讯矛盾。

b. 开证行只有在准备开立有效信用证或作出有效修改时，才可以发出关于开立或修改信用证的初步通知（预先通知）。

开证行作出该预先通知，即不可撤销地保证不迟延地开立或修改信用证，且其条款不能与预先通知相矛盾。

第十二条　指定

a. 除非指定银行为保兑行，对于承付或议付的授权并不赋予指定银行承付或议付的义务，除非该指定银行明确表示同意并且告知受益人。

b. 开证行指定一银行承兑汇票或做出延期付款承诺，即为授权该指定银行预付或购买其已承兑的汇票或已做出的延期付款承诺。

c. 非保兑行的指定银行收到或审核并转递单据的行为并不使其承担承付或议付的责任，也不构成其承付或议付的行为。

第十三条　银行之间的偿付安排

a. 如果信用证规定指定银行（"索偿行"）向另一方（"偿付行"）获取偿付时，必须同时规定该偿付是否按信用证开立时有效的 ICC 银行之间偿付规则进行。

b. 如果信用证没有规定偿付遵守 ICC 银行之间偿付规则，则按照以下规定：

i. 开证行必须给予偿付行有关偿付的授权，授权应符合信用证关于兑用方式的规定，且不应设定截止日。

ii. 开证行不应要求索偿行向偿付行提供与信用证条款相符合的证明。

iii. 如果偿付行未按信用证条款见索即偿，开证行将承担利息损失以及产生的任何其他费用。

iv. 偿付行的费用应由开证行承担。然而，如果此项费用由受益人承担，开证行有责任在信用证及偿付授权中注明。如果偿付行的费用由受益人承担，该费用应在偿付时从付给索偿行的金额中扣取。如果偿付未发生，偿付行的费用仍由开证行负担。

c. 如果偿付行未能见索即偿，开证行不能免除偿付责任。

第十四条 单据审核标准

a. 按指定行事的指定银行、保兑行（如果有的话）及开证行须审核交单，并仅基于单据本身确定其是否在表面上构成相符交单。

b. 按指定行事的指定银行、保兑行（如果有的话）及开证行各有从交单次日起的至多五个银行工作日用以确定交单是否相符。这一期限不因在交单日当天或之后信用证截止日或最迟交单日届至而受到缩减或影响。

c. 如果单据中包含一份或多份受第十九、二十、二十一、二十二、二十三、二十四或二十五条规制的正本运输单据，则须由受益人或其代表在不迟于本惯例所指的发运日之后的二十一个日历日内交单，但是在任何情况下都不得迟于信用证的截止日。

d. 单据中的数据。在与信用证、单据本身以及国际标准银行实务参照解读时，无须与该单据本身中的数据、其他要求的单据或信用证中的数据等同一致，但不得矛盾。

e. 除商业发票外，其他单据中的货物、服务或履约行为的描述（如果有的话）可使用与信用证中的描述不矛盾的概括性用语。

f. 如果信用证要求提交运输单据、保险单据或者商业发票之外的单据，却未规定出单人或其数据内容，则只要提交的单据内容看似满足所要求单据的功能，且其他方面符合第十四条 d 款。银行将接受该单据。

g. 提交的非信用证所要求的单据将被不予理会，并可被退还给交单人。

h. 如果信用证含有一项条件，但未规定用以表明该条件得到满足的单据，银行将视为未作规定并不予理会。

i. 单据日期可以早于信用证的开立日期，但不得晚于交单日期。

j. 当受益人和申请人的地址出现在任何规定的单据中时，无须与信用证或其他规定单据中所载相同，.但必须与信用证中规定的相应地址同在一国。联络细节（传真、电话、电子邮件及类似细节）作为受益人和申请人地址的一部分时将被不予理会。然而，如果申请人的地址和联络细节为第十九、二十、二十一、二十二、二十三、二十四或二十五条规定的运输单据上的收货人或通知方细节的一部分时，应与信用证规定的相同。

k. 在任何单据中注明的托运人或发货人无须为信用证的受益人。

l. 运输单据可以由任何人出具，无须为承运人、船东、船长或租船人，只要其符合第十九、二十、二十一、二十二、二十三或二十四条的要求。

第十五条 相符交单

a. 当开证行确定交单相符时，必须承付。

b. 当保兑行确定交单相符时，必须承付或者议付并将单据转递给开证行。

c. 当指定银行确定交单相符并承付或议付时，必须将单据转递给保兑行或开证行。

第十六条 不符单据、放弃及通知

a. 当按照指定行事的指定银行、保兑行（如有的话）或者开证行确定交单不符时，可以拒绝承付或议付。

b. 当开证行确定交单不符时，可以自行决定联系申请人放弃不符点。然而这并不能延长第十四条 b 款所指的期限。

c. 当按照指定行事的指定银行、保兑行（如有的话）或开证行决定拒绝承付或议付时，必须给予交单人一份单独的拒付通知。

该通知必须声明：

i. 银行拒绝承付或议付；及

ii. 银行拒绝承付或者议付所依据的每一个不符点；及

iii. a)银行留存单据听候交单人的进一步指示；或者

b)开证行留存单据直到其从申请人处接到放弃不符点的通知并同意接受该放弃，或者在其同意接受对不符点的放弃之前从交单人处收到其进一步指示；或者

c)银行将退回单据；或者

d)银行将按之前从交单人处获得的指示处理。

d. 第十六条 c 款要求的通知必须以电讯方式，如不可能，则以其他快捷方式，在不迟于自交单之翌日起第五个银行工作日结束前发出。

e. 按照指定行事的指定银行、保兑行(如有的话)或开证行在按照第十六条 c 款 iii 项 a)或 b)发出了通知之后，可以在任何时候将单据退还交单人。

f. 如果开证行或保兑行未能按照本条行事，则无权宣称交单不符。

g. 当开证行拒绝承付或保兑行拒绝承付或者议付，并且按照本条发出了拒付通知后，有权要求返还已偿付的款项及利息。

第十七条　正本单据及副本

a. 信用证规定的每一种单据须至少提交一份正本。

b. 银行应将任何带有看似出单人的原始签名、标记、印戳或标签的单据视为正本单据，除非单据本身表明其非正本。

c. 除非单据本身另有说明，在以下情况下，银行也将其视为正本单据：

i. 单据看似由出单人手写、打字、穿孔或盖章；或者

ii. 单据看似使用出单人的原始信纸出具；或者

iii. 单据声明其为正本单据，除非该声明看似不适用于提交的单据。

d. 如果信用证要求提交单据的副本，提交正本或副本均可。

e. 如果信用证使用诸如"一式两份(in duplicate)"、"两份(in two fold)"、"两套(in twocopies)"等用语要求提交多份单据，则提交至少一份正本，其余使用副本即可满足要求，除非单据本身另有说明。

第十八条　商业发票

a. 商业发票：

i. 必须看似由受益人出具(第三十八条规定的情形除外)；

ii. 必须出具成以申请人为抬头(第三十八条 g 款规定的情形除外)；

iii. 必须与信用证的货币相同；且

iv. 无须签名。

b. 按指定行事的指定银行、保兑行(如有的话)或开证行可以接受金额大于信用证允许金额的商业发票，其决定对有关各方均有约束力，只要该银行对超过信用证允许金额的部分未作承付或者议付。

c. 商业发票上的货物、服务或履约行为的描述应该与信用证中的描述一致。

第十九条　涵盖至少两种不同运输方式的运输单据

a. 涵盖至少两种不同运输方式的运输单据(多式或联合运输单据)，无论名称如何，必须看似：

i. 表明承运人名称并由以下人员签署：

* 承运人或其具名代理人，或船长或其具名代理人。承运人、船长或代理人的任何签字，必

须标明其承运人、船长或代理人的身份。代理人签字必须标明其系代表承运人还是船长签字。

ii. 通过以下方式表明货物已经在信用证规定的地点发送、接管或已装船。

＊事先印就的文字，或者

＊表明货物已经被发送、接管或装运日期的印戳或批注。

运输单据的出具日期将被视为发送、接管或装运的日期，即发运的日期。然而如单据以印戳或批注的方式表明了发送、接管或装运日期，该日期将被视为发运日期。

iii. 表明信用证规定的发送、接管或发运地点，以及最终目的地。即使：

a)该运输单据另外还载明了一个不同的发送、接管或发运地点或最终目的地；或者

b)该运输单据载有"预期的"或类似的关于船只、装货港或卸货港的限定语。

iv. 为唯一的正本运输单据，或者，如果出具为多份正本，则为运输单据中表明的全套单据。

v. 载有承运条款和条件，或提示承运条款和条件参见别处（简式/背面空白的运输单据）。银行将不审核承运条款和条件的内容。

vi. 未表明受租船合同约束。

b. 就本条而言，转运指在从信用证规定的发送、接管或者发运地点至最终目的地的运输过程中从某一运输工具上卸下货物并装上另一运输工具的行为（无论其是否为不同的运输方式）。

c. i. 运输单据可以表明货物将要或可能被转运，只要全程运输由同一运输单据涵盖。

ii. 即使信用证禁止转运，注明将要或者可能发生转运的运输单据仍可接受。

第二十条　提单

a. 提单，无论名称如何，必须看似：

i. 表明承运人名称，并由下列人员签署：

＊承运人或其具名代理人，或者

＊船长或其具名代理人。

承运人、船长或代理人的任何签字必须标明其承运人、船长或代理人的身份。代理人的任何签字必须标明其系代表承运人还是船长签字。

ii. 通过以下方式表明货物已在信用证规定的装货港装上具名船只：

＊预先印就的文字，或

＊已装船批注注明货物的装运日期。

提单的出具日期将被视为发运日期，除非提单载有表明发运日期的已装船批注，此时已装船批注中显示的日期将被视为发运日期。

如果提单载有"预期船只"或类似的关于船名的限定语，则需以已装船批注明确发运日期以及实际船名。

iii. 表明货物从信用证规定的装货港发运至卸货港。

如果提单没有表明信用证规定的装货港为装货港，或者载有"预期的"或类似的关于装货港的限定语，则需以已装船批注表明信用证规定的装货港、发运日期以及实际船名。即使提单以事先印就的文字表明了货物已装载或装运于具名船只，本规定仍适用。

iv. 为唯一的正本提单，或如果以多份正本出具，为提单中表明的全套正本。

v. 载有承运条款和条件，或提示承运条款和条件参见别处（简式/背面空白的提单）。银行将不审核承运条款和条件的内容。

vi. 未表明受租船合同约束。

b. 就本条而言，转运系指在信用证规定的装货港到卸货港之间的运输过程中，将货物从一船卸下并再装上另一船的行为。

c.i. 提单可以表明货物将要或可能被转运，只要全程运输由同一提单涵盖。

ii. 即使信用证禁止转运，注明将要或可能发生转运的提单仍可接受。只要其表明货物由集装箱、拖车或子船运输。

d. 提单中声明承运人保留转运权利的条款将被不予理会。

第二十一条　不可转让的海运单

a. 不可转让的海运单，无论名称如何，必须看似：

i. 表明承运人名称并由下列人员签署：

＊承运人或其具名代理人，或者

＊船长或其具名代理人。

承运人、船长或代理人的任何签字必须标明其承运人、船长或代理人的身份。代理人签字必须标明其系代表承运人还是船长签字。

ii. 通过以下方式表明货物已在信用证规定的装货港装上具名船只：

＊预先印就的文字，或者

＊已装船批注表明货物的装运日期。

不可转让海运单的出具日期将被视为发运日期，除非其上带有已装船批注注明发运日期，此时已装船批注注明的日期将被视为发运日期。

如果不可转让海运单载有"预期船只"或类似的关于船名的限定语，则需要以已装船批注表明发运日期和实际船名。

iii. 表明货物从信用证规定的装货港发运至卸货港。如果不可转让海运单未以信用证规定的装货港为装货港，或者如果其载有"预期的"或类似的关于装货港的限定语，则需要以已装船批注表明信用证规定的装货港、发运日期和船名。即使不可转让海运单以预先印就的文字表明货物已由具名船只装载或装运，本规定也适用。

iv. 为唯一的正本不可转让海运单，或如果以多份正本出具，为海运单上注明的全套正本。

v. 载有承运条款和条件，或提示承运条款和条件参见别处（简式/背面空白的海运单）。银行将不审核承运条款和条件的内容。

b. 就本条而言，转运系指在信用证规定的装货港到卸货港之间的运输过程中，将货物从一船卸下并装上另一船的行为。

c.i. 不可转让海运单可以注明货物将要或可能被转运，只要全程运输由同一海运单涵盖。

ii. 即使信用证禁止转运，注明转运将要或可能发生的不可转让的海运单仍可接受，只要其表明货物装于集装箱、拖船或子船中运输。

d. 不可转让的海运单中声明承运人保留转运权利的条款将被不予理会。

第二十二条　租船合同提单

a. 表明其受租船合同约束的提单（租船合同提单），无论名称如何，必须看似：

i. 由以下人员签署：

＊船长或其具名代理人，或

＊船东或其具名代理人，或

＊租船人或其具名代理人。

船长、船东、租船人或代理人的任何签字必须标明其船长、船东、租船人或代理人的身份。

代理人签字必须标明其系代表船长、船东还是租船人签字。代理人代表船东或租船人签字时必须注明船东或租船人的名称。

ii. 通过以下方式表明货物已在信用证规定的装货港装上具名船只：

＊预先印就的文字，或者

＊已装船批注注明货物的装运日期，

＊租船合同提单的出具日期将被视为发运日期，除非租船合同提单载有已装船批注注明发运日期，此时已装船批注上注明的日期将被视为发运日期。

iii. 表明货物从信用证规定的装货港发运至卸货港，卸货港也可显示为信用证规定的港口范围或地理区域。

空运单据中其他与航班号和航班日期相关的信息将不被用来确定发运日期。

iv. 为唯一的正本租船合同提单，或如以多份正本出具，为租船合同提单注明的全套正本。

b. 银行将不审核租船合同，即使信用证要求提交租船合同。

第二十三条　空运提单

a. 空运单据，无论名称如何，必须看似：

i. 表明承运人名称，并由以下人员签署：

＊承运人，或

＊承运人的具名代理人。

承运人或其代理人的任何签字必须标明其承运人或代理人的身份。

代理人签字必须标明其系代表承运人签字。

ii. 表明货物已被收妥待运。

iii. 表明出具日期。该日期将被视为发运日期，除非空运单据载有专门批注注明实际发运日期，此时批注中的日期将被视为发运日期。

iv. 表明信用证规定的起飞机场和目的地机场。

v. 为开给发货人或托运人的正本，即使信用证规定提交全套正本。

vi. 载有承运条款和条件，或提示条款和条件参见别处。银行将不审核承运条款和条件的内容。

b. 就本条而言，转运是指在信用证规定的起飞机场到目的地机场的运输过程中，将货物从一飞机卸下再装上另一飞机的行为。

c. i. 空运单据可以注明货物将要或可能转运，只要全程运输由同一空运单据涵盖。

ii. 即使信用证禁止转运，注明将要或可能发生转运的空运单据仍可接受。

第二十四条　公路、铁路或内陆水运单据

a. 公路、铁路或内陆水运单据，无论名称如何，必须看似：

i. 表明承运人名称，并且

＊由承运人或其具名代理人签署，或者

＊由承运人或其具名代理人以签字、印戳或批注表明货物收讫。

承运人或其具名代理人的收货签字、印戳或批注必须标明其承运人或代理人的身份。

代理人的收货签字、印戳或批注必须标明代理人系代表承运人签字或行事。

如果铁路运输单据没有指明承运人，可以接受铁路运输公司的任何签字或印戳作为承运人签署单据的证据。

ii. 表明货物在信用证规定地点的发运日期，或者收讫待运或待发送的日期。运输单据的出具日期将被视为发运日期，除非运输单据上盖有带日期的收货印戳，或注明了收货日期或发运日期。

iii. 表明信用证规定的发运地及目的地。

b. i. 公路运输单据必须看似为开给发货人或托运人的正本，或没有任何标记表明单据开给何人。

ii. 注明"第二联"的铁路运输单据将被作为正本接受。

iii. 无论是否注明正本字样，铁路或内陆水运单据都被作为正本接受。

c. 如运输单据上未注明出具的正本数量，提交的份数即视为全套正本。

d. 就本条而言，转运是指在信用证规定的发运、发送或运送的地点到目的地之间的运输过程中，在同一运输方式中从一运输工具卸下再装上另一运输工具的行为。

e. i. 只要全程运输由同一运输单据涵盖，公路、铁路或内陆水运单据可以注明货物将要或可能被转运。

ii. 即使信用证禁止转运，注明将要或可能发生转运的公路、铁路或内陆水运单据仍可接受。

第二十五条　快递收据、邮政收据或投邮证明

a. 证明货物收讫待运的快递收据，无论名称如何，必须看似：

i. 表明快递机构的名称，并在信用证规定的货物发运地点由该具名快递机构盖章或签字；并且

ii. 表明取件或收件的日期或类似词语。该日期将被视为发运日期。

b. 如果要求显示快递费用付讫或预付，快递机构出具的表明快递费由收货人以外的一方支付的运输单据可以满足该项要求。

c. 证明货物收讫待运的邮政收据或投邮证明，无论名称如何，必须看似在信用证规定的货物发运地点盖章或签署并注明日期。该日期将被视为发运日期。

第二十六条　"货装舱面"、"托运人装载和计数"、"内容据托运人报称"及运费之外的费用

a. 运输单据不得表明货物装于或者将装于舱面。声明货物可能被装于舱面的运输单据条款可以接受。

b. 载有诸如"托运人装载和计数"或"内容据托运人报称"条款的运输单据可以接受。

c. 运输单据上可以以印戳或其他方式提及运费之外的费用。

第二十七条　清洁运输单据

银行只接受清洁运输单据。清洁运输单据指未载有明确宣称货物或包装有缺陷的条款或批注的运输单据。"清洁"一词并不需要在运输单据上出现，即使信用证要求运输单据为"清洁已装船"的。

第二十八条　保险单据及保险范围

a. 保险单据，例如保险单或预约保险项下的保险证明书或者声明书，必须看似由保险公司或承保人或其代理人或代表出具并签署。

代理人或代表的签字必须标明其系代表保险公司或承保人签字。

b. 如果保险单据表明其以多份正本出具，所有正本均须提交。

c. 暂保单将不被接受。

d. 可以接受保险单代替预约保险项下的保险证明书或声明书。

e. 保险单据日期不得晚于发运日期，除非保险单据表明保险责任不迟于发运日期生效。

f. i. 保险单据必须表明投保金额并以与信用证相同的货币表示。

ii. 信用证对于投保金额为货物价值、发票金额或类似金额的某一比例的要求，将被视为对最低保额的要求。

如果信用证对投保金额未做规定，投保金额须至少为货物的 CIF 或 CIP 价格的 110%。

如果从单据中不能确定 CIF 或者 CIP 价格，投保金额必须基于要求承付或议付的金额，或者基于发票上显示的货物总值来计算，两者之中取金额较高者。

iii. 保险单据须表明承保的风险区间至少涵盖从信用证规定的货物接管地或发运地开始到卸货

地或最终目的地为止。

g. 信用证应规定所需投保的险别及附加险（如有的话）。如果信用证使用诸如"通常风险"或"惯常风险"等含义不确切的用语，则无论是否有漏保之风险，保险单据将被照样接受。

h. 当信用证规定投保"一切险"时，如保险单据载有任何"一切险"批注或条款，无论是否有"一切险"标题，均将被接受，即使其声明任何风险除外。保险单据可以援引任何除外条款。

i. 保险单据可以注明受免赔率或免赔额（减除额）约束。

第二十九条　截止日或最迟交单日的顺延

a. 如果信用证的截止日或最迟交单日适逢接受交单的银行非因第三十六条所述原因而歇业，则截止日或最迟交单日，视何者适用，将顺延至其重新开业的第一个银行工作日。

b. 如果在顺延后的第一个银行工作日交单，指定银行必须在其致开证行或保兑行的面函中声明交单是在根据第二十九条 a 款顺延的期限内提交的。

c. 最迟发运日不因第二十九条 a 款规定的原因而顺延。

第三十条　信用证金额、数量与单价的伸缩度

a. "约"或"大约"用于信用证金额或信用证规定的数量或单价时，应解释为允许有关金额或数量或单价有不超过 10% 的增减幅度。

b. 在信用证未以包装单位件数或货物自身件数的方式规定货物数量时，货物数量允许有 5% 的增减幅度，只要总支取金额不超过信用证金额。

c. 如果信用证规定了货物数量，而该数量已全部发运，及如果信用证规定了单价，而该单价又未降低，或当第三十条 b 款不适用时，则即使不允许部分装运，也允许支取的金额有 5% 的减幅。若信用证规定有特定的增减幅度或使用第三十条 a 款提到的用语限定数量，则该减幅不适用。

第三十一条　部分支款或部分发运

a. 允许部分支款或部分发运。

b. 表明使用同一运输工具并经由同次航程运输的数套运输单据在同一次提交时，只要显示相同目的地，将不视为部分发运，即使运输单据上表明的发运日期不同或装货港、接管地或发送地点不同。如果交单由数套运输单据构成，其中最晚的一个发运日将被视为发运日。含有一套或数套运输单据的交单，如果表明在同一种运输方式下经由数件运输工具运输，即使运输工具在同一天出发运往同一目的地，仍将被视为部分发运。

c. 含有一份以上快递收据、邮政收据或投邮证明的交单，如果单据看似由同一快递或邮政机构在同一地点和日期加盖印戳或签字并且表明同一目的地，将不视为部分发运。

第三十二条　分期支款或分期发运

如信用证规定在指定的时间段内分期支款或分期发运，任何一期未按信用证规定期限支取或发运时，信用证对该期及以后各期均告失效。

第三十三条　交单时间

银行在其营业时间外无接受交单的义务。

第三十四条　关于单据有效性的免责

银行对任何单据的形式、充分性、准确性、内容真实性、虚假性或法律效力，或对单据中规定或添加的一般或特殊条件，概不负责；银行对任何单据所代表的货物、服务或其他履约行为的描述、数量、重量、品质、状况、包装、交付、价值或其存在与否，或对发货人、承运人、货运代理人、收货人、货物的保险人或其他任何人的诚信与否、作为或不作为、清偿能力、履约或资信状况，也概不负责。

第三十五条　关于信息传递和翻译的免责

当报文、信件或单据按照信用证的要求传输或发送时，或当信用证未作指示，银行自行选择传送服务时，银行对报文传输或者信件或单据的递送过程中发生的延误；中途遗失、残缺或其他错误产生的后果，概不负责。

如果指定银行确定交单相符并将单据发往开证行或保兑行，无论指定银行是否已经承付或议付，开证行或保兑行必须承付或议付，或偿付指定银行，即使单据在指定银行送往开证行或保兑行的途中，或保兑行送往开证行的途中丢失。银行对技术术语的翻译或解释上的错误，不负责任，并可不加翻译地传送信用证条款。

第三十六条　不可抗力

银行对由于天灾、暴动、骚乱、叛乱、战争、恐怖主义行为或任何罢工、停工或其无法控制的任何其他原因导致的营业中断的后果，概不负责。

银行恢复营业时，对于在营业中断期间已逾期的信用证，不再进行承付或议付。

第三十七条　关于被指示方行为的免责

a. 为了执行申请人的指示，银行利用其他银行的服务，其费用和风险由申请人承担。

b. 即使银行自行选择了其他银行，如果发出的指示未被执行，开证行或通知行对此亦不负责。

c. 指示另一银行提供服务的银行有责任负担被指示方因执行指示而发生的任何佣金、手续费、成本或开支（"费用"）。如果信用证规定费用由受益人负担，而该费用未能收取或从信用证款项中扣除，开证行依然承担支付此费用的责任。信用证或其修改不应规定向受益人的通知以通知行或第二通知行收到其费用为条件。

d. 外国法律和惯例加诸于银行的一切义务和责任，申请人应受其约束，并就此对银行负补偿之责。

第三十八条　可转让信用证

a. 银行无办理信用证转让的义务，除非其明确同意。

b. 就本条而言：

可转让信用证系指特别注明"可转让（transferable）"字样的信用证。可转让信用证可应受益人（第一受益人）的要求转为全部或部分由另一受益人（第二受益人）兑用。

转让行系指办理信用证转让的指定银行，或当信用证规定可在任一银行兑用时，指开证行特别如此授权并实际办理转让的银行。

开证行也可担任转让行。

已转让信用证指已由转让行转为可由第二受益人兑用的信用证。

c. 除非转让时另有约定，有关转让的所有费用（诸如佣金、手续费、成本或开支）须由第一受益人支付。

d. 只要信用证允许部分支款或部分发运，信用证可以分部分地转让给数名第二受益人。

已转让信用证不得应第二受益人的要求转让给任何其后受益人。第一受益人不视为其后受益人。

e. 任何转让要求须说明是否允许及在何条件下允许将修改通知第二受益人。已转让信用证须明确说明该项条件。

f. 如果信用证转让给数名第二受益人，其中一名或多名第二受益人对信用证修改的拒绝并不影响其他第二受益人接受修改。对接受者而言，该已转让信用证即被相应修改，而对拒绝修改的第二受益人而言，该信用证未被修改。

g. 已转让信用证须准确转载原证条款，包括保兑（如果有的话），但下列项目除外：

——信用证金额；

——规定的任何单价；

——截止日；

——交单期限；或

——最迟发运日或发运期间。

以上任何一项或全部均可减少或缩短。

必须投保的保险比例可以增加，以达到原信用证或本惯例规定的保险金额。

可用第一受益人的名称替换原证中的开证申请人名称。

如果原证特别要求开证申请人名称应在除发票以外的任何单据中出现时，已转让信用证必须反映该项要求。

h. 第一受益人有权以自己的发票和汇票（如有的话）替换第二受益人的发票和汇票，其金额不得超过原信用证的金额。经过替换后，第一受益人可在原信用证项下支取自己发票与第二受益人发票间的差价（如有的话）。

i. 如果第一受益人应提交其自己的发票和汇票（如有的话），但未能在第一次要求时照办，或第一受益人提交的发票导致了第二受益人的交单中本不存在的不符点，而其未能在第一次要求时修正，转让行有权将从第二受益人处收到的单据照交开证行，并不再对第一受益人承担责任。

j. 在要求转让时，第一受益人可以要求在信用证转让后的兑用地点，在原信用证的截止日之前（包括截止日），对第二受益人承付或议付。本规定并不损害第一受益人在第三十八条 h 款下的权利。

k. 第二受益人或代表第二受益人的交单必须交给转让行。

第三十九条 款项让渡

信用证未注明可转让，并不影响受益人根据所适用的法律规定，将该信用证项下其可能有权或可能将成为有权获得的款项让渡给他人的权利。本条只涉及款项的让渡，而不涉及在信用证项下进行履行行为的权利让渡。

附录二 国际贸易术语中英文对照

1932 年华沙—牛津规则　Warsaw—Oxford　Rules　1932
2000 年国际贸易术语解释通则　International Rules for the Interpretation of Trade Terms
2000，INCOTERMS 2000

班轮提单　Liner B/L
班轮条件　Liner Terms
班轮运输　Liner Transport
包机运输　Chartered Carrier
保持干燥　Keep dry
保兑信用证　Confirmed Credit
保兑行　Confirming Bank
保护贸易政策　Policy of Protection
保理　Factoring
保险单　Insurance Policy
报复关税　Retaliatory Tariff
爆炸物　Explosive
备忘录　Memorandum
备用信用证　Standby Letter of Credit
备运提单　Received for Shipment B/L
背书　Endorsement
背书人　Endorser
被背书人　Endorsee
被通知人　Notify Party
本票　Promissory Note
边境交货　Delivered at Frontier
标准　Standard
标准出口包装　Standard Export Packing
不保兑信用证　Unconfirmed Credit
不记名提单　Bearer B/L
不可撤销信用证　Irrevocable Credit
不可抗力　Force Majeure
不可转让信用证　Non-transferable Credit
不清洁提单　Unclean B/L 或 Foul B/L
不受追索　Without recourse
仓至仓条款　Warehouse to Warehouse Clause

差价关税　Variable Import Levies

产地检验证书　Inspection Certificate of Origin

产地名称　Name of Origin

长度　Length

超保护贸易政策　Policy of Super-protection

超长附加费　Long Length Add

超重附加费　Heavy Lift Add

成本，保险费加运费　Cost，Insurance and Freight

成本加运费　Cost and Freight

承兑　Acceptance

承兑交单　Documents against Acceptance，简称 D/A

承兑信用证　Acceptance Credit

承运货物收据　Cargo Receipt

持票人　Holder

尺码吨　Measurement Ton

出票　Issue

出票人　Drawer

船舶　Vessel

船名　Vessel

船样　Shipping Sample

此端向上　This side up

大陆桥运输　Land-bridge transport

代表性样品　Representative Sample

代收行　Collecting Bank

单独海损　Particular Average

单价　Unit Price

担保人　Guarantor

等级　Grade

等级货物运价　Class Cargo Rate

递盘　Bid

电汇　Telegraphic Transfer，简称 T/T

吊钩下交货　Under Tackle

定程租船　Voyage Charter

订单　Order

定牌　Appointed Trademark

定期租船　Time Charter

对背信用证　Back to Back Credit

对等样品　Counter Sample

对价　Consideration

对开信用证　Reciprocal Credit

对外贸易　Foreign Trade

对外贸易依存度　Ratio of Dependence on Foreign Trade

多边贸易　Multilateral Trade

多式联运单据　Multimodal Transport Documents，MTD

发盘　Offer

法定公证人　Notary public

反补贴税　Counter Vailing Duties

反倾销税　Anti-dumping Duties

非关税壁垒　No Tariff Wall

分期付款　Payment by Installment

封样　Sealed Sample

服务贸易　Service Trade

付款　Payment

付款交单　Document against Payment，简称 D/P

付款期限　Tenor

付款人　Payer

付款信用证　Payment Credit

付款银行　Paying Bank，Drawer Bank

复样　Duplicate Sample

副本提单　Non-negotiable or Copy B/L

港口附加费　Port Add

港口拥挤费　Port Congestion Surcharge

跟单汇票　Documentary Bill

跟单托收　Documentary Collection

跟单信用证　Documentary Credit

工厂交货　Ex Works

公开议付信用证　Open Negotiation Credit

公量　Conditioned Weight

公路运输　Road Transport

公制　Metric System

共同海损　General Average

共同市场　Common Market

关税　Customs Duty

关税壁垒　Tariff Wall

关税同盟　Customs Union

管道运输　Pipeline Transport

惯常险　Usual Risks

光船租船　Bare-Boat Charter

光票　Clean Bill

光票托收　Clean Collection

光票信用证　Clean Credit

规格　Specification

国际标准化组织 International Standard Organization，简称 I. S. O.

国际单位制 International System

国际多式联运 International Multimodal Transport

国际货物买卖合同成立统一法 The Uniform Law on the Formation of Contracts International Sale of Goods

国际货物买卖统一法 the Uniform Law on International Sale of Goods

国际贸易 International Trade

国际贸易地理方向 International Trade by Regions

国际贸易商品结构 Line up of International Trade

国际贸易术语 Trade Terms

国际收支 Balance of Payment

国际羊毛局 International Wool Standard Organization，简称 I. W. S. O.

国内贸易 Domestic Trade

过境贸易 Transit Trade

海上运输 Ocean Transport

海运单 Sea Waybill or Ocean Waybill

海运提单 Ocean Bill of Lading，B/L

航次期租 Time Charter on Trip Basis，TCT

航空运单 Air Way Bill

航空运输 Air Transport

航空运输险 Air Transportation Risks

航空运输一切险 Air Transportation All Risks

红条款信用证 Red Clause Credit

花样样品 Pattern Sample

还款保函 Repayment Guarantee

还盘 Counter Offer

回扣 Rebate

回样 Return Sample

汇出行 Remitting Bank

汇付 Remittance

汇款人 Remitter

汇票 Bill of Exchange，Draft

汇入行 Paying Bank

货币贬值附加费 Devaluation Surcharge 或 Currency Adjustment Factor，CAF

货交承运人 Free Carrier

货物买卖法 Sale of Goods Act

货载衡量检验证书 Inspection Certificate on Cargo Weight & Measurement

即刻装运 Prompt Shipment

即期付款交单 Document Against Payment at Sight，简称 D/P at sight

即期汇票 Sight Draft or Demand Draft

即期信用证 Sight Credit

急件传递　Express Mail Service

集中托运　Consolidation

集装箱运输　Container Transport

计价货币　Money of Account

记名提单　Straight B/L

记账交易　Open Account Trade

季节折扣　Season Discount

价格-交货条件　Price—Delivered Terms

价值检验证书　Inspection Certificate of Value

间接贸易　Indirect Trade

简式提单　Short Term B/L

见票　Sight

件数　per unit/per head

交货付现　Cash with delivered

交易洽商　Business Negotiation

接受　Acceptance

仅供参考　for reference only

尽速装运　Shipment as soon as Possible

经济同盟　Economic Union

经济一体化　Economic Integration

净重　Net Weight

拒付　Dishonor

拒付证书　Protest

开证人　Opener

开证行　Opening Bank，Issuing Bank

可撤销信用证　Revocable Credit

可转让信用证　Transferable Credit

跨国公司　Multinational Company

理舱　Stow

理论重量　Theoretical Weight

立即装运　Immediate Shipmen

联合国国际货物销售合同公约　United Nations Convention on Contracts for the International Sale of Goods

联运提单　Through Bill of Lading

良好平均品质　Fair Average Quality

陆运险　Overland Transportation Risks

陆运一切险　Overland Transportation All Risks

履约保函　Performance Guarantee，Performance Bond

裸装货　Nude Cargo

买卖合同　Sales Contract

毛重　Gross Weight

贸易差额　Balance of Trade

贸易量　Quantum of Trade

贸易条件　Terms of Trade

贸易值　Trade Value

美制　the U. S. System

面积　Area

目的港　Port of Destination

目的港船上交货　Delivered Ex Ship

目的港码头交货　Delivered Ex Quay

内包装　Inner Packing

内河运输　Inland Water Transport

年终回扣　Turnover Bonus

牌号　Trade Mark

票汇　Demand Draft，简称 D/D

拼箱货　Less than Container Load，简写为 LCL

品名　Name of Commodity

品质检验证书　Inspection Certificate of Quality

品质样品　Quality Sample

品质与样品大致相符　Quality Shall Be about Equal to the Sample

平安险　Free from Particular Average，FPA

平舱　Trimmed

平均皮重　Average Tare

凭买方样品买卖　Sale by Buyer's Sample

凭卖方样品买卖　Sale by Seller's Sample

凭说明买卖　Sale by Description

凭样品买卖　Sale by Sample

起码运费　Mini Rate

前程运输　Pre-carriage by

清洁提单　Clean B/L

请勿用钩　Use no Hook

全式提单　Long Term B/L

确认样品　Confirming Sample

燃油附加费　Bunker Adjustment Factor，BAF

绕航附加费　Deviation Surcharge

容积　Capacity

散装货　Bulk Cargo

色彩样品　Color Sample

商标　Brand Name

商品的品质　Quality of Goods

商品检验　Commodity Inspection

商品说明　Description

商业承兑汇票　Commercial Acceptance Bill

商业承兑信用证　Trade Acceptance Credit

商业汇票　Commercial Draft

上好可销品质　Good Merchantable Quality

申请开证人　Applicant

生效期　Effective Date

失效期　Expiry Date

实际皮重　Actual Tare

世界贸易　World Trade

世界贸易组织　World Trade Organization

适合海运包装　Seaworthy Packing

收货人委托或指示　Consignee or Order

收款人　Payee

受票人　Drawer

受益人　Beneficiary

兽医检验证书　Veterinary Inspection Certificate

数量　Number

数量检验证书　Inspection Certificate of Quantity

数量折扣　Quantity Discount

双边贸易　Bilateral Trade

水险　Marine Insurance

水渍险　With Average or With Particular Average，WA or WPA

随订单付现　Cash with Order

索赔　Claim

特别折扣　Special Discount

特种货物运价　Special Cargo Rate

提示　Presentation

提示行　Presenting Bank

体积　Volume

贴现　Discount

铁路运单　Railway Bill

通知行　Advising Bank，Notifying Bank

统一商法典　Uniform Commercial Code，U. C. C.

投保保函　Tender Guarantee，Tender Bond，Bid Guarantee

图样　Illustration

托收　Collection

托收统一规则　Uniform Rules for Collection

托收行　Remitting Bank

托运人　Shipper

完全经济一体化　Complete Economic Integration

完税后交货　Delivered Duty Paid

委托人　Principal

卫生（健康）检验证书　Sanitary Inspection Certificate、Inspection Certificate of Health

未完税交货　Delivered Duty Unpaid

温度检验证书　Inspection Certificate of Temperature

无形贸易　Intangible Trade

习惯包装　Customary Packing

习惯皮重　Customary Tare

先发样品　Advance Sample

现汇贸易　Spot Exchange Trade

限制议付信用证　Restricted Negotiation Credit

消毒检验证书　Disinfection Inspection Certificate

销售确认书　Sales Confirmation

小包装　Small Packing

小心轻放　Handle with Care

协议　Agreement

协议　Submission

卸货港　Port of Discharge

信汇　Mail Transfer，简称 M/T

信用证　Letter of Credit，L/C

选卸附加费　Additional on Optional Discharging Port

询盘　Inquiry

循环信用证　Revolving Credit

延期付款　Deferred Payment

延期付款信用证　Deferred Payment Credit

验残检验证书　Inspection Certificate on Damaged Cargo

验舱检验证书　Inspection Certificate on Tank/Hold

样品　Sample

要件　Condition

一般货物运价　General Cargo Rate

一切险　All Risks

以毛计净　Gross for Net

议付信用证　Negotiation Credit

议付行　Negotiating Bank

议价　Open Rate

易货贸易　Barter Trade

溢短装条款　More or Less Clause

银行保函　Banker's Letter of Guarantee，简称 L/G

银行承兑汇票　Banker's Acceptance Bill

银行承兑信用证　Banker's Acceptance Credit

银行汇票　Banker's Draft

英国药典　British Pharmacopoeia

英制　the British System
佣金　Commission
优惠贸易安排　Preferential Trade Arrangement
邮包收据　Parcel Post Receipt
邮包险　Parcel Post Risks
邮包一切险　Parcel Post All Risks
邮政运输　Parcel Post Transport
有毒品　Poison
有形贸易　Tangible　Trade
预付货款　Payment in Advance
预支信用证　Anticipatory Credit
远期付款交单　Documents against Payment after Sight，简称 D/P after sight
远期汇票　Time Bill or Usance Bill
远期信用证　Usance Credit
约　about，circa，approximately
约定皮重　Computed Tare
运费，保险费付至目的地　Carriage and Insurance Paid to
运费到付提单　Freight to be collected B/L
运费吨或计费吨　Freight Ton，FT
运费付至目的地　Carriage Paid to
运费预付提单　Freight Prepaid B/L
运输标志　Shipping Mark
运输方式　Mode of Transportation
折扣　Discount；Allowance
折让　Allowance
争议　Disputes
整箱货　Full Container Load，简称 FCL
正本提单　Original B/L
支持货币　Money of Payment
支票　Cheque or Check
知识产权贸易　Trade of Intellective Property Right
直达提单　Direct B/L
直航附加费　Direct Surcharge
直接包装　Immediate Packing
直接贸易　Direct Trade
指示提单　Order B/L
指示性和警告性的标志　Indicative and Warning Marks
中国保险条款　China Insurance Clauses，CIC
中性包装　Neutral Packing
仲裁　Arbitration
仲裁条款　Arbitration Clause

重量　Weight

重量吨　Weight Ton

重量检验证书　Inspection Certificate of Weight

专门贸易　Special Trade

转船附加费　Transshipment Surcharge

转船提单　Transshipment Lading T/L

转口贸易　Entrepot Trade

转运港　Port of Transshipment

装船提单　On Board Lading B/L

装运港　Port of Loading

装运港　Port of Shipment

装运港船边交货　Free Alongside Ship

装运港船上交货　Free on Board

装运期　Time of Shipment

追索权　Right of Recourse

自由贸易区　Free Trade Area

总贸易　General Trade

租船提单　Charter Party B/L

租船运输　Charter Transport

最大/最高　Maximum/Max.

最后目的地　Final Destination

最小/最低　Minimum/Min.

附录三　国际贸易相关概念

自由贸易政策

国家取消对进出口贸易的限制和障碍，取消对本国进出口商品的各种特权和优待，使商品自由进出口，在国内外市场上自由竞争。

保护贸易政策(Policy of Protection)

国家采取各种措施干预对外贸易，以保护本国市场免受外国商品的竞争，并对本国出口商给予优惠或津贴，奖励出口。

超保护贸易政策(Policy of Super-protection)

帝国主义国家为维持国内市场的垄断高价和夺取国外市场而采取的一种进攻性的对外贸易政策。

关税(Customs Duty)

又称 customs 或 tariff，是一个国家对于通过其国境的货物所课征的租税，因此，它是一种国境关税。

反补贴税(Counter Vailing Duties)

对进口商品使用的一种超过正常关税的特殊关税。这种关税是对那些得到其政府进口补贴的外国供应商具有的有利经济条件作用的反应，反补贴税的目的在于为了抵消国外竞争者得到奖励和补助产生的影响，从而保护进口国的制造商。

反倾销税(Anti-dumping Duties)

对倾销商品所征收的进口附加税。当进口国因外国倾销某种产品，国内产业受到损害时，征收相当于出口国国内市场价格与倾销价格之间差额的进口税。

差价关税(Variable Import Levies)

当某种商品的进口价格低于国内价格时，为保护国内生产和国内市场，按两者间价格差额征收的进口关税。

报复关税(Retaliatory Duty)

当甲国商品或船只到乙国受到歧视待遇时，甲国就对乙国的货物或通过乙国运进的货物进口时征收重税以资报复。

关税壁垒(Tariff Wall)

所谓关税壁垒指发达国家采用关税限制商品进口的措施。

非关税壁垒(No Tariff Wall)

所谓非关税壁垒，又称非关税贸易壁垒，指发达国家除关税以外的各种限制商品进口的措施。非关税壁垒大致可以分为直接和间接两大类：前者是由海关直接对进口商品的数量、品种加以限制，其主要措施有：进口限额制、进口许可证制、"自动"出口限额制、出口许可证制等。后者是对进口商品制订严格的海关手续或通过外汇管制，间接地限制商品的进口，其主要措施有：实行外汇管制，对进口货征收国内税，制定购买国货和限制外国货的条例，复杂的海关手续，繁琐的卫生安全质量标准以及包装装潢标准等。

跨国公司(Multinational Company)

跨国公司是指以母国为基地,通过对外直接投资,在两个或更多的国家建立子公司或分支机构,从事国际化生产或经营的企业。它必须具备三个基本要素:①跨国公司必须是一个经营实体,母公司通过股权和其他方式对在多国的其他从事生产和销售的经营实体进行控制,亦即母公司控制下的多国经营实体。②跨国公司必须具有一个统一的决策体系,有共同的政策和同一的战略目标。③企业的各个实体分享权利和分担责任。"跨国公司"一词包括母公司、子公司和附属企业整体,"实体"一词既指母公司,又指子公司和附属企业。跨国公司的特征为:国际化、全球战略、内部一体化、多样化。

经济一体化(Economic Integration)

经济一体化指参与国通过协调,相互取消贸易障碍,相互转换利益,进行某种程度的合作与协作,在经济上结合成为一个统一的整体,以促进参与国间经济的发展。它分为以下几种形式:①优惠贸易安排(Preferential Trade Arrangement)指在优惠贸易安排成员国间,通过协定或其他形式,对全部或部分商品规定特别的关税优惠。②自由贸易区(Free Trade Area)由签订有自由贸易协定的国家组成的贸易区,在成员国之间废除关税与数量限制,使区域内各成员国的商品完全自由移动,但每个成员国仍保持对非成员国的贸易壁垒。③关税同盟(Customs Union)指两个或两个以上的国家完全取消关税或其他壁垒,并对非同盟国家实行统一的关税率而缔结的同盟。④共同市场(Common Market)指除了共同市场成员国间完全废除关税与数量限制,建立对非成员国的共同关税外,共同市场成员国间的生产要素也可自由移动。⑤经济同盟(Economic Union)指成员国之间不但商品与生产要素可以完全自由移动,建立对外共同关税,而且要求成员国制定和执行某些共同经济政策和社会政策,逐步废除政策方面的差异,使之成为一个庞大的经济实体。⑥完全经济一体化(Complete Economic Integration)区域内各国在经济、金融、财政等政策上完全统一化,在各成员国间完全废除商品、资金、劳动力等自由流通的人为障碍。

世界贸易组织(World Trade Organization)

1994年4月15日在摩洛哥的马拉喀什市举行的关贸总协定乌拉圭回合部长会议决定成立更具全球性的世界贸易组织(世贸组织),以取代成立于1947年的关贸总协定(GATT)。

世贸组织是一个独立于联合国的永久性国际组织。该组织的基本原则和宗旨是通过实施市场开放、非歧视和公平贸易等原则,来达到推动实现世界贸易自由化的目标。1995年1月1日正式开始运作,负责管理世界经济和贸易秩序,总部设在日内瓦莱蒙湖畔的关贸总协定总部大楼内。1996年1月1日,它正式取代关贸总协定临时机构。与关贸总协定相比,世贸组织管辖的范围除传统的和乌拉圭回合新确定的货物贸易外,还包括长期游离于关贸总协定外的知识产权、投资措施和非货物贸易(服务贸易)等领域。世贸组织具有法人地位,它在调解成员争端方面具有更高的权威性和有效性。

建立世贸组织的设想是在1947年7月举行的布雷顿森林会议上提出的,当时设想在成立世界银行和国际货币基金组织的同时,成立一个国际性贸易组织,从而使它们成为第二次世界大战后左右世界经济的"货币—金融—贸易"三位一体的机构。1947年联合国贸易及就业会议签署的《哈瓦那宪章》同意成立世贸组织,后来由于美国的反对,世贸组织未能成立。同年,美国发起拟订了关贸总协定,作为推行贸易自由化的临时契约。1986年关贸总协定乌拉圭回合谈判启动后,欧共体和加拿大于1990年分别正式提出成立世贸组织的议案,1994年4月在摩洛哥马拉喀什举行的关贸总协定部长级会议才正式决定成立世贸组织。

该组织作为正式的国际贸易组织在法律上与联合国等国际组织处于平等地位。它的职责范围除了关贸总协定原有的组织实施多边贸易协议以及提供多边贸易谈判场所和作为一个论坛外,还负责定期审议其成员的贸易政策和统一处理成员之间产生的贸易争端，并负责加强同国际货币基金组织和世界银行的合作，以实现全球经济决策的一致性。

世贸组织的最高决策权力机构是部长会议，至少每两年召开一次会议。下设总理事会和秘书处，负责世贸组织日常会议和工作。总理事会设有货物贸易、非货物贸易（服务贸易）、知识产权三个理事会和贸易与发展、预算二个委员会。总理事会还下设贸易政策核查机构，它监督着各个委员会并负责起草国家政策评估报告。对美国、欧盟、日本、加拿大每两年起草一份政策评估报告，对最发达的 16 个国家每 4 年一次，对发展中国家每 6 年一次。上诉法庭负责对成员间发生的分歧进行仲裁。

世贸组织成员资格分为两种，即创始成员和新加入成员。创始成员必须是关贸总协定的缔约方，世贸组织在接纳新成员时，须在部长级大会上由三分之二多数成员投票表决通过。

服务贸易(Service Trade)

根据关贸总协定乌拉圭回合达成的"服务贸易总协定"，服务贸易是指："从一成员境内向任何其他成员境内提供服务；在一成员境内向任何其他成员的服务消费者提供服务；一成员的服务提供者在任何其他成员境内以商业存在提供服务；一成员的服务提供者在任何其他成员境内以自然人的存在提供服务。"服务部门包括如下内容：商业服务，通信服务，建筑及有关工程服务，销售服务，教育服务，环境服务，金融服务，健康与社会服务，与旅游有关的服务娱乐、文化与体育服务，运输服务。

贸易条件(Terms of Trade)

贸易条件又称交换比价或贸易比价，即出口价格与进口价格之间的比率，就是说一个单位的出口商品可以换回多少进口商品。它是用出口价格指数与进口价格指数来计算的。计算的公式为：出口价格指数/进口价格指数×100。以一定时期为基期，先计算出基期的进出口价格比率，并作为 100，再计算出比较期的进出口价格比率，然后以之与基期相比，如大于 100，表明贸易条件比基期有利；如小于 100，则表明贸易条件比基期不利，交换效益劣于基期。

知识产权贸易(Trade of Intellective Property Right)

根据关贸总协定乌拉圭回合达成的"与贸易有关的知识产权协议"，知识产权包括如下内容：版权、专利、商标、地理标志、工业设计、集成电路、外观设计（分布图）等，是一种受专门法律保护的重要的无形财产。

参考文献

1. 方凤玲. 国际贸易实务. 西安：西北大学出版社，2003

2. 冷柏军. 国际贸易实务. 北京：对外经济贸易大学出版社，2005

3. 乔淑英，王爱晶. 商务谈判. 北京：北京师范大学出版社，2007

4. 高建军. 商务谈判实务. 北京：北京航空航天大学出版社，2007

5. 刘秀玲. 国际贸易实务与案例. 北京：清华大学出版社，2008